《全面注册制下投行IPO业务规则解读及实务》重点难点考点测试及解析

本书编写组　编

中国财经出版传媒集团
中国财政经济出版社

图书在版编目（CIP）数据

《全面注册制下投行 IPO 业务规则解读及实务》重点难点考点测试及解析 / 本书编写组编. -- 北京：中国财政经济出版社，2023.8

ISBN 978-7-5223-2419-7

Ⅰ.①全… Ⅱ.①本… Ⅲ.①投资银行－银行业务－研究－中国 ②上市公司－企业管理－研究－中国 Ⅳ.①F832.33 ②F279.246

中国国家版本馆 CIP 数据核字（2023）第 155881 号

责任编辑：郁东敏　　　　责任印制：刘春年
封面设计：中通世奥　　　　责任校对：胡永立

《全面注册制下投行 IPO 业务规则解读及实务》重点难点考点测试及解析
《QUANMIAN ZHUCE ZHIXIA TOUHANG IPO YEWU GUIZE JIEDU JI SHIWU》ZHONGDIAN NANDIAN KAODIAN CESHI JI JIEXI

中国财政经济出版社 出版

URL：http：//www.cfeph.cn
E-mail：cfeph@cfeph.cn

社址：北京市海淀区阜成路甲 28 号　邮政编码：100142
营销中心电话：010-88191522
天猫网店：中国财政经济出版社旗舰店
网址：https：//zgczjjcbs.tmall.com
中煤（北京）印务有限公司印刷　各地新华书店经销
成品尺寸：185mm×260mm　16 开　31.75 印张　575 000 字
2023 年 8 月第 1 版　2023 年 8 月北京第 1 次印刷
定价：62.00 元
ISBN 978-7-5223-2419-7
（图书出现印装问题，本社负责调换，电话：010-88190548）
本社质量投诉电话：010-88190744

编写说明

本书涉及的法律法规简称如下：

·全国中小企业股份转让系统，简称全国股转系统

·《证券发行上市保荐制度暂行办法》，简称《保荐暂行办法》

·《证券发行上市保荐业务管理办法》，简称《保荐管理办法》

·《证券公司保荐业务规则》，简称《保荐业务规则》

·《保荐人尽职调查工作准则》，简称《尽调准则》

·《证券发行上市保荐业务工作底稿指引》，简称《底稿指引》

·《证券公司首次公开发行股票并上市保荐业务工作底稿目录细则》，简称《底稿目录细则》

·《证券公司投资银行类业务内部控制指引》，简称《投行业务内控指引》

·《证券公司内部控制指引》，简称《证券公司内控指引》

·《深圳证券交易所股票发行上市审核业务指引第 4 号——保荐业务现场督导》，简称《深交所现场督导指引》

·《最高人民法院关于审理证券市场虚假陈述侵权民事赔偿案件的若干规定》，简称《虚假陈述若干规定》

·《首次公开发行股票注册管理办法》，简称《首发注册办法》

·《北京证券交易所向不特定合格投资者公开发行股票注册管理办法》，简称《北交所注册办法》

·《监管规则适用指引——发行类第 4 号》，简称《适用指引第 4 号》

·《监管规则适用指引——发行类第 5 号》，简称《适用指引第 5 号》

·《北京证券交易所向不特定合格投资者公开发行股票并上市业务规则适用指引第 1 号》，简称《北交所适用指引第 1 号》

·《最高人民法院关于审理证券市场虚假陈述侵权民事赔偿案件的若干规定》，简称《虚假陈述若干规定》

·《首次公开发行股票并上市辅导监管规定》，简称《辅导监管规定》

·《保荐人尽职调查工作准则》，简称《尽调准则》

·《公开发行证券的公司信息披露内容与格式准则第57号——招股说明书》，简称《招股书格式准则》

·《公开发行证券的公司信息披露内容与格式准则第46号——北京证券交易所公司招股说明书》，简称《北交所招股书格式准则》

·《上市公司股东、董监高减持股份的若干规定》，简称《减持规定》

·《上市公司股东及董事、监事、高级管理人员减持股份实施细则》，简称《减持细则》

·《证券发行上市保荐业务工作底稿指引》，简称《底稿指引》

·《证券公司首次公开发行股票并上市保荐业务工作底稿目录细则》，简称《底稿目录细则》

·《上海证券交易所科创板企业发行上市申报及推荐暂行规定》，简称《科创板申报暂行规定》

目　录

第一章　注册制概述

一、单项选择题（以下备选项中只有一项最符合题目要求，不选、错选均不得分）

1.（　　）指的是用行政和计划的办法分配股票发行的指标和额度，由地方政府或行业主管部门根据指标推荐企业发行股票的一种发行制度。

A. 注册制　　B. 核准制　　C. 审批制　　D. 批准制

【答案】C

2.（　　）的颁布，标志着审批制的正式确立。

A.《证券法》

B.《股票发行与交易管理暂行条例》

C.《关于1996年全国证券期货工作安排意见》

D.《中国证券监督管理委员会股票发行审核委员会条例》

【答案】B

【解析】1993年4月22日，国务院颁布了《股票发行与交易管理暂行条例》，标志着审批制的正式确立。

3. 在审批制的第一个阶段“额度管理”阶段，国务院证券监管部门首先要确定的是（　　）。

A. 融资总额度　　B. 各行政区域所需融资额度

C. 发行股票的企业　　D. 行业所需融资额度

【答案】A

【解析】根据《股票发行与交易管理暂行条例》，“额度管理”的主要做法是，国务院证券监管部门根据国民经济发展需求及资本市场实际情况，先确定融资总额度，然后根据各个省级行政区域和行业在国民经济发展中的地位和需要进一步分配总额度，最后由省级政府或行业主管部门来选择和推荐可以发行股票的企业（主要是国有企业）。

4.“额度管理”阶段中，额度是以（　　）计算的，在溢价发行条件下，实际筹资额（　　）计划额度。

A. 实际发行价格；大于　　　　　　B. 实际发行价格；小于

C. 股票面值；大于　　　　　　　　D. 股票面值；小于

【答案】C

5. “额度管理”阶段管理的是（　　）。

A. 发行股票的企业数量　　　　　　B. 地区总额度

C. 行业总额度　　　　　　　　　　D. 股票发行的股份数

【答案】D

【解析】额度管理只是限定了股票发行的股份数，并未限制发行企业数量。

6. 改革后主板要突出（　　）特色，重点支持业务模式成熟、经营业绩稳定、规模较大、具有行业代表性的优质企业。

A. 大盘红筹　　　B. 多元包容　　　C. 大盘蓝筹　　　D. 硬科技

【答案】C

7. “指标管理”阶段与“额度管理”阶段相比，其特点是（　　）。

A. 解决了上市公司群体结构不平衡的问题

B. 解决了推荐上市企业规模偏小的问题

C. 解决了外资企业发行上市少的问题

D. 解决了民营企业发行上市少的问题

【答案】B

【解析】指标管理一定程度上解决了推荐上市企业规模偏小的问题，资本市场涌现出一批具有行业和地区代表性的大中型企业，但由于当时正处于推进国企改革的攻坚期，各地区和行业主管部门推荐的企业大多数是国有企业，一部分地方政府甚至将企业上市作为国企脱困的途径，所以民营企业和外资企业发行上市较少，形成了我国股市早期上市公司群体结构性不平衡的局面。

8. 证监会发布（　　），标志着我国股票发行体制开始从审批制转变为核准制。

A.《证券法》

B.《中国证监会股票发行核准程序》

C.《中国证券监督管理委员会股票发行审核委员会条例》

D.《关于证券公司推荐发行申请有关工作方案的通知》

【答案】B

【解析】2000 年 3 月 16 日，证监会发布《中国证监会股票发行核准程序》，标志着我国股票发行体制开始从审批制转变为核准制。

9.《证券法》中明确股票发行申请应当自受理证券发行申请文件之日起（　　）内作出决定；不予核准或者审批的，应当作出说明。

A. 1个月　　B. 15天　　C. 3个月　　D. 6个月

【答案】C

【解析】1999年7月，《证券法》正式实施，明确“国务院证券监督管理机构依照法定条件负责核准股票发行申请，核准程序应当公开，依法接受监督”，且“应当自受理证券发行申请文件之日起3个月内作出决定；不予核准或者审批的，应当作出说明”。

10. 核准制阶段，由（　　）推荐发行股票的企业。

A. 证券公司　　B. 地方政府　　C. 行业主管部门　　D. 证监会

【答案】A

【解析】2001年3月17日，股票发行核准制正式启动，从审批制到核准制的变革，核心是将地方政府和行业主管部门向证监会推荐企业改为由证券公司推荐企业。

11. 企业发行股票时，采用“自行排队，限报家数”规定的是（　　）。

A. 额度管理阶段　　B. 指标管理阶段

C. “保荐制”阶段　　D. “通道制”阶段

【答案】D

【解析】2001年3月29日，为配合证券发行核准制的推行，中国证券业协会发布了《关于证券公司推荐发行申请有关工作方案的通知》，对证券公司推荐企业发行股票实行“自行排队，限报家数”的规定，突破了原有“指标管理”的限制，俗称“通道制”。

12. “通道制”实行“自行排队，限报家数”的规定，下列说法错误的是（　　）。

A. “通道制”提高了证券公司的积极性

B. “通道制”有利于证券公司的优胜劣汰

C. “通道制”不利于证券公司的规模化经营

D. “通道制”导致承销市场由买方市场转变为卖方市场

【答案】B

【解析】“通道制”改变了过去行政机制遴选和推荐发行人的做法，调动了证券公司的积极性，同时使证券公司在一定程度上承担起股票发行风险，强化其中介职责，迫使其提高专业水平，关注申请上市企业的质量。然而，“通道制”也带来了一定的弊端，这种模式不利于证券公司的优胜劣汰和规模化经营，承销市场也由买方市场转变为卖方市场，一定程度上导致发行供给方的积压。

13. 主承销商的通道数指的是其可以在（　　）推荐申报的拟公开发行股票的（　　）。

A. 某一阶段；全部数量　　B. 某一阶段；企业数量

C. 同一时点；全部数量　　D. 同一时点；企业数量

【答案】D

【解析】主承销商的通道数是其可以在同一时点推荐申报的拟公开发行股票的企业家数。

14. “保荐制”下，由（　　）对发行人及其发起人、大股东、实际控制人进行尽职调查、审慎核查，根据发行人的委托，组织编制申请文件并出具推荐文件。

A. 指定的从业人员　　B. 保荐机构

C. 证监会　　D. 证券委员会

【答案】B

15. 证监会采取试点先行、先增量后存量、逐步推开的改革路径，并首先在（　　）开展注册制试点。

A. 主板　　B. 创业板

C. 北京证券交易所　　D. 科创板

【答案】D

【解析】根据党中央、国务院决策部署，证监会采取试点先行、先增量后存量、逐步推开的改革路径，先后在科创板、创业板和北京证券交易所试点注册制，推进一揽子改革，打开了资本市场改革发展的新局面。

16. 注册制对市场生态的重塑，要求投资银行实现三方面核心能力的变革，下列选项中不属于的是（　　）。

A. 控价能力　　B. 保荐能力　　C. 定价能力　　D. 承销能力

【答案】A

【解析】注册制对市场生态的重塑，要求投资银行实现三方面核心能力的变革：一是保荐能力；二是定价能力；三是承销能力。

17. 注册制下，投资银行的核心竞争力是（　　）。

A. 控价能力　　B. 保荐能力　　C. 定价能力　　D. 承销能力

【答案】C

【解析】注册制将推动投资银行回归价值发现本源，助力买方机构高效客观决策。注册制下，投行对企业估值和市场定价的合理性将直接影响投行的市场声誉和行业地位，定价能力成为投行的核心竞争力。

18. 与核准制相比，注册制重新构建了多重体系，下列不属于注册制重新构建的是（　　）。

A. 中介机构责任体系　　B. 定价体系

C. 信息披露体系　　D. 承销体系

【答案】D

【解析】注册制重新构建了中介机构责任体系、定价体系以及信息披露体系。

19. 注册制前，投资银行原有的业务生态是（　　）。

A. 重保荐重承销　　B. 轻保荐重承销

C. 重保荐轻承销　　D. 轻保荐轻承销

【答案】C

【解析】注册制将改变投资银行重保荐轻承销的业务生态，承销形势由单纯同质变为复杂严峻。

20. 2018 年 11 月 5 日，习近平总书记在首届中国国际进口博览会开幕式上宣布，在（　　）设立（　　）并试点注册制，标志着注册制改革进入启动实施阶段。

A. 上海证券交易所；科创板　　B. 上海证券交易所；创业板

C. 深圳证券交易所；科创板　　D. 深圳证券交易所；创业板

【答案】A

【解析】2018 年 11 月 5 日，习近平总书记在首届中国国际进口博览会开幕式上宣布，在上海证券交易所设立科创板并试点注册制，标志着注册制改革进入启动实施阶段。

21. （　　）是上市公司质量的第一层保证。

A. 投资银行　　B. 发起人　　C. 实际控制人　　D. 发行人

【答案】A

【解析】投资银行作为资本市场的看门人，是上市公司质量的第一层保证；作为信息披露的背书人，在保护投资者的利益，减少市场主体之间信息不对称上发挥关键作用；作为持续督导的责任人，承担着督促上市公司规范诚信运作、提高治理水平的责任。

22. 注册制是一种不同于审批制、核准制的证券发行监管制度，其基本特点是以（　　）为中心。

A. 投行保荐　　B. 证券承销　　C. 尽职调查　　D. 信息披露

【答案】D

【解析】注册制是一种不同于审批制、核准制的证券发行监管制度，它的基本特点是以信息披露为中心，通过要求证券发行人真实、准确、完整地披露公司信息，使投资者可以获得必要的信息对证券价值进行判断并作出是否投资的决策，证券监管机构对证券的价值好坏、价格高低不作实质性判断。

23. 注册制与核准制根本区别在于（　　）。

A. 注册制将审核主体改为证券交易所

B. 注册制将审核主体改为证监会

C. 注册制的审核工作主要通过问询进行

D. 注册制审核注册的标准、程序、内容、过程、结果全部向社会公开

【答案】D

【解析】审核注册的标准、程序、内容、过程、结果全部向社会公开，公权力运行全程透明、严格制衡，接受社会监督，与核准制有根本的区别。

24. 注册制的本质是（　　）。

A. 信息披露　　B. 法治化

C. 政府和市场的关系　　D. 市场主导

【答案】C

【解析】注册制的本质是政府和市场的关系，总体目标是建立市场主导、责任到位、披露为本、预期明确、监管有力的股票发行上市制度。

25. 在发行上市审核、注册和新股发行过程中，发现发行人存在重大违法违规嫌疑的，可以要求（　　）处理，也可以宣布发行注册暂缓生效，或者暂停新股发行，直至撤销发行注册，并对有关违法违规行为采取行政执法措施。

A. 证监会　　B. 上交所　　C. 北交所　　D. 深交所

【答案】B

26. 注册制改革的审核注册架构是（　　）。

A. 交易所审核，证监会注册　　B. 交易所注册，证监会审核

C. 上交所审核，证监会注册　　D. 北交所审核，证监会注册

【答案】A

【解析】两个环节就是将审核注册分为交易所审核和证监会注册两个环节，各有侧重，相互衔接。审核注册机制是注册制改革的重点内容。在试点注册制阶段，我们探索建立了交易所审核、证监会注册两个环节的审核注册架构，总体上是符合

我国实际的。

27. 科创板旨在补齐资本市场服务科技创新的短板，是资本市场的增量改革，将在（ ）等方面作出更为妥善的差异化安排，增强对创新企业的包容性和适应性。

A. 发展目标、投资效率　　B. 发展目标、股权结构

C. 盈利状况、股权结构　　D. 盈利状况、投资效率

【答案】C

28.（ ）对于优化资源配置，推动科技、资本和实体经济高水平循环具有枢纽作用。

A. 一级市场　　B. 二级市场　　C. 证券交易所　　D. 资本市场

【答案】D

【解析】资本市场对于优化资源配置，推动科技、资本和实体经济高水平循环具有枢纽作用。

29. 新三板改革是全面深化资本市场改革的重要一环，下列不属于新三板改革总体思路的是（ ）。

A. 坚持服务大中小企业发展的初心

B. 坚持市场化、法治化方向

C. 坚持多层次资本市场有机联系

D. 坚持建立健全适合中小企业特点的制度安排

【答案】A

【解析】新三板改革是全面深化资本市场改革的重要一环，改革的总体思路是：坚持服务中小企业发展的初心，坚持市场化、法治化方向，实现与交易所的错位发展；坚持多层次资本市场有机联系，打通中小企业成长壮大的市场通道，完善基础制度安排，促进融资、交易、定价等市场功能有效发挥；坚持建立健全适合中小企业特点的制度安排，为挂牌企业提供差异化精准服务，提高信息披露质量，严厉查处违法违规行为，防范市场风险，促进中小企业规范发展。

30. 以下（ ）不属于在全市场推行注册制时，要遵循三个原则。

A. 尊重注册制基本内涵　　B. 保护投资者利益

C. 借鉴国际最佳实践　　D. 体现中国特色和发展阶段

【答案】B

【解析】以注册制改革为龙头，带动资本市场关键制度创新。我们将在总结科创板、创业板试点经验的基础上，继续按照尊重注册制基本内涵、借鉴国际最佳实践、体现中国特色和发展阶段三个原则，稳步在全市场推行注册制。

31. 注册制是比核准制更加市场化的股票发行制度。其基本内涵是（　　）。

A. 处理好政府与市场的关系　　B. 信息披露

C. 交易所审核　　D. 证监会注册

【答案】A

【解析】注册制是比核准制更加市场化的股票发行制度。从国际上看，成熟市场普遍实行注册制，但没有统一的模式。基本内涵是处理好政府与市场的关系，真正把选择权交给市场，最大限度减少不必要的行政干预。

32. 证监会从实际出发，初步建立了“一个核心、两个环节、三项市场化安排”的注册制架构。下列不属于三项市场化安排的是（　　）。

A. 设立多元包容的发行上市条件

B. 建立市场化的新股发行承销机制

C. 设置交易所审核与证监会注册的双环节机制

D. 构建公开透明可预期的审核注册机制

【答案】C

【解析】三项市场化安排：一是设立多元包容的发行上市条件。综合考虑预计市值、收入、净利润、研发投入、现金流等因素设置多套上市标准，不要求企业在上市前必须盈利，允许特殊股权结构企业、红筹企业上市。二是建立市场化的新股发行承销机制。对新股发行价格、规模等不设任何行政性限制，以机构投资者为主体进行询价、定价、配售，真正实现由市场供求决定价格。三是构建公开透明可预期的审核注册机制。在交易所成立上市委，实行合议制。审核注册全程在线，电子化留痕，标准、程序、内容、过程、结果公开，各环节都有明确的时限要求，审核注册效率明显提高，企业从受理申请到完成注册平均用时5个多月。

33. 建立市场化的新股发行承销机制是指，对新股发行价格、规模等不设任何行政性限制，以机构投资者为主体进行（　　），真正实现由市场供求决定价格。

A. 询价、定价、配售　　B. 询价、定价、控价

C. 定价、控价、配售　　D. 询价、控价、配售

【答案】A

【解析】建立市场化的新股发行承销机制。对新股发行价格、规模等不设任何行政性限制，以机构投资者为主体进行询价、定价、配售，真正实现由市场供求决定价格。

34. 构建公开透明可预期的审核注册机制要求，在交易所成立上市委，实行（　　）。

A. 合议制　　　　　　　　　　B. 少数服从多数制

C. 审批制　　　　　　　　　　D. 审核制

【答案】A

【解析】构建公开透明可预期的审核注册机制。在交易所成立上市委，实行合议制。

35. 注册制改革在改革思路上要求把握好“一个统一”“三个统筹”，下列选项中不属于“三个统筹”的是（　　）。

A. 统筹完善多层次资本市场体系　　　　B. 统筹抓好交易所自身建设

C. 统筹推进基础制度改革　　　　　　　D. 统筹抓好证监会自身建设

【答案】B

【解析】“三个统筹”：一是统筹完善多层次资本市场体系，二是统筹推进基础制度改革，三是统筹抓好证监会自身建设。

36. 注册制改革将总结试点注册制经验，推广实践证明行之有效的制度，进一步完善注册制安排。下列选项中不属于试点注册制经验的是（　　）。

A. 优化审核程序　　　　　　B. 统一注册制度

C. 优化注册程序　　　　　　D. 完善监督制衡机制

【答案】A

【解析】注册制改革将总结试点注册制经验，推广实践证明行之有效的制度，进一步完善注册制安排。一是优化注册程序；二是统一注册制度；三是完善监督制衡机制。

37. 全国中小企业股份转让系统（以下简称全国股转系统）同步实行注册制，有关安排与交易所保持总体一致。其中，对股东人数未超过（　　）的股份公司申请在全国股转系统挂牌，或者全国股转系统挂牌公司定向发行股票后股东人数不超过（　　）的，全国中小企业股份转让系统有限公司审核通过后，证监会豁免注册（目前豁免核准）。

A. 200 人；150 人　　　　　　B. 200 人；200 人

C. 150 人；200 人　　　　　　D. 150 人；150 人

【答案】B

38. 注册制改革的本质是把选择权交给市场，强化（　　）和（　　）。

A. 中介约束；法律约束　　　　B. 中介约束；法治约束

C. 市场约束；法治约束　　　　D. 市场约束；中介约束

【答案】C

【解析】注册制改革的本质是把选择权交给市场，强化市场约束和法治约束。

39. 在定位上，科创板突出（　　）特色，主要服务符合国家战略、突破关键核心技术、市场认可度高的科技创新企业，重点支持新一代信息技术、高端装备、新材料、新能源、节能环保以及生物医药等高新技术产业和战略性新兴产业。

A. 高技术　　B. 硬科技　　C. 强创新　　D. 战略性

【答案】B

40. 创业板作为（　　）板块，其改革后适应发展更多依靠创新、创造、创意的大趋势，定位于主要服务（　　），支持传统产业与新技术、新产业、新业态、新模式深度融合。

A. 增量；成长型创新创业企业　　B. 增量；初创型创新创业企业

C. 存量；初创型创新创业企业　　D. 存量；成长型创新创业企业

【答案】D

【解析】创业板作为存量板块，其改革后适应发展更多依靠创新、创造、创意的大趋势，定位于主要服务成长型创新创业企业，支持传统产业与新技术、新产业、新业态、新模式深度融合。

41. 北京证券交易所牢牢坚持服务（　　）的市场定位，尊重（　　）发展规律和成长阶段，提升制度包容性和精准性。

A. 成长型中小企业；初创型中小企业

B. 初创型中小企业；高新型中小企业

C. 创新型中小企业；创新型中小企业

D. 高新型中小企业；成长型中小企业

【答案】C

【解析】北京证券交易所牢牢坚持服务创新型中小企业的市场定位，尊重创新型中小企业发展规律和成长阶段，提升制度包容性和精准性。

42. 北京证券交易所在实施注册制过程中，要处理好“两个关系”，下列选项中不属于“两个关系”的是（　　）。

A. 与沪、深证券交易所坚持错位发展与互联互通

B. 与区域性股权市场坚持错位发展与互联互通

C. 与新三板现有创新层、基础层坚持统筹协调与制度联动

D. 与科创板坚持统筹协调与制度联动

【答案】D

【解析】处理好“两个关系”：一是北京证券交易所与沪、深证券交易所、区

域性股权市场坚持错位发展与互联互通，发挥好转板上市功能；二是北京证券交易所与新三板现有创新层、基础层坚持统筹协调与制度联动，维护市场结构平衡。

43. 北京证券交易所在实施注册制过程中，要实现“三个目标”，下列选项中不属于“三个目标”的是（　　）。

A. 构建一套契合创新型中小企业特点的涵盖发行上市、交易、退市、持续监管、投资者适当性管理等基础制度安排，补足多层次资本市场发展普惠金融的短板

B. 畅通北京证券交易所在多层次资本市场的纽带作用，形成相互补充、相互促进的中小企业直接融资成长路径

C. 培育一批专精特新中小企业，形成创新创业热情高涨、合格投资者踊跃参与、中介机构归位尽责的良性市场生态

D. 牢牢坚持服务创新型中小企业的市场定位，尊重创新型中小企业发展规律和成长阶段，提升制度包容性和精准性

【答案】D

二、多项选择题（以下备选项中有两项或两项以上符合题目要求，多选、少选、错选均不得分）

1. “额度管理”的主要做法有（　　）。

A. 根据国民经济发展需求及资本市场实际情况确定融资总额度

B. 根据各个省级行政区域在国民经济发展中的地位和需要进一步分配总额度

C. 根据各行业在国民经济发展中的地位和需要进一步分配总额度

D. 由省级政府或行业主管部门来选择和推荐可以发行股票的企业

【答案】ABCD

【解析】“额度管理”的主要做法有：国务院证券监管部门根据国民经济发展需求及资本市场实际情况，先确定融资总额度，然后根据各个省级行政区域和行业在国民经济发展中的地位和需要进一步分配总额度，最后由省级政府或行业主管部门来选择和推荐可以发行股票的企业（主要是国有企业）。

2.《关于做好1997年股票发行工作的通知》要求重点支持（　　）国有大中型企业上市，并对拟上市企业预选材料的内容与格式文件进行规范。

A. 关系国民经济命脉　　B. 具有经济规模

C. 处于行业排头兵地位　　D. 经营管理水平高

【答案】ABC

3. 审批制指的是用（　　）的办法分配股票发行的指标和额度，由地方政府

或行业主管部门根据指标推荐企业发行股票的一种发行制度。

A. 市场　　B. 行政　　C. 计划　　D. 审核

【答案】BC

4. “通道制”是指对证券公司推荐企业发行股票实行“自行排队，限报家数”的规定，突破了原有“指标管理”的限制。下列选项中属于“通道制”优点的有（　　）。

A. 改变了过去行政机制遴选的做法　　B. 改变了以往推荐发行人的做法

C. 调动了证券公司的积极性　　D. 强化了证券公司的中介职责

【答案】ABCD

【解析】“通道制”改变了过去行政机制遴选和推荐发行人的做法，调动了证券公司的积极性，同时使证券公司在一定程度上承担起股票发行风险，强化其中介职责，迫使其提高专业水平，关注申请上市企业的质量。

5. “保荐制”下，由保荐机构对（　　）进行尽职调查、审慎核查，根据发行人的委托，组织编制申请文件并出具推荐文件。

A. 发行人及其发起人　　B. 实际控制人

C. 大股东　　D. 董事会

【答案】ABC

【解析】“保荐制”下，由保荐机构对发行人及其发起人、大股东、实际控制人进行尽职调查、审慎核查，根据发行人的委托，组织编制申请文件并出具推荐文件。

6. “保荐制”的核心内容有（　　）。

A. 保荐机构组织编制申请文件并出具推荐文件

B. 进一步强化和细化了保荐机构的责任

C. 保荐机构持续督导发行人履行相关义务

D. 强化了以保荐代表人为代表的证券从业人员的个人责任

【答案】BD

【解析】“保荐制”的核心内容是进一步强化和细化了保荐机构的责任，尤其是以保荐代表人为代表的证券从业人员的个人责任。

7. 伴随着社会主义市场经济体制的建立，原有的“指标管理”审批制已经越来越不能适应我国资本市场和国民经济发展的需要，进而衍生的问题有（　　）。

A. 伪造企业数据　　B. “包装”上市

C. 透明度低　　D. 过于依赖行政手段

【答案】ABCD

8. 从审批制到核准制的变革，核心是将（　　）向证监会推荐企业改为由证券公司推荐企业，是当时适应市场经济规律、推进金融业改革开放的现实之举。

A. 地方政府　　B. 行业主管部门　C. 证监会　　D. 证券公司

【答案】AB

9. 随着股票发行制度改革的持续深化和市场的不断发展，核准制的不足逐渐暴露出来。下列选项中属于核准制不足的有（　　）。

A. 不利于投资者形成风险自担的投资意识

B. 弱化发行人和中介机构的履职责任

C. 不利于市场自我约束机制的培育和形成

D. 削弱市场价格发现和风险释放等功能

【答案】ABCD

【解析】随着股票发行制度改革的持续深化和市场的不断发展，核准制的不足逐渐暴露出来。一方面，由证监会对企业进行发行上市审核，客观上形成了政府对新股发行人资产质量和投资价值的背书作用，不利于投资者形成风险自担的投资意识，也会弱化发行人和中介机构的履职责任。另一方面，核准制下监管部门对新股发行"管价格、调节奏、控规模"，虽然短期有稳定股指和投资者心理的作用，但却不利于市场自我约束机制的培育和形成，甚至可能导致市场供求的扭曲和紧张，削弱市场价格发现和风险释放等功能，不利于充分发挥市场在资源配置中的决定性作用。

10. 根据党中央、国务院决策部署，证监会采取（　　）的改革路径，先后在科创板、创业板和北京证券交易所试点注册制，推进一揽子改革，打开了资本市场改革发展的新局面。

A. 试点先行　　　　　　　　B. 先存量后增量

C. 先增量后存量　　　　　　D. 逐步推开

【答案】ACD

【解析】注册制改革是一个循序渐进，稳步实施的系统工程。根据党中央、国务院决策部署，证监会采取试点先行、先增量后存量、逐步推开的改革路径，先后在科创板、创业板和北京证券交易所试点注册制，推进一揽子改革，打开了资本市场改革发展的新局面。

11. 与核准制相比，注册制的特点有（　　）。

A. 发行上市条件更加多元化　　B. 信息披露要求更加严格

C. 发行承销机制更加市场化　　　　D. 中介机构责任更加强化

【答案】ABCD

【解析】与核准制相比，注册制具有发行上市条件更加多元化、信息披露要求更加严格、发行承销机制更加市场化、中介机构责任更加强化、法律制度等配套措施更加完善等特点。

12. 注册制对市场生态的重塑，要求投资银行实现三方面核心能力的变革，分别为保荐能力、定价能力与承销能力，下列选项中属于投资银行提高承销能力路径的有（　　）。

A. 加强同质承销的建设　　　　B. 培育专业的合格机构投资者

C. 打通各业务线的客户资源　　　　D. 加强销售网络建设

【答案】BCD

【解析】注册制将改变投资银行重保荐轻承销的业务生态，承销形势由单纯同质变为复杂严峻。机构投资者资源成为成功承销的基础，着力打通各业务线的客户资源，加强销售网络建设，培育专业的合格机构投资者，成为投行提高承销能力的重要路径。

13. 注册制下，投行对企业估值和市场定价的（　　）将直接影响投行的（　　），定价能力成为投行的核心竞争力。

A. 合理性　　　　B. 准确性

C. 市场声誉和行业地位　　　　D. 市场声誉和客户评价

【答案】AC

【解析】注册制将推动投资银行回归价值发现本源，助力买方机构高效客观决策。注册制下，投行对企业估值和市场定价的合理性将直接影响投行的市场声誉和行业地位，定价能力成为投行的核心竞争力。

14. 审核工作主要通过问询来进行，督促发行人真实、准确、完整披露信息。同时，综合运用（　　）等多种方式，压实发行人的信息披露第一责任、中介机构的“看门人”责任。

A. 多要素校验　　B. 现场督导　　C. 现场检查　　D. 投诉举报核查

【答案】ABCD

【解析】切实把好信息披露质量关。实行注册制，绝不意味着放松质量要求，审核把关更加严格。审核工作主要通过问询来进行，督促发行人真实、准确、完整披露信息。同时，综合运用多要素校验、现场督导、现场检查、投诉举报核查、监管执法等多种方式，压实发行人的信息披露第一责任、中介机构的“看门人”

责任。

15. 注册制改革核心在于理顺政府与市场的关系，总体目标是建立（　　）、监管有力的股票发行上市制度。

A. 市场主导　　B. 责任到位　　C. 披露为本　　D. 预期明确

【答案】ABCD

【解析】注册制改革核心在于理顺政府与市场的关系，总体目标是建立市场主导、责任到位、披露为本、预期明确、监管有力的股票发行上市制度。

16. 证监会从实际出发，初步建立了（　　）的注册制架构。

A. 一个核心　　B. 两个环节　　C. 两个关系　　D. 三项市场化安排

【答案】ABD

17. 注册制将核准制下发行条件中可以由投资者判断的事项转化为信息披露要求，完善以招股说明书内容与格式准则为主体的信息披露规则体系，提高信息披露的（　　）。

A. 及时性　　B. 可读性　　C. 有效性　　D. 针对性

【答案】BCD

【解析】"一个核心"就是以信息披露为核心，要求发行人充分披露投资者作出价值判断和投资决策所必需的信息，确保信息披露真实、准确、完整。将核准制下发行条件中可以由投资者判断的事项转化为信息披露要求，完善以招股说明书内容与格式准则为主体的信息披露规则体系，提高信息披露的针对性、有效性和可读性。

18. 新《证券法》确立证券发行注册制度，引入证券集体诉讼制度，大幅提高违法违规成本，为全面实施注册制提供了坚实保障。同时，《刑法》修订也将大幅提高对（　　）等犯罪的刑罚力度。

A. 财务造假　　B. 欺诈发行

C. 信息披露造假　　D. 中介机构提供虚假证明

【答案】BCD

19. 现在科创板、创业板发行上市，交易所都要严格履行审核把关职责。证监会注册环节对（　　）进行把关并监督。

A. 交易所审核质量　　B. 发行条件

C. 证券价值　　D. 信息披露

【答案】ABD

20. 科创板注册试点中，证监会主要承担的职责有（　　）。

A. 对上交所审核工作进行监督　　　　B. 负责科创板股票发行注册

C. 实施事前事中事后全过程监管　　　D. 负责科创板股票发行审核

【答案】ABC

【解析】在科创板实施注册审核时，证监会主要承担以下三个方面的职责：一是负责科创板股票发行注册；二是对上交所审核工作进行监督；三是实施事前事中事后全过程监管。

21. 在发行上市审核、注册和新股发行过程中，证监会发现发行人存在重大违法违规嫌疑的，可以采取的处理方法有（　　）。

A. 要求上交所处理

B. 宣布发行注册暂缓生效

C. 暂停新股发行，直至撤销发行注册

D. 对有关违法违规行为采取行政执法措施

【答案】ABCD

【解析】在发行上市审核、注册和新股发行过程中，证监会发现发行人存在重大违法违规嫌疑的，可以要求上交所处理，也可以宣布发行注册暂缓生效，或者暂停新股发行，直至撤销发行注册，并对有关违法违规行为采取行政执法措施。

22. （　　）基于交易所审核意见依法履行注册程序，在（　　）个工作日内对发行人的注册申请作出是否同意注册的决定。

A. 国家证券委员会　　　　B. 证监会

C. 20　　　　D. 30

【答案】BC

23. （　　）是统一的、有机联系的整体，要继续坚持市场化、法治化、国际化方向，扎实做好完善资本市场基础性制度各项工作。

A. 市场化　　B. 不干预　　C. 建制度　　D. 零容忍

【答案】BCD

24. 通过改革增强资本市场对科创企业的包容性，允许（　　）发行上市，进一步畅通科技、资本和实体经济的循环机制，加速科技成果向现实生产力转化，引领经济发展向创新驱动转型。

A. 红筹企业　　　　B. 蓝筹企业

C. 未盈利企业　　　　D. 同股不同权企业

【答案】ACD

25. 注册制仅保留了企业公开发行股票必要的（　　），将核准制下的实质性门槛尽可能转化为信息披露要求，监管部门不再对企业的投资价值作出判断。

A. 资格条件　　B. 披露条件　　C. 合规条件　　D. 上市条件

【答案】AC

【解析】注册制仅保留了企业公开发行股票必要的资格条件、合规条件，将核准制下的实质性门槛尽可能转化为信息披露要求，监管部门不再对企业的投资价值作出判断。

26. 注册制改革将进一步完善资本市场基础制度。主要包括（　　）以及加快投资端改革，引入更多中长期资金。同时，支持全国股转系统探索完善更加契合中小企业特点的基础制度。

A. 完善发行承销制度，约束非理性定价

B. 改进交易制度，优化融资融券和转融通机制

C. 完善上市公司独立董事制度

D. 健全常态化退市机制，畅通多元退出渠道

【答案】ABCD

【解析】注册制改革将进一步完善资本市场基础制度，除选项ABCD外，还包括加快投资端改革，引入更多中长期资金。同时，支持全国股转系统探索完善更加契合中小企业特点的基础制度。

27. 注册制改革是放管结合的改革。证监会将充分考虑我国（　　）的现实国情，加大发行上市全链条各环节监管力度。

A. 资本市场发展尚不充分　　B. 中小投资者占比高

C. 诚信环境不够完善　　D. 上市公司中国企占比高

【答案】ABC

28. 注册制改革是一场涉及（　　）的深刻变革。

A. 监管理念　　B. 监管体制　　C. 监管主体　　D. 监管方式

【答案】ABD

【解析】注册制改革是一场涉及监管理念、监管体制、监管方式的深刻变革。证监会将坚持把政治建设摆在首位，旗帜鲜明讲政治，主动适应新的形势和任务，深化“放管服”改革，加快监管转型，把工作重心转变到统筹协调、规则制定、监督检查、秩序管理、环境创造上来，切实提高监管能力，加强事中事后监管。

29. 在定位上，科创板突出“硬科技”特色，主要服务（　　）的科技创新企业，重点支持新一代信息技术、高端装备、新材料、新能源、节能环保以及生物医药等高新技术产业和战略性新兴产业。

A. 符合国家战略　　　　　　　　　B. 关系国家命脉

C. 突破关键核心技术　　　　　　　D. 市场认可度高

【答案】ACD

30. 注册制改革后，关于各板块的特点表述正确的有（　　）。

A. 主板主要服务于成熟期大型企业

B. 科创板突出“硬科技”特色

C. 创业板主要服务于成长型创新创业企业

D. 北交所与全国股转系统共同打造服务创新型中小企业主阵地

【答案】ABCD

【解析】主板主要服务于成熟期大型企业。科创板突出“硬科技”特色，发挥资本市场改革“试验田”作用。创业板主要服务于成长型创新创业企业。北交所与全国股转系统共同打造服务创新型中小企业主阵地。

三、判断题（不选、错选均不得分）

1. 审批制指的是用行政和计划的办法分配股票发行的指标和额度，由地方政府或行业主管部门根据指标推荐企业发行股票的一种发行制度。（　　）

【答案】正确

2. 随着市场的不断发展，股票发行制度由行政主导向不断强化市场约束演进，经历了从审批制、注册制到核准制的改革过程。（　　）

【答案】错误

【解析】随着市场的不断发展，股票发行制度由行政主导向不断强化市场约束演进，经历了从审批制、核准制到注册制的改革过程。

3. 在证券市场创建初期，只有由地方政府进行审核推荐，才有利于进行统筹调节与宏观调控。（　　）

【答案】错误

【解析】在证券市场创建初期，由地方政府或行业主管部门进行审核推荐，有利于进行统筹调节与宏观调控。

4. 额度管理只是限定了发行企业数量，并未限制股票发行的股份数。（　　）

【答案】错误

【解析】额度管理只是限定了股票发行的股份数，并未限制发行企业数量。

5. “指标管理”导致大量小规模企业涌入资本市场。（　　）

【答案】错误

【解析】额度管理只是限定了股票发行的股份数，并未限制发行企业数量，因而导致大量小规模企业涌入资本市场。

6.“指标管理”施行“总量控制、限报家数”的指标管理办法，即由国家计划委员会、国务院证券委员会共同制定股票发行总规模，证监会在确定的总规模内，根据市场情况向各地区、各部门下达发行企业个数，并对企业进行审核。（　　）

【答案】正确

7. 指标管理一定程度上解决了推荐上市企业规模偏小的问题，但形成了我国股市早期上市公司群体结构性不平衡的局面。（　　）

【答案】正确

8. 证监会发布《中国证券监督管理委员会股票发行审核委员会条例》，设立股票发行审核委员会。（　　）

【答案】正确

9. 从审批制到核准制的变革，核心是将仅由地方政府向证监会推荐企业改为由证券公司推荐企业。（　　）

【答案】错误

【解析】从审批制到核准制的变革，核心是将地方政府和行业主管部门向证监会推荐企业改为由证券公司推荐企业，是当时适应市场经济规律、推进金融业改革开放的现实之举。

10. 为配合证券发行核准制的推行，中国证券业协会发布了《关于证券公司推荐发行申请有关工作方案的通知》，对证券公司推荐企业发行股票实行“总量控制、限报家数”的规定。（　　）

【答案】错误

【解析】为配合证券发行核准制的推行，中国证券业协会发布了《关于证券公司推荐发行申请有关工作方案的通知》，对证券公司推荐企业发行股票实行“自行排队，限报家数”的规定。

11.“保荐制”下，企业发行上市要有保荐机构进行保荐，并需要指定具有保荐代表人资格的从业人员具体负责保荐工作。（　　）

【答案】正确

12. 保荐机构应当遵守法律、行政法规、证监会的规定和行业规范，诚实守信，勤勉尽责，尽职推荐发行人证券发行上市，但无须持续督导发行人履行相关义务。（　　）

【答案】错误

【解析】保荐机构应当遵守法律、行政法规、证监会的规定和行业规范，诚实守信，勤勉尽责，尽职推荐发行人证券发行上市，持续督导发行人履行相关义务。

13. 在“通道制”下，综合类券商只要具有主承销商资格，就可获得 3～9 个通道，具体通道数主要以 2000 年该主承销商所承销的项目数为基准，新的综合类券商将有 2 个通道数。（　　）

【答案】错误

【解析】在“通道制”下，综合类券商只要具有主承销商资格，就可获得 2－9 个通道，具体通道数主要以 2000 年该主承销商所承销的项目数为基准，新的综合类券商将有 2 个通道数。

14. 核准制下监管部门对新股发行“管价格、调节奏、控规模”，虽然短期有稳定股指和投资者心理的作用，但却不利于市场自我约束机制的培育和形成，甚至可能导致市场供求的扭曲和紧张，削弱市场价格发现和风险释放等功能，不利于充分发挥市场在资源配置中的决定性作用。（　　）

【答案】正确

15. 根据党中央、国务院决策部署，证监会采取试点先行、先存量后增量、逐步推开的改革路径，先后在科创板、创业板和北京证券交易所试点注册制，推进一揽子改革，打开了资本市场改革发展的新局面。（　　）

【答案】错误

【解析】根据党中央、国务院决策部署，证监会采取试点先行、先增量后存量、逐步推开的改革路径，先后在科创板、创业板和北京证券交易所试点注册制，推进一揽子改革，打开了资本市场改革发展的新局面。

16. 保荐能力是投行的核心竞争力。（　　）

【答案】错误

【解析】注册制下，投行对企业估值和市场定价的合理性将直接影响投行的市场声誉和行业地位，定价能力成为投行的核心竞争力。

17. 注册制下，投资银行的承销形式由复杂严峻变为单纯同质。（　　）

【答案】错误

【解析】注册制将改变投资银行重保荐轻承销的业务生态，承销形势由单纯同质变为复杂严峻。

18. 机构投资者资源成为投资银行成功承销的基础。（　　）

【答案】正确

19. 党中央、国务院批准《全面实行股票发行注册制总体实施方案》后，2023年2月，证监会发布全面实行股票发行注册制改革主要制度规则，全面注册制改革正式启动。（　　）

【答案】正确

20. 注册制是一种不同于审批制、核准制的证券发行监管制度。在此制度下，证券监管机构需要对证券的价值好坏、价格高低作出实质性判断。（　　）

【答案】错误

【解析】注册制是一种不同于审批制、核准制的证券发行监管制度，它的基本特点是以信息披露为中心，通过要求证券发行人真实、准确、完整地披露公司信息，使投资者可以获得必要的信息对证券价值进行判断并作出是否投资的决策，证券监管机构对证券的价值好坏、价格高低不作实质性判断。

21. 注册制是一种更为市场化的股票发行制度，既可以较好地解决发行人与投资者信息不对称所引发的问题，又可以规范监管部门职责边界，避免监管部门过度干预。（　　）

【答案】正确

22. 推动市场各参与主体归位尽责，明确中介机构是信息披露第一责任人，中介机构对发行人的信息披露资料承担核查验证和专业把关责任，投资者根据披露的信息审慎作出投资决策，自主判断投资价值。（　　）

【答案】错误

【解析】推动市场各参与主体归位尽责，明确发行人是信息披露第一责任人，中介机构对发行人的信息披露资料承担核查验证和专业把关责任，投资者根据披露的信息审慎作出投资决策，自主判断投资价值。

23. 新《证券法》确立证券发行注册制度，引入证券集体诉讼制度，大幅提高违法违规成本，为全面实施注册制提供了坚实保障。（　　）

【答案】正确

24. 要把借鉴国际经验和立足国情市情有机结合起来，充分考虑我国的市场情况、投融资平衡、投资者结构以及法治诚信环境，科学把握发行质量以及注册和审核的关系。（　　）

【答案】正确

25. 美国监管机构有庞大的专业团队分行业开展审核工作。香港交易所和证监会实行双重存档制度，均有审核，只是侧重点不同。（　　）

【答案】正确

26. 注册制强调以市场化为核心，发行条件更加精简优化、更具包容性，总体上是将核准制下发行条件中可以由投资者判断事项转化为更严格、更全面深入精准的信息披露要求。 （ ）

【答案】错误

【解析】注册制强调以信息披露为核心，发行条件更加精简优化、更具包容性，总体上是将核准制下发行条件中可以由投资者判断事项转化为更严格、更全面深入精准的信息披露要求。

27. 证券交易所经过审核决定是否同意公司证券挂牌上市的权利是民事性质的，由交易所独立行使，监管部门进行监管。 （ ）

【答案】错误

【解析】证券交易所经过审核决定是否同意公司证券挂牌上市的权利是民事性质的，由交易所独立行使，监管部门原则上不进行干预。

28. 发行人要“讲清楚”是指，承担第一位主体责任，要对信息披露的真实、准确、完整负责。 （ ）

【答案】正确

29. 审核机构要“问清楚”，要从投资者需求出发，从信息披露充分、一致、可理解的角度，进行公开化的审核问询，督促发行人和中介机构保证信息披露的合规性，提高信息披露的针对性。 （ ）

【答案】错误

【解析】审核机构要“问清楚”，要从投资者需求出发，从信息披露充分、一致、可理解的角度，进行公开化的审核问询，督促发行人和中介机构保证信息披露的合规性，提高信息披露的有效性。

30. 交易所承担全面审核判断企业是否符合发行条件、上市条件和信息披露要求的责任，并形成审核意见。 （ ）

【答案】正确

31. 审核过程中，发现在审项目涉及重大敏感事项、重大无先例情况、重大舆情、重大违法线索的，及时向证券委员会请示报告。 （ ）

【答案】错误

【解析】审核过程中，发现在审项目涉及重大敏感事项、重大无先例情况、重大舆情、重大违法线索的，及时向证监会请示报告。

32. 注册制改革是完善要素资源市场化配置体制机制的重大改革，也是发展间接融资特别是股权融资的关键举措。 （ ）

【答案】错误

【解析】注册制改革是完善要素资源市场化配置体制机制的重大改革，也是发展直接融资特别是股权融资的关键举措。

33. 这两年，境外投资者持股市值不断提升，外资连续3年保持净流入。（　　）

【答案】正确

34. 深交所坚守创业板定位，突出特色、错位发展，在深化金融供给侧结构性改革，推动科技、资本和人才高水平循环方面实现更大担当作为。（　　）

【答案】错误

【解析】深交所坚守创业板定位，突出特色、错位发展，在深化金融供给侧结构性改革，推动科技、资本和实体经济高水平循环方面实现更大担当作为。

35. 开放是资本市场发展的内在要求，也是市场走向成熟的必由之路。加快推进资本市场制度型、系统性开放，看穿式监管等特色制度得到国际同行广泛认可，跨境监管合作、参与全球金融治理的能力进一步提升。（　　）

【答案】正确

36. 注册制是比核准制更加市场化的股票发行制度，其基本内涵是处理好政府与市场的关系，真正把选择权交给市场，最大限度减少不必要的行政干预。（　　）

【答案】正确

37. “一个核心”就是以信息披露为核心，将核准制下发行条件中可以由监管者判断的事项转化为信息披露要求，完善以招股说明书内容与格式准则为主体的信息披露规则体系，提高信息披露的针对性、有效性和可读性。（　　）

【答案】错误

【解析】“一个核心”就是以信息披露为核心，要求发行人充分披露投资者作出价值判断和投资决策所必需的信息，确保信息披露真实、准确、完整。将核准制下发行条件中可以由投资者判断的事项转化为信息披露要求，完善以招股说明书内容与格式准则为主体的信息披露规则体系，提高信息披露的针对性、有效性和可读性。

38. 交易所审核主要通过向发行人提出问题、发行人回答问题的方式来进行，督促发行人“讲清楚”、中介机构“核清楚”，使投资者“看清楚”，就企业是否符合发行上市条件和信息披露要求向证监会报送审核意见。（　　）

【答案】正确

39. 创业板改革后，适应发展更多依靠创新、创造、创意的大趋势，定位于主

要服务成长型创新创业企业，支持传统产业与新技术、新产业、新业态、新模式深度融合。（　　）

【答案】正确

40. 科创板根据“硬科技”定位，结合科创企业的特点，设立了“100 万元资产 +2 年投资经验”的投资者门槛，制定了科创属性评价指引，明确符合科创板定位和科创属性要求的企业在科创板上市。（　　）

【答案】错误

【解析】科创板根据“硬科技”定位，结合科创企业的特点，设立了“50 万元资产 +2 年投资经验”的投资者门槛，制定了科创属性评价指引，明确符合科创板定位和科创属性要求的企业在科创板上市。

41. 各板块的划分设置以增强市场功能为立足点，意在发挥市场在资源配置中的基础性作用，积极拓展市场覆盖范围，适应企业在不同发展阶段的融资需求和融资特点，满足经济社会发展的客观需要。（　　）

【答案】正确

第二章 业务监管

一、单项选择题（以下备选项中只有一项最符合题目要求，不选、错选均不得分）

1. 注册制的基本特点是以（　　）为中心。

A. 信息披露　　B. 信息监管　　C. 信息评估　　D. 信息审核

【答案】A

【解析】 注册制的基本特点是以信息披露为中心，要求保荐机构承担起更多责任，对发行人的信息披露履行更为严格的把关义务。

2. 2020 年 6 月，中国证监会进一步修订《保荐管理办法》，结合注册制下交易所和中国证监会的监管定位调整和丰富了保荐职责的相关表述，并首次提出了（　　）原则。

A. 合理保证　　B. 合理信赖　　C. 相互监督　　D. 风险防范

【答案】B

3. 注册制改革的本质是（　　）。

A. 把决策权交给市场，强化市场约束和法治约束

B. 把选择权交给市场，强化市场监管和法律约束

C. 把选择权交给市场，强化市场约束和法治约束

D. 把决策权交给市场，强化交易所的审核和监督

【答案】C

【解析】 注册制改革的本质是把选择权交给市场，强化市场约束和法治约束。

4. 发行人申请公开发行股票、可转换为股票的公司债券，依法采取承销方式的，或者公开发行法律、行政法规规定实行保荐制度的其他证券的，应当聘请（　　）担任保荐人。

A. 证券公司　　B. 上市公司　　C. 交易所　　D. 证监会

【答案】A

5. 保荐机构在推荐发行人首次公开发行股票并上市和推荐发行人向不特定合格投资者公开发行股票并在（　　）上市前，应当对发行人进行辅导。

A. 上交所　B. 北交所　C. 深交所　D. 证监会

【答案】B

【解析】保荐机构在推荐发行人首次公开发行股票并上市和推荐发行人向不特定合格投资者公开发行股票并在北交所上市前，应当对发行人进行辅导。

6. 保荐机构执业规范要求是（　　）。

A. 先审核，后保荐　B. 先保荐，后监管

C. 先投资，后保荐　D. 投资保荐同时进行

【答案】C

【解析】保荐机构执业规范主要包括业务承揽和收费、保荐业务执行、人员管理、独立性、廉洁从业和“先投资、后保荐”要求等。

7. 《保荐业务规则》要求保荐机构应在保荐业务收费原则制定或调整后（　　）个工作日内向证券业协会报送。

A. 30　B. 15　C. 10　D. 60

【答案】A

【解析】本题考查《证券公司保荐业务规则》中收费规则的概念。《证券公司保荐业务规则》要求保荐机构在保荐业务收费原则制定或调整后 30 个工作日内向证券业协会报送。

8. 《证券公司保荐业务规则》要求保荐机构在保荐项目上市之日起（　　）个工作日内向证券业协会报送该保荐项目的保荐与承销协议、验资报告及发行上市、持续督导两个阶段的收费等相关信息。

A. 30　B. 15　C. 10　D. 60

【答案】C

【解析】本题考查《证券公司保荐业务规则》中收费规则的概念。《证券公司保荐业务规则》要求保荐机构在保荐业务收费原则制定或调整后 30 个工作日内向证券业协会报送，并在保荐项目上市之日起 10 个工作日内向证券业协会报送该保荐项目的保荐与承销协议、验资报告及发行上市、持续督导两个阶段的收费等相关信息。

9. 保荐机构应当在立项环节将发行人初步的尽职调查情况及合规审查材料作为（　　）阶段必备文件。

A. 内部控制　B. 立项申请　C. 立项报送　D. 项目管理

【答案】B

【解析】根据《证券公司保荐业务规则》，保荐机构应当在立项环节将发行人

初步的尽职调查情况及合规审查材料作为立项申请必备文件。

10. 工作日志在尽职调查期间的编制周期（　　）。

A. 每周至少一份　　B. 每周至少两份

C. 每月至少两份　　D. 每月至少一份

【答案】A

11. 为防止保荐机构因与发行人存在关联关系而影响独立性，保荐机构及其控股股东、实际控制人、重要关联方持有发行人的股份合计超过（　　），应当与1家无关联保荐机构联合保荐，共同履行保荐职责，且该无关联保荐机构为第一保荐机构。

A. 9%　　B. 10%　　C. 15%　　D. 7%

【答案】D

12. 保荐机构管理要求，每（　　）至少开展一次保荐业务廉洁从业情况检查，并将检查报告报公司主要负责人。

A. 周　　B. 月　　C. 季　　D. 年

【答案】D

【解析】《关于加强证券公司在投资银行类业务中聘请第三方等廉洁从业风险防控的意见》要求每年至少开展一次保荐业务廉洁从业情况检查，并将检查报告报公司主要负责人。

13. 证券公司担任发行人证券发行上市的辅导机构、财务顾问、保荐机构、主承销商的，应当按照签订有关协议或者实质开展相关业务两个时点孰早的原则，在该时点后私募基金子公司及其下设基金管理机构管理的私募基金、另类子公司不得对发行人进行投资。在（　　）上市的公司可放开该限制。

A. 北交所　　B. 深交所　　C. 上交所　　D. 符合特别规定

【答案】A

【解析】2021年修订的《监管规则适用指引——机构类第1号》放开了保荐机构直接投资拟在北交所上市公司的时点限制。发行人拟公开发行并在北交所上市的，在保荐机构对发行人提供保荐服务前后，保荐机构或者控股该保荐机构的证券公司，及前述机构的相关子公司，均可对发行人进行投资，即可以“先保荐、后直投”。

14. 下列有关薪酬激励约束机制不正确的是（　　）。

A. 设置科学的薪酬体系和长效的激励机制

B. 综合考量业务人员的专业胜任能力、执业质量、合规情况、业务收入等各项因素

C. 以业务包干等承包方式开展保荐业务

D. 建立内控部门对业务人员的执业质量跟踪评价机制，将评价结果纳入业务人员绩效考核

【答案】C

【解析】为避免过度激励，保荐机构不得将业务人员薪酬收入与其承做或承揽的项目收入直接挂钩，不得以业务包干等承包方式开展保荐业务。

15. 下列有关聘用第三方服务机构说法错误的是（　　）。

A. 将法定职责予以外包

B. 制定规范聘用第三方的制度，明确资质条件和遴选流程

C. 制定合理的收费标准

D. 禁止利用聘请第三方进行利益输送、商业贿赂等违法行为

【答案】A

【解析】根据法规规定和客观需要合理使用第三方服务，不得将法定职责予以外包，禁止利用聘请第三方进行利益输送、商业贿赂等违法行为。

16. 证券公司担任发行人证券发行上市的辅导机构、财务顾问、保荐机构、主承销商的时点确定（　　）。

A. 签订协议时间　　B. 实际开展业务时间

C. 签订协议与实质开展业务孰早　　D. 签订合同时间

【答案】C

【解析】证券公司担任发行人证券发行上市的辅导机构、财务顾问、保荐机构、主承销商的，应当按照签订有关协议或者实质开展相关业务两个时点孰早的原则。

17. 发行人拟公开发行并在北交所上市的，保荐机构或者控股该保荐机构的证券公司可对发行人进行投资的时间是（　　）。

A. 在保荐机构对发行人提供保荐服务前后均可

B. 在保荐机构对发行人提供保荐服务前

C. 在保荐机构对发行人提供保荐服务后

D. 在保荐机构签署协议前

【答案】A

【解析】2021年修订的《监管规则适用指引——机构类第1号》放开了保荐机构直接投资拟在北交所上市公司的时点限制。发行人拟公开发行并在北交所上市的，在保荐机构对发行人提供保荐服务前后，保荐机构或者控股该保荐机构的证券公司，及前述机构的相关子公司，均可对发行人进行投资，即可以“先保荐、后直投”。

18. 下列不属于保荐代表人应当具备的专业能力水平的是（　　）。

A. 最近 5 年内具备 36 个月以上保荐相关业务经历

B. 最近 12 个月持续从事保荐相关业务

C. 最近 12 个月内未受到证券交易所等自律组织的重大纪律处分

D. 最近 12 个月内未受到中国证监会的行政处罚

【答案】D

【解析】D 选项正确表述应该是最近 36 个月内未受到中国证监会的行政处罚。

19. 保荐代表人资格采取的管理方法是（　　）。

A. 准入式　　B. 非准入式　　C. 考核式　　D. 任免式

【答案】B

【解析】根据 2019 年修订的《证券法》和国务院“放管服”改革的要求，2020 年修订的《证券发行上市保荐业务管理办法》将保荐代表人准入型考试改为非准入型的专业能力水平评价测试。

20. 保荐代表人管理采取方式（　　）。

A. 事先执业资格管理　　B. 事先执业资格审查

C. 事中执业资格跟踪　　D. 事后执业登记管理

【答案】D

【解析】2020 年修订的《证券发行上市保荐业务管理办法》将保荐代表人准入型考试改为非准入型的专业能力水平评价测试，将保荐代表人事先执业资格的管理改为事后执业登记管理，明确由证券业协会制定保荐代表人的自律管理规范。

21. 对于证券业协会组织保荐代表人专业能力水平评价测试未达到要求的人员，具备（　　）年以上保荐相关业务经验也可登记成为保荐代表人。

A. 3　　B. 5　　C. 8　　D. 10

【答案】C

22. 对于证券业协会组织保荐代表人专业能力水平评价测试未达到要求的人员，最近（　　）年内在符合《证券发行上市保荐业务管理办法》第二条规定的两个证券发行项目中担任过项目组成员，亦可登记成为保荐代表人。

A. 3　　B. 5　　C. 8　　D. 10

【答案】A

23. 下列条件中可视为熟练掌握保荐业务相关法律、会计、财务管理、税务、审计等专业知识，达到相应专业能力水平，无须参加专业能力水平评价测试的是（　　）。

A. 取得国家法律职业资格

B. 取得国家注册会计师资格

C. 具备 8 年以上保荐相关业务经历，且最近 2 年内在符合《证券发行上市保荐业务管理办法》第二条规定的证券发行项目中担任过项目协办人等主要成员

D. 具备 10 年以上保荐相关业务经历，且最近 2 年内在符合《证券发行上市保荐业务管理办法》第二条规定的证券发行项目中担任过项目协办人等主要成员

【答案】D

【解析】对于测试结果未达到基本要求的从业人员，如所在保荐机构出具书面说明并提供验证其专业能力水平的充足材料，亦可登记成为保荐代表人：(1) 具备八年以上保荐相关业务经历（选项 C 错误）；(2) 最近三年内在符合《证券发行上市保荐业务管理办法》第二条规定的两个证券发行项目中担任过项目组成员；(3) 具有金融、经济、会计、法律相关专业硕士研究生以上学历；(4) 取得国家法律职业资格（选项 A 错误）；(5) 取得国家注册会计师资格（选项 B 错误）。具备十年以上保荐相关业务经历，且最近两年内在符合《证券发行上市保荐业务管理办法》第二条规定的证券发行项目中担任过项目协办人等主要成员（发行人、保荐机构、保荐代表人因证券发行上市相关违规行为受到处罚处分措施的项目除外），可视为熟练掌握保荐业务相关法律、会计、财务管理、税务、审计等专业知识，达到相应专业能力水平，无须参加专业能力水平评价测试（选项 D 正确）。

24. 如有充分证据证明证券服务机构及其签字人员不能胜任相关工作，可以提议发行人更换的机构是（　　）。

A. 保荐机构　　B. 证监会　　C. 证券交易所　　D. 上市公司

【答案】A

【解析】如有充分证据证明证券服务机构及其签字人员不能胜任相关工作，保荐机构可以提议发行人更换；若发行人不予更换，应在发行保荐书和保荐工作报告中予以反映。

25. 保荐机构使用第三方机构和个人的专业服务，在第三方工作结束前，下列不属于应当进行的工作是（　　）。

A. 审慎评价其专业胜任能力和客观性

B. 履行充分、适当的核查程序

C. 综合评价第三方的工作范围和工作结果的适当性

D. 评估内部控制水平

【答案】D

【解析】保荐机构在聘请第三方工作时，应当审慎评价其专业胜任能力和客观性；在使用第三方工作结果前，应当履行充分、适当的核查程序，并结合对发行人的了解和实施其他尽职调查程序的结果，综合评价第三方的工作范围和工作结果的适当性。

26. 证券公司针对投资银行类业务应当建立内部控制防线，项目组、业务部门为内部控制的第（　　）道防线。

A. 一　　B. 二　　C. 三　　D. 四

【答案】A

【解析】《证券公司投资银行类业务内部控制指引》明确要求证券公司针对投资银行类业务应当建立分工合理、权责明确、相互制衡、有效监管的三道内部控制防线，项目组、业务部门为内部控制的第一道防线，质量控制为第二道防线，内核、合规、风险管理等部门为第三道防线。

27. 《关于注册制下督促证券公司从事投行业务归位尽责的指导意见》明确抓住（　　），压实证券公司主要负责人、相关高管的管理责任。

A. 少数服从多数　　B. 抓大放小　　C. 抓住重点　　D. 关键少数

【答案】D

28. 下列关于内部控制标准制定说法错误的是（　　）。

A. 行业标准统一　　B. 不可自主安排灵活应用

C. 制定合理的底线要求　　D. 细化内控制度

【答案】B

【解析】《证券公司投资银行类业务内部控制指引》充分尊重公司的自主权，在业务承做管理、内部控制履职部门设置等方面保留了灵活空间，公司可根据自身情况自主安排。

29. 下列有关《关于注册制下提高招股说明书信息披露质量的指导意见》要求错误的是（　　）。

A. 合理信赖　　B. 充分考虑执业风险

C. 无须复核程序可直接信赖　　D. 需要获取能够合理信赖的证据

【答案】C

【解析】2022 年 1 月，证监会颁布《关于注册制下提高招股说明书信息披露质量的指导意见》，要求证券公司应当建立合理信赖证券服务机构的质量控制制度，充分考虑其执业风险，明确合理信赖的标准、依据、程序等，并严格执行复核程序，取得能支持其形成合理信赖的充分证据。

30. 质量控制、内核、合规、风险管理等履行内部控制职能的部门、机构或团队应当独立履职，与其相分离的业务是（　　）。

A. 前台业务　　B. 后台业务　　C. 投资银行业务　　D. 证券业务

【答案】A

【解析】质量控制、内核、合规、风险管理等履行内部控制职能的部门、机构或团队应当与前台业务运作相分离。

31.《证券公司投资银行类业务内部控制指引》从履职角度对独立性的要求错误的是（　　）。

A. 质量控制部门或团队可以独立于投资银行业务条线设立

B. 质量控制部门或团队可以在投资银行业务条线内部设立

C. 强制要求独立设置各内部控制部门

D. 常设内核机构可以在公司层面的内部控制部门内部设立，也可以在公司层面单独设立

【答案】C

【解析】《证券公司投资银行类业务内部控制指引》从履职角度强调独立性，不强制要求独立设置各内部控制部门。

32. 应当对投资银行类业务风险实施过程管理和控制，及时发现、制止、纠正和防范项目执行过程中的问题的部门是（　　）。

A. 质量控制部门或团队

B. 项目组、业务部门

C. 内核、合规、风险管理等部门或机构

D. 审计部门

【答案】A

【解析】质量控制部门或团队为内部控制的第二道防线，应当对投资银行类业务风险实施过程管理和控制，及时发现、制止、纠正和防范项目执行过程中的问题。

33. 能够最大程度前置风险控制工作，履行对投行类项目质量把关和事中风险管理等职责的部门是（　　）。

A. 质量控制部门或团队

B. 项目组、业务部门

C. 内核、合规、风险管理等部门或机构

D. 审计部门

【答案】A

【解析】质量控制是指通过设立质量控制部门或独立的质量控制团队，对投行类业务实施贯穿全流程、各环节的动态跟踪和管理，最大程度前置风险控制工作，履行对投行类项目质量把关和事中风险管理等职责。

34. 通过介入主要业务环节，把控立项、内核等关键风险节点，实现公司层面对投资银行类业务风险的整体管控职责，对项目进行出口管理和终端风险控制的部门是（　　）。

A. 质量控制部门或团队

B. 项目组、业务部门

C. 内核、合规、风险管理等部门或机构

D. 审计部门

【答案】C

【解析】内核、合规、风险管理等部门或机构为内部控制的第三道防线，通过介入主要业务环节，把控立项、内核等关键风险节点，实现公司层面对投资银行类业务风险的整体管控职责，对项目进行出口管理和终端风险控制。

35. 履行好人员管理、项目风险管控等一线管理职责，确保业务人员规范执业的部门是（　　）。

A. 质量控制部门或团队

B. 项目组

C. 业务部门

D. 内核、合规、风险管理等部门或机构

【答案】C

【解析】项目组应当诚实守信、勤勉尽责开展执业活动，履行相关职责，自觉将合规风险意识落实到执业行为中（选项 B 错误）；业务部门要履行好人员管理、项目风险管控等一线管理职责，确保业务人员规范执业。

36. 内核是指在公司层面实施审核，对投资银行类项目进行出口管理和（　　）风险控制。

A. 前端　　B. 终端　　C. 中端　　D. 后端

【答案】B

【解析】内核是指通过设立常设内核机构或非常设内核机构（即内核委员会），在公司层面实施审核，对投资银行类项目进行出口管理和终端风险控制。

37. 管控敏感信息流动的是（　　）部门。

A. 质量控制　　B. 内核　　C. 合规　　D. 风险管理

【答案】C

【解析】合规是指在公司整体合规管理体系下，合规部门和合规管理人员通过进行合规审查、管控敏感信息流动、实施合规检查和整改督导、开展合规培训等措施。

38. 内核部门履行以（　　）名义对外提交、报送、出具或披露材料和文件的最终审批决策职责。

A. 发行人　　B. 保荐代表　　C. 公司　　D. 交易所

【答案】C

【解析】内核部门履行以公司名义对外提交、报送、出具或披露材料和文件的最终审批决策职责。

39. 质量控制履行对投行类项目质量把关和（　　）风险管理等职责。

A. 事中　　B. 事前　　C. 事后　　D. 全过程

【答案】A

【解析】质量控制是指通过设立质量控制部门或独立的质量控制团队，对投行类业务实施贯穿全流程、各环节的动态跟踪和管理，最大程度前置风险控制工作，履行对投行类项目质量把关和事中风险管理等职责。

40. 下列不属于风险管理的是（　　）。

A. 风险排查

B. 风险提示

C. 投行类业务信用、流动性、操作等风险控制

D. 管控敏感信息流动

【答案】D

【解析】D 项属于投行类业务的合规。

41. 下列有关投行业务承做集中统一管理说法错误的是（　　）。

A. 明确界定总部与分支机构的职责范围

B. 证券公司分支机构可以从事各类投行业务的承做活动

C. 证券公司分支机构可以从事项目承揽等辅助性业务活动

D. 证券公司分支机构开展承做业务需为专业投行人员

【答案】B

【解析】除项目承揽等辅助性业务活动外，证券公司分支机构不得从事各类投行业务的承做活动。但部分证券公司存在设立分公司单一开展投行类业务的情况，

其性质与总部下设的投行业务部门类似，承做业务的均为专业投行人员，因此《证券公司投资银行类业务内部控制指引》不禁止这类分支机构开展投行类业务活动。

42. 下列事项在投行人员的收入机制中被允许的是（　　）。

A. 采用投资银行业务团队自担项目执行成本

B. 直接享有大部分项目收入的薪酬激励机制

C. 业务人员收入与项目收入直接挂钩

D. 建立收入递延支付机制

【答案】D

【解析】《证券公司投资银行类业务内部控制指引》对投行人员的收入机制进行了改革：(1) 禁止证券公司采用投资银行业务团队自担项目执行成本、直接享有大部分项目收入的薪酬激励机制或以其他形式实施过度激励（选项 AB 错误），明确业务人员收入不得与项目收入直接挂钩（选项 C 错误），应当综合考虑其专业胜任能力、执业质量、合规情况、业务收入等各项因素；(2) 建立收入递延支付机制，主要针对管理和执行投资银行类项目的主要人员且收入递延支付年限原则上不得少于 3 年，实现责任和义务的更好匹配且在收入上赋予基层投行人员一定的灵活性（选项 D 正确）。

43. 从事投行类业务质量控制、内核、合规、风险管理等内部控制职能为主要职责的从业人员数量不得低于投行类业务人员总数的（　　）。

A. 1/10　　B. 1/2　　C. 1/3　　D. 1/5

【答案】A

【解析】《证券公司投资银行类业务内部控制指引》明确要求从事投行类业务质量控制、内核、合规、风险管理等内部控制职能为主要职责的从业人员数量不得低于投行类业务人员总数的 1/10。

44. 启动内核审议程序应当以（　　）对尽职调查阶段工作底稿的验收通过为前提。

A. 质量控制　　B. 合规检查　　C. 风险管理　　D. 风险评估

【答案】A

【解析】 启动内核审议程序应当以质量控制对尽职调查阶段工作底稿的验收通过为前提。

45. 内核机构应当设立（　　）内核负责人。

A. 1 名　　B. 2 名　　C. 3 名　　D. 4 名

【答案】A

46. 同意保荐、推荐挂牌等重大事项须执行需通过（　　）。

A. 常设内核机构书面审核　　B. 内核会议审议程序

C. 内核委员会集体表决　　D. 内核部门书面审核

【答案】B

【解析】内核程序可以由内核部门等常设内核机构书面审核通过或由内核委员会等非常设内核机构集体表决通过，其中同意保荐、推荐挂牌等重大事项须执行更加严格的内核会议审议程序。

47. 合规履职保障要求专职合规管理人员对投行类终止项目数据库运行情况开展定期检查，加强以（　　）为导向的管理。

A. 问题　　B. 结果　　C. 需求　　D. 效果

【答案】A

【解析】合规履职保障要求专职合规管理人员对投行类终止项目数据库运行情况开展定期检查，加强以问题为导向的管理。

48. 投资银行类业务内部控制有效性评估周期是（　　）。

A. 每半年一次　　B. 每月一次　　C. 每季度一次　　D. 每年一次

【答案】D

【解析】投资银行类业务内部控制有效性评估可以证券公司自行评估也可以委托外部专业机构进行，每年至少进行一次全面评估。

49. 对于因投资银行类业务涉嫌违法违规而被中国证监会立案调查的证券公司，应当在（　　）日内对内部控制执行效果进行评估。

A. 30　　B. 15　　C. 45　　D. 90

【答案】C

【解析】对于因投资银行类业务涉嫌违法违规而被中国证监会立案调查的证券公司，应当在45日内对内部控制执行效果进行评估。

50. 对于因投资银行类业务涉嫌违法违规而被中国证监会立案调查的证券公司，应当对内部控制执行效果进行评估，并于评估工作完成后（　　）日内向中国证监会相关派出机构报送评估报告。

A. 30　　B. 15　　C. 45　　D. 90

【答案】A

51. 下列有关投行类业务内部控制人员薪酬考核体系说法正确的是（　　）。

A. 与单个投行类项目收入挂钩

B. 应当不低于公司同级别人员的最低水平

C. 自担项目执行成本

D. 建立收入递延支付机制

【答案】D

【解析】内部控制人员的薪酬收入不得与单个投行类项目收入挂钩，避免影响其履职独立性（选项A错误）。内部控制人员薪酬收入总额应当不低于公司同级别人员的平均水平，明确了内部控制人员的薪酬底线，为内控建设提供人才保障（选项B错误）。禁止证券公司采用投资银行业务团队自担项目执行成本、直接享有大部分项目收入的薪酬激励机制或以其他形式实施过度激励（选项C错误）。

52. 下列有关合规履职保障说法错误的是（　　）。

A. 为投资银行类业务配备专职合规管理人员

B. 合规管理人员应当作为内核委员会委员，参与内核会议并独立行使表决权

C. 要求专职合规管理人员对投行类终止项目数据库运行情况开展定期检查，加强以问题为导向的管理

D. 合规管理人员可以委托代表代为参加内核会议

【答案】D

【解析】明确合规管理人员应当作为内核委员会委员，参与内核会议并独立行使表决权（选项D错误）。

53. 立项委员的人数及构成要求每次参加立项审议的委员人数不得少于（　　）人。

A. 3　　B. 4　　C. 5　　D. 10

【答案】C

【解析】《证券公司投资银行类业务内部控制指引》明确了立项委员的人数及构成，要求每次参加立项审议的委员人数不得少于5人。

54. 立项委员的人数及构成要求来自内部控制部门的委员人数不得低于参会委员总人数的（　　）。

A. 1/3　　B. 1/2　　C. 1/5　　D. 2/3

【答案】A

【解析】《证券公司投资银行类业务内部控制指引》明确了立项委员的人数及构成，要求每次参加立项审议的委员人数不得少于5人，其中来自内部控制部门的委员人数不得低于参会委员总人数的1/3。

55. 同意立项的决议应当至少经（　　）以上的参会立项委员表决通过。

A. 1/3　　B. 1/2　　C. 1/5　　D. 2/3

【答案】D

【解析】立项审议机构应当以现场、通讯、书面表决等方式履行职责，以投票方式对投资银行类项目能否立项作出决议。同意立项的决议应当至少经 2/3 以上的参会立项委员表决通过。

56. 下列关于底稿验收顺序正确的是（　　）。

①对需关注的问题提请内核会议讨论

②提交质量控制部门或团队验收

③出具验收意见

④申请启动内核会议审议程序

⑤现场尽职调查阶段工作底稿的获取和收集

A. ⑤②④③①　　B. ④⑤②③①　　C. ④②⑤①③　　D. ⑤④②①③

【答案】A

【解析】业务部门申请启动内核会议审议程序前，应当完成对现场尽职调查阶段工作底稿的获取和归集工作，并提交质量控制部门或团队验收。质量控制部门或团队应当出具明确的验收意见。验收通过的，质量控制部门或团队应当制作项目质量控制报告，列示项目存疑或需关注的问题提请内核会议讨论。

57. 同意对外提交、报送、出具或披露材料和文件的决议应当至少经（　　）以上的参会内核委员表决通过。

A. 1/3　　B. 1/2　　C. 1/5　　D. 2/3

【答案】D

【解析】内核会议应当形成明确的表决意见。同意对外提交、报送、出具或披露材料和文件的决议应当至少经 2/3 以上的参会内核委员表决通过。

58. 有效的内核决议参加内核会议的委员人数不得少于（　　）人。

A. 7　　B. 4　　C. 5　　D. 10

【答案】A

【解析】参加内核会议的委员人数不得少于 7 人。

59. 有效的内核决议来自内部控制部门的委员人数不得低于参会委员总人数的（　　）。

A. 1/3　　B. 1/2　　C. 1/5　　D. 2/3

【答案】A

【解析】有效的内核决议来自内部控制部门的委员人数不得低于参会委员总人数的 1/3。

60. 证券公司对外披露持续督导报告应当履行的程序是（　　）。

A. 内核程序　B. 合规程序　C. 风险管理程序　D. 定价程序

【答案】A

【解析】证券公司对外披露持续督导报告应当履行内核程序。

61. 通常证券公司会约定其担任保荐人的 IPO 项目原则上需现场核查到场人数的（　　）。

A. 50%　B. 100%　C. 70%　D. 20%

【答案】B

【解析】基于 IPO 项目的复杂性、高风险，实践中通常证券公司会约定其担任保荐人的 IPO 项目原则上需全部进行现场核查。

62. 投资银行类项目终止后，项目组应当将终止项目信息于（　　）个工作日内报送质量控制部门或团队入库。

A. 10　B. 20　C. 30　D. 45

【答案】B

63. 监督项目组按照相关要求完成工作底稿的整理归档，并对归档工作进行验收的部门是（　　）。

A. 质量控制部门或团队　B. 合规部门

C. 内核部门　D. 业务部门

【答案】A

【解析】质量控制部门或团队应当监督项目组按照相关要求完成工作底稿的整理归档，并对归档工作进行验收。

64.《证券公司重大资产重组财务顾问业务执业质量评价办法》的评价指标中的附加指标是（　　）。

A. 项目质量指标　B. 业务规模指标　C. 业务管理指标　D. 业务创新指标

【答案】D

【解析】基础指标为项目质量指标、业务规模指标、业务管理指标、合规诚信指标（选项 ABC 错误），附加指标为业务创新指标。

65. 应当接受证券业协会组织的财务顾问业务执业质量评价的证券公司是（　　）。

A. 从事上市公司重大资产重组财务顾问业务并出具独立财务顾问报告

B. 从事上市公司重大并购的财务顾问业务并出具独立财务顾问报告

C. 从事上市公司重大资产重组财务顾问业务但未出具独立财务顾问报告

D. 从事上市公司重大并购的财务顾问业务但未出具独立财务顾问报告

【答案】A

【解析】证券业协会修订发布《证券公司重大资产重组财务顾问业务执业质量评价办法》，规定评价期内从事上市公司重大资产重组财务顾问业务并出具独立财务顾问报告的证券公司，应当接受证券业协会组织的财务顾问业务执业质量评价。

66. 公司债业务执业能力评价包括（　　）类指标。

A. 五　　B. 六　　C. 七　　D. 八

【答案】B

【解析】公司债业务执业能力评价包括证券公司公司债券业务的人员与制度保障、业务能力、合规展业、风控实效、市场秩序维护和服务国家战略六类指标。

67.《证券公司投行业务质量评价办法（试行）》建立的评价指标体系其中执业质量评价占（　　）。

A. 60分　　B. 50分　　C. 20分　　D. 40分

【答案】A

【解析】《证券公司投行业务质量评价办法（试行）》建立的评价指标体系包括执业质量评价（基准分60分）、内部控制评价（基准分20分）、业务管理评价（基准分20分）三类指标。

68. 执业质量评价中受理环节的负面事项主要针对的情况是（　　）。

A. 申报文件齐备性、规范性和补正

B. 申报文件的质量问题

C. 保荐机构执业的质量问题

D. 被证券交易所采取自律监管措施或纪律处分

【答案】A

【解析】保荐项目审核结果负面事项主要包括项目或相关主体被采取行政监管措施、被证券交易所采取自律监管措施或纪律处分、项目未通过审核或不予核准/注册、项目撤回申请等（选项D错误）。审核（含注册）环节的负面事项主要针对申报文件和保荐机构执业的质量问题（选项BC错误）。

69. 投行业务内部管理的指标设计对项目层面的内部控制各个环节的具体要求主要参照的是（　　）。

A.《证券公司投资银行类业务内部控制指引》

B.《证券公司投资银行类业务工作底稿电子化管理系统建设指引》

C.《证券公司内部控制指引》

D.《投资银行内部控制指引》

【答案】A

【解析】 工作底稿电子化管理的指标设计主要参照《证券公司投资银行类业务内部控制指引》和《证券公司投资银行类业务工作底稿电子化管理系统建设指引》对底稿归档和电子化底稿的相关要求（选项 B 错误）。《证券公司内部控制指引》明确证券公司应建立对分销商分销能力的评估监测制度（选项 C 错误）。《投资银行内部控制指引》明确证券公司应当建立立项工作考核评价制度，从参会频率、履职效果等方面对立项委员的履职情况进行考核评价（选项 D 错误）。

70. 证券公司对各个投行项目业务管理及工作底稿电子化管理过程中触发负面事项的情况进行自评的评价机制是（　　）。

A. 内部控制评价　B. 业务管理评价　C. 执业质量评价　D. 环境质量评价

【答案】B

【解析】 业务管理评价由证券公司对各个投行项目业务管理及工作底稿电子化管理过程中触发负面事项的情况进行自评，证券业协会复核、调整后确认。

71. 证券公司投行业务质量评价结果中 A 类为不存在重大负面事项的且得分排序前（　　）。

A. 30%　B. 40%　C. 50%　D. 20%

【答案】D

【解析】 得分排序前 20% 且不存在重大负面事项的列为 A 类，排序后 20% 的列为 C 类，其余列为 B 类。

72. 证券公司投行业务质量评价结果中 N 类为（　　）。

A. 排序前 20%　B. 排序后 20%

C. 评价期内无项目　D. 评价期内存在违规行为

【答案】C

【解析】 评价期内无项目的证券公司不参与评价，统一确定为 N 类。

73. 为方便供监管机构在日常监管工作中参考使用，评价结果可以报送（　　）。

A. 中国证监会　B. 交易所　C. 专家评审会　D. 证券业协会

【答案】A

【解析】 评价结果报送中国证监会，同时抄送中国证监会各派出机构及证券交易所，供监管机构在日常监管工作中参考使用。

74. 1997 年首次纳入了“欺诈发行股票、债券罪”“擅自发行股票、公司、企业债券罪”“提供虚假证明文件罪、出具证明文件重大失实罪”等与股票发行相关的罪名的法律是（　　）。

A.《刑法》 B.《证券法》

C.《虚假陈述若干规定》 D.《保荐管理办法》

【答案】A

75. 因虚假陈述行为进行欺诈发行，给投资者造成损失的，相应责任主体应当承担（　　）。

A. 民事赔偿责任 B. 刑事责任 C. 行政责任 D. 自律自查

【答案】A

【解析】结合2019年修订的《证券法》《虚假陈述若干规定》和《代表人诉讼若干规定》的相关条款，因虚假陈述行为进行欺诈发行，给投资者造成损失的，相应责任主体应当承担民事赔偿责任。

76. 承担资产评估、验资、验证、会计、审计、法律服务、保荐、安全评价、环境影响评价、环境监测等职责的中介组织的人员，严重不负责任，出具的证明文件有重大失实，造成严重后果的（　　）。

A. 处5年以下有期徒刑或者拘役

B. 处5年以上有期徒刑

C. 非法募集资金金额20%以上1倍以下罚金

D. 处3年以下有期徒刑，并处罚金

【答案】D

77. 发行人公告的证券发行文件存在虚假记载、误导性陈述或者重大遗漏，致使投资者在证券交易中遭受损失的，应当承担赔偿责任，其他责任主体（　　）。

A. 不承担责任 B. 承担连带赔偿责任

C. 承担主要责任 D. 偿还后承担追偿责任

【答案】B

【解析】《证券法》第八十五条规定，发行人公告的证券发行文件存在虚假记载、误导性陈述或者重大遗漏，致使投资者在证券交易中遭受损失的，应当承担赔偿责任，其他责任主体承担连带赔偿责任。

78. 信息披露义务人披露的信息中对相关财务数据进行重大不实记载，或者对其他重要信息作出与真实情况不符的描述的是（　　）。

A. 虚假记载 B. 误导性陈述 C. 重大遗漏 D. 欺诈

【答案】A

【解析】“虚假记载”指信息披露义务人披露的信息中对相关财务数据进行重大不实记载，或者对其他重要信息作出与真实情况不符的描述（选项A正确）。

“误导性陈述”指信息披露义务人披露的信息隐瞒了与之相关的部分重要事实，或者未及时披露相关更正、确认信息，致使已经披露的信息因不完整、不准确而具有误导性（选项B错误）。“重大遗漏”指信息披露义务人违反关于信息披露的规定，对重大事件或者重要事项等应当披露的信息未予披露（选项C错误）。

79. 股票发行虚假陈述行为的民事责任主体遵循的原则是（　　）。

A. 归责原则　　B. 过错推定原则

C. 无过错责任原则　　D. 公平责任原则

【答案】B

【解析】2019年修订的《证券法》将所有股票发行虚假陈述行为的民事责任主体的归责原则均调整为过错推定原则（选项ACD错误）。

80. 投资者保护机构受（　　）名以上投资者委托，可以作为代表人参加诉讼。

A. 30　　B. 40　　C. 50　　D. 10

【答案】C

【解析】《证券法》第九十五条规定投资者保护机构受50名以上投资者委托，可以作为代表人参加诉讼，投资者将按照“默示加入、明示退出”的方式参与诉讼。

81. 发行人在其公告的证券发行文件中隐瞒重要事实或者编造重大虚假内容，尚未发行证券的处罚是（　　）。

A. 处以200万元至2 000万元的罚款

B. 处以100万元至1 000万元的罚款

C. 没收违法所得，并处以违法所得10%以上1倍以下的罚款

D. 没有违法所得或者违法所得不足2 000万元的，处以200万元至2 000万元的罚款

【答案】A

【解析】对直接负责的主管人员和其他直接责任人员，处以100万元至1 000万元的罚款（选项B错误）。发行人的控股股东、实际控制人组织、指使从事前述违法行为的，没收违法所得，并处以违法所得10%以上一倍以下的罚款；没有违法所得或者违法所得不足2 000万元的，处以200万元至2 000万元的罚款（选项CD错误）。

82. 发行人被认定在发行上市申请文件、信息披露文件中隐瞒重要事实或者编造重大虚假内容的，上交所对发行人给予（　　）年内不接受发行人提交的证券发

行上市申请文件纪律处分。

A. 3　　B. 5　　C. 10　　D. 2

【答案】B

83. 发行人报送的发行上市申请文件、信息披露文件被认定存在虚假记载、误导性陈述或者重大遗漏，上交所对发行人的处罚是（　　）不接受其提交的发行上市申请文件。

A. 3 年内　　B. 3 年至 5 年内　　C. 1 年至 5 年内　　D. 1 年至 3 年内

【答案】B

【解析】发行人报送的发行上市申请文件、信息披露文件被认定存在虚假记载、误导性陈述或者重大遗漏，上交所 3 年至 5 年内不接受其提交的发行上市申请文件（选项 A 错误，选项 B 正确）；组织、指使发行人进行财务造假、利润操纵或者在发行上市申请文件、信息披露文件中隐瞒重要事实或编造重大虚假内容的，上交所 1 年至 5 年内不接受控股股东、实际控制人及其控制的其他发行人提交的发行上市申请文件（选项 C 错误）；保荐人未勤勉尽责，致使发行上市申请文件、信息披露文件被认定存在虚假记载、误导性陈述或者重大遗漏的，上交所视情节轻重，自确认之日起，可以对保荐人、保荐代表人及相关责任人员给予 1 年至 3 年内不接受其提交或签字的发行上市申请文件、信息披露文件的纪律处分（选项 D 错误）。

84.（　　）未勤勉尽责，致使发行上市申请文件、信息披露文件中与其职责有关的内容及其所出具的文件被认定存在虚假记载、误导性陈述或者重大遗漏的，上交所对相关机构及其责任人员给予 3 个月至 3 年内不接受其提交或签字的发行上市申请文件、信息披露文件的纪律处分。

A. 发行人

B. 保荐人及保荐代表人

C. 证券服务机构及其责任人员

D. 发行人的控股股东、实际控制人、董事、监事

【答案】C

【解析】上交所对发行人给予 5 年内不接受发行人提交的证券发行上市申请文件纪律处分（选项 A 错误）。1 年至 5 年内不接受控股股东、实际控制人及其控制的其他发行人提交的发行上市申请文件等纪律处分（选项 D 错误）。对保荐人、保荐代表人及相关责任人员给予 1 年至 3 年内不接受其提交或签字的发行上市申请文件、信息披露文件的纪律处分（选项 B 错误）。

85. 发行上市申请文件、信息披露文件未做到真实、准确、完整，但未达到虚

假记载、误导性陈述和重大遗漏的程度的，上交所采取的措施不包括（　　）。

A. 口头警示、书面警示、监管谈话

B. 通报批评、公开谴责

C. 3 个月至 1 年内不接受保荐人、证券服务机构及相关人员提交或签字的发行上市申请文件及信息披露文件

D. 1 年至 3 年内不接受发行人提交的发行上市申请文件

【答案】D

【解析】6 个月至 1 年内不接受发行人提交的发行上市申请文件（选项 D 正确）。

86. 对于发行人、保荐机构及证券服务机构等干扰监管审核、阻碍或拒绝交易所检查的，责令改正的机构是（　　）。

A. 公安机关　　B. 证监会　　C. 上交所　　D. 行业协会

【答案】B

【解析】根据《证券法》规定，拒绝、阻碍证监会及其工作人员依法行使监督检查、调查职权，由证监会责令改正，处以 10 万元以上 100 万元以下的罚款，并由公安机关依法给予治安管理处罚。

87. 法定代表人、财务负责人应当在股东大会以及交易所网站、符合证监会规定条件的媒体上公开作出解释并道歉的情形是（　　）。

A. 利润实现数未达到盈利预测的 80%

B. 利润实现数未达到盈利预测的 50%

C. 上市当年即亏损且选取的上市标准包含净利润指标

D. 主板上市公司上市当年营业利润同比下降 50% 以上

【答案】A

【解析】发行人披露盈利预测，利润实现数如未达到盈利预测的 80% 的，除因不可抗力外，其法定代表人、财务负责人应当在股东大会以及交易所网站、符合证监会规定条件的媒体上公开作出解释并道歉（选项 A 正确）。利润实现数未达到盈利预测的 50% 的，除因不可抗力外，证监会可以采取责令改正、监管谈话、出具警示函等监管措施（选项 B 错误）。

二、多项选择题（以下备选项中有两项或两项以上符合题目要求，多选、少选、错选均不得分）

1. 保荐机构统筹全面核查验证职责和义务的基础有（　　）。

A. 合理信赖　　B. 保持职业道德　　C. 勤勉尽责　　D. 恪守职业准则

【答案】AC

【解析】《尽调准则》明确提出了“合理信赖、勤勉尽责”的基本理念和专业标准，作为保荐机构统筹全面核查验证职责和义务的基础。

2. 监管机构将通过（　　）措施，督促保荐机构归位尽责，夯实全面注册制改革基础。

A. 内控建设　　B. 监管问责　　C. 声誉约束　　D. 监管协同

【答案】ABCD

【解析】全面注册制将进一步压严压实保荐机构的“看门人”责任，明确“申报即担责”，保荐职责进一步加大，监管机构将通过强化内控建设、监管问责、声誉约束、监管协同等措施，督促保荐机构归位尽责，夯实全面注册制改革基础。

3. 保荐机构推荐发行人证券发行上市，应当遵循的原则有（　　）。

A. 诚实守信　　B. 勤勉尽责　　C. 独立性　　D. 公平公正

【答案】AB

【解析】根据《证券发行上市保荐业务管理办法》，保荐机构推荐发行人证券发行上市，应当遵循诚实守信、勤勉尽责的原则。

4. 保荐机构制定明确且合理的保荐业务收费原则时应考虑的因素有（　　）。

A. 保荐机构、保荐代表人、其他从事保荐业务的人员从事该保荐业务所需要的时间、投入的精力和其他相应成本

B. 保荐业务的性质、创新性和复杂程度

C. 根据发行人的要求或实际情况确定的特殊时间限制

D. 保荐机构、保荐代表人、其他从事保荐业务的人员的经验、声誉和能力

【答案】ABCD

【解析】《保荐业务规则》要求，保荐机构应当制定明确且合理的保荐业务收费原则，收费原则的确定应当主要考虑选项 ABCD 外，还需考虑（1）保荐业务的持续责任和风险；（2）保荐机构的实际成本支出；（3）其他应当考虑的合理因素。

5. 保荐机构在保荐项目上市之日起 10 个工作日内向证券业协会报送该保荐项目的保荐与承销协议、验资报告及两个阶段收费等相关信息，其中两个阶段包括（　　）。

A. 发行上市　　B. 持续督导　　C. 审核评估　　D. 风险防控

【答案】AB

【解析】《证券公司保荐业务规则》要求保荐机构在保荐业务收费原则制定或调整后 30 个工作日内向证券业协会报送，并在保荐项目上市之日起 10 个工作日内

向证券业协会报送该保荐项目的保荐与承销协议、验资报告及发行上市、持续督导两个阶段的收费等相关信息（选项 AB 正确，选项 CD 错误）。

6. 根据《证券发行上市保荐业务管理办法》，保荐机构尽职推荐的职责包括（　　）。

A. 对发行人开展合理的全面调查并进行辅导

B. 考虑保荐业务的时间、范围和性质是否与实际能力相符

C. 组织编制申请文件并出具推荐文件

D. 发行上市完成后，持续督导发行人履行规范运作、信守承诺、信息披露等义务

【答案】ACD

7. 保荐业务的执行规范包括（　　）。

A. 立项规范　　B. 尽职调查、辅导与底稿规范

C. 申报规范　　D. 发行承销规范

【答案】ABCD

【解析】保荐业务的执行规范包括以下方面：对拟推荐发行人开展初步尽职调查及合规审查的项目立项规范；对发行人进行尽职调查和辅导并形成工作底稿的执业规范；对公开披露文件及申报文件、推荐文件的信息披露和文件质量规范；发行承销规范；上市后持续督导规范。

8. 在完善激励约束机制中，为避免过度激励，保荐机构不得采取的措施是（　　）。

A. 将业务人员薪酬收入与其承做或承揽的项目收入直接挂钩

B. 以业务包干等承包方式开展保荐业务

C. 综合考量业务人员的专业胜任能力、执业质量等各项因素

D. 建立长效的激励机制

【答案】AB

【解析】本题考查加强从业人员管理，完善激励约束机制的具体措施。保荐机构应当设置科学的薪酬体系和长效的激励机制（选项 D 错误），综合考量业务人员的专业胜任能力、执业质量、合规情况、业务收入等各项因素确定人员薪酬标准（选项 C 错误）。为避免过度激励，保荐机构不得将业务人员薪酬收入与其承做或承揽的项目收入直接挂钩，不得以业务包干等承包方式开展保荐业务（选项 AB 正确）。

9. 保荐代表人、项目组其他成员及其配偶、保荐业务负责人、内核负责人、保荐业务部门负责人不得参与该项目的情形包括（　　）。

A. 担任发行人及其关联方的董事、监事、高级管理人员或核心技术人员

B. 担任发行人及其关联方的控股股东、实际控制人的董事、监事、高级管理人员

C. 直接或间接持有发行人股份

D. 担任发行人聘任的其他证券服务机构的负责人、专家顾问或者项目组成员

【答案】ABCD

【解析】《保荐业务规则》规定，除选项ABCD外保荐代表人、项目组其他成员及其配偶、保荐业务负责人、内核负责人、保荐业务部门负责人有以下情形之一的，不得参与该项目：与发行人及其关联方存在其他影响履行保荐职责的利害关系；或存在其他影响独立专业判断的情形。

10. 证券公司担任发行人证券发行上市的辅导机构、财务顾问、保荐机构、主承销商的，应当按照签订有关协议或者实质开展相关业务两个时点孰早的原则，在该时点后不得对发行人进行投资的机构包括（　　）。

A. 私募基金子公司

B. 私募基金子公司下设基金管理机构管理的私募基金

C. 另类子公司

D. 主承销商

【答案】ABC

【解析】根据证券业协会于2016年发布实施《证券公司私募投资基金子公司管理规范》及《证券公司另类投资子公司管理规范》。证券公司担任发行人证券发行上市的辅导机构、财务顾问、保荐机构、主承销商的，应当按照签订有关协议或者实质开展相关业务两个时点孰早的原则，在该时点后私募基金子公司及其下设基金管理机构管理的私募基金、另类子公司不得对发行人进行投资。

11. 保荐代表人应当具备的专业能力包括（　　）。

A. 熟练掌握保荐业务相关的法律、会计、财务管理、税务、审计等专业知识

B. 最近5年内具备36个月以上保荐相关业务经历

C. 最近12个月持续从事保荐相关业务

D. 最近12个月内未受到证券交易所等自律组织的重大纪律处分或者中国证监会的重大监管措施

【答案】ABCD

12. 同时满足以下内容无须参加专业能力水平评价测试的有（　　）。

A. 具备10年以上保荐相关业务经历

B. 最近两年内在符合《保荐管理办法》第二条规定的证券发行项目中担任过项目协办人等主要成员

C. 取得国家法律职业资格

D. 取得国家注册会计师资格

【答案】AB

【解析】 对于测试结果未达到基本要求的从业人员，如所在保荐机构出具书面说明并提供验证其专业能力水平的充足材料，亦可登记成为保荐代表人。保荐机构提供的材料应当包括下列中的任意四项：（1）具备8年以上保荐相关业务经历；（2）最近三年内在符合《保荐管理办法》第二条规定的两个证券发行项目中担任过项目组成员（发行人、保荐机构、保荐代表人因证券发行上市相关违规行为受到处罚处分措施的项目除外）；（3）具有金融、经济、会计、法律相关专业硕士研究生以上学历；（4）取得国家法律职业资格；（5）取得国家注册会计师资格（选项CD错误）。具备十年以上保荐相关业务经历，且最近两年内在符合《保荐管理办法》第二条规定的证券发行项目中担任过项目协办人等主要成员（发行人、保荐机构、保荐代表人因证券发行上市相关违规行为受到处罚处分措施的项目除外），可视为熟练掌握保荐业务相关法律、会计、财务管理、税务、审计等专业知识，达到相应专业能力水平，无须参加专业能力水平评价测试（选项AB正确）。

13. 保荐代表人及其他从事保荐业务的人员应当遵守的职业道德要求有（　　）。

A. 诚实守信　　B. 恪守秘密　　C. 客观公正　　D. 独立自主

【答案】ABC

【解析】 保荐代表人及其他从事保荐业务的人员应当遵守的职业道德要求有诚实守信、恪守秘密、客观公正。

14. 如有充分理由确信证券服务机构及其签字人员出具的专业意见存在虚假记载、误导性陈述或者重大遗漏等违法违规或不当情形的，保荐机构应及时发表意见，情节严重的，应当进行报告的机构有（　　）。

A. 证监会　　B. 证券机构　　C. 证券交易所　　D. 监督机构

【答案】AC

15. 保荐机构聘请第三方工作需实施的程序有（　　）。

A. 审慎评价其专业胜任能力和客观性

B. 履行充分、适当的核查程序

C. 结合对发行人的了解和实施其他尽职调查程序的结果，综合评价第三方的工作范围

D. 结合对发行人的了解和实施其他尽职调查程序的结果，综合评价第三方的工作结果的适当性

【答案】ABCD

【解析】保荐机构在聘请第三方工作时，应当审慎评价其专业胜任能力和客观性（选项 A 正确）；在使用第三方工作结果前，应当履行充分、适当的核查程序，并结合对发行人的了解和实施其他尽职调查程序的结果，综合评价第三方的工作范围和工作结果的适当性（选项 BCD 正确）。

16.《投行业务内控指引》明确要求证券公司针对投资银行类业务应当建立（　　）三道内部控制防线。

A. 分工合理　　B. 权责明确　　C. 相互制衡　　D. 有效监管

【答案】ABCD

17.《投行业务内控指引》在（　　）方面提出适用于行业的统一标准。

A. 立项、质量控制、内核等内部控制流程

B. 持续督导和后续管理专岗

C. 工作日志

D. 底稿管理

【答案】ABCD

【解析】《投行业务内控指引》在全面考虑不同公司组织架构、业务规模等特性的基础上，归纳、提炼出适用于行业的统一内部控制标准，并参照此前各规则对各类投行业务内部控制的不同要求，将立项、质量控制、内核等内部控制流程，持续督导和后续管理专岗、工作日志、底稿管理等内部控制安排上升为投行业务的统一要求，拉平行业标准。

18.《保荐管理办法》规定保荐机构应当（　　）。

A. 建立分工合理、权责明确、相互制衡、有效监督的内控机制

B. 建立健全并执行覆盖全部保荐业务流程和全体保荐业务人员的内部控制制度

C. 建立健全内部问责机制

D. 建立健全廉洁从业风险防控机制

【答案】ABCD

19. 证券公司投资银行类业务内部控制应当遵循（　　）原则。

A. 健全　　B. 统一　　C. 合理　　D. 独立

【答案】ABCD

20. 证券公司投资银行类业务包括（　　）。

A. 承销与保荐 B. 上市公司并购重组财务顾问

C. 公司债券受托管理 D. 非上市公众公司推荐及资产证券化

【答案】ABCD

【解析】 证券公司投资银行类业务包括承销与保荐、上市公司并购重组财务顾问、公司债券受托管理、非上市公众公司推荐及资产证券化等其他具有投资银行特性的业务。

21. 投行类业务的风险管理履行的控制职责包括（ ）。

A. 业务信用风险 B. 流动性风险 C. 操作风险 D. 事中风险管理

【答案】ABC

【解析】 质量控制履行对投行类项目质量把关和事中风险管理等职责（选项D错误）。投行类业务的风险管理履行对投行类业务信用、流动性、操作等风险的控制职责（选项ABC正确）。

22. 下列事项在投行人员的收入机制中不被允许的有（ ）。

A. 采用投资银行业务团队自担项目执行成本

B. 直接享有大部分项目收入的薪酬激励机制

C. 业务人员收入与项目收入直接挂钩

D. 建立收入递延支付机制

【答案】ABC

【解析】《投行业务内控指引》对投行人员的收入机制进行了改革：（1）禁止证券公司采用投资银行业务团队自担项目执行成本、直接享有大部分项目收入的薪酬激励机制或以其他形式实施过度激励（选项AB正确），明确业务人员收入不得与项目收入直接挂钩（选项C正确），应当综合考虑其专业胜任能力、执业质量、合规情况、业务收入等各项因素；（2）建立收入递延支付机制，主要针对管理和执行投资银行类项目的主要人员且收入递延支付年限原则上不得少于3年，实现责任和义务的更好匹配且在收入上赋予基层投行人员一定的灵活性（选项D错误）。

23. 下列关于投行类业务内部控制人员薪酬考核体系说法正确的有（ ）。

A. 薪酬收入不得与单个投行类项目收入挂钩

B. 内部控制人员薪酬收入总额应当不低于公司同级别人员的平均水平

C. 内部控制人员薪酬收入总额应当不高于公司同级别人员的平均水平

D. 不得直接享有大部分项目收入的薪酬激励机制

【答案】AB

【解析】 收入机制指出禁止证券公司采用投资银行业务团队自担项目执行成本、

直接享有大部分项目收入的薪酬激励机制或以其他形式实施过度激励（选项D错误）。证券公司应建立科学合理的投行类业务内部控制人员薪酬考核体系，一方面内部控制人员的薪酬收入不得与单个投行类项目收入挂钩；另一方面内部控制人员薪酬收入总额应当不低于公司同级别人员的平均水平（选项C错误）。

24. 所有以公司名义对外（　　）的文件和材料均应当履行内核程序，确保公司层面从出口对投行类项目进行有效管控。

A. 提交　　B. 报送　　C. 出具　　D. 披露

【答案】ABCD

【解析】所有以公司名义对外提交、报送、出具或披露的文件和材料均应当履行内核程序，确保公司层面从出口对投行类项目进行有效管控。

25. 合规管理人员的职责有（　　）。

A. 作为内核委员会委员　　B. 参与内核会议

C. 独立行使表决权　　D. 行使监督权

【答案】ABC

【解析】合规管理人员应当作为内核委员会委员，参与内核会议并独立行使表决权。

26. 风险管理履行保障包括（　　）。

A. 明确风险管理人员应当作为内核委员会委员

B. 明确风险管理人员应当参与内核会议并独立行使表决权

C. 强调风险管理对包销风险的控制

D. 强化对存续期项目的风险管理力度

【答案】ABCD

【解析】一是明确风险管理人员应当作为内核委员会委员，参与内核会议并独立行使表决权；二是强调风险管理对包销风险的控制，要求风险管理部门委派代表参加包销决策过程，独立发表意见；三是强化对存续期项目的风险管理力度，明确风险管理部应当对处于后续管理阶段项目进行持续风险管理。

27. 内部控制制度保障包括（　　）。

A. 风险事项报告制度　　B. 应急处理机制

C. 内部问责机制　　D. 信息隔离墙制度

【答案】ABCD

【解析】证券公司应当通过建立健全投行类业务风险事项报告制度、应急处理机制、内部问责机制、利益冲突审查机制、信息隔离墙制度、未公开信息知情人管理制度、反洗钱制度、合规检查制度等细化合规、风险控制相关制度安排，为有效内部控制提供制度保障。

28. 下列有关立项委员正确的有（　　）。

A. 独立发表意见

B. 行使表决权

C. 参与其负责或可能存在利益冲突的表决

D. 与客户签订合同

【答案】AB

【解析】立项审议机构应当聘请一定数量的立项委员，独立发表意见和行使表决权。立项委员不得参与其负责或可能存在利益冲突项目的表决（选项 C 错误）。投资银行类项目未经立项审议通过前，证券公司不得与客户签订正式业务合同（选项 D 错误）。

29. 立项审议机构履行职责的方式包括（　　）。

A. 现场　　B. 通讯　　C. 书面　　D. 代理

【答案】ABC

【解析】立项审议机构应当以现场、通讯、书面表决等方式履行职责，以投票方式对投资银行类项目能否立项作出决议。

30. 下列关于工作日志的说法正确的有（　　）。

A. 项目组应为每个投资银行类项目编制单独的工作日志

B. 按照重要性排序全面、完整地记录尽职调查过程

C. 应当作为工作底稿一部分存档备查

D. 不需要存档备查

【答案】AC

【解析】工作日志应当按照时间顺序全面、完整地记录尽职调查过程，并作为工作底稿一部分存档备查（选项 BD 错误）。

31. 下列关于现场核查报告的说法正确的有（　　）。

A. 质量控制人员应当形成书面或电子形式的现场核查报告

B. 不需存档备查

C. 应当如实记录、反映现场核查情况

D. 分析、判断项目风险和项目组执业情况

【答案】ACD

【解析】质量控制人员应当形成书面或电子形式的现场核查报告并存档备查

(选项B错误)。现场核查报告应当如实记录、反映现场核查情况，分析、判断项目风险和项目组执业情况，形成明确的现场核查结论。

32. 立项至报送阶段的内部控制包括（　　）。

A. 尽职调查制度　B. 利益冲突审查　C. 现场核查制度　D. 底稿验收制度

【答案】ACD

【解析】利益冲突审查属于承揽至立项阶段的内部控制（选项B错误）。

33. 内核会议前置条件包括（　　）。

A. 项目组应配合质控验收尽调阶段底稿

B. 项目组完成问核工作

C. 质控报告、工作底稿验收意见及经确认的问核记录等应提交内核流程

D. 提出反馈意见报告

【答案】ABC

【解析】申请内核前，项目组应配合质控验收尽调阶段底稿、完成问核工作；质控报告、工作底稿验收意见及经确认的问核记录等提交内核流程后，方可安排内核会议。

34. 内核会议中以投票表决方式对下列事项作出审议包括（　　）。

A. 是否同意保荐发行人股票、可转换债券和其他证券发行上市

B. 是否同意出具上市公司并购重组财务顾问专业意见

C. 是否同意承销债券发行

D. 是否同意推荐申请挂牌公司股票挂牌

【答案】ABCD

【解析】除选项ABCD外，内核委员会应当以现场、通讯等会议方式履行职责，以投票表决方式对下列事项作出审议：（1）是否同意设立专项计划、发行资产支持证券；（2）规章和其他规范性文件、行业规范和自律规则以及公司认为有必要的事项。

35. 内核审议应当重点关注审议项目包括（　　）。

A. 是否符合法律法规、规范性文件和自律规则的相关要求

B. 尽职调查是否勤勉尽责

C. 是否同意承销债券发行

D. 是否同意推荐申请挂牌公司股票挂牌

【答案】AB

【解析】是否同意承销债券发行和是否同意推荐申请挂牌公司股票挂牌为采取

投票方式进行内核审议的范围（选项 CD 错误）。

36. 有效的内核表决应当至少满足的条件有（　　）。

A. 参加内核会议的委员人数不得少于 7 人

B. 来自内部控制部门的委员人数不得低于参会委员总人数的 1/3

C. 至少有 1 名合规管理人员参与投票表决

D. 同意内核会议的决议应当至少经 2/3 以上的参会内核委员表决通过

【答案】ABC

【解析】同意立项的决议应当至少经 2/3 以上的参会立项委员表决通过，内核决议中没有该项规定（选项 D 错误）。

37. 下列属于报送至发行上市或挂牌阶段的内部控制的有（　　）。

A. 现场核查报告　　B. 项目跟踪管理机制

C. 承销业务制度和决策机制　　D. 包销风险评估与处理机制

【答案】BCD

【解析】现场核查机制属于立项至报送阶段的内部控制（选项 A 错误）。

38. 下列属于承揽至立项阶段的内部控制的有（　　）。

A. 利益冲突审查　　B. 工作考评评价

C. 现场合规检查　　D. 反馈意见报告制度

【答案】AB

【解析】现场合规检查属于立项至报送阶段的内部控制（选项 C 错误）。反馈意见报告制度属于报送至发行上市或挂牌阶段的内部控制（选项 D 错误）。

39. 证券公司风险管理部门具体职责包括（　　）。

A. 对存续期项目风险实行动态监测

B. 对重大风险事件进行评估

C. 参与对重大风险事件的处置工作

D. 牵头业务部门制定存续期项目风险排查方案

【答案】ABCD

【解析】证券公司风险管理部门具体职责包括：(1) 对存续期项目风险实行动态监测，对重大风险事件进行评估；参与对重大风险事件的处置工作；(2) 牵头业务部门制订存续期项目风险排查方案，每年对存续期项目开展全面风险排查，并完成排查工作报告。

40. 风险管理部门负责关注池的日常管理和维护，并将入池名单定期提交（　　）。

A. 投资银行业务负责人　　B. 首席风险官

C. 合规总监　　D. 内核负责人

【答案】ABC

【解析】风险管理部门负责关注池的日常管理和维护，并将入池名单定期提交投资银行业务负责人、首席风险官和合规总监。

41. 纳入投资银行类终止项目数据库的项目包括（　　）。

A. 立项、内核等环节被否决的项目

B. 中国证监会、证券交易场所和行业协会等自律组织报送被否决或备案未通过的项目

C. 终止审查的项目

D. 变更业务类型的项目

【答案】ABCD

【解析】除 ABCD 外，纳入投资银行类终止项目数据库的项目包括但不限于下列类型：（1）双方协议终止的项目；（2）其他类型的项目。

42. 投资银行类终止项目数据库应当清晰记录项目的主要情况包括（　　）。

A. 项目名称　　B. 承做时间

C. 入库原因　　D. 主要问题和当前状态

【答案】ABCD

【解析】投资银行类终止项目数据库应当清晰记录项目的主要情况，包括但不限于项目名称、承做时间、入库原因、主要问题和当前状态。

43. 下列属于终止项目数据库管理范围的有（　　）。

A. 项目组及时报送

B. 质量控制部门或团队负责日常更新维护

C. 专职合规管理人员定期检查

D. 项目组程序合规性

【答案】ABC

【解析】数据库管理包括项目组及时报送、质量控制部门或团队负责日常更新维护、专职合规管理人员定期检查。

44. 属于应当重新履行立项、内核等内部控制程序的情形是（　　）。

A. 发行条件发生实质性改变的项目

B. 曾被公司立项、内核审议否决的项目

C. 向中国证监会和证券交易场所、行业协会等自律组织报送被否决或备案未

通过的项目

D. 终止审查的项目

【答案】ABCD

45.《证券公司投行业务质量评价办法（试行）》发布前，与证券公司投行业务相关的执业质量评价主要包括（　　）。

A. 投行业务负面执业记录机制

B. 上市公司并购重组财务顾问业务执业能力和专业评价

C. 公司债券业务执业能力评价

D. 全国股转公司主办券商执业质量评价

【答案】ABCD

【解析】《证券公司投行业务质量评价办法（试行）》发布前，与证券公司投行业务相关的执业质量评价主要包括投行业务负面执业记录机制、上市公司并购重组财务顾问业务执业能力和专业评价、公司债券业务执业能力评价和全国股转公司主办券商执业质量评价。

46. 证券业协会修订发布《证券公司重大资产重组财务顾问业务执业质量评价办法》评价指标中的基础指标包括（　　）。

A. 业务规模指标　B. 业务管理指标　C. 合规诚信指标　D. 业务创新指标

【答案】ABC

【解析】基础指标为项目质量指标、业务规模指标、业务管理指标、合规诚信指标，附加指标为业务创新指标（选项 D 错误）。

47. 公司债业务执业能力评价包括（　　）等六类指标。

A. 业务能力　B. 合规展业　C. 风控实效　D. 市场秩序维护

【答案】ABCD

【解析】公司债业务执业能力评价包括证券公司公司债券业务的人员与制度保障、业务能力、合规展业、风控实效、市场秩序维护和服务国家战略六类指标。

48.《全国中小企业股份转让系统主办券商执业质量评价办法》中的评价指标包括（　　）。

A. 执业质量负面行为记录　B. 被采取自律监管措施

C. 纪律处分　D. 行政监管措施和行政处罚情况

【答案】ABCD

【解析】《全国中小企业股份转让系统主办券商执业质量评价办法》主要针对主办券商的执业质量，评价指标包括执业质量负面行为记录、被采取自律监管措施、纪律处分、行政监管措施和行政处罚情况、对市场发展的贡献以及其他对评价有重要影响的事项。

49. 投行业务范围包括（　　）。

A. 证券公司承销与保荐　　　　B. 上市公司并购重组财务顾问

C. 公司债券受托管理　　　　D. 非上市公众公司推荐

【答案】ABCD

【解析】根据《证券公司投行业务质量评价办法（试行）》，投行业务范围包括证券公司承销与保荐、上市公司并购重组财务顾问、公司债券受托管理、非上市公众公司推荐以及其他具有投行特性的业务。

50. 投行业务质量评价采取试点方式，试点期间评价范围包括（　　）。

A. 主板、创业板、科创板首次公开发行股票

B. 存托凭证并上市保荐项目

C. 评价期内无项目的证券公司

D. 只承担承销责任的证券公司

【答案】AB

【解析】在目前试点阶段，被评价机构范围为对首发和再融资项目承担保荐责任的证券公司，不包括只承担承销责任的证券公司以及评价期内无项目的证券公司（选项 CD 错误）。

51.《证券公司投行业务质量评价办法（试行）》建立的评价指标体系包括（　　）。

A. 执业质量评价　B. 内部控制评价　C. 业务管理评价　D. 风险管理评价

【答案】ABC

【解析】《证券公司投行业务质量评价办法（试行）》建立的评价指标体系包括执业质量评价（基准分 60 分）、内部控制评价（基准分 20 分）、业务管理评价（基准分 20 分）三类指标。

52. 下列属于执业质量评价的审核环节的负面事项的是（　　）。

A. 针对申报文件齐备性、规范性和补正情况

B. 申报文件信息披露不符合准则要求、一致性或及时性存在问题

C. 不恰当采用会计政策或会计估计

D. 项目撤回申请

【答案】BC

【解析】受理环节的负面事项主要针对申报文件齐备性、规范性和补正情况

（选项 A 错误）。保荐项目审核结果负面事项主要包括项目或相关主体被采取行政监管措施、被证券交易所采取自律监管措施或纪律处分、项目未通过审核或不予核准/注册、项目撤回申请等（选项 D 错误）。

53. 根据《投行业务内控指引》的要求，设定的指标要求包括（　　）。

A. 统一管理　　B. 有效制衡　　C. 充分保障　　D. 合理激励

【答案】ABCD

【解析】 根据《投行业务内控指引》的要求，设定了统一管理、有效制衡、充分保障、合理激励、严格问责、廉洁从业、其他等七个方面的指标要求。

54. 证券公司因内控和治理问题作为最重要的扣分项的情况包括（　　）。

A. 行政处罚　　B. 行政监管措施　　C. 纪律处分　　D. 自律监管措施

【答案】ABCD

【解析】 根据《投行业务内控指引》的要求将证券公司因内控和治理问题受到行政处罚/行政监管措施/纪律处分/自律监管措施情况作为最重要的扣分项。

55. 业务管理评价包括（　　）。

A. 投行业务内部管理　　B. 工作底稿电子化管理

C. 内部控制管理　　D. 信息系统管理

【答案】AB

【解析】 业务管理评价包括投行业务内部管理、工作底稿电子化管理两个维度。

56. 下列情况属于评价分类不得确定为 A 类的情形的有（　　）。

A. 证券公司及相关责任主体因投行业务违法违规被追究刑事责任

B. 证券公司被中国证监会暂停、撤销业务资格

C. 证券公司因投行业务被中国证监会立案调查

D. 发行人、上市公司因投行业务被中国证监会行政处罚、立案调查

【答案】ABCD

【解析】 评价期内证券公司及相关责任主体因投行业务违法违规被追究刑事责任、被中国证监会或其他金融监管部门行政处罚、存在严重损害投资者利益或社会公共利益情形，或者证券公司被中国证监会暂停、撤销业务资格的，评价期内证券公司因投行业务被中国证监会立案调查，或发行人、上市公司因投行业务被中国证监会行政处罚、立案调查、且其违法违规或涉嫌违法违规的行为与证券公司构成重大关联的，证券公司评价分类不得确定为 A 类。

57. 与股票发行违法违规行为法律责任相关的司法解释主要包括（　　）。

A. 审理因虚假陈述引发的民事赔偿案件相关司法解释

B. 为试点注册制板块提供司法保障的相关司法解释

C. 审理行政责任案件相关司法解释

D. 为试点核准制板块提供司法保障的相关司法解释

【答案】AB

【解析】与股票发行违法违规行为法律责任相关的司法解释主要包括审理因虚假陈述引发的民事赔偿案件相关司法解释和为试点注册制板块提供司法保障的相关司法解释。

58. 1998 年首次发布的《证券法》在法律层面对股票发行过程中的违法违规行为需要承担的责任类型进行了明确，包括（　　）。

A. 行政责任　　　　B. 民事责任

C. 刑事责任　　　　D. 自律监管措施及纪律处分

【答案】ABC

【解析】1998 年首次发布的《证券法》在法律层面对股票发行过程中的违法违规行为需要承担的责任类型进行了明确，包括行政责任、民事责任和刑事责任。股票发行违法违规行为的法律责任类型包括刑事责任、民事责任、行政责任（含行政处罚和行政监管措施）、自律监管措施及纪律处分等（选项 D 错误）。

59. 股票发行违法违规行为法律责任相关的法律依据主要为（　　）。

A.《刑法》

B.《证券法》

C.《最高人民法院关于审理证券市场虚假陈述侵权民事赔偿案件的若干规定》

D.《保荐管理办法》

【答案】AB

【解析】《最高人民法院关于审理证券市场虚假陈述侵权民事赔偿案件的若干规定》属于司法解释（选项 C 错误）。《保荐管理办法》属于部门规章（选项 D 错误）。

60. 通过虚假陈述进行欺诈发行的违规行为涉及（　　）。

A. 行政责任　　　　B. 民事责任

C. 刑事责任　　　　D. 自律监管措施及纪律处分

【答案】ABC

【解析】通过虚假陈述进行欺诈发行的违规行为涉及刑事责任、行政责任和民事责任；其他违规情形，例如股票发行相关文件存在瑕疵但未达到虚假陈述标准、干扰监管审核、中介机构未勤勉尽责等，通常仅涉及行政责任、自律监管措施及纪律处分。

61. 控股股东、实际控制人组织、指使实施在招股说明书、认股书等发行文件中隐瞒重要事实或者编造重大虚假内容，发行股票、存托凭证或其他证券，数额巨大、后果严重或者有其他严重情节的（　　）。

A. 处5年以下有期徒刑或者拘役

B. 处5年以上有期徒刑

C. 非法募集资金金额20%以上1倍以下罚金

D. 处3年以下有期徒刑，并处罚金

【答案】AC

【解析】在招股说明书、认股书等发行文件中隐瞒重要事实或者编造重大虚假内容，发行股票、存托凭证或其他证券，数额特别巨大、后果特别严重或者有其他特别严重情节的，处5年以上有期徒刑，并处非法募集资金金额20%以上1倍以下罚金；控股股东、实际控制人组织、指使实施前款行为的，处5年以下有期徒刑或者拘役，并处或者单处非法募集资金金额20%以上1倍以下罚金（选项B、D错误）。

62. 股票发行违法违规行为的民事责任主体包括（　　）。

A. 发行人及其控股股东、实际控制人、董事、监事、高级管理人员和其他直接责任人员

B. 保荐人

C. 承销的证券公司及其直接责任人员

D. 受发行人委托出具专业意见的证券服务机构

【答案】ABCD

【解析】《证券法》第八十五条、第一百六十三条规定，股票发行违法违规行为的民事责任主体包括发行人及其控股股东、实际控制人、董事、监事、高级管理人员和其他直接责任人员，保荐人、承销的证券公司及其直接责任人员，以及受发行人委托出具专业意见的证券服务机构。

63. 根据《虚假陈述若干规定》，追究民事责任需要具备的四个条件包括（　　）。

A. 存在虚假陈述行为

B. 虚假陈述的内容具有重大性

C. 虚假陈述行为与交易存在因果关系

D. 虚假陈述行为与损失存在因果关系

【答案】ABCD

【解析】根据《虚假陈述若干规定》，追究民事责任需要具备“存在虚假陈述行为”“虚假陈述的内容具有重大性”“虚假陈述行为与交易存在因果关系”“虚假陈述行为与损失存在因果关系”四个条件。

64. “虚假陈述行为”包括（　　）。

A. 虚假记载　　B. 误导性陈述　　C. 重大遗漏　　D. 重大误解

【答案】ABC

【解析】“虚假陈述行为”包括虚假记载、误导性陈述或者重大遗漏。

65. “虚假陈述行为与交易存在因果关系”包括（　　）。

A. 信息披露义务人实施了虚假陈述

B. 原告交易的是与虚假陈述直接关联的证券

C. 原告在虚假陈述实施日之后、揭露日或更正日之前实施了相应的交易行为

D. 查明导致原告损失的其他原因等案件基本事实，确定赔偿责任范围

【答案】ABC

【解析】“虚假陈述行为与损失存在因果关系”是指人民法院应当查明虚假陈述与原告损失之间的因果关系，以及导致原告损失的其他原因等案件基本事实，确定赔偿责任范围，选项 D 属于“虚假陈述行为与损失存在因果关系”，而不属于“虚假陈述行为与交易存在因果关系”，选项 ABC 均属于“虚假陈述行为与交易存在因果关系”，故选项 D 错误，答案是 ABC。

66. 民事责任主体过错的认定包括（　　）。

A. 行为人故意制作、出具存在虚假陈述的信息披露文件

B. 明知信息披露文件存在虚假陈述而不予指明、予以发布

C. 行为人严重违反注意义务

D. 对信息披露文件中虚假陈述的形成或发布存在过失

【答案】ABCD

【解析】关于民事责任主体过错的认定，《虚假陈述若干规定》第十三条规定，《证券法》第八十五条、第一百六十三条所称的过错包括以下两种情形：（1）行为人故意制作、出具存在虚假陈述的信息披露文件，或者明知信息披露文件存在虚假陈述而不予指明、予以发布；（2）行为人严重违反注意义务，对信息披露文件中虚假陈述的形成或发布存在过失。

67. 代表人诉讼制度的诉讼方式有（　　）。

A. 个人诉讼　　B. 共同诉讼

C. 普通代表人诉讼　　D. 特别代表人诉讼

【答案】ABCD

【解析】《证券法》第九十五条规定了代表人诉讼制度，投资者可以通过个人诉讼、共同诉讼与普通代表人诉讼等传统诉讼方式维护个人权益，也可通过特别代表人诉讼方式维护自身权益。

68. 下列情形证监会可以对有关责任人员采取证券市场禁入的措施的有（　　）。

A. 发行人在证券发行文件中隐瞒重要事实或者编造重大虚假内容的

B. 在注册申请文件存在虚假记载、误导性陈述或者重大遗漏

C. 发行人所报送的注册申请文件和披露的信息存在虚假记载、误导性陈述或者重大遗漏

D. 组织、指使发行人进行财务造假、利润操纵或者在证券发行文件中隐瞒重要事实或编造重大虚假内容

【答案】ABCD

【解析】根据《首发注册办法》：（1）发行人在证券发行文件中隐瞒重要事实或者编造重大虚假内容的，或者在注册申请文件存在虚假记载、误导性陈述或者重大遗漏；（2）发行人的控股股东、实际控制人违反《首发注册办法》规定，致使发行人所报送的注册申请文件和披露的信息存在虚假记载、误导性陈述或者重大遗漏，或者组织、指使发行人进行财务造假、利润操纵或者在证券发行文件中隐瞒重要事实或编造重大虚假内容的，证监会可以对有关责任人员采取证券市场禁入的措施。

69. 发行人披露盈利预测，利润实现数如未达到盈利预测的80%的，除因不可抗力外，其法定代表人、财务负责人应当公开解释并道歉的场所有（　　）。

A. 股东大会　　　　B. 交易所网站

C. 符合证监会规定条件的媒体　　　　D. 监管机构

【答案】ABC

【解析】发行人披露盈利预测，利润实现数如未达到盈利预测的80%的，除因不可抗力外，其法定代表人、财务负责人应当在股东大会以及交易所网站、符合证监会规定条件的媒体上公开作出解释并道歉；证监会可以对法定代表人处以警告。

70. 证监会可以视情节轻重，暂停保荐业务3个月到36个月的有（　　）。

A. 重大事项未报告及披露

B. 内部控制制度存在重大缺陷或者未有效执行

C. 未及时报告或者未及时披露重大事项

D. 以显著低于行业定价水平等不正当竞争方式招揽业务

【答案】AB

【解析】保荐机构及保荐代表人存在未及时报告或者未及时披露重大事项的，或者保荐机构存在指定不符合要求的人员具体负责保荐工作、采取业务包干等承包方式或其他形式进行过度激励、以显著低于行业定价水平等不正当竞争方式招揽业务，违反公平竞争、破坏市场秩序，证监会可以视情节轻重，对保荐机构、保荐代表人采取出具警示函、责令改正、监管谈话等监管措施；情节严重的，证监会可以采取暂停保荐机构的保荐业务、依法认定保荐代表人为不适当人选 3 个月到 12 个月的监管措施（选项 CD 错误）。

71. 上交所对发行人给予 3 年至 5 年内不接受其提交的发行上市申请文件的纪律处分的情形有（　　）。

A. 重大事项未报告或者未披露

B. 发行上市申请文件中发行人或者其董事、监事、高级管理人员、控股股东、实际控制人的签字、盖章系伪造、变造

C. 尽职调查制度、内部核查制度、持续督导制度、保荐工作底稿制度等保荐业务制度存在重大缺陷或者未有效执行

D. 严重违反诚实守信、勤勉尽责、廉洁从业义务

【答案】AB

【解析】上交所对发行人给予 3 年至 5 年内不接受其提交的发行上市申请文件的纪律处分的情形有重大事项未报告或者未披露；发行上市申请文件中发行人或者其董事、监事、高级管理人员、控股股东、实际控制人的签字、盖章系伪造、变造。

72. 保荐机构存在以下情形，证监会可以视情节轻重，暂停保荐业务 3 个月到 36 个月，并可以责令保荐机构更换董事、监事、高级管理人员或者限制其权利的有（　　）。

A. 向证监会、证券交易所提交的与保荐工作相关的文件存在虚假记载、误导性陈述或者重大遗漏

B. 保荐工作底稿存在虚假记载、误导性陈述或者重大遗漏

C. 唆使、协助或者参与发行人及证券服务机构提供存在虚假记载、误导性陈述或者重大遗漏的文件

D. 参与组织编制的与保荐工作相关文件存在虚假记载、误导性陈述或者重大遗漏

【答案】ABC

【解析】参与组织编制的与保荐工作相关文件存在虚假记载、误导性陈述或者

重大遗漏，证监会可以依法采取认定为不适当人选的监管措施；情节严重的，对其采取证券市场禁入的措施（选项 D 错误）。

73. 股票发行虚假陈述行为民事赔偿责任的范围为（　　）。

A. 以投资者因虚假陈述而实际发生的损失为限

B. 投资差额损失、投资差额损失部分的佣金和印花税

C. 除发行人外，其他责任主体均承担“连带赔偿责任”

D. 连带赔偿责任只包括部分连带责任

【答案】ABC

【解析】目前最新的司法实践案例，例如“中安科案”“康美药业案”等，司法前沿与审判趋势对“连带赔偿责任”的解读为：既包括“全额连带责任”，也包括“部分连带责任”（又称“比例连带责任”）（选项 D 错误）。

三、判断题（不选、错选均不得分）

1. 保荐机构推荐发行人首次公开发行股票前，无须对发行人进行辅导。（　　）

【答案】错误

【解析】保荐机构推荐发行人首次公开发行股票前，应当对发行人进行辅导。

2. 保荐职责要求的适用范围不包括创业板。（　　）

【答案】错误

【解析】2009 年 5 月修订《保荐管理办法》，将保荐职责的相关要求适用范围扩大至创业板。

3. 发行人提交推荐文件前，保荐机构应履行尽职调查义务。（　　）

【答案】错误

【解析】2013 年 11 月，中国证监会发布《关于进一步推进新股发行体制改革的意见》明确了发行人自取得核准文件之日起至公开发行前，保荐机构应持续履行尽职调查义务。

4. 保荐机构应当在公开募集及上市文件中公开承诺如有虚假记载、误导性陈述或者重大遗漏，给投资者造成损失的，将依法赔偿投资者损失；进一步明确了发行人上市后保荐机构持续督导阶段需要审阅、出具的文件和承担的责任。（　　）

【答案】正确

5. 注册制的基本特点是以风险防范为中心。（　　）

【答案】错误

【解析】 注册制的基本特点是以信息披露为中心。

6. 保荐机构可以将法定职责予以外包，保荐职责会因聘请第三方而减轻或免除。（　　）

【答案】错误

【解析】 保荐机构应合理使用第三方外聘机构，不得将法定职责予以外包，保荐职责不因聘请第三方而减轻或免除。

7. 注册制改革的本质是把选择权交给发行人，强化市场约束和法治约束。

（　　）

【答案】错误

【解析】 注册制改革的本质是把选择权交给市场，强化市场约束和法治约束。

8. 依法采取承销方式的，或者公开发行法律、行政法规规定实行保荐制度的其他证券的，应当聘请交易所担任保荐人。（　　）

【答案】错误

【解析】 依法采取承销方式的，或者公开发行法律、行政法规规定实行保荐制度的其他证券的，应当聘请证券公司担任保荐人。

9. 明确各中介机构应对各自出具的专项文件负责，对与本专业相关的业务事项履行普通注意义务。（　　）

【答案】错误

【解析】 明确各中介机构应对各自出具的专项文件负责，对与本专业相关的业务事项履行特别注意义务。

10. 证券公司对注册申请文件和信息披露资料进行全面核查验证，对其他中介机构的专业意见以“保持职业怀疑”为一般原则。（　　）

【答案】错误

【解析】 证券公司对注册申请文件和信息披露资料进行全面核查验证，对其他中介机构的专业意见以“合理信赖”为一般原则。

11. 《证券公司保荐业务规则》要求保荐机构应当通过查阅、访谈、列席会议、实地调查、网络查询、函证、复核和分析等方法，对证券发行上市相关情况进行合理、必要的调查。（　　）

【答案】正确

12. 《证券公司保荐业务规则》明确保荐业务人员履职规范，建立健全内外部问责机制，强化保荐业务全链条人员的责任意识。（　　）

【答案】错误

【解析】《证券公司保荐业务规则》明确保荐业务人员履职规范，建立健全内部问责机制，强化保荐业务全链条人员的责任意识。

13. 针对合理信赖原则的可操作性，证监会应采取必要核查手段进行印证，综合判断证券服务机构出具的专业意见内容是否存在重大异常，并从七个方面明确和细化了“重大异常”的情形。（　　）

【答案】错误

【解析】针对合理信赖原则的可操作性，保荐机构应采取必要核查手段进行印证，综合判断证券服务机构出具的专业意见内容是否存在重大异常，并从七个方面明确和细化了“重大异常”的情形。

14. 保荐机构推荐发行人证券发行上市，应当遵循诚实守信、勤勉尽责的原则，按照中国证监会对保荐机构尽职调查工作的要求，对发行人进行全面调查。（　　）

【答案】正确

15. 保荐机构制定明确且合理的保荐业务收费原则不包括持续督导工作收费。（　　）

【答案】错误

【解析】保荐机构应与发行人就持续督导工作收费进行明确约定，持续督导费用的确定也应当符合上述收费原则。

16. 保荐机构在保荐业务收费原则制定或调整后30个工作日内向证券业协会报送，并在保荐项目上市之日起10个工作日内向证券业协会报送该保荐项目的保荐与承销协议、验资报告及发行上市阶段的收费等相关信息。（　　）

【答案】错误

【解析】《保荐业务规则》要求保荐机构在保荐业务收费原则制定或调整后30个工作日内向证券业协会报送，并在保荐项目上市之日起10个工作日内向证券业协会报送该保荐项目的保荐与承销协议、验资报告及发行上市、持续督导两个阶段的收费等相关信息。

17. 发行上市完成后，保荐机构应当持续督导发行人履行规范运作、信守承诺、信息披露等义务。（　　）

【答案】正确

18. 保荐项目在立项完成后应当根据保荐机构内部立项标准，对拟推荐发行人进行初步的尽职调查，并开展合规工作。（　　）

【答案】错误

【解析】根据《保荐业务规则》，保荐项目在召开立项会议前应当根据保荐机构内部立项标准，对拟推荐发行人进行初步的尽职调查，并开展反洗钱、内幕信息知情人管理、利益冲突核查等合规工作。

19. 保荐机构应当在报送环节将发行人初步的尽职调查情况及合规审查材料作为必备文件。（　）

【答案】错误

【解析】保荐机构应当在立项环节将发行人初步的尽职调查情况及合规审查材料作为立项申请必备文件。

20. 保荐机构应当在立项完成后尽快与发行人签订保荐协议，并根据相关规定明确双方在推荐和持续督导期间的权利和义务。（　）

【答案】正确

21. 工作底稿是尽职调查过程中获取和编写的工作记录。（　）

【答案】错误

【解析】工作底稿是保荐机构及其保荐代表人在从事保荐业务全部过程中，尤其是尽职调查过程中获取和编写的、与保荐业务相关的各种重要资料和工作记录。

22. 保荐代表人应当为其具体负责的重要项目建立尽职调查工作日志，作为保荐工作底稿的一部分存档备查。（　）

【答案】错误

【解析】《保荐管理办法》要求保荐代表人应当为其具体负责的每一项目建立尽职调查工作日志，作为保荐工作底稿的一部分存档备查。

23. 保荐机构应当定期对尽职调查工作日志进行检查。（　）

【答案】正确

24. 工作日志应当按照时间编制，尽职调查工作期间每月应当至少形成一份工作日志。（　）

【答案】错误

【解析】工作日志应当按照时间编制，尽职调查工作期间每周应当至少形成一份工作日志。

25. 对于持续时间较长的特定重要事项的尽职调查，也可按照事项编制，就该事项在一段时间内或者整个尽职调查期间的核查情况形成单独的工作日志。（　）

【答案】正确

26. 保荐代表人可以口头确认尽职调查工作日志。（　）

【答案】错误

【解析】保荐代表人应当在尽职调查工作日志中通过签字等形式确认。

27. 招股说明书等公开披露文件的信息披露应当达到信息披露内容与格式准则规定的最低要求。（ ）

【答案】正确

28. 保荐项目无须在尽职调查工作底稿中详细记录保荐项目的人员配置情况。

（ ）

【答案】错误

【解析】《保荐业务规则》要求保荐项目需在尽职调查工作底稿中详细记录保荐项目的人员配置情况。

29. 保荐机构业务人员薪酬收入与其承做或承揽的项目收入直接挂钩。（ ）

【答案】错误

【解析】保荐机构不得将业务人员薪酬收入与其承做或承揽的项目收入直接挂钩，不得以业务包干等承包方式开展保荐业务。

30. 保荐机构应当建立内控部门对业务人员的执业质量跟踪评价机制，并将评价结果纳入业务人员绩效考核，提升内控部门对业务前台的制衡作用。（ ）

【答案】正确

31. 拟在北交所上市的发行人，在充分披露后仍不能消除独立性影响的，保荐机构应联合一家无关联保荐机构共同履行保荐职责，且该无关联保荐机构为第一保荐机构。（ ）

【答案】错误

【解析】拟公开发行并在北交所上市的，相关保荐安排不适用前述标准，可以不采用联合保荐。

32. 证券公司担任发行人证券发行上市的辅导机构、财务顾问、保荐机构、主承销商的，应当按照签订有关协议时点，在该时点后私募基金子公司及其下设基金管理机构管理的私募基金、另类子公司不得对发行人进行投资。（ ）

【答案】错误

【解析】证券公司担任发行人证券发行上市的辅导机构、财务顾问、保荐机构、主承销商的，应当按照签订有关协议或者实质开展相关业务两个时点孰早的原则，在该时点后私募基金子公司及其下设基金管理机构管理的私募基金、另类子公司不得对发行人进行投资。

33. 发行人拟公开发行并在北交所上市的，在保荐机构对发行人提供保荐服务后私募基金子公司及其下设基金管理机构管理的私募基金、另类子公司不得对发行人进行投资。（ ）

【答案】错误

【解析】2021 年修订的《监管规则适用指引——机构类第 1 号》放开了保荐机构直接投资拟在北交所上市公司的时点限制。发行人拟公开发行并在北交所上市的，在保荐机构对发行人提供保荐服务前后，保荐机构或者控股该保荐机构的证券公司，及前述机构的相关子公司，均可对发行人进行投资。

34. 发行人拟公开发行交易所上市的，可以“先保荐，后直投”。（　　）

【答案】错误

【解析】只有北交所上市的才可以“先保荐，后直投”。

35. 保荐机构应当指定两名保荐代表人具体负责一家发行人的保荐工作。（　　）

【答案】正确

36. 保荐代表人资格采用“准入式”管理。（　　）

【答案】错误

【解析】2020 年修订的《保荐管理办法》将保荐代表人准入型考试改为非准入型的专业能力水平评价测试。

37. 保荐代表人采用事先执业资格的管理。（　　）

【答案】错误

【解析】2020 年修订的《保荐管理办法》将保荐代表人准入型考试改为非准入型的专业能力水平评价测试，将保荐代表人事先执业资格的管理改为事后执业登记管理。

38. 通过专业能力水平评价测试是成为保荐代表人的必要条件。（　　）

【答案】错误

【解析】通过专业能力水平评价测试并非成为保荐代表人的必要条件。

39. 对于测试结果未达到基本要求的从业人员，如所在保荐机构出具书面说明并提供验证其专业能力水平的充足材料，亦可登记成为保荐代表人。（　　）

【答案】正确

40. 保荐机构出具书面说明并提供验证其专业能力水平的充足材料，使从业人员登记成为保荐代表人，所提供的材料应同时满足具备八年以上保荐相关业务经历、最近三年内在符合《保荐管理办法》第二条规定的两个证券发行项目中担任过项目组成员。（　　）

【答案】错误

【解析】对于测试结果未达到基本要求的从业人员，如所在保荐机构出具书面说明并提供验证其专业能力水平的充足材料，亦可登记成为保荐代表人。保荐机构提供的材料应当包括下列中的任意四项：（1）具备八年以上保荐相关业务经历；（2）最近三年内在符合《保荐管理办法》第二条规定的两个证券发行项目中担任过项目组成员（发行人、保荐机构、保荐代表人因证券发行上市相关违规行为受到处罚处分措施的项目除外）；（3）具有金融、经济、会计、法律相关专业硕士研究生以上学历；（4）取得国家法律职业资格；（5）取得国家注册会计师资格。

41. 具备八年以上保荐相关业务经历可视为熟练掌握保荐业务相关法律、会计、财务管理、税务、审计等专业知识，达到相应专业能力水平，无须参加专业能力水平评价测试。（　　）

【答案】错误

【解析】 无须参加专业能力水平评价测试应满足具备十年以上保荐相关业务经历，且最近两年内在符合《保荐管理办法》第二条规定的证券发行项目中担任过项目协办人等主要成员（发行人、保荐机构、保荐代表人因证券发行上市相关违规行为受到处罚处分措施的项目除外）。

42. 对证券服务机构及其签字人员出具专业意见的内容履行审慎核查义务，可以合理信赖发行人申请文件、证券发行募集文件中由证券服务机构及其签字人员出具专业意见的内容。（　　）

【答案】错误

【解析】 对证券服务机构及其签字人员出具专业意见的内容履行审慎核查义务、进行必要调查和复核后，排除合理怀疑的，可以合理信赖发行人申请文件、证券发行募集文件中由证券服务机构及其签字人员出具专业意见的内容。

43. 证券服务机构专业意见内容与保荐机构获得的信息存在重大差异，保荐机构应当进一步对有关事项进行调查、复核，但不可聘请其他证券服务机构提供专业服务。（　　）

【答案】错误

【解析】 证券服务机构专业意见内容存在重大异常、前后重大矛盾，或者与保荐机构获得的信息存在重大差异，保荐机构应当进一步对有关事项进行调查、复核，并可聘请其他证券服务机构提供专业服务。

44. 如有充分证据证明证券服务机构及其签字人员不能胜任相关工作，发行人可以提议发行人更换。（　　）

【答案】错误

【解析】 如有充分证据证明证券服务机构及其签字人员不能胜任相关工作，保荐机构可以提议发行人更换。

45. 证券公司投资银行类业务内部控制是指证券公司根据法律法规的规定和中国证监会等监管要求，对投资银行类业务经营管理和执业活动过程中的风险进行识别、评价和管理的制度安排、组织体系和控制措施。（　　）

【答案】正确

46. 证券公司投资银行类业务不包括非上市公众公司推荐及资产证券化等其他具有投资银行特性的业务。（　　）

【答案】错误

【解析】证券公司投资银行类业务包括承销与保荐、上市公司并购重组财务顾问、公司债券受托管理、非上市公众公司推荐及资产证券化等其他具有投资银行特性的业务。

47. 证券公司投资银行类业务内部控制标准统一制定，不允许证券公司自主调整。（　　）

【答案】错误

【解析】《投行业务内控指引》充分尊重证券公司的自主权，在业务承做管理、内部控制履职部门设置等方面保留了灵活空间，证券公司可根据自身情况自主安排。

48. 常设内核机构可以在公司层面的内部控制部门内部设立，也可以在公司层面单独设立。（　　）

【答案】错误

【解析】常设内核机构可以在公司层面的内部控制部门内部设立，也可以在公司层面单独设立，但应当独立于投资银行业务条线和质量控制部门或团队。

49. 质量控制是指在公司层面实施审核，对投资银行类项目进行出口管理和终端风险控制，履行以公司名义对外提交、报送、出具或披露材料和文件的最终审批决策职责。（　　）

【答案】错误

【解析】内核是指通过设立常设内核机构或非常设内核机构（即内核委员会），在公司层面实施审核，对投资银行类项目进行出口管理和终端风险控制，履行以公司名义对外提交、报送、出具或披露材料和文件的最终审批决策职责。

50. 分管投行类业务的高级管理人员不得同时管理与投行类业务存在或可能存在利益冲突的部门或机构。（　　）

【答案】正确

51. 对投行人员的收入应当建立收入递延支付机制，主要针对管理和执行投资银行类项目的主要人员且收入递延支付年限原则上不得少于5年。 （ ）

【答案】错误

【解析】建立收入递延支付机制，主要针对管理和执行投资银行类项目的主要人员且收入递延支付年限原则上不得少于3年，实现责任和义务的更好匹配且在收入上赋予基层投行人员一定的灵活性。

52. 内部控制人员薪酬收入总额应当不低于公司同级别人员的最低水平，明确了内部控制人员的薪酬底线，为内控建设提供人才保障。 （ ）

【答案】错误

【解析】内部控制人员薪酬收入总额应当不低于公司同级别人员的平均水平，明确了内部控制人员的薪酬底线，为内控建设提供人才保障。

53. 证券公司可以根据实际情况选择设立独立于投行业务条线和质量控制部门或团队的内核机构。 （ ）

【答案】错误

【解析】证券公司应当设立独立于投行业务条线和质量控制部门或团队的内核机构。

54. 证券公司应当设立常设内核机构履行对投资银行类业务的内核审议决策职责，对投资银行类业务风险进行独立研判并发表意见。 （ ）

【答案】错误

【解析】证券公司应当设立常设或非常设内核机构履行对投资银行类业务的内核审议决策职责，对投资银行类业务风险进行独立研判并发表意见。

55. 内核委员可以包括来自业务部门、其他相关部门及外部聘请的专业人士。

（ ）

【答案】正确

56. 若同时任命2名内核负责人，应同时牵头负责内核委员会与常设内核机构的工作。 （ ）

【答案】错误

【解析】内核负责人有且只有1人，应当同时牵头负责内核委员会与常设内核机构的工作。

57. 专职合规管理人员对投行类终止项目数据库运行情况开展定期检查，加强以问题为导向的管理。 （ ）

【答案】正确

58. 投资银行类业务内部控制有效性评估需委托外部专业机构进行，每年至少进行一次全面评估。（　　）

【答案】错误

【解析】 投资银行类业务内部控制有效性评估可以证券公司自行评估也可以委托外部专业机构进行，每年至少进行一次全面评估。

59. 立项决议只能制作书面文件，并由参与表决委员确认。（　　）

【答案】错误

【解析】 立项决议应当制作书面或电子文件，并由参与表决委员确认。

60. 投资银行类项目未经立项审议通过前，证券公司不得与客户签订正式业务合同。（　　）

【答案】正确

61. 证券公司可以选择任意质量控制部门或团队负责投资银行类终止项目数据库的日常更新和维护工作。（　　）

【答案】错误

【解析】 证券公司应当指定质量控制部门或团队负责投资银行类终止项目数据库的日常更新和维护工作。

62. 专职合规管理人员应当对投资银行类终止项目数据库的运行情况开展定期检查。如发现相关工作存在问题，应当及时向投资银行业务负责人和合规部门负责人报告。（　　）

【答案】正确

63. 评价期内无项目的证券公司不参与评价，统一确定为E类。（　　）

【答案】错误

【解析】 评价期内无项目的证券公司不参与评价，统一确定为N类。

64. 证券业协会可以根据投行业务质量评价结果对证券公司在保荐代表人管理、现场检查和非现场检查频率等方面实行区别对待。（　　）

【答案】正确

65. 评价结果应报送中国证监会，同时抄送中国证监会各派出机构及证券交易所，供监管机构在日常监管工作中参考使用。（　　）

【答案】正确

66. 2021年7月6日，中共中央办公厅、国务院办公厅发布《关于依法从严打击证券违法活动的意见》，该意见是我国历史上首个由中共中央办公厅、国务院办公厅联合印发的打击证券违法活动的专门文件，表明了国家对于打击证券违法活

动、进一步推动资本市场高质量发展的决心。（　　）

【答案】正确

67. 发行人的董事、监事、高级管理人员无法保证发行文件的真实性、准确性、完整性或者有异议的，且以书面方式发表附具体理由的意见并依法披露的，可以认定其主观上没有过错。（　　）

【答案】正确

68. 保荐机构出具虚假陈述的保荐书，或者不履行其他法定职责的，责令改正，给予警告，没收业务收入，并处以业务收入1倍以上10倍以下的罚款。（　　）

【答案】正确

69. 证券服务机构未勤勉尽责，致使发行上市申请文件、信息披露文件中与其职责有关的内容及其所出具的文件被认定存在虚假记载、误导性陈述或者重大遗漏的，上交所视情节轻重，自确认之日起，可以对相关机构及其责任人员给予1年至3年内不接受其提交或签字的发行上市申请文件、信息披露文件的纪律处分。

（　　）

【答案】错误

【解析】证券服务机构未勤勉尽责，致使发行上市申请文件、信息披露文件中与其职责有关的内容及其所出具的文件被认定存在虚假记载、误导性陈述或者重大遗漏的，上交所视情节轻重，自确认之日起，可以对相关机构及其责任人员给予3个月至3年内不接受其提交或签字的发行上市申请文件、信息披露文件的纪律处分。

四、综合题（每问备选答案中有一项或多项符合题目要求，不选、错选均不得分）

（一）甲公司正在积极筹备IPO事项，在保荐制下，发行人申请首次公开发行股票应当聘请具有保荐资格的机构担任保荐人。保荐机构推荐发行人首次公开发行股票前，应当遵循相关规则，对发行人进行辅导，并对相关主体进行尽职调查、审慎核查、独立判断，组织编制申请文件并出具推荐文件；对信息披露质量、勤勉尽责、合法合规等事项进行承诺。

1.《关于注册制下督促证券公司从事投行业务归位尽责的指导意见》于2021年7月发布，该意见关于保荐责任方面的内容主要为厘清中介机构责任，关于该意见说法正确的选项有（　　）。

A. 各中介机构应对各自出具的专项文件负责，对与本专业相关的业务事项和

其他业务事项均履行特殊注意义务

B. 证券公司对注册申请文件和信息披露资料进行全面核查验证，对其他中介机构的专业意见以“合理信赖”为一般原则

C. 证券公司对于招股说明书、重组报告书、债券募集说明书等，引用的会计师事务所、律师事务所、评估机构等其他中介机构专业意见或内容依法承担责任

D. 对存在“重大异常”“前后重大矛盾”“重大差异”等特殊情形进行调查、复核，证券公司应当复核但未复核，或复核工作未全面到位的，依法承担责任

【答案】BD

【解析】各中介机构应对各自出具的专项文件负责，对与本专业相关的业务事项履行特别注意义务，对其他业务事项履行普通注意义务（选项 A 错误）；招股说明书、重组报告书、债券募集说明书等引用会计师事务所、律师事务所、评估机构等其他中介机构专业意见或内容的，出具意见或文件的中介机构依法承担责任（选项 C 错误）。

2.《证券公司保荐业务规则》于 2022 年 9 月发布，该规则细化了保荐机构尽职推荐发行人证券发行上市的职责，要求保荐机构对证券发行上市相关情况进行合理、必要的调查，调查时应采取的方法包括（　　）。

A. 列席会议　　B. 实地调查　　C. 函证　　D. 资产核查

【答案】ABC

【解析】保荐机构应当通过查阅、访谈、列席会议、实地调查、网络查询、函证、复核和分析等方法，对证券发行上市相关情况进行合理、必要的调查（选项 D 错误）。

3.《证券发行上市保荐业务管理办法》于 2023 年 2 月修订发布，该办法的第三章为保荐职责的专门章节，关于该办法规定的保荐职责说法正确的有（　　）。

A. 发行人证券上市后，保荐机构应当持续督导发行人履行规范运作、信守承诺、信息披露等义务

B. 保荐机构推荐发行人证券发行上市，应当遵循诚实守信、应查尽查的原则

C. 保荐机构在推荐发行人向不特定合格投资者公开发行股票并在北交所上市前，需要对发行人进行辅导

D. 辅导对象为发行人的董事、监事和高级管理人员

【答案】AC

【解析】保荐机构推荐发行人证券发行上市，应当遵循诚实守信、勤勉尽责的原则，按照中国证监会对保荐机构尽职调查工作的要求，对发行人进行全面调查，

充分了解发行人的经营状况及其面临的风险和问题（选项 B 错误）。辅导内容包括，对发行人的董事、监事和高级管理人员、持有 5% 以上股份的股东和实际控制人（或者其法定代表人）进行系统的法规知识、证券市场知识培训，使其全面掌握发行上市、规范运作等方面的有关法律法规和规则，知悉信息披露和履行承诺等方面的责任和义务，树立进入证券市场的诚信意识、自律意识和法治意识，以及中国证监会规定的其他事项（选项 D 错误，还包括持有 5% 以上股份的股东和实际控制人或其法定代表人）。

（二）某保荐机构正在对从业人员进行执业规范培训。执业规范是保荐机构及从业人员开展保荐业务时应当遵守的基本要求，执业规范体系的建立和不断完善对规范行业发展、提升执业水平和防范金融风险有重要意义。对于不符合执业规范的保荐机构和保荐代表人会被采取监管措施。

1. 下列保荐机构对于发行人进行投资的行为，符合规范的有（　　）。

A. 发行人拟在上交所上市。保荐机构 A 担任发行人证券发行上市的辅导机构、保荐机构、主承销商，在签订有关协议之后，实际开展相关业务之前对发行人进行投资

B. 发行人拟在上交所上市。保荐机构 B 担任发行人证券发行上市的辅导机构、保荐机构、主承销商，在签订有关协议之前，实际开展相关业务之后，对发行人进行投资

C. 发行人拟在北交所上市。保荐机构 C 对发行人提供保荐服务后对发行人进行投资

D. 发行人拟在深交所上市。保荐机构 D 任发行人证券发行上市的辅导机构、保荐机构、主承销商，并且在签订协议和实际开展业务之前对发行人进行投资

【答案】CD

【解析】《证券公司私募投资基金子公司管理规范》及《证券公司另类投资子公司管理规范》规定，证券公司担任发行人证券发行上市的辅导机构、财务顾问、保荐机构、主承销商的，应当按照签订有关协议或者实质开展相关业务两个时点孰早的原则，在该时点后私募基金子公司及其下设基金管理机构管理的私募基金、另类子公司不得对发行人进行投资。前述规定通常被称为“先投资、后保荐”（选项 AB 错误）。2021 年修订的《监管规则适用指引——机构类第 1 号》放开了保荐机构直接投资拟在北交所上市公司的时点限制。发行人拟公开发行并在北交所上市的，在保荐机构对发行人提供保荐服务前后，保荐机构或者控股该保荐机构的证券公司，及前述机构的相关子公司，均可对发行人进行投资，即可以“先保荐、后直投”。

2. 随着保荐机构和保荐代表人的增加，项目承揽压力逐渐增大，以下承揽相关活动不符合规范的有（　　）。

A. 某保荐机构为了招揽业务采取低价策略，以明显低于行业定价水平的报价进行收费

B. 保荐代表人为了承揽项目，在客户招揽活动中向客户赠送贵重礼品

C. 保荐代表人在承揽过程中，宣称和监管人员有私人关系，能够保证在年底申报

D. 保荐机构综合考虑该保荐业务所需要的时间、投入的精力和其他相应成本进行报价

【答案】ABC

【解析】《投行业务内控指引》规定，证券公司在开展投资银行类业务时，应当在综合评估项目执行成本基础上合理确定报价；《保荐管理办法》亦明确，保荐机构从事保荐业务应当综合评估项目执行成本与风险责任，合理确定报价，不得以明显低于行业定价水平等不正当竞争方式招揽业务（选项 A 正确，D 错误）。保荐机构及其保荐代表人不得存在以下行为：（1）以提供礼金、礼品、旅游、娱乐健身、房产、汽车、有价证券、工作安排等手段向公职人员、客户、正在洽谈的潜在客户及其他利益关系人输送不正当利益；（2）宣称与监管人员或者其他相关人员熟悉，降低尽职调查标准或信息披露质量，承诺申报时间，承诺获得批复或获得批复时间（选项 BC 正确）。

3. 发行人 A 公司拟聘请证券公司 B 作为保荐机构，下列人员中不能参与该项目的有（　　）。

A. 内核负责人 Z，间接持有发行人股份

B. 保荐代表人 X，担任发行人聘请的其他证券服务机构的项目组成员

C. 项目组成员 N，其配偶是发行人关联方董事

D. 项目组成员 L，担任发行人实际控制人的监事

【答案】ABCD

【解析】《保荐业务规则》进一步规定，保荐代表人、项目组其他成员及其配偶有以下情形之一的，不得参与该项目：（1）担任发行人及其关联方的董事、监事、高级管理人员或核心技术人员；（2）担任发行人及其关联方的控股股东、实际控制人的董事、监事、高级管理人员；（3）直接或间接持有发行人股份；（4）担任发行人聘任的其他证券服务机构的负责人、专家顾问或者项目组成员；（5）与发行人及其关联方存在其他影响履行保荐职责的利害关系；（6）存在其他影响独立专

业判断的情形。

（三）发行人A主要从事数码喷印功能性材料的研发、生产和销售，于2020年9月首次申报创业板。

现场督导发现，保荐人投资银行项目管理部（履行质量控制职能）总经理同时担任项目保荐代表人，未严格按照《证券公司投资银行类业务内部控制指引》第三十二条的规定，在复核项目"申请辅导验收"和"股东信息查询"流程时进行回避，存在利益冲突。保荐人在该项目立项、质控程序对项目组成员、质控负责人的利益冲突审查不充分，质控负责人未严格执行回避管理规定。

2021年12月，在提交第四轮审核问询回复一周后，发行人A主动撤回了发行上市申请文件，深交所对其发行上市审核予以终止。深交所于2022年6月对发行人A的保荐代表人予以监管警示。

1. 证券公司投资银行类业务内部控制应当遵循健全、统一、合理、独立、制衡的原则，确保内部控制有效。该案例违反的原则有（　　）。

A. 健全性　　B. 统一性　　C. 独立性　　D. 制衡性

【答案】C

【解析】该案例违反的是独立性：质量控制、内核、合规、风险管理等履行内部控制职能的部门、机构或团队（合称"内部控制部门"）应当独立履职，与前台业务运作相分离。

2. 合理有效的投行业务内部控制有助于督促证券公司强化主体意识、完善自我约束机制，防范和化解投资银行类业务风险。下列关于内控的说法正确的是（　　）。

A. 从事投行类业务质量控制、内核、合规、风险管理等内部控制职能为主要职责的从业人员数量不得低于投行类业务人员总数的1/5

B. 内部控制人员的薪酬收入不得与单个投行类项目收入挂钩，避免影响其履职独立性

C. 质控作为内部控制的第一道防线，提高质量控制的相对独立性，避免相关工作形式化是发挥其全流程风险控制和质量把关作用应当重点解决的问题

D. 内核作为内部控制的第三道防线，能否切实发挥风险管控作用关键在于是否实质性介入业务活动中

【答案】BD

【解析】从事投行类业务质量控制、内核、合规、风险管理等内部控制职能为主要职责的从业人员数量不得低于投行类业务人员总数的1/10，选项A错误；质

控是内部控制的第二道防线，项目组、业务部门为内部控制的第一道防线，选项C错误；选项BD正确。

3.《投行业务内控指引》进一步对各业务环节的内部控制具体要求进行了明确，避免在实际执行中因理解不同出现执行不到位、有效性不足的问题。关于各个业务环节的内部控制，说法错误的是（　　）。

A. 立项审议频次较高，对于兼职的立项委员，证券公司可以通过薪酬考核等方式予以奖励，鼓励其勤勉尽责地履行相关职责

B. 有效的内核表决来自内部控制部门的委员人数不得低于参会委员总人数的1/2

C. 质量控制部门或团队应当监督项目组按照相关要求完成工作底稿的整理归档，并对归档工作进行验收

D. 业务部门应当在启动内核会议审议程序后完成对现场尽职调查阶段工作底稿的获取和归集工作，并提交质量控制部门或团队验收

【答案】BD

【解析】有效的内核表决应当至少满足以下条件：（1）参加内核会议的委员人数不得少于7人；（2）来自内部控制部门的委员人数不得低于参会委员总人数的1/3；（3）至少有1名合规管理人员参与投票表决（选项B错误）。工作底稿未验收通过的，不得启动内核会议审议程序（选项D错误）。

（四）2022年12月，中证协发布2022年证券公司投行业务质量评价结果，某IPO项目数量排名极高的头部券商缺席A类。此前，2022年11月，该券商保荐的科创板上市公司因涉嫌欺诈发行和信息披露违法违规，被证监会立案调查并被处罚。

1. 关于该券商的投行业务质量评价结果，下面说法正确的有（　　）。

A. 由于该券商保荐的公司被证监会立案调查，该券商明年仍将无缘A类

B. 投行业务质量评价结果和业务规模无关

C. 若该券商评价期内没有项目，则会被确定为N类

D. 券商保荐的公司被证监会立案调查已经反映在该期评价中，下一评价期不重复考虑

【答案】CD

【解析】分类原则中设定了重大负面事项的调整机制，包括：（1）评价期内证券公司及相关责任主体因投行业务违法违规被追究刑事责任、被中国证监会或其他金融监管部门行政处罚、存在严重损害投资者利益或社会公共利益情形，或者证券

公司被中国证监会暂停、撤销业务资格的，评价分类不得确定为A类。（2）评价期内证券公司因投行业务被中国证监会立案调查，或发行人、上市公司因投行业务被中国证监会行政处罚、立案调查、且其违法违规或涉嫌违法违规的行为与证券公司构成重大关联的，证券公司评价分类不得确定为A类。评价期结束后、评价结果公布前，证券公司出现上述情形的，评价分类参照执行，下一评价期不再重复考虑。评价结果公布后3个月内，证券公司出现上述情形的，证券业协会可下调该证券公司评价分类，下一评价期不再重复考虑（选项A错误，D正确）。评分调整主要反映证券公司落实专项工作情况和投行业务发展情况，包括投行业务规模（选项B错误）。

2.《证券公司投行业务质量评价办法（试行）》建立的评价指标体系包括（　　）。

A. 执业质量评价　B. 内部控制评价　C. 业务管理评价　D. 调整项

【答案】ABC

【解析】《证券公司投行业务质量评价办法（试行）》建立的评价指标体系包括执业质量评价（基准分60分）、内部控制评价（基准分20分）、业务管理评价（基准分20分）三类指标，并可根据监管需要对评分进行必要调整。

3. 按照《关于注册制下督促证券公司从事投行业务归位尽责的指导意见》中关于“奖优惩劣”的指导精神，《证券公司投行业务质量评价办法（试行）》规定，评价结果的应用体现在（　　）。

A. 证券业协会可以根据投行业务质量评价结果对证券公司在保荐代表人管理、现场检查和非现场检查频率等方面实行区别对待

B. 将投行业务质量评价结果纳入证券行业执业声誉激励约束机制

C. 将评价结果报送中国证监会，同时抄送中国证监会各派出机构及证券交易所，供监管机构在日常监管工作中参考使用

D. 严格限制C类证券公司的保荐业务

【答案】ABC

【解析】《证券公司投行业务质量评价办法（试行）》规定，评价结果的应用体现在以下的日常监管中：第一，证券业协会可以根据投行业务质量评价结果对证券公司在保荐代表人管理、现场检查和非现场检查频率等方面实行区别对待；第二，将投行业务质量评价结果纳入证券行业执业声誉激励约束机制；第三，将评价结果报送中国证监会，同时抄送中国证监会各派出机构及证券交易所，供监管机构在日常监管工作中参考使用。

（五）欣某股份有限公司（以下简称欣某公司）原系深圳证券交易所创业板上

市公司。该公司实际控制人温某乙与财务总监刘某胜为达到使欣某公司上市的目的，组织单位工作人员通过外部借款、使用自有资金或伪造银行单据等方式，虚构2011年至2013年6月间的收回应收款项情况，采用在报告期末（年末、半年末）冲减应收款项，下一会计期期初冲回的方式，虚构了相关财务数据，在向证监会报送的首次公开发行股票并在创业板上市申请文件和招股说明书中记载了上述重大虚假内容，骗取了证监会的股票发行核准，公开发行股票募集资金2.57亿元。欣某公司上市后，于2013年7月至2014年12月间，沿用前述手段继续伪造财务数据，粉饰公司财务状况，并分别于2014年4月15日、2014年8月15日、2015年4月25日向公众披露了虚假和隐瞒重要事实的2013年年度报告、2014年半年度报告、2014年年度报告。

1. 对于欣某公司的违法违规情况，下列说法正确的有（　　）。

A. 目前股票发行违法违规行为法律责任相关的法律依据主要为《民法》和《证券法》

B. 通过虚假陈述进行欺诈发行的违规行为涉及刑事责任、行政责任和民事责任

C. 证券服务机构制作、出具的文件有虚假记载、误导性陈述或者重大遗漏，给他人造成损失的，应当与委托人承担连带赔偿责任

D. 相应主体还可能被追究自律监管措施及纪律处分

【答案】BCD

【解析】目前股票发行违法违规行为法律责任相关的法律依据主要为《刑法》和《证券法》（选项A错误）。

2. 关于相关主体面临的法律责任，下列说法错误的有（　　）。

A. 温某乙作为公司实际控制人需要承担刑事责任，而财务总监刘某胜无须承担刑事责任

B. 股票发行违法违规行为的民事责任主体包括发行人及其控股股东、实际控制人、董事、监事、高级管理人员和其他直接责任人员，保荐人、承销的证券公司及其直接责任人员

C. 发行人在其公告的证券发行文件中隐瞒重要事实或者编造重大虚假内容，对直接负责的主管人员和其他直接责任人员，处以100万元至1 000万元的罚款

D. 保荐机构出具虚假陈述的保荐书，或者不履行其他法定职责的，责令改正，给予警告，没收业务收入，并处以业务收入1倍以上10倍以下的罚款

【答案】A

【解析】 根据《中华人民共和国刑法修正案（十一）》之“欺诈发行股票、债券罪”规定：在招股说明书、认股书等发行文件中隐瞒重要事实或者编造重大虚假内容，发行股票、存托凭证或其他证券，数额巨大、后果严重或者有其他严重情节的，处五年以下有期徒刑或者拘役，并处或者单处罚金；数额特别巨大、后果特别严重或者有其他特别严重情节的，处五年以上有期徒刑，并处罚金（选项A错误，刘某胜是直接负责人）。控股股东、实际控制人组织、指使实施前款行为的，处五年以下有期徒刑或者拘役，并处或者单处非法募集资金金额20%以上一倍以下罚金；数额特别巨大、后果特别严重或者有其他特别严重情节的，处五年以上有期徒刑，并处非法募集资金金额20%以上一倍以下罚金。

第三章　发行上市条件

一、单项选择题（以下备选项中只有一项最符合题目要求，不选、错选均不得分）

1. 根据《首次公开发行股票注册管理办法》等规则，发行人在主板发行上市，应当符合主板定位要求，并应当符合持续经营时间、会计与内控、稳定性、业务完整、规范运行等条件，主板突出的特色是（　　）。

A. 强成长型　　B. 成长创新型　　C. 大盘蓝筹　　D. 创新中小型

【答案】C

【解析】发行人申请首次公开发行股票并在主板上市，应当符合主板定位，突出“大盘蓝筹”特色，重点支持业务模式成熟、经营业绩稳定、规模较大、具有行业代表性的优质企业。

2. 根据《首次公开发行股票注册管理办法》等规则，发行人在主板发行上市，应当符合主板定位要求，主板重点支持的企业条件不包括（　　）。

A. 业务模式成熟　　B. 科技创新能力突出

C. 规模较大　　D. 具有行业代表性

【答案】B

【解析】主板重点支持业务模式成熟、经营业绩稳定、规模较大、具有行业代表性的优质企业。

3. 发行人应是依法设立且持续经营3年以上的股份有限公司，具备健全且运行良好的组织机构，相关机构和人员能够依法履行职责。有限责任公司按原账面净资产值折股整体变更为股份有限公司的，持续经营时间可以从（　　）起计算。

A. 股份有限公司成立之日　　B. 有限责任公司成立之日

C. 有限责任公司成立之日满一年后　　D. 有限责任公司成立之日满两年后

【答案】B

【解析】有限责任公司按原账面净资产值折股整体变更为股份有限公司的，持续经营时间可以从有限责任公司成立之日起计算。

4. 根据《首次公开发行股票注册管理办法》等规则，发行人在主板发行上市，应当符合主板定位要求，并应当符合持续经营时间、会计与内控、稳定性、业务完整、规范运行等条件，不属于业务完整条件的是（　　）。

A. 发行人资产完整，业务及人员、财务、机构独立

B. 发行人应不存在涉及主要资产、核心技术、商标等的重大权属纠纷

C. 与控股股东、实际控制人及其控制的其他企业间不存在对发行人构成重大不利影响的同业竞争

D. 不存在关联交易

【答案】D

【解析】发行人应资产完整，业务及人员、财务、机构独立，与控股股东、实际控制人及其控制的其他企业间不存在对发行人构成重大不利影响的同业竞争，不存在严重影响独立性或者显失公平的关联交易。发行人应不存在涉及主要资产、核心技术、商标等的重大权属纠纷，重大偿债风险，重大担保、诉讼、仲裁等或有事项，经营环境已经或者将要发生重大变化等对持续经营有重大不利影响的事项。

5. 保荐机构及发行人律师应当重点关注、充分核查论证并发表意见的情形不包括的是（　　）。

A. 发行人的主要技术是由控股股东、实际控制人授权使用

B. 生产型企业的发行人，其生产经营所必需的主要厂房、机器设备等固定资产系向控股股东、实际控制人租赁使用

C. 服务型企业的发行人，其生产经营所必需的主要厂房、机器设备等固定资产系向控股股东、实际控制人租赁使用

D. 发行人的核心商标和专利是由控股股东、实际控制人授权使用

【答案】C

【解析】发行人存在以下情形之一的，保荐机构及发行人律师应当重点关注、充分核查论证并发表意见：一是生产型企业的发行人，其生产经营所必需的主要厂房、机器设备等固定资产系向控股股东、实际控制人租赁使用；二是发行人的核心商标、专利、主要技术等无形资产是由控股股东、实际控制人授权使用。

6. 发行人应符合规范运行条件，要求（　　），发行人及其控股股东、实际控制人不存在贪污、贿赂、侵占财产、挪用财产或者破坏社会主义市场经济秩序的刑事犯罪，不存在欺诈发行、重大信息披露违法或者其他涉及国家安全、公共安全、生态安全、生产安全、公众健康安全等领域的重大违法行为。

A. 最近1年内　　B. 最近24个月内

C. 最近3年内　　D. 最近48个月内

【答案】C

【解析】发行人应符合规范运行条件，要求最近3年内，发行人及其控股股东、实际控制人不存在贪污、贿赂、侵占财产、挪用财产或者破坏社会主义市场经济秩序的刑事犯罪，不存在欺诈发行、重大信息披露违法或者其他涉及国家安全、公共安全、生态安全、生产安全、公众健康安全等领域的重大违法行为。董事、监事和高级管理人员不存在最近3年内受到中国证监会行政处罚，或者因涉嫌犯罪正在被司法机关立案侦查或者涉嫌违法违规正在被中国证监会立案调查且尚未有明确结论意见等情形。

7. 根据中国证监会2023年2月发布的《首次公开发行股票注册管理办法》，发行人在主板发行上市的，发行人不符合持续经营时间的条件的是（　　）。

A. 依法设立　　B. 持续经营3年以上的股份有限公司

C. 具备健全且运行良好的组织机构　　D. 主营业务、控制权和管理团队稳定

【答案】D

【解析】发行人应是依法设立且持续经营3年以上的股份有限公司，具备健全且运行良好的组织机构，相关机构和人员能够依法履行职责。

8. 根据中国证监会2023年2月发布的《首次公开发行股票注册管理办法》，发行人在主板发行上市条件不包括（　　）。

A. 持续经营时间　B. 稳定性　C. 会计与内控　D. 法务与合规

【答案】D

【解析】根据中国证监会2023年2月发布的《首次公开发行股票注册管理办法》，发行人在主板发行上市的，应当符合持续经营时间、会计与内控条件、稳定性条件、业务完整条件、规范运行条件等五个方面条件。

9. 根据中国证监会2023年2月发布的《首次公开发行股票注册管理办法》，发行人在主板发行上市的会计与内控条件中不包括（　　）。

A. 内部控制制度健全

B. 内部控制制度被执行

C. 注册会计师出具无保留结论的内部控制鉴证报告

D. 能够合理保证公司运行效率、合法合规和财务报告的可靠性

【答案】B

【解析】发行人应当内部控制制度健全且被有效执行，能够合理保证公司运行效率、合法合规和财务报告的可靠性，并由注册会计师出具无保留结论的内部控制鉴证报告。

10. 在主板上市境内发行人主板上市股本总额的要求是（　　）。

A. 发行后股本总额不低于 5 000 万元

B. 发行后股本总额不低于 8 000 万元

C. 发行后股本总额大于 5 000 万元

D. 发行后股本总额大于 8 000 万元

【答案】A

【解析】根据《上海证券交易所股票上市规则（2023 年 2 月修订）》《深圳证券交易所股票上市规则（2023 年修订）》《试点创新企业境内发行股票或存托凭证并上市监管工作实施办法（2023 年修订）》等规定，在主板上市境内发行人主板上市股本总额的要求是发行后股本总额不低于 5 000 万元。

11. 根据《上海证券交易所股票上市规则（2023 年 2 月修订）》《深圳证券交易所股票上市规则（2023 年修订）》《试点创新企业境内发行股票或存托凭证并上市监管工作实施办法（2023 年修订）》等规定，一般企业标准之一为：预计市值为（　　），最近一年净利润为正，最近一年营业收入不低于 6 亿元，最近 3 年经营活动产生的现金流量净额累计不低于 1.5 亿元。

A. 不低于 120 亿元　　B. 不低于 50 亿元

C. 不低于 80 亿元　　D. 不低于 100 亿元

【答案】B

【解析】一般企业市值及财务指标条件：标准一，最近 3 年净利润均为正，且最近 3 年净利润累计不低于 1.5 亿元，最近一年净利润不低于 6 000 万元，最近 3 年经营活动产生的现金流量净额累计不低于 1 亿元或营业收入累计不低于 10 亿元；标准二，预计市值不低于 50 亿元，最近一年净利润为正，最近一年营业收入不低于 6 亿元，最近 3 年经营活动产生的现金流量净额累计不低于 1.5 亿元；标准三，预计市值不低于 80 亿元，最近一年净利润为正，最近一年营业收入不低于 8 亿元（至少符合以上标准中的 1 项）。题干表述对应标准二，故选项 B 正确。

12. 存在表决权差异安排的企业，当预计市值不低于 100 亿元时，最近一年净利润为正，最近一年营业收入（　　）。

A. 不低于 1 亿元　　B. 不低于 1.5 亿元

C. 不低于 8 亿元　　D. 不低于 10 亿元

【答案】D

【解析】根据《上海证券交易所股票上市规则（2023 年 2 月修订）》《深圳证券交易所股票上市规则（2023 年修订）》《试点创新企业境内发行股票或存托凭证

并上市监管工作实施办法（2023年修订）》等规定，存在表决权差异安排的企业市值及财务指标条件：标准一，预计市值不低于200亿元，最近一年净利润为正；标准二，预计市值不低于100亿元，最近一年净利润为正，最近一年营业收入不低于10亿元。

13. 根据《上海证券交易所股票上市规则（2023年2月修订）》《深圳证券交易所股票上市规则（2023年修订）》《试点创新企业境内发行股票或存托凭证并上市监管工作实施办法（2023年修订）》等规定，符合规定的红筹企业主板上市，发行股票的，发行后的股份总数（　　）。

A. 不低于1 000万股　　B. 不低于3 000万股

C. 不低于5 000万股　　D. 不低于8 000万股

【答案】C

【解析】按照相关规定，符合规定的红筹企业主板上市，发行股票的，发行后的股份总数不低于5 000万股。

14. 符合营业收入快速增长，拥有自主研发、国际领先技术，在同行业竞争中处于相对优势地位，最近一年营业收入不低于5亿元条件且尚未在境外上市的红筹企业，其预计市值为（　　）。

A. 不低于50亿元　　B. 不低于100亿元

C. 不低于150亿元　　D. 不低于200亿元

【答案】A

【解析】根据《上海证券交易所股票上市规则（2023年2月修订）》《深圳证券交易所股票上市规则（2023年修订）》《试点创新企业境内发行股票或存托凭证并上市监管工作实施办法（2023年修订）》等规定，尚未在境外上市的红筹企业市值及财务指标条件：标准一，不低于200亿元，最近一年营业收入不低于30亿元；标准二，拥有自主研发、国际领先、能够引领国内重要领域发展的知识产权或专有技术，具备明显的技术优势的高新技术企业，研发人员占比超过30%，已取得与主营业务相关的发明专利100项以上，或者取得至少1项与主营业务相关的一类新药药品批件，或者拥有经有权主管部门认定具有国际领先和引领作用的核心技术；依靠科技创新与知识产权参与市场竞争，具有相对优势的竞争地位，主要产品市场占有率排名前三，最近三年营业收入复合增长率30%以上，最近一年经审计的主营业务收入不低于10亿元，且最近三年研发投入合计占主营业务收入合计的比例10%以上。对国家创新驱动发展战略有重要意义，且拥有较强发展潜力和市场前景的企业除外；标准三，不低于100亿元，营业收入快速增长，拥有自主研发、国际领先技术，在同行业竞争中处于相对优势地位；标准四，不低于50亿元，营业收入快速增长，拥有自主研发、国际领先技术，在同行业竞争中处于相对优势地位；最近一年营业收入不低于5亿元（至少符合以上标准中的1项）。题干中的表述符合标准四的情形，故选项A正确。

15. 符合申报科创板发行上市企业的是（　　）。

A. 金融科技企业　B. 模式创新企业　C. 房地产企业　D. 集成电路企业

【答案】D

【解析】限制金融科技、模式创新企业在科创板发行上市。禁止房地产和主要从事金融、投资类业务的企业在科创板发行上市。

16. 申报科创板发行上市的发行人，不应当属于下列（　　）行业领域的高新技术产业和战略性新兴产业。

A. 高端装备领域

B. 新材料领域

C. 生物医药领域

D. 主要从事金融、投资类业务的企业领域

【答案】D

【解析】禁止房地产和主要从事金融、投资类业务的企业在科创板发行上市。

17. 支持和鼓励科创板定位规定的相关行业领域中，下列（　　）指标是企业申报科创板发行上市需要符合的指标。

A. 最近三年研发投入占营业收入比例10%以上

B. 最近一年末研发人员占当年员工总数的比例不低于10%

C. 应用于公司主营业务的发明专利3项以上

D. 最近一年营业收入金额达到5亿元

【答案】B

【解析】支持和鼓励科创板定位规定的相关行业领域中，同时符合下列4项指标的企业申报科创板发行上市：最近三年研发投入占营业收入比例5%以上，或最近三年研发投入金额累计在6 000万元以上；研发人员占当年员工总数的比例不低于10%，根据审核问答，本条研发人员指最近一年末研发人员；应用于公司主营业务的发明专利5项以上；最近三年营业收入复合增长率达到20%，或最近一年营业收入金额达到3亿元。

18. 发行人进行自我评估时，应当尊重科技创新规律、资本市场规律和企业发展规律，并结合自身和行业科技创新实际情况，准确理解、把握科创板定位，以下

不属于需要重点考虑的因素的是（　　）。

A. 所处行业及其技术发展趋势与国家战略的匹配程度

B. 企业拥有的核心技术在境内与境外发展水平中所处的位置

C. 科创板企业与 A 板企业的发展差距

D. 依靠核心技术开展生产经营的实际情况

【答案】C

【解析】 发行人进行自我评估时，应当尊重科技创新规律、资本市场规律和企业发展规律，并结合自身和行业科技创新实际情况，准确理解、把握科创板定位，重点考虑以下因素：所处行业及其技术发展趋势与国家战略的匹配程度；企业拥有的核心技术在境内与境外发展水平中所处的位置；核心竞争力及其科技创新水平的具体表征，如获得的专业资质和重要奖项、核心技术人员的科研能力、科研资金的投入情况、取得的研发进展及其成果等；保持技术不断创新的机制、技术储备及技术创新的具体安排；依靠核心技术开展生产经营的实际情况等。

19. 关于科创板上市财务指标及要求，股本总额条件是发行后股本总额不低于（　　）万元。

A. 1 000　　B. 2 000　　C. 3 000　　D. 5 000

【答案】C

【解析】 科创板上市股本总额条件是发行后股本总额不低于 3 000 万元。

20. 关于科创板上市财务指标及要求，公开发行比例为发行后股本总额不高于 4 亿元，公开发行比例不低于（　　）；发行后股本总额高于 4 亿元，公开发行比例不低于（　　）。

A. 25%；10%　　B. 20%；15%　　C. 10%；25%　　D. 15%；20%

【答案】A

21. 关于科创板上市财务指标及要求，一般企业预计市值不低于 30 亿元的，最近一年营业收入应不低于（　　）亿元。

A. 1　　B. 2　　C. 3　　D. 5

【答案】C

22. 关于科创板上市财务指标及要求，存在表决权差异安排的企业若预计市值不低于 50 亿元，则最近一年营业收入不低于（　　）亿元。

A. 1　　B. 2　　C. 3　　D. 5

【答案】D

23. 关于科创板上市条件，符合规定的红筹企业发行股票的，发行后的股份总数应不低于（　　）万股。

A. 1 000　　B. 3 000　　C. 5 000　　D. 8 000

【答案】B

24. 北交所上市公司转板至上交所的转板条件规定，股本总额不低于（　　）万元。

A. 2 000　　B. 3 000　　C. 5 000　　D. 10 000

【答案】B

25. 北交所上市公司转板至上交所的转板条件规定，董事会审议通过转板相关事宜决议公告日前连续（　　）个交易日（不包括股票停牌日）通过竞价交易方式实现的股票累计成交量不低于（　　）万股。

A. 30；2 000　　B. 30；1 000　　C. 60；2 000　　D. 60；1 000

【答案】D

26. 北交所上市公司转板至上交所的转板条件规定，转板公司及其控股股东、实际控制人不存在最近（　　）年受到中国证监会行政处罚，或者最近（　　）个月受到北交所、全国股转公司公开谴责等情形。

A. 2；24　　B. 2；12　　C. 3；12　　D. 3；24

【答案】C

【解析】北交所上市公司转板至上交所的转板条件规定，转板公司及其控股股东、实际控制人不存在最近 3 年受到中国证监会行政处罚，因涉嫌违法违规被中国证监会立案调查且尚未有明确结论意见，或者最近 12 个月受到北交所、全国股转公司公开谴责等情形。

27. 下列说法中，与北交所上市公司转板至上交所的转板条件规定不符的是（　　）。

A. 转板公司需要符合相关规则规定的科创板的发行条件

B. 转板公司的股东人数不少于 1 000 人

C. 转板公司股本总额超过 4 亿元的，公众股东持股的比例为 25% 以上

D. 预计市值，以转板公司向交易所提交转板上市申请日前 20 个、60 个和 120 个交易日（不包括股票停牌日）收盘市值算术平均值的孰低值为准

【答案】C

【解析】北交所上市公司转板至上交所的转板条件规定，转板公司的公众股东持股比例应达到转板公司股份总数的 25% 以上；转板公司股本总额超过 4 亿元的，公众股东持股的比例为 10% 以上，故选项 C 错误。

28. 甲公司为北交所上市公司，现想转板至上交所，以下条件中不满足规定的是（　　）。

A. 甲公司股本总额为 5 000 万元

B. 甲公司公众股东持股比例为股份总数的 30%

C. 甲公司符合科创板定位和科创属性

D. 甲公司股东人数为 500 人

【答案】D

【解析】北交所上市公司转板至上交所的转板条件规定，转板公司要符合科创板定位和科创属性（选项 C）；其股本总额不低于 3 000 万元（选项 A）；公众股东持股比例达到转板公司股份总数的 25% 以上（选项 B）；转板公司股本总额超过 4 亿元的，公众股东持股的比例为 10% 以上；股东人数不少于 1 000 人（选项 D 符合题意）。

29. 《深圳证券交易所创业板企业发行上市申报及推荐暂行规定》（2022 年修订）中列示了三套量化指标，从定性和定量两个维度将“三创四新”标准进一步量化，以下不属于创业板支持和鼓励符合下列标准之一的成长型创新创业企业申报在创业板发行上市的是（　　）。

A. 最近三年研发投入复合增长率不低于 15%，最近一年研发投入金额不低于 1 000 万元，且最近三年营业收入复合增长率不低于 20%

B. 最近三年累计研发投入金额不低于 5 000 万元，且最近三年营业收入复合增长率不低于 20%

C. 属于制造业优化升级、现代服务业或者数字经济等现代产业体系领域，且最近三年营业收入复合增长率不低于 30%

D. 最近一年营业收入金额达到 3 亿元的企业，或者按照《关于开展创新企业境内发行股票或存托凭证试点的若干意见》等相关规则申报创业板的已境外上市红筹企业

【答案】D

【解析】最近一年营业收入金额达到 3 亿元的企业，或者按照《关于开展创新企业境内发行股票或存托凭证试点的若干意见》等相关规则申报创业板的已境外上市红筹企业，不适用前款规定的营业收入复合增长率要求（选项 D 正确）。

30. 属于上市公司行业分类相关规定中（　　）行业的企业，原则上不支持其申报在创业板发行上市。

A. 金融业与互联网深度融合的创新创业企业

B. 房地产业与大数据深度融合的创新创业企业

C. 住宿和餐饮业与人工智能深度融合的创新创业企业

D. 酒、饮料和精制茶制造业

【答案】D

【解析】属于上市公司行业分类相关规定中下列行业的企业，原则上不支持其申报在创业板发行上市：农林牧渔业；采矿业；酒、饮料和精制茶制造业（选项 D 正确）；纺织业；黑色金属冶炼和压延加工业；电力、热力、燃气及水生产和供应业；建筑业；交通运输、仓储和邮政业；住宿和餐饮业；金融业；房地产业；居民服务、修理和其他服务业。但以上所列行业中与互联网、大数据、云计算、自动化、人工智能、新能源等新技术、新产业、新业态、新模式深度融合的创新创业企业，支持其申报在创业板发行上市（选项 ABC 错误）。

31. 根据《首次公开发行股票注册管理办法》规定，创业板发行条件包括持续经营时间、会计与内控条件、稳定性条件、业务完整条件、规范运行条件五个方面，其中除（　　）与主板存在差异外，其他四个方面与主板一致。

A. 会计与内控条件　　B. 持续经营时间

C. 稳定性条件　　D. 规范运行条件

【答案】C

【解析】根据《首次公开发行股票注册管理办法》规定，创业板发行条件包括持续经营时间、会计与内控条件、稳定性条件、业务完整条件、规范运行条件五个方面，其中除稳定性条件与主板存在差异外，其他四个方面与主板一致（选项 C 正确）。

32. 甲公司在创业板发行上市，其发行后股本总额不低于（　　）万元。

A. 1 000　　B. 2 000　　C. 3 000　　D. 5 000

【答案】C

33. 甲公司在创业板发行上市，其发行后股本总额不高于（　　）亿元，公开发行比例不低于 25%。

A. 2　　B. 3　　C. 4　　D. 5

【答案】C

34. 甲公司在创业板发行上市，其发行后股本总额高于 4 亿元，公开发行比例不低于（　　）。

A. 5%　　B. 10%　　C. 15%　　D. 20%

【答案】B

35. 创业板上市的企业，其一般企业市值及财务指标条件至少符合（　　）。

A. 预计市值不低于 10 亿元，财务指标最近两年净利润均为正，且累计不低于 5 000 万元

B. 预计市值不低于 10 亿元，财务指标最近一年净利润为正且营业收入不低于 1 亿元

C. 预计市值不低于 50 亿元，财务指标最近两年净利润均为正，且累计不低于 5 000 万元

D. 预计市值不低于 50 亿元，财务指标最近一年净利润为正且营业收入不低于 1 亿元

【答案】B

【解析】一般企业市值及财务指标条件（至少符合标准中的 1 项），标准一：预计市值无要求，财务指标最近两年净利润均为正，且累计不低于 5 000 万元；标准二：预计市值不低于 10 亿元，财务指标最近一年净利润为正且营业收入不低于 1 亿元；标准三：预计市值不低于 50 亿元，最近一年营业收入不低于 3 亿元。属于先进制造、互联网、大数据、云计算、人工智能、生物医药等高新技术产业和战略性新兴产业的创新创业企业可适用。

36. 在创业板上市存在表决权差异安排的企业，预计市值不低于 50 亿元的，财务指标要求最近一年营业收入不低于（　　）亿元。

A. 2　　B. 3　　C. 4　　D. 5

【答案】D

37. 符合规定的红筹企业创业板上市发行股票的，发行后的股份总数不低于（　　）万股。

A. 1 000　　B. 2 000　　C. 3 000　　D. 5 000

【答案】C

38. 符合规定的红筹企业创业板上市发行存托凭证的，发行后的存托凭证总份数不低于（　　）万份。

A. 1 000　　B. 2 000　　C. 3 000　　D. 5 000

【答案】C

39. 符合规定的红筹企业创业板上市发行存托凭证的，公开发行的存托凭证对应基础股份达到公司股份总数的 25% 以上；发行后的存托凭证总份数超过（　　）亿份的，公开发行存托凭证对应基础股份达到公司股份总数的 10% 以上。

A. 2　　B. 3　　C. 4　　D. 5

【答案】C

40. 以下属于已在境外上市的红筹企业的市值及财务指标条件的是（　　）。

A. 预计市值不低于 2 000 亿元，财务指标要求最近一年营业收入不低于 30 亿元

B. 预计市值不低于 2 000 亿元，财务指标要求拥有自主研发、国际领先技术，同行业竞争中处于相对优势地位

C. 预计市值不低于 200 亿元，财务指标要求最近一年营业收入不低于 30 亿元

D. 预计市值不低于 200 亿元，财务指标要求拥有自主研发、国际领先技术，在同行业竞争中处于相对优势地位

【答案】D

【解析】已在境外上市的红筹企业市值及财务指标条件至少符合标准中的 1 项，标准一：预计市值不低于 2 000 亿元的无财务指标要求；标准二：预计市值不低于 200 亿元，财务指标要求拥有自主研发、国际领先技术，同行业竞争中处于相对优势地位（选项 D 正确）。

41. 以下不属于尚未在境外上市的红筹企业市值及财务指标条件的是（　　）。

A. 预计市值不低于 200 亿元，财务指标要求最近一年营业收入不低于 30 亿元

B. 预计市值不低于 150 亿元，财务指标要求最近一年营业收入不低于 20 亿元

C. 预计市值不低于 100 亿元，财务指标要求营业收入快速增长，拥有自主研发、国际领先技术，同行业竞争中处于相对优势地位

D. 预计市值不低于 50 亿元，财务指标要求营业收入快速增长，拥有自主研发、国际领先技术，同行业竞争中处于相对优势地位，最近一年营业收入不低于 5 亿元

【答案】B

【解析】尚未在境外上市的红筹企业市值及财务指标条件至少符合标准中的 1 项，标准一：预计市值不低于 200 亿元，财务指标要求最近一年营业收入不低于 30 亿元（选项 A 错误）；标准二：预计市值无要求，财务指标要求拥有自主研发、国际领先、能够引领国内重要领域发展的知识产权或专有技术，具备明显的技术优势的高新技术企业，研发人员占比超过 30%，已取得与主营业务相关的发明专利 100 项以上，或者取得至少 1 项与主营业务相关的一类新药药品批件，或者拥有经有权主管部门认定具有国际领先和引领作用的核心技术；依靠科技创新与知识产权参与市场竞争，具有相对优势的竞争地位，主要产品市场占有率排名前三，最近三年营业收入复合增长率 30% 以上，最近一年经审计的主营业务收入不低于 10 亿元，且

最近三年研发投入合计占主营业务收入合计的比例 10% 以上。对国家创新驱动发展战略有重要意义，且拥有较强发展潜力和市场前景的企业除外；标准三：预计市值不低于 100 亿元，财务指标要求营业收入快速增长，拥有自主研发、国际领先技术，同行业竞争中处于相对优势地位（选项 C 错误）；标准四：预计市值不低于 50 亿元，财务指标要求营业收入快速增长，拥有自主研发、国际领先技术，同行业竞争中处于相对优势地位，最近一年营业收入不低于 5 亿元（选项 D 错误）。

42. 北交所上市公司向创业板转板上市要求在北交所连续上市（　　）年以上。

A. 1　　B. 2　　C. 3　　D. 5

【答案】A

43. 转板公司在北交所上市前，已在全国中小企业股份转让系统原（　　）挂牌的，原挂牌时间与北交所上市时间合并计算。

A. 科技层　　B. 精选层　　C. 创新层　　D. 基础层

【答案】B

44. 在北交所上市的甲公司预转板创业板上市，甲公司股本总额不低于（　　）万元。

A. 1 000　　B. 2 000　　C. 3 000　　D. 5 000

【答案】C

45. 在北交所上市的甲公司转板创业板上市，董事会审议通过转板相关事宜决议公告日前六十个交易日（不包括股票停牌日）通过竞价交易方式实现的股票累计成交量不低于（　　）万股。

A. 1 000　　B. 2 000　　C. 3 000　　D. 5 000

【答案】A

46. 北交所主要服务创新型（　　），重点支持先进制造业和现代服务业等领域的企业，推动传统产业转型升级，培育经济发展新动能，促进经济高质量发展。

A. 中型企业　　B. 中小企业　　C. 小型企业　　D. 小微企业

【答案】B

47. 下列行业中的企业中，可以申报在北交所上市的是（　　）。

A. 交通运输业中的创新型中小企业

B. 产能过剩行业（产能过剩行业的认定以国务院主管部门的规定为准）、《产业结构调整指导目录》中规定的淘汰类行业

C. 从事学前教育业务的企业

D. 从事学科类培训业务的企业

【答案】A

【解析】发行人不得在北交所申报上市的企业包括：属于产能过剩行业（产能过剩行业的认定以国务院主管部门的规定为准）、《产业结构调整指导目录》中规定的淘汰类行业，以及从事学前教育、学科类培训等业务的企业。

48. 发行人在北交所发行上市的，应当符合的主体资格条件为（　　）。

A. 发行人应当为在全国股转系统连续挂牌满 6 个月的创新层挂牌公司

B. 发行人应当为在全国股转系统连续挂牌满 12 个月的创新层挂牌公司

C. 发行人应当为在全国股转系统连续挂牌满 18 个月的创新层挂牌公司

D. 发行人应当为在全国股转系统连续挂牌满 24 个月的创新层挂牌公司

【答案】B

49. 发行人在北交所发行上市的，应当符合的持续经营条件为：具备健全且运行良好的组织机构；具有持续经营能力，财务状况良好；最近（　　）年财务会计报告无虚假记载，被出具无保留意见审计报告；依法规范经营。

A. 一　　B. 二　　C. 三　　D. 五

【答案】C

50. 发行人在北交所发行上市的，应当符合主体资格、持续经营条件、规范运行条件等三个方面条件。下列关于发行条件的说法中，错误的是（　　）。

A. 发行人应当为在全国股转系统连续挂牌满 12 个月的创新层挂牌公司

B. 最近三年财务会计报告无虚假记载，被出具无保留意见审计报告

C. 最近三年内存在贪污、贿赂、侵占财产、挪用财产或者破坏社会主义市场经济秩序的刑事犯罪

D. 最近五年内存在欺诈发行、重大信息披露违法或者其他涉及国家安全、公共安全、生态安全、生产安全、公众健康安全等领域的重大违法行为

【答案】D

【解析】发行人及其控股股东、实际控制人存在下列情形之一的，发行人不得公开发行股票：最近三年内存在贪污、贿赂、侵占财产、挪用财产或者破坏社会主义市场经济秩序的刑事犯罪；最近三年内存在欺诈发行、重大信息披露违法或者其他涉及国家安全、公共安全、生态安全、生产安全、公众健康安全等领域的重大违法行为；最近一年内受到中国证监会行政处罚。

51. 发行人申请公开发行并在北交所上市，不符合股权分散条件的是（　　）。

A. 公开发行的股份不少于 100 万股，发行对象不少于 100 人

B. 公开发行后，公司股东人数不少于200人，公众股东持股比例不低于公司股本总额的25%

C. 公司股本总额超过4亿元的，公众股东持股比例不低于公司股本总额的20%

D. 公司股本总额超过4亿元的，公众股东持股比例不低于公司股本总额的10%

【答案】C

【解析】发行人申请公开发行并在北交所上市，应当满足的股权分散条件为：公开发行的股份不少于100万股，发行对象不少于100人；公开发行后，公司股东人数不少于200人，公众股东持股比例不低于公司股本总额的25%；公司股本总额超过4亿元的，公众股东持股比例不低于公司股本总额的10%。

52. 发行人申请公开发行并在北交所上市，具有表决权差异安排的，该安排应当平稳运行至少（　　）个完整会计年度，且相关信息披露和公司治理应当符合中国证监会及全国股转公司相关规定。

A. 一　　B. 二　　C. 三　　D. 五

【答案】A

【解析】发行人具有表决权差异安排的，该安排应当平稳运行至少一个完整会计年度，且相关信息披露和公司治理应当符合中国证监会及全国股转公司相关规定。

53. 根据北交所上市条件中的市值及财务指标条件，下列企业能申请公开发行并在北交所上市的是（　　）。

A. A企业预计市值5亿元，最近2年净利润均2 500万元，最近2年加权平均净资产收益率平均10%

B. B企业预计市值2亿元，最近2年营业收入平均1亿元，最近1年营业收入增长率10%；最近1年经营活动产生的现金流量净额为负

C. C企业预计市值10亿元，最近2年研发投入合计3 000万元

D. D企业预计市值6亿元，最近1年营业收入1亿元，最近2年研发投入合计占最近2年营业收入合计比例5%

【答案】A

【解析】北交所上市条件中的市值及财务指标条件（至少符合标准中的1项）。标准一：预计市值不低于2亿元，最近2年净利润均不低于1 500万元，最近2年加权平均净资产收益率平均不低于8%；或预计市值不低于2亿元，最近1年净利

润不低于 2 500 万元，最近 1 年加权平均净资产收益率不低于 8%；标准二：预计市值不低于 4 亿元，最近 2 年营业收入平均不低于 1 亿元；最近 1 年营业收入增长率不低于 30%；最近 1 年经营活动产生的现金流量净额为正；标准三：预计市值不低于 8 亿元，最近 1 年营业收入不低于 2 亿元，最近 2 年研发投入合计占最近 2 年营业收入合计比例不低于 8%；标准四：预计市值不低于 15 亿元，最近 2 年研发投入合计不低于 5 000 万元。故选项 A 正确。

54. 发行人申请公开发行并在北交所上市，应当满足的控制权稳定性条件为（　　）。

A. 最近五年实际控制人没有发生变更

B. 最近三年实际控制人没有发生变更

C. 最近一年实际控制人没有发生变更

D. 最近 24 个月内实际控制人未发生变更

【答案】D

【解析】发行人申请公开发行并在北交所上市，应当满足的控制权稳定性条件为最近 24 个月内实际控制人未发生变更。

55. 下列关于主板、科创板、创业板、北交所的板块定位的说法中，错误的是（　　）。

A. 主板突出“大盘蓝筹”特色，重点支持业务模式成熟、经营业绩稳定、规模较大、具有行业代表性的优质企业

B. 科创板优先支持符合国家战略，拥有关键核心技术，科技创新能力突出，主要依靠核心技术开展生产经营，具有稳定的商业模式，市场认可度高，社会形象良好，具有较强成长性的企业

C. 创业板深入贯彻创新驱动发展战略，适应发展更多依靠创新、创造、创意的大趋势，主要服务成长型创新创业企业，并支持传统产业与新技术、新产业、新业态、新模式深度融合

D. 北交所服务成长型创新创业企业，重点支持先进制造业和现代服务业等领域的企业，推动传统产业转型升级，培育经济发展新动能，促进经济高质量发展

【答案】D

【解析】北交所服务创新型中小企业，重点支持先进制造业和现代服务业等领域的企业，推动传统产业转型升级，培育经济发展新动能，促进经济高质量发展。

56. 非红筹、无差异表决权的一般企业满足下列标准之一的，最近两年净利润均为正，且累计净利润不低于 5 000 万元；预计市值不低于 10 亿元，最近一年净利

润为正且营业收入不低于1亿元；预计市值不低于50亿元，且最近一年营业收入不低于3亿元，可在（　　）上市。

A. 主板　　B. 科创板　　C. 创业板　　D. 北交所

【答案】C

57. 对于存在表决权差异安排的企业，在（　　）上市需满足安排应当平稳运行至少一个完整会计年度，且相关信息披露和公司治理应当符合中国证监会及全国股转公司相关规定这一条件。

A. 主板　　B. 科创板　　C. 创业板　　D. 北交所

【答案】D

二、多项选择题（以下备选项中有两项或两项以上符合题目要求，多选、少选、错选均不得分）

1. 根据《首次公开发行股票注册管理办法》等规则，发行人在主板发行上市，应当符合主板定位要求，主板重点支持的企业条件包括（　　）。

A. 业务模式成熟　　B. 经营业绩稳定

C. 规模较大　　D. 具有行业代表性

【答案】ABCD

【解析】本题考查主板定位。选项ABCD均正确。

2. 根据中国证监会2023年2月发布的《首次公开发行股票注册管理办法》，发行人在主板发行上市的，应当符合的条件有（　　）。

A. 持续经营时间　　B. 稳定性　　C. 会计与内控　　D. 规范运行

【答案】ABCD

【解析】根据中国证监会2023年2月发布的《首次公开发行股票注册管理办法》，发行人在主板发行上市的，应当符合持续经营时间、会计与内控条件、稳定性条件、业务完整条件、规范运行条件等五个方面条件。

3. 发行人会计基础工作规范，财务报表的编制和披露符合企业会计准则和相关信息披露规则的规定，在所有重大方面公允地反映了发行人的（　　），最近三年财务会计报告由注册会计师出具无保留意见的审计报告。

A. 经营结果　　B. 财务状况　　C. 经营成果　　D. 现金流量

【答案】BCD

【解析】发行人会计基础工作规范，财务报表的编制和披露符合企业会计准则和相关信息披露规则的规定，在所有重大方面公允地反映了发行人的财务状况、经营成果和现金流量，最近三年财务会计报告由注册会计师出具无保留意见的审计报告。

4. 主板发行上市的会计与内控条件中，需要满足的条件包括（　　）。

A. 最近三年财务会计报告由注册会计师出具无保留意见的审计报告

B. 最近三年财务会计报告由注册会计师出具非否定意见的审计报告

C. 由注册会计师出具无保留结论的内部控制鉴证报告

D. 由注册会计师出具的验资报告

【答案】AC

【解析】发行人会计基础工作规范，财务报表的编制和披露符合企业会计准则和相关信息披露规则的规定，在所有重大方面公允地反映了发行人的财务状况、经营成果和现金流量，最近三年财务会计报告由注册会计师出具无保留意见的审计报告。内部控制制度健全且被有效执行，能够合理保证公司运行效率、合法合规和财务报告的可靠性，并由注册会计师出具无保留结论的内部控制鉴证报告。

5. 主板发行上市的稳定性条件中，发行人应当满足的条件有（　　）。

A. 主营业务稳定

B. 控制权和管理团队稳定

C. 最近三年内主营业务和董事、高级管理人员均没有发生重大变化

D. 股份权属不清晰

【答案】AB

【解析】发行人应当主营业务、控制权和管理团队稳定，最近三年内主营业务和董事、高级管理人员均没有发生重大不利变化。发行人应当股份权属清晰，不存在导致控制权可能变更的重大权属纠纷，最近三年实际控制人没有发生变更。

6. 对于发行人的董事、监事及高级管理人员所持股份发生（　　）情形的，发行人应当按照招股说明书准则的要求予以充分披露，并向投资者揭示风险。

A. 被质押　　B. 被冻结　　C. 诉讼纠纷　　D. 经济纠纷

【答案】ABC

【解析】对于发行人的董事、监事及高级管理人员所持股份发生被质押、冻结或发生诉讼纠纷等情形的，发行人应当按照招股说明书准则的要求予以充分披露，并向投资者揭示风险。

7. 根据《上海证券交易所股票上市规则（2023年2月修订）》《深圳证券交易所股票上市规则（2023年修订）》《试点创新企业境内发行股票或存托凭证并上市监管工作实施办法（2023年修订）》等规定，境内发行人主板上市公开发行比例的

要求包括（　　）。

A. 发行后股本总额不高于 4 亿元，公开发行比例不低于 15%

B. 发行后股本总额不高于 4 亿元，公开发行比例不低于 25%

C. 发行后股本总额高于 4 亿元，公开发行比例不低于 10%

D. 发行后股本总额高于 4 亿元，公开发行比例不低于 20%

【答案】BC

【解析】境内发行人主板上市公开发行比例的要求包括：（1）发行后股本总额不高于 4 亿元，公开发行比例不低于 25%；（2）发行后股本总额高于 4 亿元，公开发行比例不低于 10%。

8. 支持和鼓励科创板定位规定的相关行业领域中，虽未达到常规指标，但符合下列（　　）情形之一的企业申报科创板发行上市。

A. 拥有的核心技术经国家主管部门认定具有国际领先、引领作用或者对于国家战略具有重大意义

B. 作为主要参与单位或者核心技术人员作为主要参与人员，获得国家科技进步奖、国家自然科学奖、国家技术发明奖，并将相关技术运用于主营业务

C. 独立或者牵头承担与主营业务和核心技术相关的国家重大科技专项项目

D. 依靠核心技术形成的主要产品（服务），属于国家鼓励、支持和推动的关键设备、关键产品、关键零部件、关键材料等，并实现了进口替代

【答案】ABCD

9. 以下属于科创板稳定性条件的有（　　）。

A. 发行人主营业务、控制权和管理团队稳定

B. 最近二年内主营业务和董事、高级管理人员均没有发生重大不利变化

C. 核心技术人员应当稳定且最近三年内没有发生重大不利变化

D. 发行人的股份权属清晰，不存在导致控制权可能变更的重大权属纠纷，最近二年实际控制人没有发生变更

【答案】ABD

【解析】科创板稳定性条件为发行人主营业务、控制权和管理团队稳定，最近二年内主营业务和董事、高级管理人员均没有发生重大不利变化，核心技术人员应当稳定且最近二年内没有发生重大不利变化（选项 C 错误）。发行人的股份权属清晰，不存在导致控制权可能变更的重大权属纠纷，最近二年实际控制人没有发生变更。

10. 下列关于境内发行人科创板上市财务指标及要求说法正确的有（　　）。

A. 发行后股本总额不低于 3 000 万元

B. 发行后股本总额不高于 4 亿元，公开发行比例不低于 25%

C. 发行后股本总额高于 4 亿元，公开发行比例不低于 10%

D. 股东人数不少于 1 000 人

【答案】ABC

【解析】境内发行人科创板上市要求发行后股本总额不低于 3 000 万元（选项 A 正确）；发行后股本总额不高于 4 亿元，公开发行比例不低于 25%（选项 B 正确）；发行后股本总额高于 4 亿元，公开发行比例不低于 10%（选项 C 正确）。

11. 关于科创板上市财务指标及要求，一般企业预计市值及财务指标条件说法正确的有（　　）。

A. 预计市值不低于 10 亿元，则最近两年净利润均为正且累计净利润不低于 5 000万元，或者最近一年净利润为正且营业收入不低于 1 亿元

B. 预计市值不低于 15 亿元，则最近一年营业收入不低于 1 亿元，且最近三年累计研发投入占最近三年累计营业收入不低于 10%

C. 预计市值不低于 20 亿元，则最近一年营业收入不低于 2 亿元，且最近三年经营活动产生的现金流量净额累计不低于 1 亿元

D. 预计市值不低于 30 亿元，则最近一年营业收入不低于 3 亿元

【答案】AD

【解析】预计市值不低于 15 亿元，则最近一年营业收入不低于 2 亿元，且最近三年累计研发投入占最近三年累计营业收入不低于 15%（选项 B 错误）；预计市值不低于 20 亿元，则最近一年营业收入不低于 3 亿元，且最近三年经营活动产生的现金流量净额累计不低于 1 亿元（选项 C 错误）。

12. 存在表决权差异安排的企业科创板上市条件及财务指标说法正确的有（　　）。

A. 若预计市值不低于 100 亿元，则财务指标无要求

B. 若预计市值不低于 100 亿元，则最近一年营业收入不低于 5 亿元

C. 若预计市值不低于 50 亿元，则财务指标无要求

D. 若预计市值不低于 50 亿元，则最近一年营业收入不低于 5 亿元

【答案】AD

【解析】若预计市值不低于 100 亿元，则财务指标无要求；若预计市值不低于 50 亿元，则最近一年营业收入不低于 5 亿元。

13. 下列红筹企业可以满足在科创板上市的有（　　）。

A. 已在境外上市的红筹企业甲企业的预计市值为 3 000 亿元

B. 尚未在境外上市的红筹企业乙企业的预计市值为 300 亿元，且最近一年营业收入为 40 亿元

C. 已在境外上市的红筹企业丙企业的预计市值为 300 亿元

D. 尚未在境外上市的红筹企业丁企业的预计市值为 100 亿元

【答案】AB

【解析】已在境外上市的红筹企业应至少符合下列标准中的 1 项：标准一，不低于 2 000 亿元（选项 A 正确）；标准二，不低于 200 亿元，且拥有自主研发、国际领先技术，同行业竞争中处于相对优势地位（选项 C 错误）。尚未在境外上市的红筹企业应至少符合下列标准中的 1 项，其中一条标准为：不低于 200 亿元，且最近一年营业收入不低于 30 亿元（选项 B 正确，选项 D 错误）。

14. 尚未在境外上市红筹企业适用“营业收入快速增长”规定时，应当符合相关标准，关于适用情况和相关标准，下列说法正确的有（　　）。

A. 最近一年营业收入低于人民币 5 亿元的，最近 3 年营业收入复合增长率 10% 以上

B. 行业整体处于下行周期的，发行人最近 3 年营业收入复合增长率高于同行业可比公司同期平均增长水平

C. 最近一年营业收入不低于人民币 5 亿元的，最近 3 年营业收入复合增长率 10% 以上

D. 处于研发阶段的红筹企业和对国家创新驱动发展战略有重要意义的红筹企业，也可适用“营业收入快速增长”要求

【答案】BC

【解析】尚未在境外上市红筹企业适用“营业收入快速增长”规定时，应当符合下列标准之一：(1) 最近一年营业收入不低于人民币 5 亿元的，最近 3 年营业收入复合增长率 10% 以上（选项 C 正确）；(2) 最近一年营业收入低于人民币 5 亿元的，最近 3 年营业收入复合增长率 20% 以上（选项 A 错误）；(3) 受行业周期性波动等因素影响，行业整体处于下行周期的，发行人最近 3 年营业收入复合增长率高于同行业可比公司同期平均增长水平（选项 B 正确）。处于研发阶段的红筹企业和对国家创新驱动发展战略有重要意义的红筹企业，不适用“营业收入快速增长”要求（选项 D 错误）。

15. 《深圳证券交易所创业板企业发行上市申报及推荐暂行规定》（2022 年修订）中列示了三套量化指标，从定性和定量两个维度将“三创四新”标准进一步

量化，创业板支持和鼓励符合下列（　　）标准之一的成长型创新创业企业申报在创业板发行上市。

A. 最近三年研发投入复合增长率不低于 15%，最近一年研发投入金额不低于 1 000 万元，且最近三年营业收入复合增长率不低于 20%

B. 最近三年研发投入复合增长率不低于 20%，最近一年研发投入金额不低于 1 000万元，且最近三年营业收入复合增长率不低于 20%

C. 最近三年累计研发投入金额不低于 5 000 万元，且最近三年营业收入复合增长率不低于 20%

D. 属于制造业优化升级、现代服务业或者数字经济等现代产业体系领域，且最近三年营业收入复合增长率不低于 30%

【答案】ACD

【解析】《深圳证券交易所创业板企业发行上市申报及推荐暂行规定》（2022 年修订）中列示了三套量化指标，从定性和定量两个维度将“三创四新”标准进一步量化，创业板支持和鼓励符合下列标准之一的成长型创新创业企业申报在创业板发行上市：（1）最近三年研发投入复合增长率不低于 15%，最近一年研发投入金额不低于 1 000 万元，且最近三年营业收入复合增长率不低于 20%；（2）最近三年累计研发投入金额不低于 5 000 万元，且最近三年营业收入复合增长率不低于 20%；（3）属于制造业优化升级、现代服务业或者数字经济等现代产业体系领域，且最近三年营业收入复合增长率不低于 30%。

16. 原则上不支持（　　）申报在创业板发行上市。

A. 金融业

B. 电力、热力、燃气及水生产和供应业

C. 交通运输、仓储和邮政业

D. 农林牧渔业中与互联网、大数据、云计算、自动化、人工智能、新能源等新技术、新产业、新业态、新模式深度融合的创新创业企业

【答案】ABC

【解析】属于上市公司行业分类相关规定中下列行业的企业，原则上不支持其申报在创业板发行上市：（1）农林牧渔业；（2）采矿业；（3）酒、饮料和精制茶制造业；（4）纺织业；（5）黑色金属冶炼和压延加工业；（6）电力、热力、燃气及水生产和供应业；（7）建筑业；（8）交通运输、仓储和邮政业；（9）住宿和餐饮业；（10）金融业；（11）房地产业；（12）居民服务、修理和其他服务业。但以上所列行业中与互联网、大数据、云计算、自动化、人工智能、新能源等新技术、

新产业、新业态、新模式深度融合的创新创业企业，支持其申报在创业板发行上市。

17. 以下企业中，禁止在创业板发行上市的有（　　）。

A. 产能过剩行业中的企业　　B. 从事学前教育的企业

C. 从事学科类培训的企业　　D. 从事类金融业务的企业

【答案】ABCD

【解析】 禁止产能过剩行业、《产业结构调整指导目录》中的淘汰类行业，以及从事学前教育、学科类培训、类金融业务的企业在创业板发行上市。

18. 创业板稳定性条件为（　　）。

A. 发行人主营业务、控制权和管理团队稳定，最近二年内主营业务和董事、高级管理人员均没有发生重大不利变化

B. 发行人主营业务、控制权和管理团队稳定，最近三年内主营业务和董事、高级管理人员均没有发生重大不利变化

C. 发行人的股份权属清晰，不存在导致控制权可能变更的重大权属纠纷，最近二年实际控制人没有发生变更

D. 发行人的股份权属清晰，不存在导致控制权可能变更的重大权属纠纷，最近三年实际控制人没有发生变更

【答案】AC

【解析】 创业板稳定性条件为：发行人主营业务、控制权和管理团队稳定，最近二年内主营业务和董事、高级管理人员均没有发生重大不利变化。发行人的股份权属清晰，不存在导致控制权可能变更的重大权属纠纷，最近二年实际控制人没有发生变更。

19. 根据境内发行人创业板上市财务指标及要求，一般企业市值及财务指标条件至少满足下列（　　）标准中的一项。

A. 最近两年净利润均为正，且累计不低于5 000万元

B. 预计市值不低于10亿元，且最近一年净利润为正且营业收入不低于1亿元

C. 预计市值不低于50亿元，且最近一年营业收入不低于3亿元

D. 预计市值不低于30亿元，且最近一年营业收入不低于3亿元

【答案】ABC

【解析】 根据境内发行人创业板上市财务指标及要求，一般企业市值及财务指标条件至少符合下列标准中的一项：最近两年净利润均为正，且累计不低于5 000万元；预计市值不低于10亿元，且最近一年净利润为正且营业收入不低于1亿元；

预计市值不低于50亿元，且最近一年营业收入不低于3亿元。

20. 下列关于境内发行人创业板上市财务指标及要求的说法中，正确的有（　　）。

A. 发行后股本总额不低于3 000万元

B. 发行后股本总额不低于5 000万元

C. 发行后股本总额不高于4亿元，公开发行比例不低于25%

D. 发行后股本总额高于4亿元，公开发行比例不低于10%

【答案】ACD

【解析】根据境内发行人创业板上市财务指标及要求，股本总额条件为发行后股本总额不低于3 000万元；公开发行比例条件为发行后股本总额不高于4亿元，公开发行比例不低于25%，发行后股本总额高于4亿元，公开发行比例不低于10%。

21. 下列关于符合规定的红筹企业创业板上市财务指标及要求的说法中，正确的有（　　）。

A. 发行股票的，发行后的股份总数不低于5 000万股

B. 发行存托凭证的，发行后的存托凭证总份数不低于3 000万份

C. 发行股票的，公开发行的股份达到公司股份总数的25%以上

D. 公司股份总数超过4亿股的，公开发行股份的比例为10%以上

【答案】BCD

【解析】根据符合规定的红筹企业创业板上市财务指标及要求，发行股票的，发行后的股份总数不低于3 000万股。

22. 已在境外上市的红筹企业申报在创业板上市，其市值及财务指标条件至少应满足（　　）中的标准之一。

A. 预计市值不低于2 000亿元

B. 预计市值不低于1 000亿元

C. 预计市值不低于200亿元，且拥有自主研发、国际领先技术，同行业竞争中处于相对优势地位

D. 预计市值不低于100亿元，且拥有自主研发、国际领先技术，同行业竞争中处于相对优势地位

【答案】AC

【解析】已在境外上市的红筹企业市值及财务指标条件至少应满足下列标准之一：预计市值不低于2 000亿元；预计市值不低于200亿元，且拥有自主研发、国

际领先技术，同行业竞争中处于相对优势地位。

23. 尚未在境外上市的红筹企业申报在创业板上市，其市值及财务指标条件至少应满足（　　）中的标准之一。

A. 预计市值不低于 200 亿元，且最近一年营业收入不低于 30 亿元

B. 拥有自主研发、国际领先、能够引领国内重要领域发展的知识产权或专有技术，具备明显的技术优势的高新技术企业，研发人员占比超过 30%，已取得与主营业务相关的发明专利 100 项以上

C. 预计市值不低于 100 亿元，且营业收入快速增长，拥有自主研发、国际领先技术，同行业竞争中处于相对优势地位

D. 预计市值不低于 50 亿元，且营业收入快速增长，拥有自主研发、国际领先技术，同行业竞争中处于相对优势地位，最近一年营业收入不低于 5 亿元

【答案】ABCD

24. 发行人属于（　　）的，不支持其申报在北交所发行上市。

A. 住宿和餐饮业企业　　B. 交通运输、仓储和邮政业企业

C. 金融业企业　　D. 房地产业企业

【答案】CD

【解析】发行人属于金融业、房地产业企业的，不支持其申报在北交所发行上市。

25. （　　）不得申报在北交所上市。

A.《产业结构调整指导目录》中规定的淘汰类行业

B. 从事学前教育业务的企业

C. 从事学科类培训等业务的企业

D. 从事交通运输的企业

【答案】ABC

【解析】产能过剩行业（产能过剩行业的认定以国务院主管部门的规定为准）、《产业结构调整指导目录》中规定的淘汰类行业，以及从事学前教育、学科类培训等业务的企业不得申报在北交所上市。

26. 北交所发行条件主要由 2023 年 2 月发布的《北京证券交易所向不特定合格投资者公开发行股票注册管理办法》规定，发行人在北交所发行上市的，应当符合（　　）条件。

A. 主体资格　　B. 经营完整条件

C. 持续经营条件　　D. 规范运行条件

【答案】ACD

【解析】北交所发行条件主要由2023年2月发布的《北京证券交易所向不特定合格投资者公开发行股票注册管理办法》规定，发行人在北交所发行上市的，应当符合主体资格、持续经营条件、规范运行条件等三个方面条件。

27. 发行人在北交所发行上市的，发行人及其控股股东、实际控制人存在下列（　　）情形之一的，发行人不得公开发行股票。

A. 最近三年内存在贪污、贿赂、侵占财产、挪用财产或者破坏社会主义市场经济秩序的刑事犯罪

B. 最近三年内存在欺诈发行的重大违法行为

C. 最近三年内存在重大信息披露违法的重大违法行为

D. 最近一年内受到中国证监会行政处罚

【答案】ABCD

【解析】发行人及其控股股东、实际控制人存在下列情形之一的，发行人不得公开发行股票：最近三年内存在贪污、贿赂、侵占财产、挪用财产或者破坏社会主义市场经济秩序的刑事犯罪；最近三年内存在欺诈发行、重大信息披露违法或者其他涉及国家安全、公共安全、生态安全、生产安全、公众健康安全等领域的重大违法行为；最近一年内受到中国证监会行政处罚。

28. 下列符合北交所上市条件的有（　　）。

A. 最近1年期末净资产不低于5 000万元

B. 公开发行后股本总额不低于人民币5 000万元

C. 公开发行的股份不少于100万股，发行对象不少于100人

D. 公开发行后，公司股东人数不少于200人，公众股东持股比例不低于公司股本总额的25%；公司股本总额超过4亿元的，公众股东持股比例不低于公司股本总额的10%

【答案】ACD

【解析】公开发行后股本总额不低于人民币3 000万元。

29. 发行人申请公开发行并上市，其市值及财务指标至少满足下列（　　）标准之一。

A. 预计市值不低于2亿元，最近两年净利润均不低于1 500万元且加权平均净资产收益率平均不低于8%，或者最近一年净利润不低于2 500万元且加权平均净资产收益率不低于8%

B. 预计市值不低于4亿元，最近两年营业收入平均不低于1亿元，且最近一年

营业收入增长率不低于30%，最近一年经营活动产生的现金流量净额为正

C. 预计市值不低于8亿元，最近一年营业收入不低于2亿元，最近两年研发投入合计占最近两年营业收入合计比例不低于8%

D. 预计市值不低于15亿元，最近两年研发投入合计不低于5 000万元

【答案】ABCD

三、判断题（不选、错选均不得分）

1. 主板重点支持业务模式成熟、经营业绩稳定、规模较大、科技创新能力突出的优质企业。（　　）

【答案】错误

【解析】发行人申请首次公开发行股票并在主板上市，应当符合主板定位，突出“大盘蓝筹”特色，重点支持业务模式成熟、经营业绩稳定、规模较大、具有行业代表性的优质企业。

2. 有限责任公司按原账面资产值折股整体变更为股份有限公司的，持续经营时间可以从有限责任公司成立之日起计算。（　　）

【答案】错误

【解析】有限责任公司按原账面净资产值折股整体变更为股份有限公司的，持续经营时间可以从有限责任公司成立之日起计算。

3. 发行人管理层因退休、调任等原因发生岗位变化的，应认定为重大变化，但发行人应当披露相关人员变动对公司生产经营的影响。（　　）

【答案】错误

【解析】发行人管理层因退休、调任等原因发生岗位变化的，不轻易认定为重大变化，但发行人应当披露相关人员变动对公司生产经营的影响。

4. 根据《上海证券交易所股票上市规则（2023年2月修订）》《深圳证券交易所股票上市规则（2023年修订）》《试点创新企业境内发行股票或存托凭证并上市监管工作实施办法（2023年修订）》等规定，在主板上市，发行后股本总额不低于5 000万元。（　　）

【答案】正确

5. 根据《上海证券交易所股票上市规则（2023年2月修订）》《深圳证券交易所股票上市规则（2023年修订）》《试点创新企业境内发行股票或存托凭证并上市监管工作实施办法（2023年修订）》等规定，在主板上市企业满足，最近3年净利润均为正，且最近3年净利润累计不低于1.5亿元，最近一年净利润不低于6 000

万元，最近3年经营活动产生的现金流量净额累计不低于1亿元或营业收入累计不低于10亿元，预计市值应不低于50亿元。（　　）

【答案】错误

【解析】当企业满足最近3年净利润均为正，且最近3年净利润累计不低于1.5亿元，最近一年净利润不低于6 000万元，最近3年经营活动产生的现金流量净额累计不低于1亿元或营业收入累计不低于10亿元时，在主板上市对预计市值没有要求。

6. 根据《上海证券交易所股票上市规则（2023年2月修订）》《深圳证券交易所股票上市规则（2023年修订）》《试点创新企业境内发行股票或存托凭证并上市监管工作实施办法（2023年修订）》等规定，净利润以扣除经常性损益前后的孰低者为准，净利润、营业收入、经营活动产生的现金流量净额均指经审计的数值。

（　　）

【答案】错误

【解析】净利润以扣除非经常性损益前后的孰低者为准。

7. 根据《上海证券交易所股票上市规则（2023年2月修订）》《深圳证券交易所股票上市规则（2023年修订）》《试点创新企业境内发行股票或存托凭证并上市监管工作实施办法（2023年修订）》等规定，预计市值，是指股票公开发行后按照总股本乘以发行价格计算出来的发行人股票名义总价值。（　　）

【答案】正确

8. 根据《上海证券交易所股票上市规则（2023年2月修订）》《深圳证券交易所股票上市规则（2023年修订）》《试点创新企业境内发行股票或存托凭证并上市监管工作实施办法（2023年修订）》等规定，红筹企业在主板上市，发行存托凭证的，发行后的存托凭证总份数不低于8 000万份。（　　）

【答案】错误

【解析】发行存托凭证的，发行后的存托凭证总份数不低于5 000万份。

9. 根据《首次公开发行股票注册管理办法》，科创板面向世界科技前沿、面向经济主战场、面向国家重大需求。（　　）

【答案】正确

10. 新一代信息技术领域，主要包括半导体和集成电路、电子信息、下一代信息网络、人工智能、大数据、云计算、软件、互联网、物联网和智能硬件等。

（　　）

【答案】正确

11. 高端装备领域，主要包括智能制造、航空航天、高性能复合材料、海洋工程装备及相关服务等。（　　）

【答案】错误

【解析】高性能复合材料属于新材料领域，而不是高端装备领域。

12. 上交所发行上市审核中，按照实质重于形式的原则，关注发行人的自我评估是否客观，保荐机构的核查把关是否充分，并作出综合判断。（　　）

【答案】正确

13. 发行人进行自我评估时，应当尊重科技创新规律、资本市场规律和企业发展规律，并结合自身和行业科技创新实际情况，准确理解、把握科创板定位。

（　　）

【答案】正确

14. 保荐机构不得简单转引发行人《关于发行人科创属性符合科创板定位要求的专项说明》的内容，应充分说明核查方式、核查过程及核查证据，并在此基础上发表明确核查意见。（　　）

【答案】正确

15. 保荐机构应当严格按照规则要求，全面核查申报企业科创属性，并充分说明对发行人技术先进性、符合科创板支持方向、符合科创行业领域、符合科创属性相关指标的核查情况。（　　）

【答案】正确

16. 某成长型创新创业企业最近三年累计研发投入金额为3 000万元，且最近三年营业收入复合增长率为25%，可申报在创业板发行上市。（　　）

【答案】错误

【解析】《深圳证券交易所创业板企业发行上市申报及推荐暂行规定》（2022年修订）中列示了三套量化指标，从定性和定量两个维度将“三创四新”标准进一步量化，创业板支持和鼓励符合下列标准之一的成长型创新创业企业申报在创业板发行上市：（1）最近三年研发投入复合增长率不低于15%，最近一年研发投入金额不低于1 000万元，且最近三年营业收入复合增长率不低于20%；（2）最近三年累计研发投入金额不低于5 000万元，且最近三年营业收入复合增长率不低于20%；（3）属于制造业优化升级、现代服务业或者数字经济等现代产业体系领域，且最近三年营业收入复合增长率不低于30%。

17. 产能过剩行业、《产业结构调整指导目录》中的淘汰类行业，以及从事学前教育、学科类培训、类金融业务的企业，如果属于与互联网、大数据、云计算、

自动化、人工智能、新能源等新技术、新产业、新业态、新模式深度融合的创新创业企业，支持其申报在创业板发行上市。（　）

【答案】错误

【解析】禁止产能过剩行业、《产业结构调整指导目录》中的淘汰类行业，以及从事学前教育、学科类培训、类金融业务的企业在创业板发行上市。

18. 最近一年营业收入金额达到3亿元的企业，或者按照《关于开展创新企业境内发行股票或存托凭证试点的若干意见》等相关规则申报创业板的已境外上市红筹企业，同样适用“三创四新”判断标准中营业收入复合增长率要求。（　）

【答案】错误

【解析】最近一年营业收入金额达到3亿元的企业，或者按照《关于开展创新企业境内发行股票或存托凭证试点的若干意见》等相关规则申报创业板的已境外上市红筹企业，不适用“三创四新”判断标准规定的营业收入复合增长率要求。

19. 根据《首次公开发行股票注册管理办法》规定，创业板发行条件包括持续经营时间、会计与内控条件、稳定性条件、业务完整条件、规范运行条件五个方面。（　）

【答案】正确

20. 创业板的发行条件除会计与内控条件与主板存在差异外，其余条件与主板一致。（　）

【答案】错误

【解析】根据《首次公开发行股票注册管理办法》规定，创业板发行条件包括持续经营时间、会计与内控条件、稳定性条件、业务完整条件、规范运行条件五个方面，其中除稳定性条件与主板存在差异外，其他四个方面与主板一致。

21. 对于存在表决权差异安排的企业，其在创业板上市应满足的财务指标及要求为预计市值不低于100亿元，或预计市值不低于50亿元且最近一年营业收入不低于5亿元。（　）

【答案】正确

22. 北交所上市公司向创业板转板的条件包括股本总额不低于3 000万元，股东人数不少于500人。（　）

【答案】错误

【解析】北交所上市公司向创业板转板上市应满足的股本总额、股东人数及股权结构条件的是：股本总额不低于5 000万元；股东人数不少于3 000人；社会公众持有的公司股份达到公司股份总数的25%以上；公司股本总额超过4亿元的，社会公众持股的比例达到15%以上；董事会审议通过转板相关事宜决议公告日前60个交易日（不包括股票停牌日）通过竞价交易方式实现的股票累计成交量不低于1 000万股。

23. 已在境外上市的红筹企业申报在创业板上市，其市值及财务指标条件为预计市值不低于2 000亿元，或预计市值不低于200亿元且拥有自主研发、国际领先技术，同行业竞争中处于相对优势地位。（　）

【答案】正确

24. 北交所主要服务成长型创新创业企业，重点支持先进制造业和现代服务业等领域的企业，推动传统产业转型升级，培育经济发展新动能，促进经济高质量发展。（　）

【答案】错误

【解析】北交所主要服务创新型中小企业，重点支持先进制造业和现代服务业等领域的企业，推动传统产业转型升级，培育经济发展新动能，促进经济高质量发展。

25. 发行人属于金融业、房地产业企业的，支持其申报在北交所发行上市。（　）

【答案】错误

【解析】发行人属于金融业、房地产业企业的，不支持其申报在北交所发行上市。

26. 北交所发行条件主要由2023年2月发布的《北京证券交易所向不特定合格投资者公开发行股票注册管理办法》规定，发行人在北交所发行上市的，应当符合主体资格、持续经营条件、经营完整条件等三个方面条件。（　）

【答案】错误

【解析】北交所发行条件主要由2023年2月发布的《北京证券交易所向不特定合格投资者公开发行股票注册管理办法》规定，发行人在北交所发行上市的，应当符合主体资格、持续经营条件、规范运行条件等三个方面条件。

27. 发行人在北交所发行上市的，应当符合的持续经营条件为：具备健全且运行良好的组织机构；具有持续经营能力，财务状况良好；最近两年财务会计报告无虚假记载，被出具无保留意见审计报告；依法规范经营。（　）

【答案】错误

【解析】发行人在北交所发行上市的，应当符合的持续经营条件为：具备健全且运行良好的组织机构；具有持续经营能力，财务状况良好；最近三年财务会计报告无虚假记载，被出具无保留意见审计报告；依法规范经营。

28. 申请公开发行并在北交所上市应满足的主营业务和管理团队稳定性要求为最近三年内主营业务和董事、高级管理人员均没有发生重大不利变化。（　　）

【答案】错误

【解析】申请公开发行并在北交所上市应满足的主营业务和管理团队稳定性要求为最近24个月内主营业务未发生重大变化；最近24个月内董事、高级管理人员未发生重大不利变化。

29. 申请公开发行并在北交所上市应满足的控制权稳定性要求为最近24个月内实际控制人未发生变更。（　　）

【答案】正确

30. 申请公开发行并在北交所上市应满足的持续经营要求为发行人为在全国股转系统连续挂牌满12个月的创新层挂牌公司，具备健全且运行良好的组织机构。

（　　）

【答案】正确

四、综合题（每问备选答案中有一项或多项符合题目要求，不选、错选均不得分）

（一）发行人A公司拟在主板上市，该公司原为有限责任公司，持续经营达5年，两年前按原账面净资产值折股整体变更为股份有限公司。发行人遵循会计基础工作规范，财务报表的编制和披露符合企业会计准则和相关信息披露规则的规定，在所有重大方面公允地反映了发行人的财务状况、经营成果和现金流量。发行人主营业务、控制权和管理团队稳定，最近三年内主营业务和董事、高级管理人员均没有发生重大不利变化；且股份权属清晰，不存在导致控制权可能变更的重大权属纠纷，最近三年实际控制人没有发生变更。但存在显失公平的关联交易。

1. 发行人A符合的发行条件有（　　）。

A. 持续经营时间　　B. 会计与内控条件

C. 稳定性条件　　D. 业务完整条件

【答案】ABC

【解析】业务完整条件要求发行人应资产完整，业务及人员、财务、机构独立，与控股股东、实际控制人及其控制的其他企业间不存在对发行人构成重大不利影响的同业竞争，不存在严重影响独立性或者显失公平的关联交易（选项D错误）。

2. 发行人申请在主板上市，应当符合主板定位，下列属于主板定位的是（　　）。

A. 业务模式成熟、经营业绩稳定、规模较大、具有行业代表性的优质企业

B. 面向世界科技前沿、面向经济主战场、面向国家重大需求

C. 深入贯彻创新驱动发展战略，适应发展更多依靠创新、创造、创意的大趋势，主要服务成长型创新创业企业

D. 服务创新型中小企业，重点支持先进制造业和现代服务业等领域的企业

【答案】A

【解析】发行人申请首次公开发行股票并在主板上市，应当符合主板定位，突出“大盘蓝筹”特色，重点支持业务模式成熟、经营业绩稳定、规模较大、具有行业代表性的优质企业。

3. 关于境内发行人主板上市的要求，下列说法正确的是（　　）。

A. 发行后股本总额不低于 5 000 万元

B. 发行后股本总额不高于 5 亿元，公开发行比例不低于 25%

C. 如果企业存在表决权差异，那么企业预计市值至少为 200 亿

D. 一般企业满足最近一年净利润为正，最近一年营业收入不低于 8 亿元就符合市值及财务指标

【答案】A

【解析】公开发行比例发行后股本总额不高于 4 亿元，公开发行比例不低于 25%；发行后股本总额高于 4 亿元，公开发行比例不低于 10%（选项 B 错误）。如果企业存在表决权差异，市值不低于 100 亿元，最近一年净利润为正，最近一年营业收入不低于 10 亿元也能够符合财务指标要求（选项 C 错误）。一般企业满足最近一年净利润为正，最近一年营业收入不低于 8 亿元，还需要预计市值不低于 80 亿元才符合市值及财务指标要求（选项 D 错误）。

（二）红筹企业是指注册在境外，主要经营活动在境内的企业。发行人 B 公司为符合主板上市发行条件的红筹企业，且不存在表决权差异，现准备申请发行股票并在主板上市，而红筹企业上市的财务指标及要求与境内发行人有所不同。

1. 关于发行人 B 公司在主板上市的股份总数和公开发行比例，说法正确的有（　　）。

A. 发行后的股份总数不低于 5 000 万股

B. 发行后的股本总额不低于 5 000 万元

C. 公开发行（含已公开发行）的股份达到公司股份总数的 25% 以上

D. 公司股份总数超过 4 亿股的，公开发行（含已公开发行）股份的比例为 5% 以上

【答案】AC

【解析】红筹企业主板上市发行股票的，发行后的股份总数不低于5 000万股（选项A正确，选项B错误）；发行股票的，公开发行（含已公开发行）的股份达到公司股份总数的25%以上（选项C正确）；公司股份总数超过4亿股的，公开发行（含已公开发行）股份的比例为10%以上（选项D错误）。

2. 发行人B公司尚未在境外上市，那么市值及财务指标满足下列（　　）条件可以在主板上市。

A. 不低于2 000亿元的预计市值

B. 不低于200亿元的预计市值，且最近一年营收不低于30亿元

C. 对国家创新驱动发展战略有重要意义，且拥有较强发展潜力和市场前景的企业

D. 不低于100亿元的预计市值，营业收入快速增长，拥有自主研发、国际领先技术，在同行业竞争中处于相对优势地位

【答案】BCD

【解析】不低于2 000亿元的预计市值是针对已在境外上市的红筹企业的标准，故选项A错误。

3. 对于尚未在境外上市的发行人B公司，符合下列（　　）标准适用“营业收入快速增长”要求。

A. 最近一年营业收入不低于人民币5亿元的，最近3年营业收入复合增长率8%以上

B. 最近一年营业收入低于人民币5亿元的，最近3年营业收入复合增长率20%以上

C. 处于研发阶段的红筹企业和对国家创新驱动发展战略有重要意义的红筹企业，只需要最近3年营业收入复合增长率5%以上

D. 受行业周期性波动等因素影响，行业整体处于下行周期的，发行人最近3年营业收入复合增长率高于同行业可比公司同期平均增长水平

【答案】BD

【解析】最近一年营业收入不低于人民币5亿元的，最近3年营业收入复合增长率10%以上（选项A错误）。处于研发阶段的红筹企业和对国家创新驱动发展战略有重要意义的红筹企业不适用“营业收入快速增长”要求（选项C错误）。

（三）根据《首次公开发行股票注册管理办法》，科创板面向世界科技前沿、面向经济主战场、面向国家重大需求。优先支持符合国家战略，拥有关键核心技

术，科技创新能力突出，主要依靠核心技术开展生产经营，具有稳定的商业模式，市场认可度高，社会形象良好，具有较强成长性的企业。发行人A是一家专注人工智能和云计算的境内企业，且不存在表决权差异，现准备在科创板发行上市，预计市值低于30亿元。

1. 关于发行人A在科创板上市科创属性认定需要满足的常规指标，正确的是（　　）。

A. 最近三年研发投入占营业收入比例5%以上，或最近三年研发投入金额累计在6 000万元以上

B. 研发人员占当年员工总数的比例不低于10%，指最近一年末研发人员

C. 应用于公司主营业务的发明专利5项以上

D. 最近三年营业收入复合增长率达到20%，或最近一年营业收入金额达到2亿元

【答案】B

【解析】软件行业不适用上述选项C指标的要求，研发投入占比应在10%以上（选项AC错误）。最近三年营业收入复合增长率达到20%，或最近一年营业收入金额达到3亿元（选项D错误）。

2. 发行人A首次公开发行股票预计市值不低于20亿元，满足下列（　　）财务条件符合要求。

A. 发行后股本总额不低于3 000万元

B. 最近一年营业收入不低于2亿元，且最近三年累计研发投入占最近三年累计营业收入不低于15%

C. 最近一年营业收入不低于3亿元

D. 最近一年营业收入不低于3亿元，且最近三年经营活动产生的现金流量净额累计不低于1亿元

【答案】BD

【解析】选项A不是财务条件。选项C需要预计市值不低于30亿元才能满足标准。BD正确，都能够符合要求。

3. 关于发行人A科创板上市的其他要求，错误的有（　　）。

A. 发行后股本总额不高于4亿元，公开发行比例不低于20%

B. 发行后股本总额高于4亿元，公开发行比例不低于10%

C. 假如发行人A的预计市值超过40亿元，则不需要满足硬性财务指标

D. 假如发行人A存在表决权差异安排，那么预计市值要不低于100亿元才能

满足市值要求

【答案】AD

【解析】 发行后股本总额不高于4亿元，公开发行比例不低于25%（选项A错误）。假如发行人A存在表决权差异安排，预计市值不低于50亿元，最近一年营业收入不低于5亿元，也符合上市发行要求（选项D错误）。

（四）2023年6月深交所发行上市审核信息显示，上海甲股份有限公司递交首次公开发行股票招股说明书（申报稿），且该公司创业板IPO已获受理。

1. 根据《首次公开发行股票注册管理办法》规定，甲公司创业板发行条件与主板发行条件在（　　）方面存在差异。

A. 持续经营时间　　B. 稳定性条件

C. 业务完整条件　　D. 规范运行条件

【答案】B

【解析】 创业板发行条件包括持续经营时间、会计与内控条件、稳定性条件、业务完整条件、规范运行条件五个方面，其中除稳定性条件与主板存在差异外，其他四个方面与主板一致。

2. 下列甲公司创业板上市财务指标及要求说法错误的有（　　）。

A. 发行后股本总额不高于4亿元，公开发行比例不低于25%

B. 发行后股本总额高于4亿元，公开发行比例不高于10%

C. 发行后股本总额不低于2 000万元

D. 最近一年净利润均为正，且累计不低于5 000万元

【答案】BCD

【解析】 发行后股本总额高于4亿元，公开发行比例不低于10%（选项B错误）。发行后股本总额不低于3 000万元（选项C错误）。最近两年净利润均为正，且累计不低于5 000万元（选项D错误）。

（五）甲股份有限公司在主板发行上市，乙股份有限公司在科创板发行上市，丙股份有限公司在创业板发行上市，丁股份有限公司在北交所发行上市。

1. 下列关于甲、乙、丙、丁四个公司所在板块的板块定位说法正确的有（　　）。

A. 甲公司所在板块突出“大盘蓝筹”特色，重点支持业务模式成熟、经营业绩稳定、规模较大、具有行业代表性的优质企业

B. 乙公司所在板块优先支持符合国家战略，拥有关键核心技术，科技创新能力突出，主要依靠核心技术开展生产经营，具有稳定的商业模式，市场认可度高，

社会形象良好，具有较强成长性的企业

C. 丙公司所在板块服务创新型中小企业，重点支持先进制造业和现代服务业等领域的企业

D. 丁公司所在板块主要服务成长型创新创业企业，并支持传统产业与新技术、新产业、新业态、新模式深度融合

【答案】AB

【解析】创业板的板块定位是深入贯彻创新驱动发展战略，适应发展更多依靠创新、创造、创意的大趋势，主要服务成长型创新创业企业，并支持传统产业与新技术、新产业、新业态、新模式深度融合（选项 C 错误）；北交所的板块定位是服务创新型中小企业，重点支持先进制造业和现代服务业等领域的企业，推动传统产业转型升级，培育经济发展新动能，促进经济高质量发展（选项 D 错误）。

2. 下列关于甲、乙、丙、丁四个公司上市条件说法正确的是（　　）。

A. 控制权稳定性要求甲公司最近二年实际控制人没有发生变更

B. 会计与内控要求乙公司会计基础工作规范，最近三年审计报告无保留意见

C. 持续经营要求丙公司在全国股转系统连续挂牌满 12 个月的创新层挂牌公司，具备健全且运行良好的组织机构

D. 主营业务和管理团队稳定性要求丁公司最近一年内主营业务和董事、高级管理人员均没有发生重大不利变化

【答案】B

【解析】控制权稳定性要求甲公司最近三年实际控制人没有发生变更（选项 A 错误）。持续经营要求丙公司依法设立且持续经营三年以上的股份有限公司，具备健全且运行良好的组织机构（选项 C 错误）。主营业务和管理团队稳定性要求丁公司最近 24 个月内主营业务未发生重大变化；最近 24 个月内董事、高级管理人员未发生重大不利变化（选项 D 错误）。

（六）2021 年 10 月 11 日，甲股份有限公司向北交所报送了向不特定合格投资者公开发行股票并在北交所上市的申报材料。2021 年 10 月 14 日，北交所正式受理甲公司向不特定合格投资者公开发行股票并上市的申请。

1. 根据《北京证券交易所向不特定合格投资者公开发行股票注册管理办法》规定，下列关于甲公司发行条件说法正确的是（　　）。

A. 甲公司所处行业出现周期性衰退等情况，保荐机构及申报会计师应重点关注是否影响甲公司持续经营能力

B. 甲公司申请公开发行股票，应当符合最近两年财务会计报告无虚假记载，

被出具无保留意见审计报告

C. 甲公司实际控制人最近五年内存在贪污、贿赂、侵占财产、挪用财产或者破坏社会主义市场经济秩序的刑事犯罪的，甲公司不得公开发行股票

D. 甲公司应当为在全国股转系统连续挂牌满6个月的创新层挂牌公司

【答案】A

【解析】 发行人申请公开发行股票，应当符合下列规定：具备健全且运行良好的组织机构；具有持续经营能力，财务状况良好；最近三年财务会计报告无虚假记载，被出具无保留意见审计报告；依法规范经营（选项B错误）。发行人及其控股股东、实际控制人存在下列情形之一的，发行人不得公开发行股票：最近三年内存在贪污、贿赂、侵占财产、挪用财产或者破坏社会主义市场经济秩序的刑事犯罪；最近三年内存在欺诈发行、重大信息披露违法或者其他涉及国家安全、公共安全、生态安全、生产安全、公众健康安全等领域的重大违法行为；最近一年内受到中国证监会行政处罚（选项C错误）。发行人应当为在全国股转系统连续挂牌满12个月的创新层挂牌公司（选项D错误）。

2. 根据《北京证券交易所股票上市规则（试行）》规定。甲公司申请公开发行并上市，应当符合下列（　　）条件。

A. 甲公司最近1年期末净资产不低于3 000万元

B. 甲公司公开发行后股本总额不低于人民币3 000万元

C. 公开发行的股份不少于100万股，发行对象不少于100人

D. 甲公司具有表决权差异安排的，该安排应当平稳运行至少一个完整会计年度，且相关信息披露和公司治理应当符合中国证监会及全国股转公司相关规定

【答案】BCD

【解析】 最近1年期末净资产不低于5 000万元（选项A错误）。

3. 甲股份有限公司申请转板深交所上市并于2022年11月10日获得受理，2023年6月17日深交所创业板赞同甲公司转板上市。下列甲公司向创业板转板上市条件的说法正确的是（　　）。

A. 董事会审议通过转板相关事宜决议公告日前60个交易日（不包括股票停牌日）通过报价交易方式实现的股票累计成交量不低于1 000万股

B. 甲公司股东人数不少于2 000人

C. 甲公司股本总额不低于3 000万元

D. 甲公司股本总额超过4亿元的，社会公众持股的比例达到20%以上

【答案】C

【解析】董事会审议通过转板相关事宜决议公告日前60个交易日（不包括股票停牌日）通过竞价交易方式实现的股票累计成交量不低于1 000万股（选项A错误）。公司股东人数不少于1 000人（选项B错误）。公司股本总额超过4亿元的，社会公众持股的比例达到10%以上（选项D错误）。

第四章　辅　　导

一、单项选择题（以下备选项中只有一项最符合题目要求，不选、错选均不得分）

1. 1995 年 9 月 5 日，中国证监会发布（　　），这是关于上市辅导工作的最早规定。

A.《关于对公开发行股票公司进行辅导的通知》

B.《中国证监会关于对公开发行股票公司进行辅导的通知》

C.《中国证监会关于对公开发行股票公司进行市场辅导的通知》

D.《中国证监会关于对市场公开发行股票公司进行辅助的通知》

【答案】B

【解析】1995 年 9 月 5 日，中国证监会发布《中国证监会关于对公开发行股票公司进行辅导的通知》，这是关于上市辅导工作的最早规定。

2. 在股票发行与上市过程中，应聘请（　　）进行辅导工作，并在签订承销协议的同时签订辅导协议。

A. 承销机构　　B. 承揽机构　　C. 承做机构　　D. 销售机构

【答案】A

【解析】在股票发行与上市过程中，应聘请承销机构进行辅导工作，并在签订承销协议的同时签订辅导协议。

3.（　　）年，为保障股票发行核准制的实施，提高首次公开发行股票公司的素质及规范运作的水平，中国证监会发布《首次公开发行股票辅导工作办法》。

A. 2001　　B. 2002　　C. 2003　　D. 2004

【答案】A

【解析】2001 年 10 月 16 日，为保障股票发行核准制的实施，提高首次公开发行股票公司的素质及规范运作的水平，中国证监会发布《首次公开发行股票辅导工作办法》。

4. 保荐机构在推荐发行人首次公开发行股票并上市前，应当对发行人进行辅导，对发行人的董事、监事和高级管理人员、持有（　　）% 以上股份的股东和实际控制人（或者其法定代表人）进行系统的法规知识、证券市场知识培训。

A. 3　　B. 5　　C. 10　　D. 15

【答案】B

5. 2022 年 6 月 17 日，中国证券业协会发布《证券业务示范实践第 3 号——保荐人尽职调查》，明确了（　　）作为首次公开发行股票公司的辅导机构的辅导目标、工作职责、具体的工作内容、参与辅导工作的实施程序以及辅导要实现的效果等。

A. 注册会计师　　B. 行业研究员　　C. 证券分析师　　D. 保荐人

【答案】D

6. 辅导机构在辅导工作过程中，应在对辅导对象的总体情况进行详细的尽职调查基础上，充分结合国家产业政策和各板块定位，科学审慎地选择符合辅导对象定位的（　　）。

A. 上市板块　　B. 上市地点　　C. 上市行业　　D. 上市时间

【答案】A

【解析】辅导机构在辅导工作过程中，应在对辅导对象的总体情况进行详细的尽职调查基础上，充分结合国家产业政策和各板块定位，科学审慎地选择符合辅导对象定位的上市板块。

7. 辅导工作的内容之一为督促辅导对象的董事（包括独立董事）、监事和高级管理人员、持有 5% 以上股份的股东和实际控制人（或者其法定代表人）进行全面的法规知识学习，由辅导小组成员或（　　）进行必要的授课。

A. 内部专业人员　　B. 外部专业人员

C. 内部、外部的专业人员　　D. 金融监管机构

【答案】C

8. 2022 年 6 月 17 日，（　　）发布《证券业务示范实践第 3 号——保荐人尽职调查》，明确了保荐人作为首次公开发行股票公司的辅导机构的辅导目标、工作职责、具体的工作内容、参与辅导工作的实施程序以及辅导要实现的效果等。

A. 中国证监会　　B. 中国证券业协会

C. 财政部　　D. 中国人民银行

【答案】B

9. 辅导机构和辅导对象应当签订（　　），明确约定协议双方的权利义务。

A. 书面辅导协议　　B. 口头辅导协议　　C. 辅导协议　　D. 辅导合同

【答案】A

10. 签订辅导协议后（　　）个工作日内，辅导机构应当向验收机构进行辅导备案。

A. 3　　B. 5　　C. 7　　D. 10

【答案】B

11. 验收机构应当在收到齐备的辅导备案材料后（　　）个工作日内完成备案，并在完成备案后及时披露辅导机构、辅导对象、辅导备案时间、辅导状态。

A. 3　　B. 5　　C. 7　　D. 10

【答案】B

12. 辅导期内辅导协议终止的，辅导机构应当于辅导协议终止后（　　）个工作日内，向验收机构提出撤回辅导备案。

A. 3　　B. 5　　C. 7　　D. 10

【答案】B

13. 保荐人可根据辅导对象的具体情况来确定不同阶段的辅导重点，辅导前期重点在于（　　）。

A. 摸底调查，形成辅导方案并开始实施

B. 集中学习和培训，诊断问题并加以解决

C. 完成辅导计划，进行考核评估，做好首次公开发行股票申请文件的准备工作

D. 摸底调查，诊断问题并加以解决

【答案】A

【解析】保荐人可根据辅导对象的具体情况来确定不同阶段的辅导重点及实施手段：（1）辅导前期重点在于摸底调查，形成辅导方案并开始实施；（2）辅导中期重点在于集中学习和培训，诊断问题并加以解决；（3）辅导后期重点在于完成辅导计划，进行考核评估，做好首次公开发行股票申请文件的准备工作。

14. 保荐人可根据辅导对象的具体情况来确定不同阶段的辅导重点。完成辅导计划，进行考核评估，做好首次公开发行股票申请文件的准备工作属于（　　）的重点工作。

A. 辅导前期　　B. 辅导中期　　C. 辅导后期　　D. 辅导预备期

【答案】C

【解析】保荐人可根据辅导对象的具体情况来确定不同阶段的辅导重点及实施手段：（1）辅导前期重点在于摸底调查，形成辅导方案并开始实施；（2）辅导中期重点在于集中学习和培训，诊断问题并加以解决；（3）辅导后期重点在于完成辅

导计划，进行考核评估，做好首次公开发行股票申请文件的准备工作。

15. 保荐人作为辅导机构应针对每一个辅导对象成立专门的辅导小组进行辅导工作。辅导机构指定参与辅导工作的人员中，保荐代表人不得少于（　　）人。

A. 2　　B. 3　　C. 5　　D. 7

【答案】A

16. 辅导期自完成辅导备案之日起算，至辅导机构向验收机构提交齐备的辅导验收材料之日截止。辅导期原则上不少于（　　）个月。

A. 2　　B. 3　　C. 5　　D. 7

【答案】B

17. 辅导期内，辅导机构应在每季度结束后（　　）日内更新辅导工作进展情况报告，辅导备案日距最近一季末不足 30 日的，可以将有关情况并入次季度辅导工作进展情况报告。

A. 5　　B. 10　　C. 15　　D. 20

【答案】C

18. 保荐人应建立健全（　　），并将其作为保荐工作底稿的重要组成部分。

A. 保荐工作底稿　　B. 会计工作底稿

C. 审计工作底稿　　D. 辅导工作底稿

【答案】D

【解析】保荐人应建立健全辅导工作底稿，并将其作为保荐工作底稿的重要组成部分。

19. 辅导期内，辅导机构应在每季度结束后 15 日内更新辅导工作进展情况报告，辅导备案日距最近一季末不足（　　）日的，可以将有关情况并入次季度辅导工作进展情况报告。

A. 7　　B. 15　　C. 20　　D. 30

【答案】D

20. 辅导期内，增加、减少或更换辅导机构的，变更后的辅导机构（　　）认可原辅导机构辅导工作，并重新辅导备案后，辅导期（　　）连续计算。

A. 口头；可以　　B. 口头；不可以

C. 书面；可以　　D. 书面；不可以

【答案】C

21. 辅导机构与辅导对象召开（　　）会议，对完成辅导计划进行考核评估，讨论辅导过程中发现的问题目前解决落实情况，对申报计划进行充分的沟通和磋商，商定申报时间。

A. 三方协调会　　B. 中介协调会　　C. 经验交流会　　D. 部门研讨会

【答案】B

22. 辅导期内，辅导机构未按期更新辅导工作进展情况报告超过（　　）次的，视为撤回辅导备案。

A. 1　　B. 2　　C. 3　　D. 5

【答案】B

23. 保荐机构辅导工作完成后，应当由（　　）的中国证监会派出机构进行辅导验收。

A. 发行人境内主营业地　　B. 发行人所在地

C. 发行人境内证券事务机构所在地　　D. 发行人境外主营业地

【答案】B

【解析】保荐机构辅导工作完成后，应当由发行人所在地的中国证监会派出机构进行辅导验收。发行人所在地在境外的，应当由发行人境内主营业地或境内证券事务机构所在地的中国证监会派出机构进行辅导验收。

24. 辅导机构完成辅导工作，且已通过首次公开发行股票并上市的内核程序的，应当向验收机构提交辅导对象近（　　）年及一期财务报表及审计报告、经内核会议审定的招股说明书。

A. 1　　B. 2　　C. 3　　D. 5

【答案】C

25. 验收机构进行辅导验收，可以组织辅导对象的董监高、持有（　　）以上股份的股东和实际控制人（或其法定代表人）参加证券市场知识测试。

A. 1%　　B. 2%　　C. 3%　　D. 5%

【答案】D

26. 验收机构要求辅导机构进行规范的，应当通知辅导机构并说明理由。规范要求最多可以提（　　）次。

A. 1　　B. 2　　C. 3　　D. 5

【答案】A

27. 辅导验收材料符合齐备性标准的，验收机构应当自收到齐备的辅导验收材料之日起（　　）个工作日内出具验收工作完成函。

A. 10　　B. 15　　C. 20　　D. 30

【答案】C

28. 因辅导对象、辅导机构及其相关人员不配合导致无法开展辅导验收工作，或辅导机构自收到规范通知后（　　）个月内无法完成规范工作的，验收机构应当终止辅导验收。

A. 1　　B. 3　　C. 6　　D. 12

【答案】C

29. 辅导对象相关人员已经取得（　　）资格，可以申请豁免参加证券市场知识测试。

A. 独立董事、高级会计师　　B. 董事会秘书、高级会计师

C. 独立董事、董事会秘书　　D. 高级会计师、注册会计师

【答案】C

【解析】辅导对象相关人员已经取得独立董事、董事会秘书资格，可以申请豁免参加证券市场知识测试。

30. 辅导对象在验收工作完成函有效期内变更（　　）的，辅导机构在对辅导对象就更换板块进行差异化辅导后，应当重新提交辅导验收材料，履行辅导验收程序。

A. 拟上市板块　　B. 拟上市时间　　C. 拟上市地点　　D. 拟上市日期

【答案】A

31. 以下阶段中，（　　）需要由辅导机构向当地验收机构报送辅导备案材料。

A. 辅导备案阶段　　B. 辅导接管阶段

C. 辅导验收阶段　　D. 辅导完成阶段

【答案】A

【解析】辅导申报工作主要涉及辅导备案、辅导接管、辅导验收三大阶段，其中在辅导备案阶段由辅导机构向当地验收机构报送辅导备案材料。

32. 以下阶段中，（　　）需要由辅导机构向当地验收机构提交验收申请材料。

A. 辅导备案阶段　　B. 辅导接管阶段

C. 辅导验收阶段　　D. 辅导完成阶段

【答案】C

【解析】辅导申报工作主要涉及辅导备案、辅导接管、辅导验收三大阶段，其中在辅导验收阶段由辅导机构向当地验收机构提交验收申请材料。

33. 若辅导对象为（　　）挂牌公司，辅导对象需要根据《非上市公众公司信息披露管理办法》《全国中小企业股份转让系统挂牌公司信息披露规则》等规定，按照辅导进程及时进行信息披露并注意充分提示风险。

A. 主板　　B. 新三板　　C. 科创板　　D. 创业板

【答案】B

34. 辅导过程中，如果涉及对辅导对象的（　　），辅导机构应当对该事项进行专项核查并向验收机构出具辅导工作报告。

A. 负面舆情　　B. 消极舆情　　C. 举报事项　　D. 投诉事项

【答案】C

35. 辅导过程中，如果涉及对辅导对象的（　　），辅导机构应当对该事项进行核查并在辅导工作报告中进行专项说明。

A. 负面舆情　　B. 消极舆情　　C. 举报事项　　D. 投诉事项

【答案】A

36. 辅导机构应更多采用（　　）的方式授课，从而达到有效的培训目的。

A. 线上一对一培训　　B. 现场一对一培训

C. 线上集中培训　　D. 现场集中培训

【答案】D

【解析】辅导机构应更多采用现场集中培训的方式授课，从而达到有效的培训目的。

37. 辅导对象通过辅导培训达到应知应会，树立进入证券市场的（　　）。培训内容中建议还应当包含一些违法违规的典型案例教育的内容，以达到警示的作用。

A. 诚信意识、自律意识、法治意识　　B. 诚信意识、自律意识、道德意识

C. 守信意识、自律意识、法治意识　　D. 诚信意识、律己意识、法治意识

【答案】A

【解析】辅导对象通过辅导培训达到应知应会，树立进入证券市场的诚信意识、自律意识和法治意识。培训内容中建议还应当包含一些违法违规的典型案例教育的内容，以达到警示的作用。

38. 验收机构在现场验收过程中，会对辅导机构的工作情况进行（　　），并查验相关尽调底稿。辅导小组应提前准备（　　）项目辅导底稿及对应目录供验收机构查验。

A. 现场抽查；部分　　B. 现场抽查；全套

C. 现场问答；部分　　D. 现场问答；全套

【答案】D

【解析】验收机构在现场验收过程中，会对辅导机构的工作情况进行现场问答，

并查验相关尽调底稿。现场验收时，辅导小组应提前准备全套项目辅导底稿及对应目录供验收机构查验。

二、多项选择题（以下备选项中有两项或两项以上符合题目要求，多选、少选、错选均不得分）

1. 中国证监会发布《首次公开发行股票辅导工作办法》，关于聘请辅导机构进行辅导提出要求，其中辅导工作的总体目标有（　　）。

A. 促进辅导对象建立良好的公司治理

B. 形成独立运营和持续发展的能力

C. 树立进入证券市场的诚信意识、法治意识

D. 具备进入证券市场的基本条件

【答案】ABCD

【解析】除选项 ABCD 外，辅导工作的总体目标还有：督促公司的董事、监事、高级管理人员全面理解发行上市有关法律法规、证券市场规范运作和信息披露的要求；同时，促进辅导机构及参与辅导工作的其他中介机构履行勤勉尽责义务。

2. 中国证监会建立辅导监管系统，通过中国证监会政务服务平台向社会公开辅导监管信息。其中，辅导监管信息包括（　　）。

A. 辅导协议书　　B. 辅导备案报告

C. 辅导工作进展情况报告　　D. 辅导情况报告

【答案】BCD

3. 《保荐管理办法》规定，保荐机构在推荐发行人首次公开发行股票并上市前，应当对发行人进行辅导，对发行人的董事、监事和高级管理人员、持有 5% 以上股份的股东和实际控制人（或者其法定代表人）进行培训，树立进入证券市场的（　　）。

A. 诚信意识　　B. 自律意识　　C. 他律意识　　D. 法治意识

【答案】ABD

【解析】《保荐管理办法》规定，保荐机构在推荐发行人首次公开发行股票并上市前，应当对发行人进行辅导，对发行人的董事、监事和高级管理人员、持有 5% 以上股份的股东和实际控制人（或者其法定代表人）进行系统的法规知识、证券市场知识培训，使其全面掌握发行上市、规范运作等方面的有关法律法规和规则，知悉信息披露和履行承诺等方面的责任和义务，树立进入证券市场的诚信意识、自律意识和法治意识。

4. 持有5%以上股份股东为法人或其他形式的，辅导机构应当督促其（　　）全面掌握发行上市、规范运作等方面的法律法规和规则、知悉信息披露和履行承诺等方面的责任和义务。

A. 法定代表人　　B. 基金管理人的法定代表人

C. 执行事务合伙人　　D. 财务总监

【答案】ABC

5. 根据《辅导监管规定》，对于辅导对象，应促进其具备成为上市公司应有的（　　），充分了解多层次资本市场各板块的特点和属性，树立进入证券市场的诚信意识、自律意识和法治意识。

A. 公司治理结构　　B. 会计基础工作

C. 内部控制制度　　D. 内部审计制度

【答案】ABC

6. 辅导工作应当包括核查辅导对象在（　　）以及资本验证等方面是否合法、有效，产权关系是否明晰，股权结构是否符合有关规定。

A. 公司设立　　B. 改制重组

C. 股权设置和转让　　D. 增资扩股

【答案】ABCD

7. 验收机构应当在收到齐备的辅导备案材料后5个工作日内完成备案，并在完成备案后及时披露（　　）。

A. 辅导机构　　B. 辅导对象　　C. 辅导备案时间　　D. 辅导状态

【答案】ABCD

8. 保荐人在辅导过程中可以采用灵活有效的辅导方式，主要包括（　　）。

A. 集中授课与考试　　B. 经验交流会

C. 问题诊断与专业咨询　　D. 中介机构协调会

【答案】ABCD

【解析】保荐人可采取灵活有效的辅导方式，包括组织辅导对象自学、进行集中授课与考试、问题诊断与专业咨询、中介机构协调会、经验交流会、案例分析等。保荐人和其他作为辅导成员的证券服务机构进行辅导工作应制定辅导教程。

9. 辅导机构完成辅导工作，且已通过首次公开发行股票并上市的内核程序的，应当向验收机构提交的辅导验收材料主要有（　　）。

A. 辅导工作相关底稿及辅导情况报告

B. 辅导机构内核会议记录（或会议决议）及关注事项说明

C. 辅导对象的律师、会计师向辅导机构就辅导工作中遇到的问题所出具的初步意见

D. 辅导对象近三年及一期财务报表及审计报告、经内核会议审定的招股说明书

【答案】ABCD

【解析】辅导机构完成辅导工作，且已通过首次公开发行股票并上市的内核程序的，应当向验收机构提交下列辅导验收材料：（1）辅导情况报告；（2）辅导机构内核会议记录（或会议决议）及关注事项说明；（3）辅导对象近三年及一期财务报表及审计报告、经内核会议审定的招股说明书；（4）辅导工作相关底稿；（5）辅导对象的律师、会计师向辅导机构就辅导工作中遇到的问题所出具的初步意见；（6）中国证监会要求的其他材料。

10. 验收机构进行辅导验收，应当采取下列（　　）方式。

A. 审阅辅导验收材料

B. 现场走访辅导对象

C. 抽查保荐业务工作底稿

D. 约谈有关人员

【答案】ABCD

【解析】验收机构进行辅导验收，应当采取下列方式：（1）审阅辅导验收材料；（2）现场走访辅导对象、查阅公司资料、约谈有关人员等；（3）检查或抽查保荐业务工作底稿；（4）其他必要方式。

11. 参考各验收机构要求，持股 5% 以上的非自然人股东，委派参加上市辅导和证券市场知识验收测试的代表，通常应当为该股东的特定人员，即（　　）等，不能随意委派其他工作人员。

A. 法定代表人

B. 基金管理人的法定代表人

C. 证券管理人的法定代表人

D. 执行事务合伙人

【答案】ABD

【解析】参考各验收机构要求，持股 5% 以上的非自然人股东，委派参加上市辅导和证券市场知识验收测试的代表，通常应当为该股东的特定人员，即法定代表人、基金管理人的法定代表人、执行事务合伙人等，不能随意委派其他工作人员。

12. IPO 项目被否或者终止申报后再次启动，辅导机构需要重新履行辅导及辅导验收程序。建议辅导机构在妥善落实以下（　　）问题后再申请辅导。

A. 已经就前次项目被否或者终止进行原因梳理

B. 已经全部解决了相关问题

C. 已经针对相关情况进行了整改完善

D. 已经对辅导对象存在的不可改正问题妥协

【答案】ABC

【解析】 IPO 项目被否或者终止申报后再次启动，辅导机构需要重新履行辅导及辅导验收程序。同时需要关注，辅导机构是否已经就前次项目被否或者终止进行原因梳理，是否已经全部解决了相关问题，是否已经针对上述情况进行了整改完善，相关问题是否已经全部解决落实。建议辅导机构在妥善落实上述问题后再申请辅导，并在相应辅导工作报告中分析说明上述事项。

13. 证监会及各地派出机构已就（　　）等辅导材料均规定了相关的格式模板，辅导机构应在辅导监管系统里下载相关模板，并按照统一的要件要求编写，不应随意删减。

A. 辅导备案报告　　B. 辅导工作进展报告

C. 辅导情况报告　　D. 辅导工作底稿

【答案】ABC

14. 辅导机构、证券服务机构及其相关人员辅导工作过程中存在违反法律、行政法规和中国证监会规章规定情形的，验收机构可以依法采取（　　）等行政监管措施。

A. 责令改正　　B. 监管谈话　　C. 行政处罚　　D. 出具警示函

【答案】ABD

【解析】 辅导机构、证券服务机构及其相关人员辅导工作过程中存在违反法律、行政法规和中国证监会规章规定情形的，验收机构可以依法采取责令改正、监管谈话、出具警示函等行政监管措施。

三、判断题（不选、错选均不得分）

1. 2021 年 9 月 30 日，中国证监会制定并发布《辅导监管规定》，吸收派出机构在辅导监管工作中形成的成熟做法，对确有必要作出统一规定的事项予以明确，并规定辅导验收应当对辅导机构辅导工作的开展情况及成效作出评价，同时对辅导对象是否符合发行上市条件作实质性判断。（　　）

【答案】错误

【解析】《辅导监管规定》对确有必要作出统一规定的事项予以明确，并规定辅导验收应当对辅导机构辅导工作的开展情况及成效作出评价，但不对辅导对象是否符合发行上市条件作实质性判断。

2. 持有 3% 以上股份股东为法人或其他形式的，辅导机构应当督促其法定代表人、基金管理人的法定代表人、执行事务合伙人等全面掌握发行上市、规范运作等方面的法律法规和规则、知悉信息披露和履行承诺等方面的责任和义务。（　　）

【答案】错误

【解析】持有比例为5%。

3. 辅导对象不可以在辅导协议中约定，辅导机构保荐业务资格被撤销、被暂停保荐业务资格、因其他原因被监管部门认定无法履行保荐职责期间，辅导对象可以解除辅导协议。（　　）

【答案】错误

【解析】辅导对象可以在辅导协议中约定。

4. 辅导机构应当与辅导对象签订承销协议，明确双方在辅导上市过程中的权利和义务。（　　）

【答案】错误

【解析】辅导机构和辅导对象应当签订书面辅导协议，明确约定协议双方的权利义务。

5. 验收机构应当在收到齐备的辅导备案材料后3个工作日内完成备案，并在完成备案后及时披露辅导机构、辅导对象、辅导备案时间、辅导状态。（　　）

【答案】错误

【解析】5个工作日。

6. 辅导期内辅导协议终止的，辅导机构应当于辅导协议终止后10个工作日内，向验收机构提出撤回辅导备案。（　　）

【答案】错误

【解析】5个工作日。

7. 辅导期内，辅导机构未按期更新辅导工作进展情况报告超过3次的，视为撤回辅导备案。（　　）

【答案】错误

【解析】辅导期内，辅导机构未按期更新辅导工作进展情况报告超过二次的，视为撤回辅导备案。

8. 辅导机构应当全权负责审阅招股说明书，对招股说明书等申报文件内容进行充分核对，确保招股说明书等申报文件信息披露内容的真实、准确、完整、及时，由辅导机构对招股说明书负最终责任。（　　）

【答案】错误

【解析】辅导机构与辅导对象及其相关人员共同全面审阅招股说明书，对招股说明书等申报文件内容进行充分的核对，确保招股说明书等申报文件信息披露内容的真实、准确、完整、及时。

9. 保荐人作为辅导机构应针对每一个辅导对象成立专门的辅导小组进行辅导工作。辅导机构指定参与辅导工作的人员中，保荐代表人不得少于3人。（　　）

【答案】错误

【解析】2人。

10. 辅导期自签订辅导协议书之日起算，至辅导机构向验收机构提交齐备的辅导验收材料之日截止。辅导期原则上不少于6个月。（　　）

【答案】错误

【解析】辅导期原则上不少于3个月。

11. 因辅导对象、辅导机构及其相关人员不配合导致无法开展辅导验收工作，或辅导机构自收到规范通知后12个月内无法完成规范工作的，验收机构应当终止辅导验收。（　　）

【答案】错误

【解析】6个月。

12. 在验收工作完成函有效期内变更辅导机构的，变更后的辅导机构认可变更前辅导机构的辅导工作的，可以免除其依法开展尽职调查工作的义务。（　　）

【答案】错误

【解析】不免除其依法开展尽职调查工作的义务。

13. 辅导对象未在验收工作完成函有效期内提交首次公开发行股票并上市申请的，不需要重新履行辅导及辅导验收程序。（　　）

【答案】错误

【解析】需要重新履行辅导及辅导验收程序。

14. 验收机构根据现场验收检查情况，向辅导机构下发问询函，辅导机构予以反馈回复。验收机构根据辅导机构的反馈回复情况可做进一步的关注问询。（　　）

【答案】正确

15. 为了充分保证申请材料的完整性和准确性，建议辅导机构尽量在临近截止日前才向验收机构提交验收申请。（　　）

【答案】错误

【解析】考虑到辅导机构需要在报告期基准日后6个月内完成申报，因此建议辅导机构尽量避免在临近截止日前才向验收机构提交验收申请，给项目最终顺利申报预留出充裕的时间。

16. 证监会及各地派出机构已就辅导备案报告，辅导工作进展报告以及辅导情况报告等辅导材料规定了相关的格式模板，辅导机构可以在辅导监管系统里下载相关模板，并根据辅导对象的实际情况编写，可以适当删减。（　　）

【答案】错误

【解析】不应随意删减。

17. 辅导机构通常应在提交辅导验收申请前向当地验收机构提交查询申请，并取得验收机构的查询结果，并于申请辅导验收前出具专项核查报告。（　　）

【答案】错误

【解析】辅导机构出具专项核查报告于申请辅导验收时一并提交。

四、综合题（每问备选答案中有一项或多项符合题目要求，不选、错选均不得分）

（一）某证监局官网显示，甲公司在 2022 年 4 月与辅导机构乙证券公司签订了辅导协议，并进行了辅导备案登记。2023 年 3 月，乙证券公司向该证监局报送了甲公司辅导工作总结报告，对辅导工作进行了总结。同月，该证监局对辅导工作进行了验收。

1. 乙证券公司和甲公司签订的书面辅导协议，包括以下（　　）内容。

A. 辅导方式、辅导期间及各阶段的工作重点

B. 辅导费用及付款方式

C. 辅导协议的变更与终止

D. 辅导内容、计划及实施方案

【答案】ABCD

【解析】辅导机构和辅导对象应当签订书面辅导协议，明确约定协议双方的权利义务。辅导协议可以包括以下内容：辅导人员的构成；辅导对象接受辅导的人员范围；辅导内容、计划及实施方案；辅导方式、辅导期间及各阶段的工作重点；辅导费用及付款方式；双方的权利、义务；辅导协议的变更与终止；违约责任。

2. 下列对于甲公司辅导备案的说法正确的有（　　）。

A. 签订辅导协议后 5 个工作日内，乙证券公司应当向该证监局进行辅导备案

B. 该证监局应当在收到齐备的辅导备案材料后 5 个工作日内完成备案

C. 若辅导期内辅导协议终止，乙证券公司应当于辅导协议终止后 5 个工作日内，向该证监局提出撤回辅导备案

D. 辅导期内，乙证券公司应在每季度结束后五日内更新辅导工作进展情况

报告

【答案】ABC

【解析】 辅导期内，辅导机构应在每季度结束后15日内更新辅导工作进展情况报告（选项D错误）。

3. 关于该证监局的辅导验收工作说法正确的有（　　）。

A. 该证监局应当对乙证券公司辅导工作的开展情况及成效作出评价，对甲公司是否符合发行上市条件作实质性判断

B. 该证监局主要验收乙证券公司引导甲公司及其相关人员充分了解多层次资本市场各板块的特点和属性

C. 该证监局可以采取约谈甲公司实际控制人、董监高、核心技术人员和其他关键人员的方式进行辅导验收

D. 若乙证券公司在辅导工作过程中存在违法行为，该证监局可以依法采取行政监管措施，但不能因此决定辅导验收不通过

【答案】BC

【解析】 辅导验收应当对辅导机构辅导工作的开展情况及成效作出评价，但不对辅导对象是否符合发行上市条件作实质性判断（选项A错误）。辅导机构、证券服务机构及其相关人员辅导工作过程中存在违反法律、行政法规和中国证监会规章规定情形的，验收机构可以依法采取责令改正、监管谈话、出具警示函等行政监管措施。当地验收机构对辅导机构在辅导发行人过程中出现的问题责令整改，并决定辅导验收不通过（选项D错误）。

（二）上海甲股份有限公司拟在A股市场首次公开发行股票并上市，正在接受乙证券股份有限公司对其进行辅导。

1. 根据中国证券监督管理委员会的相关规定并结合甲公司的具体情况，乙证券公司制订了详尽的辅导计划。自辅导工作备案报告报送以来，乙证券公司已按照辅导协议，对甲公司开展了上市辅导工作。下列关于辅导工作说法不正确的是（　　）。

A. 乙证券公司指定参与辅导工作的人员中，至少有3名保荐代表人

B. 乙证券股份有限公司对甲股份有限公司的辅导原则上不少于3个月

C. 乙证券公司应当取得甲公司以及主要关联方、关键少数人员的银行对账单，对重要资金流水进行全面核查

D. 保荐人应建立健全辅导工作底稿，并将其作为保荐工作底稿的重要组成部分

【答案】A

【解析】 辅导机构指定参与辅导工作的人员中，保荐代表人不得少于二人（选项A至少有3名保荐代表人，表述不精准，因此错误）。

2. 辅导工作完成后，应当由上海证监局进行辅导验收。下列关于辅导验收说法正确的有（　　）。

A. 辅导期内，若乙证券公司被暂停保荐业务资格，则不得提交辅导验收材料

B. 上海证监局可采取现场走访、查阅公司资料、抽查保荐业务工作底稿等方式进行辅导验收

C. 乙证券公司应当向上海证监局提交近两年及一期财务报表及审计报告、经内核会议审定的招股说明书

D. 乙证券公司相关人员准备验收机构的验收测试，并准备向验收机构提交验收申请

【答案】AB

【解析】 辅导机构完成辅导工作，且已通过首次公开发行股票并上市的内核程序的，应当向验收机构提交下列辅导验收材料：辅导情况报告，包括重点辅导工作开展情况、辅导过程中发现的问题及改进情况等；辅导机构内核会议记录（或会议决议）及关注事项说明；辅导对象近三年及一期财务报表及审计报告、经内核会议审定的招股说明书；辅导工作相关底稿；辅导对象的律师、会计师向辅导机构就辅导工作中遇到的问题所出具的初步意见；中国证监会要求的其他材料（选项C错误）。辅导对象相关人员准备验收机构的验收测试，辅导对象准备向验收机构提交验收申请（选项D错误）。

（三）北京甲公司于2023年6月12日与乙证券公司签订辅导协议，乙证券公司向北京监管局提交了向不特定合格投资者公开发行股票并在北交所上市辅导备案材料。北京监管局受理了提交的向不特定合格投资者公开发行股票并在北交所上市辅导备案申请。

1. 下列对于甲公司的辅导备案工作说法错误的有（　　）。

A. 乙证券公司应当于2023年6月14日前向北京证监局进行辅导备案

B. 北京证监局仅需在完成备案前及时披露辅导备案时间和辅导状态

C. 辅导期内，乙证券公司应当在每季度结束后七日内更新辅导工作进展情况报告

D. 辅导期内辅导协议终止的，乙证券公司应当于辅导协议终止后七个工作日内，向当地证监局提出撤回辅导备案

【答案】ABCD

【解析】签订辅导协议后5个工作日内，辅导机构应当向验收机构进行辅导备案（选项A错误）。验收机构应当在收到齐备的辅导备案材料后5个工作日内完成备案，并在完成备案后及时披露辅导机构、辅导对象、辅导备案时间、辅导状态（选项B错误）。辅导期内，辅导机构在每季度结束后15日内更新辅导工作进展情况报告（选项C错误）。辅导期内辅导协议终止的，辅导机构应当于辅导协议终止后5个工作日内，向验收机构提出撤回辅导备案（选项D错误）。

2. 对甲公司的辅导细节应注意以下（　　）事项。

A. 辅导过程中，如果涉及对甲公司的举报事项，乙证券公司应当对举报事项进行专项核查并向当地证监局出具辅导工作报告

B. 若甲公司已通过辅导验收但由于其他原因被终止申报，甲公司再次启动申报时无须重新履行辅导程序

C. 若甲公司申请上市项目被否，甲公司再次启动申请时辅导机构在相应辅导工作报告中分析说明上述事项

D. 若甲公司系新三板挂牌公司，甲公司需要按照辅导进程及时进行信息披露并注意充分提示风险

【答案】ACD

【解析】公司IPO项目被否或者终止申报后再次启动，辅导机构需要重新履行辅导及辅导验收程序（选项B错误）。

3. 北京证监局对甲公司进行辅导验收，下列对于甲公司的辅导验收工作说法错误的有（　　）。

A. 乙证券公司未按规定提交辅导验收材料的，北京证监局应当要求其重新提交

B. 验收机构可以合理安排现场工作时间，并结合辅导验收过程中发现的问题，抽查乙证券公司的工作底稿

C. 若甲公司在验收工作完成函有效期内将辅导机构变更为丙证券公司，丙证券公司认可乙证券公司对甲公司的辅导工作，也向北京证监局提交了说明并取得了同意，则原辅导验收有效

D. 若甲公司在验收工作完成函有效期内将辅导机构变更为丙证券公司且取得了北京证监局同意，北京证监局应向丙证券公司重新出具验收工作完成函，有效期截止日重新计算

【答案】AD

【解析】辅导机构未按规定提交辅导验收材料的，验收机构可以要求其补充（选项 A 错误）。在验收工作完成函有效期内变更辅导机构的，如变更后的辅导机构认可变更前辅导机构的辅导工作，向验收机构提交说明并取得同意后，原辅导验收仍然有效。验收机构应向辅导机构重新出具验收工作完成函，有效期截止日与原验收工作完成函一致（选项 D 错误）。

（四）根据中国证监会《证券发行上市保荐业务管理办法》《首次公开发行股票并上市辅导监管规定》等有关规定，A 股份有限公司受聘担任深圳甲股份有限公司首次公开发行股票并上市的辅导机构。2023 年 1 月 3 日，A 证券公司与甲公司签署了辅导协议；2023 年 1 月 6 日，A 证券公司与甲公司正式向中国证券监督管理委员会深圳监管局报送辅导备案申请材料；2023 年 1 月 12 日，深圳监管局同意备案。A 证券公司已经根据法律法规的规定和要求制订了相应的辅导计划及实施方案，设定了辅导阶段。

1. 下列关于 A 证券公司辅导工作的说法正确的是（　　）。

A. A 证券公司辅导前期重点在于安排集中授课，对深圳某公司的董事、监事、高级管理人员及持有 5% 及以上股份的股东和实际控制人进行集中培训

B. 辅导期内，A 证券公司未按期更新辅导工作进展情况报告视为撤回辅导备案

C. A 证券公司对甲公司进行辅导工作时应当制定辅导教程

D. A 证券公司对甲公司的辅导期自完成辅导备案之日起算，至验收合格之日截止

【答案】C

【解析】辅导前期重点在于摸底调查，形成辅导方案并开始实施；辅导中期重点在于集中学习和培训，诊断问题并加以解决（选项 A 错误）。辅导期内，辅导机构未按期更新辅导工作进展情况报告超过两次的，视为撤回辅导备案（选项 B 错误）。辅导期自完成辅导备案之日起算，至辅导机构向验收机构提交齐备的辅导验收材料之日截止（选项 D 错误）。

2. A 证券公司对甲公司的辅导工作完成后由深圳监管局进行辅导验收。下列关于辅导验收的说法正确的是（　　）。

A. 验收工作完成函有效期为 12 个月，即 A 证券公司自收到规范通知后 12 个月内无法完成规范工作的，深圳证监局应当终止辅导验收

B. 甲公司在验收工作完成函有效期内变更拟上市板块的，在辅导工作完成后，应当重新提交辅导验收材料，履行辅导验收程序

C. 深圳监管局应当自收到齐备的辅导验收材料之日起20个工作日内出具验收工作完成函，A证券公司根据要求进行规范工作时间计算在内

D. 深圳监管局可以组织甲公司的董监高参加证券市场知识测试，即使董监高已经取得独立董事、董事会秘书资格，仍需测试

【答案】B

【解析】辅导机构自收到规范通知后6个月内无法完成规范工作的，验收机构应当终止辅导验收（选项A错误）。辅导验收材料符合齐备性标准的，验收机构应当自收到齐备的辅导验收材料之日起20个工作日内出具验收工作完成函。辅导机构根据要求补充、修改材料及进行规范工作时间不计算在内（选项C错误）。验收机构进行辅导验收，可以组织辅导对象的董监高、持有5%以上股份的股东和实际控制人（或其法定代表人）参加证券市场知识测试。辅导对象相关人员已经取得独立董事、董事会秘书资格，可以申请豁免参加证券市场知识测试（选项D错误）。

第五章　尽职调查

一、单项选择题（以下备选项中只有一项最符合题目要求，不选、错选均不得分）

1. 关于尽职调查的含义，下列不正确的是（　　）。

A. 《尽调准则》所称尽职调查是指保荐人对拟推荐境内外公开发行股票、可转换债券、存托凭证等公司进行的尽职调查

B. 新的《尽调准则》在程序上进一步明确要求保荐人“执行合理、必要的尽职调查程序”

C. 新的《尽调准则》明确要求保荐人通过尽职调查合理确信发行人满足“信息披露要求”

D. 新的《尽调准则》要求合理确信发行人公开披露文件已结合发行人实际情况进行“有针对性的风险提示”

【答案】A

【解析】《尽调准则》所称尽职调查是指保荐人对拟推荐境内公开发行股票、可转换债券、存托凭证等公司（以下简称发行人）进行的尽职调查。

2. 关于尽职调查的基本要求，下列正确的是（　　）。

A. 对于涉及发行条件和上市条件或对投资者作出投资决策有重大影响的信息，保荐人可以自行决定调查情况

B. 尽职调查过程中若存在确实无法执行的核查程序，保荐人应详细说明情况、具体原因、合理性以及所采取的替代措施，并评估替代措施的充分适当性

C. 保荐工作底稿应当真实、准确、完整地反映保荐工作的全过程，保存期不少于 10 年

D. 工作日志应当按照时间编制，尽职调查期间每月应当至少形成一份工作日志

【答案】B

【解析】选项 A，不论《尽调准则》是否有明确规定，凡涉及发行条件和上市条件或对投资者作出投资决策有重大影响的信息，保荐人均应当在职责范围内勤勉

尽责地进行尽职调查；选项B，尽职调查过程中若存在确实无法执行的核查程序，保荐人应详细说明情况、具体原因、合理性以及所采取的替代措施，并评估替代措施的充分适当性；选项C，保荐工作底稿应当真实、准确、完整地反映保荐工作的全过程，保存期不少于20年；选项D，工作日志应当按照时间编制，尽职调查期间每周应当至少形成一份工作日志。

3. 根据《尽调准则》第五条规定，下列关于保荐人尽职调查的说法中，错误的是（　　）。

A. 保荐人尽职调查时，应当考虑自身专业胜任能力

B. 保荐人尽职调查时，应当考虑独立性

C. 保荐人尽职调查时，应当确保参与尽职调查工作的相关人员能够恪守独立、客观、公正、准确的原则

D. 保荐人尽职调查时，应当具备良好的职业道德和专业胜任能力

【答案】C

【解析】根据《尽调准则》第五条规定，保荐人尽职调查时，应当考虑自身专业胜任能力和独立性，并确保参与尽职调查工作的相关人员能够恪守独立、客观、公正、审慎的原则，具备良好的职业道德和专业胜任能力，故选项C错误。

4. 根据《尽调准则》第六条规定，保荐人开展尽职调查工作，应当保持职业怀疑，以获取（　　）和（　　）的证据为基础出具对相关事项的明确的核查结论。

A. 充分；可靠　　B. 全面；适当　　C. 充分；适当　　D. 全面；可靠

【答案】C

【解析】根据《尽调准则》第六条规定，保荐人开展尽职调查工作，应当保持职业怀疑，以获取充分和适当的证据为基础出具对相关事项的明确的核查结论，核查的方法和结论能够通过工作底稿进行验证，故选项C正确。

5. 根据《尽调准则》第七条规定，下列关于保荐人在尽职调查工作的说法中，错误的是（　　）。

A. 保荐人在尽职调查工作中，应当严格遵守法律法规、中国证监会的规定和行业自律规则

B. 保荐人在尽职调查工作中，应当遵守社会公德、商业道德、职业道德和行为规范

C. 保荐人在尽职调查工作中，应当公平竞争，合规经营，忠实勤勉，诚实守信

D. 保荐人在尽职调查工作中，间接向他人输送了不正当利益

【答案】D

【解析】根据《尽调准则》第七条规定，保荐人在尽职调查工作中，应当严格遵守法律法规、中国证监会的规定和行业自律规则，选项 A 正确；遵守社会公德、商业道德、职业道德和行为规范，选项 B 正确；公平竞争，合规经营，忠实勤勉，诚实守信，选项 C 正确；不得直接或者间接谋取不正当利益或者向他人输送不正当利益，选项 D 错误。

6. 由于发行人所处的行业情况及业务特点等方面存在不同，保荐人应结合发行人的特点设计具有针对性的尽职调查的核查程序，反映的是尽职调查工作原则中的（　　）。

A. 全面性原则　　B. 针对性原则　　C. 可验证性原则　D. 全周期原则

【答案】B

【解析】由于发行人所处的行业情况及业务特点等方面存在不同，保荐人应结合发行人的特点设计具有针对性的尽职调查的核查程序，反映的是尽职调查的针对性原则，故选项 B 正确。

7. 为达到尽职调查的目的和基本要求，保荐人应对发行人进行全面的尽职调查，反映的是尽职调查工作原则中的（　　）。

A. 全面性原则　　B. 针对性原则　　C. 可验证性原则　D. 全周期原则

【答案】A

【解析】为达到尽职调查的目的和基本要求，保荐人应对发行人进行全面的尽职调查，反映的是尽职调查工作原则中的全面性原则，故选项 A 正确。

8. 关于尽职调查的主要手段，下列不正确的是（　　）。

A. 查阅企业内部文件资料　　B. 函证

C. 走访　　D. 重新计算

【答案】D

【解析】保荐机构对发行人进行尽职调查采用的主要手段包括：查阅企业内部文件资料、查询外部信息、函证、企业实地调查、关键人员访谈、走访、聘请第三方协助以及数据勾稽比对等。

9. 关于函证程序，下列不正确的是（　　）。

A. 对于亲函的，要确认被询证方经办人员的身份，是否具有处理函证的适格性，函证是否从被询证方经办人员独立取得，相关程序是否监控下获取

B. 为保证函证的独立性，不可以采用电子方式进行函证

C. 对于邮寄函证的，发、收单据的齐备性，要确定寄件人/地址和收件人/地址是否独立于发行人以及地址是否与函证对象的注册地址、办公地址等公开查询的地址一致

D. 对于回函情况，对未回函以及回函差异的原因及合理性进行检查

【答案】B

【解析】对于函证程序，可以采用电子邮件函证的方式进行，对于电子邮件函证的，通过官网核实相关邮箱后缀、邮件显示的电话回访确认等方式确认。

10. 通过对发行人市场主体登记资料、验资报告、发行人股东信息及其与发行人签署的协议或安排的审阅，比较相关协议或安排与其他内部类似合同或交易，调查发行人历史沿革、股权结构、关联交易情况及股东出资情况，反映的是尽职调查主要手段中的（　　）。

A. 查阅企业内部资料　　B. 查询外部信息

C. 函证　　D. 企业实地调查

【答案】A

【解析】通过对发行人市场主体登记资料、验资报告、发行人股东信息及其与发行人签署的协议或安排的审阅，比较相关协议或安排与其他内部类似合同或交易，调查发行人历史沿革、股权结构、关联交易情况及股东出资情况，反映的是尽职调查主要手段中的查阅企业内部资料，故选项 A 正确。

11. 通过查询公开网站、政府文件、行业杂志、研究报告及同行业公司公开披露信息，了解发行人所在行业的政策、竞争格局与发展方向、技术水平及技术特点或构成关键经营要素的情况，反映的是尽职调查主要手段中的（　　）。

A. 查阅企业内部资料　　B. 查询外部信息

C. 函证　　D. 企业实地调查

【答案】B

【解析】通过查询公开网站、政府文件、行业杂志、研究报告及同行业公司公开披露信息，了解发行人所在行业的政策、竞争格局与发展方向、技术水平及技术特点或构成关键经营要素的情况，反映的是尽职调查主要手段中的查询外部信息，故选项 B 正确。

12. 关于风险因素调查，下列不正确的是（　　）。

A. 保荐人应对风险因素作定量和定性分析，对导致风险的变动性因素作敏感性分析，无法进行定量分析的，应有针对性地作出定性描述

B. 发行人风险因素调查的具体内容包括调查发行人所在行业的发展涉及的主

要国家政策

C. 对于红筹企业，应调查境内外法律制度、监管环境差异可能引发的风险

D. 对发行人影响重大的风险，应进行专项核查

【答案】A

【解析】选项 A，保荐人应尽量对风险因素作定量分析，对导致风险的变动性因素作敏感性分析，无法进行定量分析的，应有针对性地作出定性描述。

13. 重点关注申报前（　　）内通过股权转让、增资入股发行人的新股东。对突击入股的新股东进行重点核查。

A. 6 个月　　B. 12 个月　　C. 18 个月　　D. 24 个月

【答案】B

【解析】重点关注申报前 12 个月内通过股权转让、增资入股发行人的新股东。对突击入股的新股东进行重点核查。

14. 红筹企业直接股东原持有红筹企业股权、持有境内企业股权比例为根据红筹企业持股比例转换而来，且该股东自持有红筹企业股权之日至 IPO 申报时点满（　　），原则上不视为新股东。

A. 6 个月　　B. 12 个月　　C. 18 个月　　D. 24 个月

【答案】B

【解析】红筹企业（指注册地在境外、主要经营活动在境内的企业）拆除红筹架构以境内企业为主体申请上市，如该境内企业直接股东原持有红筹企业股权、持有境内企业股权比例为根据红筹企业持股比例转换而来，且该股东自持有红筹企业股权之日至 IPO 申报时点满 12 个月，原则上不视为新股东。

15. 发行人直接股东如以持有发行人重要子公司（置换时资产、营业收入或利润占比超过 50%）股权置换为发行人股权的，如该股东自持有子公司股权之日至 IPO 申报时点满（　　），原则上不视为新股东。

A. 6 个月　　B. 12 个月　　C. 18 个月　　D. 24 个月

【答案】B

【解析】发行人直接股东如以持有发行人重要子公司（置换时资产、营业收入或利润占比超过 50%）股权置换为发行人股权的，如该股东自持有子公司股权之日至 IPO 申报时点满 12 个月，原则上不视为新股东。

16. 关于发行人基本情况的调查，下列不正确的是（　　）。

A. 保荐机构应将发行人存续及报告期内注销及转让的控股子公司和重要参股公司纳入核查范围

B. 发行人存在VIE架构的，应将VIE公司及其下属子公司纳入核查范围

C. 核查境外子公司设立是否履行境内相关审批程序，设立及运营是否符合当地及国内法律法规，利润分配是否受当地及国内法律法规限制

D. 获取发行人存续及报告期内注销的控股子公司及重要参股公司最近三年及一期的审计报告或财务报表等资料，了解相关主体的财务状况

【答案】C

【解析】核查境外子公司设立是否履行境内相关审批程序，设立及运营是否符合当地法律法规，利润分配是否受当地法律法规限制。

17. 下列不属于允许的非现金出资的是（　　）。

A. 实物、土地使用权出资　　B. 技术出资

C. 债转股　　D. 劳务出资

【答案】D

【解析】非现金出资情况相关事项的核查方法和要点如下：（1）实物、土地使用权出资；（2）技术出资；（3）债转股。

18. 如发行人存在首发申报前制定或实施股权激励、期权激励情况，下列正确的是（　　）。

A. 需要确定期权的行权价格是否低于最近三年经审计的净资产或评估值

B. 需要确定发行人全部在有效期内的期权激励计划所对应股票数量占上市前总股本的比例是否超过25%

C. 确定是否经过全体职工或董事会确认

D. 确定是否签订合理的服务协议，协议是否存在影响股权转让公允价值确定的相关条款

【答案】D

【解析】选项A，期权的行权价格是否低于最近一年经审计的净资产或评估值；选项B，发行人全部在有效期内的期权激励计划所对应股票数量占上市前总股本的比例是否超过15%；选项C，是否经过全体职工或股东大会确认。

19. 发行人股权较为分散但存在单一股东控制比例达到（　　）的情形的，若无相反证据，原则上应将该股东认定为控股股东或实际控制人。

A. 15%　　B. 20%　　C. 25%　　D. 30%

【答案】D

【解析】发行人股权较为分散但存在单一股东控制比例达到30%的情形的，若无相反证据，原则上应将该股东认定为控股股东或实际控制人。

20. 关于董监高及董监高人员及其他核心人员的调查中，下列正确的是（　　）。

A. 关注董监高人员和其他核心人员最近三年从发行人及其关联企业领取收入的情况

B. 调查董监高人员和其他核心人员及其近亲属以任何方式直接或间接持有发行人股份的情况，近一年所持股份的增减变动以及所持股份的质押或冻结情况

C. 应关注报告期内离职董监高及关键岗位人员的离职原因，并结合对发行人业务的影响、资金流水往来等情况落实对该等人员的核查

D. 调查董监高最近 2 年内是否受到中国证监会行政处罚，或因涉嫌犯罪正在被司法机关立案侦查或涉嫌违法违规正在被中国证监会立案调查

【答案】C

【解析】 选项 A，关注董监高人员和其他核心人员最近一年从发行人及其关联企业领取收入的情况；选项 B，调查董监高人员和其他核心人员及其近亲属以任何方式直接或间接持有发行人股份的情况，近三年所持股份的增减变动以及所持股份的质押或冻结情况；选项 D，调查董监高最近 3 年内是否受到中国证监会行政处罚，或因涉嫌犯罪正在被司法机关立案侦查或涉嫌违法违规正在被中国证监会立案调查。

21. 下列关于红筹架构的搭建、拆除的说法中，错误的是（　　）。

A. 保荐人应核查红筹架构搭建、历次股权变动和拆除（如有）过程是否符合商务、税务、外汇、市场监督等有关规定

B. 保荐人应核查红筹架构拆除是否彻底，是否存在未了结的债权债务及其他潜在纠纷

C. 保荐人应核查红筹架构中境内外相关股东情况、相关协议执行情况

D. 保荐人应核查红筹、VIE 架构中所有境内主体的存续和处置情况

【答案】D

【解析】 保荐人应核查红筹、VIE 架构中所有境外主体的存续和处置情况，故选项 D 错误。

22. 对某一客户存在重大依赖是指来自单一大客户主营业务收入或毛利贡献占比超过（　　）以上。

A. 30%　　B. 40%　　C. 50%　　D. 60%

【答案】C

23. 保荐人可以根据发行人的经营特点、客户集中度、销售地域等综合因素来制定核查范围，原则上要核查报告期各期的（　　）或根据发行人具体情况确定的

主要客户。

A. 前三大客户　　B. 前五大客户　　C. 前十大客户　　D. 前二十大客户

【答案】C

24. 关于关联销售，需要关注董监高人员和核心技术人员、主要关联方或持有发行人（　　）以上股份的股东在主要客户中所占的权益。

A. 3%　　B. 5%　　C. 7%　　D. 10%

【答案】B

25. 如关联销售存在异常，分析其对收入的影响，分析关联销售定价是否合理，是否存在大股东或其他关联方与发行人之间的利益输送或资金转移现象。原则上要覆盖报告期各期（　　）。

A. 前三大关联客户　　B. 前五大关联客户

C. 前七大关联客户　　D. 前十大关联客户

【答案】B

26. 保荐人可以通过查阅销售合同、销售部门对销售退回的处理意见等资料，核查是否存在大额异常的销售退回，判断销售退回的真实性，原则上要核查营业收入占比超过（　　）的单笔销售退回。

A. 1%　　B. 2%　　C. 3%　　D. 5%

【答案】A

27. 如需采用访谈的核查程序，应根据定量或定性的标准，独立地从客户的名单中选择要访谈的对象，编制对客户的走访计划，确定走访的对象和范围，选择发行人最近（　　）主要的或具有特殊、异常特征的客户进行访谈。

A. 一年　　B. 两年　　C. 三年　　D. 五年

【答案】C

28. 关于业务与技术调查中的销售情况调查，核查要点不包括（　　）。

A. 主要客户核查　　B. 关联销售　　C. 销售退回　　D. 次要客户核查

【答案】D

【解析】销售情况核查的核查要点主要是了解主要客户及其基本情况。

29. 关于主要客户核查，下列不正确的是（　　）。

A. 获取或编制发行人报告期对主要客户的销售额占年度销售总额的比例及回款情况，是否对某一客户（属于同一实际控制人控制的销售客户，应合并计算销售额）存在重大依赖（来自单一大客户主营业务收入或毛利贡献占比超过50%以上）

B. 对于报告期各期主要客户发生较大变化的、客户新增或减少变动异常的，

以及对同一客户销售金额存在重大变化的，关注变化的原因及合理性，执行访谈、函证或抽样测试等恰当的尽职调查程序

C. 对其他客户异常的情况，保荐人要充分关注合理性，关注上述主体是否与发行人及关联方存在潜在关联关系和异常资金流转，确定恰当的尽调方式核查销售的真实性

D. 如发行人销售采用经销模式，保荐人可以通过核查发行人报告期内的前十大经销商情况或根据发行人具体情况确定的主要经销商，对其他经销商可不检查

【答案】D

【解析】 如发行人销售采用经销模式，保荐人可以通过核查发行人报告期内的前十大经销商情况或根据发行人具体情况确定的主要经销商，并对其他经销商客户进行随机抽样核查。

30. 关于关联销售，下列不正确的是（　　）。

A. 关注董监高人员和核心技术人员、主要关联方或持有发行人 5% 以上股份的股东在主要客户中所占的权益

B. 如果存在异常，分析其对收入的影响，分析关联销售定价是否合理，是否存在大股东或其他关联方与发行人之间的利益输送或资金转移现象。原则上要覆盖报告期各期前十大关联客户

C. 调查主营业务收入、其他业务收入中是否存在重大的关联销售，保荐人应重点关注重大关联销售的合理性和必要性

D. 抽查不同时点的关联销售合同，分析不同时点销售价格的变动，并与同类产品当时市场公允价格比较

【答案】B

【解析】 如果存在异常，分析其对收入的影响，分析关联销售定价是否合理，是否存在大股东或其他关联方与发行人之间的利益输送或资金转移现象。原则上要覆盖报告期各期前五大关联客户。

31. 在业务与技术调查中，核查采购情况时，调查发行人采购部门与生产计划部门的衔接情况、原材料的安全储备量情况，关注是否存在严重的（　　）。

A. 原材料缺货风险　　　　B. 原材料积压风险

C. 原材料残次风险　　　　D. 原材料贬值风险

【答案】A

【解析】 调查发行人采购部门与生产计划部门的衔接情况、原材料的安全储备量情况，关注是否存在严重的原材料缺货风险。

32. 关于生产情况的调查，下列不正确的是（　　）。

A. 取得生产流程资料，结合生产核心技术或关键生产环节，与发行人所处行业的技术水平及技术特点相对比，分析评价发行人生产工艺、技术在行业中的领先程度

B. 保荐人可以采取访谈生产部门的管理层及负责人、实地查看并取得相关资料等方式，了解发行人的生产布局、生产或服务模式、影响该模式的关键因素、生产或服务模式及影响因素在报告期内的变化情况及未来变化趋势

C. 保荐人可以采取访谈生产部门负责人、取得发行人相关生产项目立项的文件和生产的相关资料等方式，了解发行人主要产品的设计生产能力、产量及销量，或服务能力和服务量

D. 计算报告期产能利用率和产销率，核查发行人主要资产的情况

【答案】D

【解析】计算报告期产能利用率和产销率，分析产能利用率和产销率波动的原因及合理性。

33. 关于安全生产，下列不正确的是（　　）。

A. 保荐人可以通过实地查看发行人的安全生产设施，了解发行人的生产是否存在重大安全隐患

B. 保荐人可以通过访谈会计师，了解报告期内发行人在安全生产方面的投入及未来可能的投入情况

C. 保荐人可以通过了解发行人报告期内发生过的安全事故，并根据安全生产的相关法律法规和实际的影响来判断是否构成重大的安全事故和发生的原因、整改情况是否已完成、相关因素是否已消除

D. 若安全事故不构成重大违法违规，保荐人不需要适当关注整改情况及安全事故对发行人生产经营、经营业绩可能产生的影响

【答案】D

【解析】（1）保荐人可以通过实地查看发行人的安全生产设施、访谈安全部门的相关人员等方式、查阅或取得发行人报告期内安全生产的相关制度等方式了解发行人的生产是否存在重大安全隐患，以及采取保障安全生产的措施是否有效；（2）保荐人可以通过访谈会计师、取得发行人提供的安全生产投入的相关资料等方式了解报告期内发行人在安全生产方面的投入及未来可能的投入情况；（3）保荐人可以通过了解发行人报告期内发生过的安全事故或因为安全生产受到处罚的情况，并根据安全生产的相关法律法规和实际的影响来判断是否构成重大的安全事故和发

生的原因、整改情况是否已完成、相关因素是否已消除。若相关事项不构成重大违法违规，保荐人仍需要适当关注整改情况及安全事故对发行人生产经营、经营业绩可能产生的影响。

34. 关于环境保护，下列不正确的是（　　）。

A. 保荐人可以通过实地查看发行人的环保设备，了解生产经营中涉及环境污染的具体环节、主要环境污染物名称及排放量、主要处理设施及处理能力

B. 保荐人可以通过取得发行人提供的环保投入的相关资料了解发行人报告期在环境保护方面的投入及未来可能的投入情况

C. 如最近五年改装或拆除有关防止污染设施、设备，调查是否取得有关环保部门的批准验收文件

D. 核查发行人已建项目和已经开工的在建项目是否履行环评手续，调查发行人排污达标检测情况和环保部门现场检查情况

【答案】C

【解析】 如最近三年改装或拆除有关防止污染设施、设备，调查是否取得有关环保部门的批准验收文件。

35. 核查发行人、经销商相关合同、台账、销售发票、发货单、验收单、报关单、代销清单、回款记录等，核查发行人经销收入与经销商采购成本的匹配性，销货量与物流成本的匹配性，相互印证销售实现过程及结果真实性，属于保荐人具体核查方法中的（　　）方法。

A. 内部控制测试　B. 实地走访　C. 分析性复核　D. 资金流水核查

【答案】C

36. 关于财务报告及相关财务资料的调查，下列正确的是（　　）。

A. 审慎核查时，仅需关注财务信息各构成要素之间是否相匹配

B. 重要性水平是保荐人对财务事项执行尽调工作的重要参考，要求保荐人按照会计师的审计标准在所有财务方面执行与会计师重复性的核查工作

C. 保荐人应向会计师了解审计过程中重点关注的事项以及执行的主要审计程序，并结合发行人的业务特点、规范治理情况等，有针对性地设计尽调程序

D. 发现异常财务事项或财务报表被出具非无保留意见审计报告时，可以进行专项核查

【答案】C

【解析】 选项 A，审慎核查时，不仅需关注财务信息各构成要素之间是否相匹配，还需关注财务信息与相关非财务信息之间是否相匹配；选项 B，重要性水平是

保荐人对财务事项执行尽调工作的重要参考，但并非要求保荐人按照会计师的审计标准在所有财务方面执行与会计师重复性的核查工作；选项D，发现异常财务事项或财务报表被出具非无保留意见审计报告时，应进行专项核查。

37. 关于财务报告及相关财务资料的调查，下列不正确的是（　　）。

A. 对于发行人财务报表中包含的分部信息，应获取相关分部资料，进行必要的核查

B. 对纳入合并范围的重要控股子公司的财务状况应同样履行充分审慎的核查程序

C. 对发行人披露的参股公司，应获取最近三年及一期的财务报告及审计报告

D. 发现异常财务事项或财务报表被出具非无保留意见审计报告时，应进行专项核查

【答案】C

【解析】对发行人披露的参股公司，应获取最近一年及一期的财务报告及审计报告。

38. 发行人最近一年及一期内收购兼并其他企业资产（或股权），且被收购企业资产总额或营业收入或净利润超过收购前发行人相应项目（　　）的，应获得被收购企业收购前一年的利润表、资产负债表以及前一年与发行人关联交易情况（如有），并核查其财务情况，对前一年度发生多次的重组行为，合并考虑相关影响。

A. 10%（含10%）　　B. 20%（含20%）

C. 30%（含30%）　　D. 40%（含40%）

【答案】B

39. 关于销售收入的截止性测试，下列不正确的是（　　）。

A. 对于按照履约进度确认收入的，结合销售相关内部控制流程、业务特点、履约进度的确认方式等，核查履约进度确认的准确性

B. 对于属于在某一时点履约的销售交易，关注报告期末商品的控制权是否已经转移；结合销售合同条款、交易习惯等，核查是否通过将单项履约义务拆分为多项履约义务从而提前确认收入

C. 截止性测试需要结合发行人的收入确认政策，选取发行人资产负债表日前后若干天且金额大于或者等于一定金额以上的发运凭证、验收单等与收入确认相关的业务单据，与应收账款和销售收入明细账进行核对

D. 结合对资产负债表日应收账款和收入的函证程序，检查是否存在未取得对方认可的大额销售

【答案】C

【解析】选项 C，截止性测试需要结合发行人的收入确认政策，选取发行人资产负债表日前后若干天且金额大于一定金额以上的发运凭证、验收单等与收入确认相关的业务单据，与应收账款和销售收入明细账进行核对。

40. 关于经销商模式下的收入尽调要点，下列并非针对真实性的是（　　）。

A. 了解采用经销商或加盟商模式的必要性、是否符合发行人自身的特点和行业惯例

B. 了解主要经销商或加盟商的布局合理性，经销商或加盟商存续情况以及对经销商或加盟商的管理方式

C. 查阅主要或交易异常等经销商的工商登记资料，核查是否与发行人及其主要关联方存在关联关系

D. 核查主要经销商或加盟商的经营情况，经销商或加盟商频繁开业及退出（如有）的原因和合理性

【答案】C

【解析】查阅主要或交易异常等经销商的工商登记资料，核查是否与发行人及其主要关联方存在关联关系是主要针对关联关系的调查要点。

41. 关于经销商模式下的收入尽调要点，下列并非针对关联关系的是（　　）。

A. 取得发行人的经销商管理制度（包括结算制度、核算制度、返点制度、退货制度等）及经销商网络的组织结构图，作为经销商调查的起点

B. 核查发行人主要经销商与公司董监高、其他核心人员及持有公司 5% 以上股份股东是否存在关联关系

C. 查阅主要或交易异常等经销商的工商登记资料，核查是否与发行人及其主要关联方存在关联关系

D. 对于主要、交易异常或存在潜在关联关系的经销商进行走访

【答案】A

【解析】“取得发行人的经销商管理制度（包括结算制度、核算制度、返点制度、退货制度等）及经销商网络的组织结构图，作为经销商调查的起点”是针对内控是否完善的调查要点。

42. 关于采用按履约进度确认收入的尽调要点，下列并非针对内控体系是否完善的评估的是（　　）。

A. 核查发行人的履约进度确认是否建立了相应的内部控制制度

B. 收入与其他科目之间的勾稽关系是否异常

C. 核查发行人与客户之间关于履约进度及付款安排是否符合合同或协议的约定

D. 了解发行人成本归集的内容和方法

【答案】B

【解析】 结合收入与其他科目之间的勾稽关系是否异常是针对收入的真实与准确的调查要点。

43. 关于出口收入的尽调要点，下列针对准确性的是（　　）。

A. 可通过函证或走访海关等相关机构，将其与销售收入金额进行核对

B. 收集发货单、报关单、提单、外汇核销单据等外部证据，并与收入进行核对

C. 结合发行人的贸易条款（FOBCIF、CFR、DDP 等），确定发行人的收入确认的时点和收入确认依据

D. 对海外主要客户应当进行走访并采取恰当的手段进行核查

【答案】C

【解析】 选项 ABD 是关于出口收入的真实性的尽调要点。

44. 对于直接向用户收取费用的互联网线上销售、互联网信息服务、互联网游戏等，下列尽调要点不正确的是（　　）。

A. 经营数据的完整性和准确性，是否存在被篡改的风险，与财务数据是否一致

B. 平均用户收入、平均付费用户收入等数值的变动趋势是否合理

C. 用户行为核查，仅包括登录 IP 或 MAC 地址信息、充值与消费的情况、重点产品消费三项

D. 获客成本、获客渠道是否合理，变动是否存在异常

【答案】C

【解析】 用户行为核查，包括但不限于登录 IP 或 MAC 地址信息、充值与消费的情况、重点产品消费或销售情况、僵尸用户情况等，用户充值、消耗或消费的时间分布是否合理，重点用户充值或消费是否合理。

45. 大额自然人银行卡代收销售款原则上是指累计代收销售款占报告期任意一期的销售比例高于（　　）。

A. 3%　　B. 5%　　C. 10%　　D. 15%

【答案】C

46. 对银行账户的核查，下列不正确的是（　　）。

A. 对于发行人报告期内新开立的银行账户，了解开户原因、用途及合理性

B. 对报告期内注销的银行账户，了解销户的原因，不需要将其纳入到核查范围

C. 对于报告期内频繁开户、销户以及账户开立不久后即销户的情况，关注其是否与实际生产经营需要相关

D. 对于发行人在异地开立的银行账户，关注其开立原因，是否与实际生产经营需要相关

【答案】B

【解析】对报告期内注销的银行账户，了解销户的原因以及是否纳入到核查范围。

47. 关于银行账户的核查，下列不正确的是（　　）。

A. 结合重要性水平核查纳入重点核查范围的银行账户

B. 高估测试是指从银行对账单上抽取大额交易，追查至货币资金明细账

C. 核查货币资金明细账记录的完整性、准确性

D. 核查交易是否经过了适当的审批

【答案】B

【解析】低估测试是指从银行对账单上抽取大额交易，追查至货币资金明细账。

48. 关于对异常或非经常性的资金往来的核查，下列不正确的是（　　）。

A. 检查与自然人之间大额款项往来

B. 检查年末发生的大额、频繁款项收支

C. 检查发行人大额购买无实物形态的资产或服务

D. 检查发行人同一账户或不同账户之间存在金额、日期相近的异常大额资金进出

【答案】B

【解析】检查年初发生的大额、频繁款项收支。

49. 关于存货抽盘，下列不正确的是（　　）。

A. 存货盘点日，保荐人可跟随发行人安排的存货盘点人员进行抽盘，并注意观察发行人事先制定的存货盘点计划是否得到了贯彻执行

B. 发行人盘点过程中，观察存货的流转是否已得到适当控制，如程序恰当，盘点期间发行人正在盘点的存货可以发生移动

C. 观察不同地点、分支机构、部门或合并范围内子公司之间转移的存货是否已被适当记录，以避免重复盘点或在盘点时遗漏任何项目

D. 对于使用罐储存的或者堆积或成卷存放的存货，了解此类存货的计量方法，

并采用适当的方法将其计算转换为账面记录的数量单位

【答案】B

【解析】选项B，发行人盘点过程中，观察存货的流转是否已得到适当控制，盘点期间发行人正在盘点的存货应避免发生移动，以充分保证存货移动带来的存货盘点、抽盘风险。

50. 关于收入确认政策，下列不正确的是（　　）。

A. 核查发行人确认收入的具体标准以及同行业可比上市公司收入确认的一般原则，判断收入确认具体标准是否符合会计准则的要求及行业惯例

B. 检查出库单、物流凭证、验收单、记账凭证等业务和财务凭证，判断收入确认具体标准与发行人的业务是否匹配

C. 查阅销售合同，分析重大合同条款，关注合同条款中的验收、付款、退换货、质保金、返利政策等条款对收入确认的影响

D. 查询同行业可比上市公司年报、招股说明书等资料，对比发行人的收入确认政策与同行业可比公司是否一致

【答案】B

【解析】检查出库单、物流凭证、验收单、记账凭证等业务和财务凭证，关注业务单据流转与合同约定是否一致，收入确认的证据是否充分。

51. 关于销售收入的真实性和准确性，下列不正确的是（　　）。

A. 对于按照履约进度确认收入的，结合销售相关内部控制流程、业务特点、履约进度的确认方式等，核查履约进度确认的准确性

B. 对于属于在某一时点履约的销售交易，关注报告期末商品的控制权是否已经转移；结合销售合同条款、交易习惯等，核查是否通过将单项履约义务拆分为多项履约义务从而提前确认收入

C. 对于重大金额的销售退回，可以考虑取得客户的书面确认文件，并考虑前期收入确认是否谨慎

D. 对于销售退回业务，通过访谈销售人员和财务人员的方式，了解一般情况下销售退回的比例和账务处理

【答案】C

【解析】对于重大金额的销售退回，应当取得客户的书面确认文件，并考虑前期收入确认是否谨慎。

52. 对于发行人对某一客户存在重大依赖的情况，核查中需要关注的内容不包括（　　）。

A. 关注形成原因，是否符合行业特点，以及同行业上市公司客户分布情况

B. 核查客户姓名（或名称）、身份证（或工商登记资料），并通过走访等恰当的方式予以验证

C. 重点关注该客户的市场地位和行业情况，该客户的持续经营是否存在重大不确定性

D. 了解发行人新客户的开发情况

【答案】B

【解析】“核查客户姓名（或名称）、身份证（或工商登记资料），并通过走访等恰当的方式予以验证”属于“客户可能是发行人董监高、核心技术人员及持股5%以上股东的关联方或关系密切人士；报告期新进股东的关联方或关系密切人士、员工的家属或前员工”需要关注的要点。

53. 关于前次募集资金使用情况，下列正确的是（　　）。

A. 调查发行人募集资金是否真实投入股东大会决议的项目

B. 调查发行人的现有主营业务、生产经营规模、财务状况、技术条件、管理能力、发展目标与募集资金投资项目是否匹配

C. 募集资金运用涉及与他人合作的，调查合作方基本情况、合作方式、各方权利义务关系

D. 募集资金运用涉及重点投向科技创新领域的，应调查其与主营业务的关系和区别

【答案】A

【解析】选项 BCD 是本次募集资金使用情况的调查。

54. 核查发行人的组织结构和“三会”运作情况包括（　　）。

A. 核查发行人是否依法建立了健全的股东大会、董事会、监事会、独立董事、董事会秘书制度

B. 董事会是否正常发挥作用，是否具备切实的监督手段

C. 监事会下设的专门委员会是否正常发挥作用，是否形成相关决策记录

D. 股东大会是否按照有关法律法规和公司章程及时进行换届选举

【答案】A

【解析】选项 B，监事会是否正常发挥作用，是否具备切实的监督手段；选项 C，董事会下设的专门委员会是否正常发挥作用，是否形成相关决策记录；选项 D，董事会和监事会是否按照有关法律法规和公司章程及时进行换届选举。

55. 关于公司治理中内部控制的调查，下列不正确的是（　　）。

A. 董事会及相关的专门委员会是否负责批准并定期审查发行人的经营战略和重大决策、确定经营风险的可接受水平是核查内部控制环境时考虑的内容

B. 了解发行人信息系统建设情况、管理制度、操作流程和风险防范制度时核查信息系统控制时考虑的内容

C. 核查会计岗位设置是否贯彻“责任分离、相互制约”原则是核查内部控制的监督时考虑的内容

D. 取得发行人管理层对内部控制完整性、合理性及有效性的自我评价书面意见

【答案】C

【解析】核查会计岗位设置是否贯彻“责任分离、相互制约”原则是核查会计管理控制时考虑的内容。

56. 关于关联方及关联交易情况，下列正确的是（　　）。

A. 保荐人根据《公司法》《证券法》《企业会计准则》、证监会及交易所颁布的法规的相关规定，结合发行人的实际情况，按照“重要性原则”作为判断关联方的基本原则，确定发行人关联方的核查对象范围

B. 关联方认定范围还应当包括在报告期内及报告期前后18个月内与发行人存在本条所列示关系的法人或其他组织、自然人

C. 除关注直接交易外，保荐人应当关注主要关联方与发行人的主要供应商或客户是否存在交易，是否存在发生利益输送的间接交易行为

D. 保荐人可通过核查向关联方销售占发行人主营业务收入的比例、向关联方采购额占发行人采购总额的比例，分析关联交易对发行人经营独立性的影响

【答案】D

【解析】选项A，保荐人根据《公司法》《证券法》《企业会计准则》、证监会及交易所颁布的法规的相关规定，结合发行人的实际情况，按照“实质重于形式原则”作为判断关联方的基本原则，确定发行人关联方的核查对象范围；选项B，关联方认定范围还应当包括在报告期内及报告期前后12个月内与发行人存在本条所列示关系的法人或其他组织、自然人；选项C，除关注直接交易外，保荐人可适当关注主要关联方与发行人的主要供应商或客户是否存在交易，是否存在发生利益输送的间接交易行为。

57. 核查发行人是否属于符合科创板支持方向，下列不正确的是（　　）。

A. 符合国家科技创新战略

B. 拥有关键核心技术等先进技术或产品

C. 盈利能力稳定

D. 行业地位突出或者市场认可度高

【答案】C

【解析】核查发行人是否属于符合科创板支持方向包括：(1) 符合国家科技创新战略；(2) 拥有关键核心技术等先进技术或产品；(3) 科技创新能力突出、科技成果转化能力突出；(4) 行业地位突出或者市场认可度高。

58. 关于工程类企业的经营资质，下列正确的是（　　）。

A. 对于报告期内已到期或更换的发行人及其子公司各个法律主体及特定岗位人员所需要的资质文件，保荐人不需要再取得

B. 通过取得发行人及其子公司各个法律主体及特定岗位人员所需要的资质文件即可了解发行人及其子公司是否具备生产经营所必要的全部业务资质

C. 关注发行人及其子公司取得的业务资质的相应审批主体、资质或证书的有效期，关注发行人在获取相关资质的过程中是否实际符合相关申请条件，业务资质取得是否存在重大风险

D. 取得发行人报告期签订和履行的主要合同，关注发行人是否存在超越资质核准范围获取或履行业务的情形

【答案】D

【解析】选项 A 和选项 B，通过取得发行人及其子公司各个法律主体及特定岗位人员所需要的资质文件（包括报告期内已到期或更换），并结合查询相关法律法规、走访主管部门和客户、发行人报告期签订和履行的合同条款等方式，调查和了解发行人及其子公司是否具备生产经营所必要的全部业务资质；选项 C，了解发行人及其子公司所拥有的资质需要具备的条件，关注发行人在获取相关资质的过程中是否实际符合相关申请条件，业务资质取得是否存在重大风险。

59. 关于核查发行人业务的获得是否合规，是否存在应投标而未投标的情形的方法，下列不正确的是（　　）。

A. 查阅相关的法律法规

B. 查阅发行人主要/重要业务取得的过程文件

C. 访谈发行人和客户相关人员了解发行人客户的采购制度和规定

D. 查阅发行人及其子公司经营资质范围

【答案】D

【解析】通过查阅相关的法律法规、查阅发行人主要/重要业务取得的过程文件、访谈发行人和客户相关人员了解发行人客户的采购制度和规定等方式，核查发

行人业务的获得是否合规，是否存在应投标而未投标的情形。

60. 关于工程类企业的销售收入确认，下列说法正确的是（　　）。

A. 保荐人仅通过询问管理层或会计师即可确定发行人的履约义务属于在某一时段内履行的履约义务或属于在某一时点履行的履约义务

B. 了解报告期内所有项目的履约进度确认依据，分析采用不同履约进度确认方法的可能性以及对收入确认的影响，核查是否存在通过调整履约进度方法调节收入的情形

C. 通过取得发行人主要项目报告期各季度收入确认、成本结转情况表等方式，核查发行人是否存在某一季度履约进度明显高于其他季度的情形

D. 工程施工中，合同金额、施工方案等合同条款发生变更的，询问会计师，了解合同变更的会计处理是否符合会计准则的规定，分析合同变更对预算总成本、收入和成本确认的影响

【答案】D

【解析】选项A，保荐人通过询问管理层或会计师，结合发行人的业务模式、交易惯例、工程施工合同条款等方式，分析发行人的履约义务属于在某一时段内履行的履约义务或属于在某一时点履行的履约义务；选项B，了解报告期内主要项目的履约进度确认依据，分析采用不同履约进度确认方法的可能性以及对收入确认的影响，核查是否存在通过调整履约进度方法调节收入的情形；选项C，通过取得发行人主要项目报告期各季度收入确认、成本结转情况表等方式，核查发行人是否存在第四季度履约进度明显高于其他季度的情形。

61. 下列（　　）不是工程类企业核查中了解实际结算进度和合同结算进度是否一致的方法。

A. 询问项目现场人员　　　　B. 询问管理层

C. 查阅施工合同　　　　　　D. 查阅工程结算资料

【答案】A

【解析】查阅施工合同、工程结算等资料，询问管理层，了解实际结算进度和合同结算进度是否一致，存在重大差异的，核查差异的原因，双方是否存在纠纷，已发生成本的可回收性以及对收入确认的影响。

62. 关于工程类企业的销售收入，下列不正确的是（　　）。

A. 发行人存在大额工程变更的，查阅变更后的合同，询问会计师，了解合同变更的会计处理是否符合会计准则的规定，分析合同变更对收入确认、毛利率的影响

B. 与项目经理、工程师等施工管理人员进行交谈，了解工程项目的主要施工流程、项目进展、履约进度确认流程和方法等

C. 通过获取报告期内主要项目的明细表，了解主要项目的收款情况或工程结算情况、验收周期、实施周期，分析主要项目的收入确认与履约进度是否匹配

D. 了解发行人履约进度的确认方法，结合内控措施、合同约定、业务特点、外部依据等，分析履约进度确认方法的可靠性和准确性

【答案】A

【解析】选项A，发行人存在大额工程变更的，查阅变更前后的合同，询问会计师，了解合同变更的会计处理是否符合会计准则的规定，分析合同变更对收入确认、毛利率的影响。

63. 工程类企业存在大额分包成本的，下列（　　）不是核查的重点。

A. 核查分包的工作量或劳务数量与发行人的业绩是否匹配

B. 核查分包的定价是否公允

C. 核查毛利率变化情况

D. 是否存在跨期核算情形

【答案】C

【解析】存在大额分包成本的，核查分包的定价是否公允，分包的工作量或劳务数量与发行人的业绩是否匹配，是否存在跨期核算情形。

64. 关于工程类企业发行人报告期毛利率的分析要求，下列不正确的是（　　）。

A. 分析不同项目毛利率

B. 同一项目不同年度毛利率

C. 不同年度不同项目毛利率

D. 已完工项目的实际毛利率与预计毛利率的比较情况

【答案】C

【解析】计算发行人报告期主要项目的毛利率情况，分析不同项目毛利率、同一项目不同年度毛利率、已完工项目的实际毛利率与预计毛利率的比较情况，毛利率存在重大异常的应进行重点核查。

65. 主要通过互联网开展业务的企业，如存在报告期任意一期通过互联网取得的营业收入占比或毛利占比超过（　　）的情形，原则上应参照互联网企业进行相应内容的尽职调查。

A. 20%　　B. 30%　　C. 40%　　D. 50%

【答案】B

66. 关于互联网企业经营资质的完整性的尽职调查，下列不正确的是（　　）。

A. 了解发行人所属行业模式

B. 了解发行人业务模式

C. 了解发行人的信息系统

D. 取得发行人母子公司各个法律主体的资质文件

【答案】C

【解析】保荐人通过了解发行人业务模式、发行人所属行业模式，取得发行人母子公司各个法律主体的资质文件，并结合发行人母子公司所从事的全部业务，调查和了解发行人是否已取得当时有效的法律法规规定的全部资质，是否已履行了必要的审批或备案程序，是否存在应取得未取得或超越资质经营的情况，是否存在后续被要求整改或行政处罚等影响业务持续运行的风险，来了解发行人经营资质的完整性。

67. 关于互联网企业信息系统的关键控制环节，下列不正确的是（　　）。

A. 信息系统的访问安全管理等内部控制环节

B. 信息系统专项核查

C. 经营数据与财务数据对接过程中数据及数据来源、数据生成的相关内部控制

D. 信息系统对防止数据泄露和保障网络安全等方面的内部控制管理措施

【答案】B

【解析】发行人信息系统的建设至少应该包括以下关键控制环节：（1）信息系统的访问安全管理（如各层级数据浏览或修改权限）、系统变更管理、运行与维护管理、数据中心及网络管理等及信息系统的自动控制及接口测试等内部控制环节；（2）经营数据与财务数据对接过程中数据及数据来源、数据生成的相关内部控制；（3）信息系统在防止虚假流量、刷单、反舞弊等方面的系统控制；（4）信息系统对防止数据泄露和保障网络安全等方面的内部控制管理措施。

68. 发行人日常经营活动高度依赖信息系统的，且发行人相关业务营业收入或成本占比、毛利占比或相关费用占期间费用的比例超过（　　）的，原则上，保荐人应对开展相关业务的信息系统可靠性进行专项核查并发表明确核查意见。

A. 20%　　B. 30%　　C. 40%　　D. 50%

【答案】B

69. 如发行人通过第三方平台销售，下列验证收入的真实性做法不正确的是（　　）。

A. 现场访谈

B. 函证第三方平台

C. 分析性复核平台交易数据与支付平台使用费

D. 询问管理层

【答案】D

【解析】如发行人通过第三方平台销售，保荐人可通过现场访谈和函证第三方平台、分析性复核平台交易数据与支付平台使用费等方式验证收入真实性。

70. 关于互联网类企业经营数据与财务数据匹配性，下列不正确的是（　　）。

A. 针对互联网类企业的销售收入，保荐人应当以风险导向为原则，针对发行人主要风险点执行实质性程序

B. 存在销售返利的，保荐人可以核查发行人报告期内返利金额与销售量、销售价格、销售收入、为品牌方提供的营销服务等是否与品牌方的合同约定相匹配

C. 如发行人通过第三方平台销售，保荐人可通过现场访谈和函证第三方平台、分析性复核平台交易数据与支付平台使用费等方式验证收入真实性

D. 保荐人在核查信息系统的基础上，关注经营数据的真实性以及经营数据与财务数据的匹配性

【答案】A

【解析】选项 A，鼓励保荐人以风险导向为原则，针对发行人主要风险点执行实质性程序。

71. 关于互联网类企业的市场定位，保荐人的定位依据不包括（　　）。

A. 发行人的品牌知名度　　B. 发行人的市场占有率

C. 发行人的议价能力　　D. 发行人的财务状况

【答案】D

【解析】保荐人结合发行人的品牌知名度、市场占有率、议价能力等对其市场进行定位。

72. 基于信息系统对日常业务运营的重要性，鼓励对线上模式收入占比小于（　　）的发行人，同样执行信息系统可靠性专项核查。

A. 20%　　B. 30%　　C. 40%　　D. 50%

【答案】B

73. 对于发报告期任意一期经销收入或毛利占比超过（　　）的发行人，保荐人应对发行人经销模式商业合理性、经销商模式内控制度合理性及运行有效性、经销收入确认、计量原则、经销商构成及稳定性、经销商与发行人关联关系及其他业

务合作、经销商模式经营情况等进行专项核查并出具专项说明。

A. 20% B. 30% C. 40% D. 50%

【答案】B

74. 关于消费类企业的销售情况及销售收入，下列正确的是（ ）。

A. 关于销售模式，收集相关行业资料，并与发行人销售人员进行访谈，了解发行人所属行业特有的经营模式，调查行业企业采用的主要销售模式

B. 基于信息系统对日常业务运营的重要性，鼓励对线上模式收入占比小于40%的发行人，同样执行信息系统可靠性专项核查。

C. 关于线上直营模式，通过取得发行人涉及的各平台的名称、收入金额、交易频次、平均单次交易金额、客户数量、人均消费金额等明细，分析发行人是否存在刷单情形

D. 基于信息系统对日常业务运营的重要性，鼓励对线上模式收入占比小于20%的发行人，同样执行信息系统可靠性专项核查

【答案】C

【解析】选项A，了解发行人销售模式变动的原因及主要风险，以及对发行人持续盈利能力的影响销售模式，收集相关行业资料，并与发行人董监高人员及行业专家进行访谈，了解发行人所属行业特有的经营模式，调查行业企业采用的主要销售模式；选项B和选项D，基于信息系统对日常业务运营的重要性，鼓励对线上模式收入占比小于30%的发行人，同样执行信息系统可靠性专项核查。

75. 关于消费类企业的返利及折扣，下列不正确的是（ ）。

A. 取得报告期内发行人的返利计提政策及商业折扣政策，取得报告期内发行人计提的返利金额明细及商业折扣明细，复核其金额计算是否与相关政策相符

B. 将报告期各期发行人返利计提金额及其占相应收入的比例进行计算，并分析返利金额占比是否存在异常变化且无合理原因的情形，返利计提金额及其占相应收入的比例与同行业可比公司相比是否存在显著异常且无合理原因

C. 核查发行人返利的会计处理方式，是否与同行业可比公司存在显著差异，是否符合企业会计准则的规定

D. 应重点关注公司前五大客户或根据发行人具体情况确定的主要客户中返利及商业折扣金额与公司既定政策存在显著差异的客户，核查该客户与发行人是否存在潜在关联关系、是否存在利益输送等情形

【答案】D

【解析】选项D，应重点关注公司前十大客户或根据发行人具体情况确定的主

要客户中返利及商业折扣金额与公司既定政策存在显著差异的客户，核查该客户与发行人是否存在潜在关联关系、是否存在利益输送等情形。

76. 关于消费类企业的现金销售，下列不正确的是（　　）。

A. 通过访谈、查看发行人报告期内现金日记账，核查发行人是否存在现金销售的情形

B. 分析报告期内现金交易比例及其变动情况是否整体处于合理范围内，近一年一期一般不超过同行业平均水平或与类似公司不存在重大差异

C. 针对报告期内的发行人现金销售明细，通过访谈等方式了解通过现金进行交易的原因，并分析其合理性，是否符合行业经营特点或经营模式

D. 在选取走访、函证、抽样测试等实质性程序的样本时，应重点选取存在现金交易的客户，适当增加现金交易客户的样本数量，验证交易的真实性

【答案】B

【解析】选项B，分析报告期内现金交易比例及其变动情况是否整体处于合理范围内，近三年一期一般不超过同行业平均水平或与类似公司不存在重大差异。

77. 因发行人与电商平台、大型商超等代销渠道进行交易而可能导致的存在大额发出商品的情形，下列方式不能确认期末发出商品金额的准确性的是（　　）。

A. 抽查发行人的送货单

B. 抽查与交易对手方的对账单

C. 向发行人客户发出函证

D. 询问管理层

【答案】D

【解析】因发行人与电商平台、大型商超等代销渠道进行交易而可能导致的存在大额发出商品的情形，应通过抽查发行人的送货单、与交易对手方的对账单、向发行人客户发出函证等方式确认期末发出商品金额的准确性。

78. 针对医药类企业主营业务与主要产品的核查，下列正确的是（　　）。

A. 通过取得发行人销售收入及知识产权明细，分析主营业务收入分类及来源，调查发行人主要产品的技术应用情况

B. 针对现金收款，通过收集发行人的相关内控措施，核对收款金额，核查相关费用的真实性、是否存在商业贿赂

C. 针对研发和销售产生的会务费、研讨费、销售推广费，核查存现金额与当日收现金额的一致性

D. 通过查阅国家及行业相关法律法规、行业相关资料，结合发行人的业务模式，核查发行人是否具备相应的经营及管理能力。

【答案】A

【解析】选项 B 与选项 C，针对现金收款，通过收集发行人的相关内控措施，核对收款金额，核查存现金额与当日收现金额的一致性。针对研发和销售产生的会务费、研讨费、销售推广费，核查相关费用的真实性、是否存在商业贿赂；选项 D 针对的是行业情况及竞争状况的核查。

79. 关于医药类企业的销售情况，下列不正确的是（　　）。

A. 针对客户为国企、事业单位、政府机关类发行人，分析获客方式是否通过招投标或直接委托方式获取业务合同

B. 通过函证、实地走访、信息系统核查、查阅合同及交易凭证、管理层访谈等方式，调查经销商销售模式、收入确认政策及会计处理、终端销售实现情况

C. 通过收集报告期内发行人向前五大客户提供的产品或服务内容、涉及的合同数量、金额及占比，分析是否存在应履行公开招投标程序而未履行的情形

D. 通过了解发行人收入确认时点，分析应收款项的变化趋势与同行业是否一致，合同条款是否存在与收入确认原则违背的情况

【答案】C

【解析】通过收集报告期内发行人向前十大客户提供的产品或服务内容、涉及的合同数量、金额及占比，分析是否存在应履行公开招投标程序而未履行的情形。

80. 通过走访等形式抽查经销商终端销售的实现情况，其库存量是否与其销售金额匹配，核查经销商是否存在期末大规模退货情况，当期退货金额超过向该客户销售金额（　　）的，通常应认定为“大规模退货”。

A. 1%　　B. 3%　　C. 5%　　D. 10%

【答案】C

81. 关于境外市场合理信赖机制，下列不正确的是（　　）。

A. 香港证监会及香港交易所对于专家材料，保荐人认为能够合理信赖的，则允许其利用其他专业机构的意见，但依赖专家材料，应当执行必要程序，确认“合理信赖”的前提是否充分

B. 香港证监会及香港交易所对于非专家材料，保荐人则应在合理进行审查后，合理相信上市文件“非专家部分所载的资料在所有重大方面均属真实、准确及完整，以及在任何重大方面没有误导或欺骗成分”

C. 2012 年 12 月，香港证监会颁布了《有关监管首次公开招股保荐人的咨询总结》，强调保荐人须就招股章程内的不实陈述，不包括重大遗漏，负民事及刑事法律责任

D. 香港交易所按照《有关监管首次公开招股保荐人的咨询总结》及配套新规

的要求，同步修改了保荐人相关制度，对尽职审查、底稿记录、保荐人应当投入的资源等均进行了规定，明确了保荐人勤勉尽责要求

【答案】C

【解析】2012 年 12 月，香港证券及期货事务监察委员会（以下简称“香港证监会”）颁布了《有关监管首次公开招股保荐人的咨询总结》，强调保荐人须就招股章程内的不实陈述（包括重大遗漏）负民事及刑事法律责任。

二、多项选择题（以下备选项中有两项或两项以上符合题目要求，多选、少选、错选均不得分）

1. 关于 2022 年《尽调准则》更新后尽职调查的含义，下列正确的有（　　）。

A. 在程序上进一步明确要求保荐人“执行合理、必要的尽职调查程序”

B. 在目的上，为了更好地贯彻注册制以信息披露为核心的理念，明确要求保荐人通过尽职调查合理确信发行人满足“信息披露要求”

C. 在目的上，要求合理确信发行人公开披露文件已结合发行人实际情况进行“有针对性的风险提示”

D. 在目的上，合理确信发行人充分披露了“投资者作出价值判断和投资决策所必需的信息”

【答案】ABCD

2. 尽职调查的基本要求包括（　　）。

A. 调查涉及发行条件和上市条件或对投资者作出投资决策有重大影响的信息

B. 尽职调查核查程序的替代措施需要充分且适当

C. 保荐人尽职调查时，仅需要考虑自身专业胜任能力

D. 相关人员具备良好的职业道德和专业胜任能力

【答案】ABD

【解析】选项 C，保荐人尽职调查时，需要考虑自身专业胜任能力和独立性

3. 关于尽职调查的主要手段，下列正确的有（　　）。

A. 查阅企业内部文件资料　　B. 查询外部信息

C. 函证　　D. 关键人员访谈

【答案】ABCD

【解析】保荐机构对发行人进行尽职调查采用的主要手段包括：查阅企业内部文件资料、查询外部信息、函证、企业实地调查、关键人员访谈、走访、聘请第三方协助以及数据勾稽比对等。

4. 关于数据勾稽对比，下列正确的有（　　）。

A. 数据勾稽对比是指通过研究不同财务数据之间、财务数据与非财务数据之间、非财务数据与非财务数据之间的内在关系，对财务和业务信息作出评价

B. 保荐人在采用数据勾稽比对手段获取尽调证据时，应特别注意尽调证据的可靠性、有效性

C. 若尽职调查的方式是取得相关文件或凭证，应当确认所取得资料的真实性

D. 若尽职调查的方式是书面说明文件，则需由提供者盖章或签字

【答案】ABCD

【解析】另外，如果采取开会讨论的形式，则原则上应该形成会议纪要；如有其他不便形成文字或复印件的内容，可以采取拍摄等方式。

5. 发行人风险因素调查的具体内容包括（　　）。

A. 调查发行人所在行业的发展涉及的主要国家政策

B. 对于红筹企业，应调查境内外法律制度、监管环境差异可能引发的风险

C. 调查发行人是否存在资金周转能力较差导致的流动性风险

D. 评估发行人采购、生产和销售等环节存在的经营风险，分析发行人获取经常性收益的能力

【答案】ABCD

6. 历史沿革核查中主要的核查方法和要点包括（　　）。

A. 增资或股权转让　　B. 突击入股

C. 红筹架构　　D. 改制时存在未弥补亏损

【答案】ABC

【解析】改制时存在未弥补亏损是企业改制与设立情况的调查要点。企业历史沿革核查的要点主要包括：(1) 增资或股权转让；(2) 突击入股；(3) 红筹架构。

7. 关于控股子公司和重要参股公司情况，下列正确的有（　　）。

A. 保荐机构应将发行人存续及报告期内注销及转让的控股子公司和重要参股公司纳入核查范围

B. 发行人存在 VIE 架构的，可以将 VIE 公司及其下属子公司纳入核查范围

C. 核查境外子公司设立是否履行境内相关审批程序，设立及运营是否符合当地法律法规；利润分配是否受当地法律法规限制

D. 获取发行人存续及报告期内注销的控股子公司及重要参股公司最近三年及一期的审计报告或财务报表等资料，了解相关主体的财务状况

【答案】ACD

【解析】选项 B，发行人存在 VIE 架构的，应当将 VIE 公司及其下属子公司纳入核查范围。

8. 如发行人存在首发申报前制定或实施股权激励、期权激励情况，需要确定（　　）。

A. 期权的行权价格是否低于最近一年经审计的净资产或评估值

B. 发行人全部在有效期内的期权激励计划所对应股票数量占上市前总股本的比例是否超过 20%

C. 是否设置预留权益

D. 是否经过全体职工或股东大会确认

【答案】ACD

【解析】选项 B，发行人全部在有效期内的期权激励计划所对应股票数量占上市前总股本的比例是否超过 15%。

9. 解除对赌协议应关注以下（　　）方面。

A. 约定“自始无效”，对回售责任“自始无效”相关协议签订日在财务报告出具日之前的，可视为发行人在报告期内对该笔对赌不存在股份回购义务，发行人收到的相关投资款在报告期内可确认为权益工具

B. 对回售责任“自始无效”相关协议签订日在财务报告出具日之后的，需补充提供协议签订后最新一期经审计的财务报告

C. 未约定“自始无效”的，发行人收到的相关投资款在对赌安排终止前应作为金融工具核算

D. 未约定“自始无效”的，发行人收到的相关投资款在对赌安排终止前不可以作为金融工具核算

【答案】ABC

【解析】解除对赌协议应关注以下方面：（1）约定“自始无效”，对回售责任“自始无效”相关协议签订日在财务报告出具日之前的，可视为发行人在报告期内对该笔对赌不存在股份回购义务，发行人收到的相关投资款在报告期内可确认为权益工具；对回售责任“自始无效”相关协议签订日在财务报告出具日之后的，需补充提供协议签订后最新一期经审计的财务报告。（2）未约定“自始无效”的，发行人收到的相关投资款在对赌安排终止前应作为金融工具核算。

10. 关于实际控制人情况，下列正确的有（　　）。

A. 核查实际控制人最近五年是否存在贪污、贿赂、侵占财产、挪用财产或者破坏社会主义市场经济秩序的刑事犯罪

B. 发行人股权较为分散但存在单一股东控制比例达到30%的情形的，若无相反证据，原则上应将该股东认定为控股股东或实际控制人

C. 实际控制人的配偶、直系亲属，如其持有公司股份达到5%以上或者虽未超过5%但是担任公司董事、高级管理人员并在公司经营决策中发挥重要作用，保荐人应核查上述主体是否为共同实际控制人

D. 多人共同控制发行人的情况下，核查发行人最近3年内持有、实际支配公司股份表决权比例最高的人是否发生变化，变化前后的股东是否属于同一实际控制人

【答案】BCD

【解析】选项A，核查实际控制人最近三年是否存在贪污、贿赂、侵占财产、挪用财产或者破坏社会主义市场经济秩序的刑事犯罪。

11. 发行人所处行业相关事项的核查方法和要点包括（　　）。

A. 行业分类　　　　　　　　B. 行业政策

C. 行业竞争环境和发展趋势　　　　D. 主要客户

【答案】ABC

【解析】发行人所处行业相关事项的核查方法和要点包括：（1）行业分类；（2）行业政策；（3）行业竞争环境和发展趋势。

12. 如发行人销售采用经销模式，保荐人可以通过核查发行人报告期内的前十大经销商情况或根据发行人具体情况确定的主要经销商，并对其他经销商客户进行随机抽样核查，保荐人具体核查方法包括（　　）。

A. 内部控制测试　B. 实地走访　　C. 分析性复核　　D. 函证

【答案】ABCD

【解析】如发行人销售采用经销模式，保荐人可以通过核查发行人报告期内的前十大经销商情况或根据发行人具体情况确定的主要经销商，并对其他经销商客户进行随机抽样核查，保荐人具体核查方法包括但不限于：（1）内部控制测试；（2）实地走访；（3）分析性复核；（4）函证；（5）抽查监盘；（6）资金流水核查。

13. 关于销售情况调查中，如需要采用访谈的核查程序，可按以下（　　）原则选取客户。

A. 报告期各期前五大客户或根据发行人具体情况确定的主要客户

B. 销售价格与其他客户相比存在明显异常的

C. 以经销商模式为主的，可选取报告期各期前五名经销商或根据发行人具体情况确定的主要经销商

D. 重要关联方客户

【答案】BD

【解析】 如需采用访谈的核查程序，可按以下原则选取客户：(1) 报告期各期前十大客户或根据发行人具体情况确定的主要客户；(2) 重要关联方客户；(3) 以经销商模式为主的，可选取报告期各期前十名经销商或根据发行人具体情况确定的主要经销商；(4) 报告期内交易金额变化较大的客户；(5) 销售价格与其他客户相比存在明显异常的；(6) 收款模式与其他客户相比存在明显差异的；(7) 通过调阅工商资料和公开查询相关信息，客户的经营范围与发行人的产品不相关，购买相关产品用途或销售相关产品的合理性不明的。

14. 在对受访对象进行访谈时，需注意以下（　　）事项。

A. 直接与受访对象在受访单位进行访谈，可以较多地让发行人参与其中

B. 在访谈开始前，应确认受访对象的真实身份

C. 对于对某一客户存在重大依赖的情况，在访谈过程中应关注该客户是否为关联方

D. 访谈结束后，就访谈记录与受访对象进行逐项确认，在受访单位标志处访谈人员与被访谈人员合影，但不必要采用签字或盖章等形式与受访对象或受访单位进行书面确认

【答案】BC

【解析】 选项 A，直接与受访对象在受访单位进行访谈，尽量减少让发行人参与其中；选项 D，访谈结束后，就访谈记录与受访对象进行逐项确认，在受访单位标志处访谈人员与被访谈人员合影（电话、视频访谈可采用录音或录屏等形式），并采用签字或盖章等形式与受访对象或受访单位进行书面确认，确保访谈记录在所有重大方面均合理、准确、完整及可靠。

15. 关于主要供应商核查，下列正确的有（　　）。

A. 保荐人可以合理信赖会计师的函证工作结果，不需要进行进一步核查

B. 保荐人可以根据发行人的经营特点、供应商集中度、采购地域等综合因素来制定核查范围，原则上要核查报告期各期的前十大供应商或根据发行人具体情况确定的主要供应商

C. 对于报告期各期主要供应商发生较大变化的，需要关注变化的原因及合理性，执行访谈、函证或抽样测试等恰当的尽职调查程序

D. 对于供应商新增或减少变动异常的，需要关注变化的原因及合理性，执行访谈、函证或抽样测试等恰当的尽职调查程序

【答案】BCD

【解析】选项A，保荐人可以合理信赖会计师的函证工作结果，但应结合供应商性质、规模及采购模式等因素，对主要供应商通过实地走访、访谈、追查采购合同、采购发票、产品入库单、运输单、银行回单或补充函证等方法对采购业务进一步核查。

16. 关于销售情况中的函证，下列正确的有（　　）。

A. 采用邮寄方式函证的，应当按照发行人提供的被询证方的名单与地址进行确认

B. 采用现场函证的形式，确认被询证方经办人员的身份，确认其有合适的资格、授权进行函证处理

C. 采用现场函证的形式，在处理函证的全程保持高度关注，确保直接从被询证方经办人员处获得回函

D. 核对回函时，注意与发函数据核对，验证回函是否与发出函证的数据一致

【答案】BCD

【解析】如采用自行函证的方式，保荐人可以采用以下方式对函证过程实施控制：(1) 采用邮寄方式函证的，核实发行人提供的被询证方的联系方式，核查被询证方地址的真实性，通过核对被询证方企业信用信息公示系统或官网等方式确保发函地址的真实性。后续对询证函予以跟进，注意保留发函快递单原件，并确保回函直接寄回保荐人，必要时再次向被询证者寄发询证函；(2) 采用现场函证的形式，确认被询证方经办人员的身份，确认其有合适的资格、授权进行函证处理；并在处理函证的全程保持高度关注，确保直接从被询证方经办人员处获得回函；(3) 采用电子函证的形式，注意核实被询证方回复人身份，采用通过官网核实相关邮箱的后缀、通过邮件显示的电话信息访谈回复人是否发送了回函并做好记录等方式，必要时可考虑聘请信息系统专家协助确认电子回函的有效性。

17. 保荐人关于销售情况核对回函时，应注意（　　）。

A. 与发函数据核对，验证回函是否与发出函证的数据一致

B. 询证函回函信息是否清晰，回函盖章是否清楚

C. 就回函不符的情况，进一步了解不符的原因和合理性，并做好记录

D. 对未回函的情况，执行替代程序，核实相关销售与采购业务的真实、准确、完整

【答案】ABCD

【解析】核对回函，除ABCD外，保荐人还需注意以下事项：(1) 确认回函地

址，是否从被函证方直接寄出或由被函证方的邮箱直接发出，与发函记录的地址、收件人是否一致；（2）将收到的回函形成记录，并汇总统计函证结果。

18. 保荐人可以根据发行人的业务特点制定核查范围，通过与公司采购部门及主要供应商沟通、查阅相关研究及统计资料等方法，原则上要核查（　　）。

A. 主要原材料　　B. 重要辅助材料

C. 所需能源动力的市场供求情况　　D. 次要原材料

【答案】ABC

【解析】保荐人可以根据发行人的业务特点制定核查范围，通过与公司采购部门及主要供应商沟通、查阅相关研究及统计资料等方法，原则上要核查发行人主要原材料、重要辅助材料、所需能源动力的市场供求情况。若发行人的原材料、辅助材料、所需能源动力集中度不高或采购金额大幅波动，核查范围可扩大到其他次要原材料。

19. 生产情况相关事项的核查方法和要点包括（　　）。

A. 生产模式　　B. 境外生产　　C. 生产质量　　D. 环境保护

【答案】ABCD

【解析】生产情况相关事项的核查方法和要点包括生产模式、境外生产、生产质量、安全生产、环境保护。

20. 关于核心技术人员的认定，下列正确的有（　　）。

A. 保荐人应根据企业生产经营需要和相关人员对企业生产经营发挥的实际作用，核查核心技术人员的认定情况和认定依据

B. 核查全部核心技术人员的任职岗位、学历背景、科研成果、专业资质、获得奖项等相关情况及对公司研发的具体贡献

C. 核查核心技术人员的任职是否违反曾经签订的竞业禁止协议

D. 保荐人可根据企业特点，适当扩大核查样本，但不需要关注未被认定为核心技术人员的人员

【答案】ABC

【解析】保荐人应根据企业生产经营需要和相关人员对企业生产经营发挥的实际作用，核查核心技术人员的认定情况和认定依据，并核查全部核心技术人员的任职岗位、学历背景、科研成果、专业资质、获得奖项等相关情况及对公司研发的具体贡献、核心技术人员的任职是否违反曾经签订的竞业禁止协议等。保荐人可根据企业特点，适当扩大核查样本，关注未被认定为核心技术人员、但任职重要研发岗位或作为专利发明人等情形的技术人员。

21. 关于财务报告及相关财务资料调查，下列正确的有（　　）。

A. 重要性水平是保荐人对财务事项执行尽调工作的重要参考，但并非要求保荐人按照会计师的审计标准在所有财务方面执行与会计师重复性的核查工作

B. 保荐人应向会计师了解审计过程中重点关注的事项以及执行的主要审计程序，并结合发行人的业务特点、规范治理情况等，有针对性地设计尽调程序

C. 发现异常财务事项或财务报表被出具非无保留意见审计报告时，应进行专项核查

D. 对于发行人财务报表中包含的分部信息，可以选择重要分部进行调查

【答案】ABC

【解析】 选项D，对于发行人财务报表中包含的分部信息，应获取相关分部资料，进行必要的核查。

22. 关于财务报告及相关财务资料调查，下列正确的有（　　）。

A. 对经注册会计师审计或发表专业意见的财务报告及相关财务资料的内容进行审慎核查。审慎核查时，不仅需关注财务信息各构成要素之间是否相匹配，还需关注财务信息与相关非财务信息之间是否相匹配

B. 发行人最近一年及一期内收购兼并其他企业资产（或股权），且被收购企业资产总额或营业收入或净利润超过收购前发行人相应项目10%（含10%）的，应获得被收购企业收购前一年的利润表、资产负债表以及前一年与发行人关联交易情况（如有），并核查其财务情况，对前一年度发生多次的重组行为，合并考虑相关影响

C. 对发行人披露的参股公司，应获取最近三年及一期的财务报告及审计报告

D. 关注会计师、管理层与财务报告相关的重大事项和重要性水平的判断标准

【答案】AD

【解析】 选项B，发行人最近一年及一期内收购兼并其他企业资产（或股权），且被收购企业资产总额或营业收入或净利润超过收购前发行人相应项目20%（含20%）的，应获得被收购企业收购前一年的利润表、资产负债表以及前一年与发行人关联交易情况（如有），并核查其财务情况，对前一年度发生多次的重组行为，合并考虑相关影响；选项C，对发行人披露的参股公司，应获取最近一年及一期的财务报告及审计报告。

23. 对销售执行抽样测试时，选择抽样测试样本时应关注（　　）。

A. 会计期中集中确认收入的销售凭证

B. 报告期内新增的主要客户

C. 销售期后的回款情况，是否在正常的信用期之内，是否符合行业惯例

D. 期末收到销售款项是否存在期后不正常流出的情况

【答案】BCD

【解析】对销售执行抽样测试时，选择抽样测试样本时应关注：(1) 会计期末集中确认收入的销售凭证；(2) 报告期内新增的主要客户；(3) 销售期后的回款情况，是否在正常的信用期之内，是否符合行业惯例；(4) 期末收到销售款项是否存在期后不正常流出的情况；(5) 单笔销售收入金额重大的销售记录；(6) 报告期后冲回的大额销售。

24. 关于经销商模式下的收入尽调要点，下列正确的有（　　）。

A. 了解主要经销商或加盟商的布局合理性，经销商或加盟商存续情况以及对经销商或加盟商的管理方式是有关真实性的尽调要点

B. 了解采用经销商或加盟商模式的必要性、是否符合发行人自身的特点和行业惯例是有关真实性的尽调要点

C. 取得发行人的经销商管理制度（包括结算制度、核算制度、返点制度、退货制度等）及经销商网络的组织结构图，作为经销商调查的起点是有关关联关系的尽调要点

D. 核查发行人主要经销商与公司董监高、其他核心人员及持有公司 5% 以上股份股东是否存在关联关系是了解内控是否完善的尽调要点

【答案】AB

【解析】选项 C，取得发行人的经销商管理制度（包括结算制度、核算制度、返点制度、退货制度等）及经销商网络的组织结构图，作为经销商调查的起点是了解内控是否完善的尽调要点；选项 D，核查发行人主要经销商与公司董监高、其他核心人员及持有公司 5% 以上股份股东是否存在关联关系是关联关系的尽调要点。

25. 对于直接向用户收取费用的此类企业，如互联网线上销售、互联网信息服务、互联网游戏等，保荐人核查中应关注（　　）。

A. 经营数据的完整性和准确性，是否存在被篡改的风险，与财务数据是否一致

B. 平均用户收入、平均付费用户收入等数值的变动趋势是否合理

C. 系统收款或交易金额与第三方支付渠道交易金额是否一致，是否存在自充值或刷单情况

D. 互联网数据中心（IDC）或带宽费用的核查情况，与访问量是否匹配

【答案】ABCD

【解析】对于直接向用户收取费用的此类企业，如互联网线上销售、互联网信

息服务、互联网游戏等，保荐人核查中应关注：（1）经营数据的完整性和准确性，是否存在被篡改的风险，与财务数据是否一致；（2）用户真实性与变动合理性，包括新增用户的地域分布与数量、留存用户的数量、活跃用户数量、月活用户数量、单次访问时长与访问时间段等，系统数据与第三方统计平台数据是否一致；（3）用户行为核查，包括但不限于登录IP或MAC地址信息、充值与消费的情况、重点产品消费或销售情况、僵尸用户情况等，用户充值、消耗或消费的时间分布是否合理，重点用户充值或消费是否合理；（4）系统收款或交易金额与第三方支付渠道交易金额是否一致，是否存在自充值或刷单情况；（5）平均用户收入、平均付费用户收入等数值的变动趋势是否合理；（6）业务系统记录与计算虚拟钱包（如有）的充值、消费数据是否准确；（7）互联网数据中心（IDC）或带宽费用的核查情况，与访问量是否匹配；（8）获客成本、获客渠道是否合理，变动是否存在异常。

26. 销售中存在第三方回款的，需进一步核查第三方回款的必要性、合理性、可验证性，以及对应收入确认的真实性。核查中应关注（　　）。

A. 第三方回款的原因及必要性，是否具备合理的商业理由，是否符合行业惯例

B. 回款的第三方与客户之间的关系，并取得相应支持性文件

C. 第三方回款的金额及占销售回款的比例

D. 销售合同中是否已约定第三方的名称及付款账户

【答案】ABCD

27. 对异常或非经常性的资金往来的核查，获取货币资金明细账，检查是否存在性质异常或非经常性的大额交易，包括（　　）。

A. 向供应商收取款项或向客户支付款项

B. 与关联方之间的交易性往来

C. 与自然人之间大额款项往来

D. 年初发生的大额、频繁款项收支

【答案】ACD

【解析】选项B，与关联方之间的非交易性往来，及与客户、供应商之外主体的款项往来。

28. 关于存货抽盘，下列正确的有（　　）。

A. 存货抽盘时，未开封的包装物不能打开

B. 对于存货抽盘过程中出现的误差或者特殊的情况，应当根据抽盘情况确定存货调查情况，另抽取一定比例的存货进行抽盘或者复盘

C. 存货抽盘完成后，可通过获取发行人的存货盘点报告，分析盘点差异及其

他异常情况的原因，检查盘点报告是否经过适当的复核

D. 保荐人可以编制存货抽盘汇总表和抽盘总结报告，记录抽盘范围、时间人员、抽盘中重点关注的事项以及抽盘结果是否发现存货的数量和状况存在异常等

【答案】CD

【解析】选项 A，可考虑将未开封包装物打开或将存货挪动位置以观察存货的实际状态，并留意是否存在白条抵库、销售人员外借等情况；选项 B，对于存货抽盘过程中出现的误差（如盘盈、盘亏等）或者特殊（如残次品、白条抵库、销售人员外借）的情况，查找原因并应妥善保存好所有相关的原始证据。如出现该等异常的情况，可根据实际情况另抽取一定比例的存货进行抽盘或者复盘；选项 D，保荐人可编制存货抽盘汇总表和抽盘总结报告，记录抽盘范围、时间人员、抽盘中重点关注的事项以及抽盘结果是否发现存货的数量和状况存在异常等。

29. 存货跌价准备的考虑情况包括（　　）。

A. 该存货的市场价格持续下跌，并且在可预见的未来无回升的希望

B. 企业使用该项原材料生产的产品的成本大于产品的销售价格

C. 企业因产品更新换代，原有库存原材料已不适应新产品的需要，而该原材料的市场价格又低于其账面成本

D. 因企业所提供的商品或劳务过时或消费者偏好改变而使市场的需求发生变化，导致市场价格逐渐下跌

【答案】ABCD

30. 独立情况的核查要点包括（　　）。

A. 资产独立　　B. 人员独立　　C. 财务独立　　D. 关联关系

【答案】ABC

【解析】独立情况的核查要点包括：资产独立、人员独立、财务独立、机构独立、业务独立。

31. 保荐人对营业成本进行分析时，可参考以下（　　）方面。

A. 分析主要产品的直接材料、直接人工、燃料及动力、制造费用等的构成及变动原因及合理性

B. 查阅发行人历年产品（服务）成本计算单，计算主要产品（服务）的毛利率、贡献毛利占当期主营业务利润的比重指标

C. 分析单位产品的燃料动力用量的变动情况

D. 分析主要原材料的价格及与公开市场价格走势的比较情况

【答案】ACD

【解析】选项 B 是毛利率分析的内容。

32. 下列属于期间费用的核查要点的有（　　）。

A. 销售费用　　B. 管理费用　　C. 财务费用　　D. 营业成本

【答案】AB

【解析】销售费用与管理费用属于期间费用的核查要点。

33. 对发行人银行账户的重点核查范围包括（　　）。

A. 日常经营中频繁使用的账户

B. 期末余额重大或期初期末余额发生重大变化的账户

C. 日常经营中不经常使用的账户

D. 同城开立的账户

【答案】AB

【解析】根据银行账户开立清单，结合发行人业务性质、行业特征、重要业务流程，以及与货币资金相关的内部控制等因素，确定对发行人银行账户的重点核查范围，如：(1) 基本户；(2) 日常经营中频繁使用的账户；(3) 资金往来频繁或往来金额重大的账户；(4) 期末余额重大或期初期末余额发生重大变化的账户；(5) 异地开立的账户；(6) 持有大额定期存款的账户；(7) 报告期内已销户但符合上述特征的账户。

34. 对外投资核查的要点包括（　　）。

A. 了解报告期发行人股权投资的变化情况

B. 对于依照法定要求需要进行审计的被投资公司，应该取得相应的审计报告

C. 了解发行人重大财务性投资会计处理的合理性，分析财务性投资目的、期限、管控方式、可收回性以及对发行人资金安排或流动性的影响

D. 分析报告期发行人购买或出售被投资公司股权的公允性和会计处理的合理性

【答案】ABCD

35. 关于本次募集资金使用情况，下列正确的有（　　）。

A. 调查发行人募集资金是否用于主营业务

B. 对发行人本次募集资金项目是否符合国家法律法规和产业政策、技术和市场的可行性以及项目实施的确定性等进行分析

C. 募集资金拟用于向其他企业增资或收购其他企业股份的，应调查增资资金折合股份或收购股份的评估、定价情况，增资或收购前后持股比例及控制情况，增资或收购行为与发行人业务发展规划的关系

D. 核查发行人是否已于募集资金到账前银行开立了募集资金专项账户

【答案】ABCD

36. 关于保护投资者合法权益规定的各项措施，下列正确的有（　　）。

A. 发行人为控股型公司的，应当核查主要控股子公司的章程和财务管理制度中利润分配条款内容，以及能否有效保证发行人未来具备现金分红能力

B. 发行人利润分配能力是否受外汇管制、注册地法规政策要求、债务合同约束、盈利水平、期末未弥补亏损等方面限制，相关因素对利润分配的具体影响、解决或改善措施

C. 尚未盈利或存在累计未弥补亏损的情况下，调查尚未盈利或存在累计未弥补亏损的形成原因、是否影响发行人持续经营能力、投资者保护措施及承诺是否落实、存在的风险是否充分披露

D. 核查发行人公司章程及相关协议中是否存在反收购条款等特殊条款或类似安排，该等条款对投资者权益的影响

【答案】ABCD

37. 关于重大合同，下列正确的有（　　）。

A. 核查合同的订立是否履行了内部审批程序

B. 分析重大合同履行的可能性，关注因不能履约、违约等事项对发行人产生或可能产生的影响

C. 核查对发行人报告期经营活动、财务状况或未来发展等具有重要影响的已履行、正在履行和将要履行的重大合同是否真实、是否均已提供，并核查合同条款是否合法、是否存在潜在风险

D. 核查合同的订立是否超越权限决策

【答案】ABCD

【解析】核查对发行人报告期经营活动、财务状况或未来发展等具有重要影响的已履行、正在履行和将要履行的重大合同是否真实、是否均已提供，并核查合同条款是否合法、是否存在潜在风险。核查合同的订立是否履行了内部审批程序、是否超越权限决策，分析重大合同履行的可能性，关注因不能履约、违约等事项对发行人产生或可能产生的影响。

38. 关于科创板定位，下列正确的有（　　）。

A. 核查发行人是否属于符合科创板支持方向

B. 核查发行人是否符合《上海证券交易所科创板企业发行上市申报及推荐暂行规定》等规定所列行业领域

C. 核查发行人技术产品商业化应用情况

D. 核查发行人是否符合《科创板申报暂行规定》的科创指标要求

【答案】ABCD

39. 调查和了解发行人业务合规的相关情况的方法包括（　　）。

A. 查阅发行人及其子公司经营资质范围

B. 查阅发行人主要/重要业务取得的过程文件

C. 实地走访项目现场及人员

D. 访谈主管部门人员

【答案】ACD

【解析】通过查阅发行人及其子公司经营资质范围、签订和履行的主要业务合同、招投标文件及项目执行管理文件，实地走访项目现场及人员、访谈主管部门人员等方式，调查和了解发行人业务合规的相关情况。

40. 调查和了解发行人提供的招投标文件是否真实和完整，以及发行人采取的招投标方式是否与同行业存在差异的方法包括（　　）。

A. 与发行人客户进行访谈　　B. 互联网查询

C. 查阅同行业公司公开披露的信息　　D. 实地走访项目现场及人员

【答案】ABC

【解析】通过与发行人客户进行访谈、互联网查询、查阅同行业公司公开披露的信息等方式，调查和了解发行人提供的招投标文件是否真实和完整，以及发行人采取的招投标方式是否与同行业存在差异。

41. 发行人在业务的实施和开展过程中若存在将部分专业工程分包给第三方实施的，保荐人需要了解（　　）。

A. 专业分包是否属于行业普遍行为

B. 发行人与分包商责任的划分

C. 是否存在将专业工程分包给不具备相应资质的单位来实施

D. 是否存在违法分包或转包的情形

【答案】ABCD

【解析】发行人在业务的实施和开展过程中若存在将部分专业工程分包给第三方实施的，了解专业分包是否属于行业普遍行为。通过取得相关主要/重要专业工程分包合同、查阅相关法律法规以及访谈相关人员的方式，调查和了解发行人与分包商责任的划分，是否存在违法分包或转包的情形，是否存在将专业工程分包给不具备相应资质的单位来实施，以及是否存在建设工程总承包合同中未有约定，又未经建设单位认可的情况下，将其承包的部分工程交由其他单位完成的情形。若存在上述情形的，保荐人需要了解上述情形对应的销售收入的金额及对发行人业务的影响。

42. 工程类企业分析减值准备计提的合理性，确认提取数额是否充分的依据包括（　　）。

A. 合同条款　　　　　　　　　　B. 会计准则

C. 与项目经理的访谈记录　　　　D. 合同条款资料

【答案】ABD

【解析】结合合同条款、未来施工计划、会计准则等，分析减值准备计提的合理性，提取数额是否充分；与项目经理、工程师等施工管理人员进行交谈，了解工程项目的主要施工流程、项目进展、履约进度确认流程和方法等。

43. 发行人采用产出法确认履约进度，通过执行以下（　　）程序能够确认履约情况。

A. 查阅主要项目业主单位或监理单位出具的工作量确认单等资料

B. 检查工作量确认单签字、盖章、工作量确认截止日等要件的齐备性

C. 分析瑕疵事项（如有）对收入真实性和准确性的影响

D. 计算并对比发行人投入法下的履约进度，核查与产出法下的履约进度是否存在重大差异

【答案】ABCD

44. 对互联网企业经营资质的核查包括（　　）。

A. 经营资质的完整性　　　　　　B. 经营资质的合法合规性

C. 核查未取得资质经营情形　　　D. 经营资质真实性

【答案】ABC

【解析】对互联网企业经营资质的核查包括：(1) 经营资质的完整性；(2) 经营资质的合法合规性；(3) 核查未取得资质经营情形；(4) 经营资质的持续性。

45. 关于信息系统核查，下列不正确的有（　　）。

A. 若发行人基于第三方互联网平台开展业务的，将发行人信息系统存储的全部数据与第三方平台直接获取的数据进行交叉核对，确保数据真实、准确，未经篡改

B. 发行人日常经营活动高度依赖信息系统的，且发行人相关业务营业收入或成本占比、毛利占比或相关费用占期间费用的比例超过 20% 的，原则上，保荐人应对开展相关业务的信息系统可靠性进行专项核查并发表明确核查意见

C. 聘请其他机构开展信息系统专项核查工作或参考其核查结论的，保荐人应考虑其他机构的独立性、可靠性及其核查工作的充分性，并就借助他人开展信息系

统专项核查工作的必要性与有效性谨慎发表意见

D. 执行信息系统专项核查，保荐人核查团队应以风险防控为导向，结合发行人业务模式、盈利模式、系统架构、数据流转等情况，充分考虑舞弊行为出现的可能性

【答案】AB

【解析】选项A，若发行人基于第三方互联网平台开展业务的，通过抽查方式，将发行人信息系统存储的数据与第三方平台直接获取的数据进行交叉核对，确保数据真实、准确，未经篡改；选项B，发行人日常经营活动高度依赖信息系统的，且发行人相关业务营业收入或成本占比、毛利占比或相关费用占期间费用的比例超过30%的，原则上，保荐人应对开展相关业务的信息系统可靠性进行专项核查并发表明确核查意见。

46. 对于直接向用户收取费用的互联网类发行人，保荐人可关注并核查以下（　　）事项。

A. 经营数据的完整性和准确性，是否存在被篡改的风险，与财务数据是否一致

B. 用户真实性与变动合理性核查

C. 用户行为核查

D. 系统收款或交易金额与第三方支付渠道交易金额是否一致

【答案】ABCD

【解析】除ABCD外，对于直接向用户收取费用的发行人，保荐人还需关注并核查以下事项：（1）平均用户收入、平均付费用户收入等数值的变动趋势是否合理；（2）业务系统记录与计算虚拟钱包（如有）的充值、消费数据是否准确；（3）互联网数据中心或带宽费用的核查，与访问量是否匹配；（4）获客成本、获客渠道是否合理，变动是否存在异常。

47. 对于用户消费占整体收入比较低，主要通过展示或用户点击转化收入的互联网类发行人，保荐人可以关注并核查以下（　　）事项。

A. 经营数据的完整性和准确性，是否存在被篡改的风险，与财务数据是否一致

B. 不同平台用户占比是否符合商业逻辑与产品定位

C. 推广投入效果情况核查，获客成本是否合理

D. 广告投放的真实性核查，是否存在与广告商串通进行虚假交易

【答案】ABCD

【解析】对于用户消费占整体收入比较低，主要通过展示或用户点击转化收入

的发行人，除ABCD外，保荐人还需关注并核查以下事项：（1）用户行为真实性核查，应用软件的下载或激活的用户数量、通过新增和活跃用户的行业特征（包括登录时间、频率等）分析判断用户是否真实，是否存在购买虚假用户流量或虚构流量情况；（2）用户的广告浏览行为是否存在明显异常。

48. 保荐人可以关注发行人是否存在如下（　　）系统漏洞或舞弊情况。

A. 后台伪造数据

B. 用户的广告浏览行为是否存在明显异常

C. 模拟刷单行为

D. 客户异常大额购买或充值、异常重复购买或充值的情形是否存在合理解释

【答案】ACD

【解析】 保荐人可以关注发行人是否存在如下系统漏洞或舞弊情况：（1）后台伪造数据。关注发行人是否存在蓄意伪造、变造、删除或篡改系统数据或系统日志的舞弊行为；（2）模拟刷单行为。关注发行人是否存在通过机器人等方式伪造用户，进行用户登录或购买订单，形成虚假用户数据和交易数据；（3）客户异常大额购买或充值、异常重复购买或充值的情形是否存在合理解释，是否存在发行人及关联方“刷单”及“自充值”情形。

49. 对于发报告期任意一期经销收入或毛利占比超过30%的发行人，保荐人应对发行人（　　）进行专项核查并出具专项说明。

A. 经销模式商业合理性

B. 经销商模式内控制度合理性及运行有效性

C. 经销收入确认、计量原则

D. 经销商构成及稳定性

【答案】ABCD

【解析】 对于发报告期任意一期经销收入或毛利占比超过30%的发行人，保荐人应对发行人经销模式商业合理性、经销商模式内控制度合理性及运行有效性、经销收入确认、计量原则、经销商构成及稳定性、经销商与发行人关联关系及其他业务合作、经销商模式经营情况等进行专项核查并出具专项说明。

50. 关于消费类企业的销售情况及销售收入，下列不正确的有（　　）。

A. 关于销售模式，收集相关行业资料，并与发行人销售人员进行访谈，了解发行人所属行业特有的经营模式，调查行业企业采用的主要销售模式

B. 关注相关销售模式收入确认是否符合企业会计准则的规定

C. 关于线上直营模式，通过取得发行人涉及的各平台的名称、收入金额、交

易频次、平均单次交易金额、客户数量、人均消费金额等明细，分析发行人是否存在刷单情形

D. 基于信息系统对日常业务运营的重要性，鼓励对线上模式收入占比小于20%的发行人，同样执行信息系统可靠性专项核查

【答案】AD

【解析】选项A，关于销售模式，收集相关行业资料，并与发行人董监高人员及行业专家进行访谈，了解发行人所属行业特有的经营模式，调查行业企业采用的主要销售模式；选项D，基于信息系统对日常业务运营的重要性，鼓励对线上模式收入占比小于30%的发行人，同样执行信息系统可靠性专项核查。

51. 关于消费类企业的返利及折扣，下列正确的有（　　）。

A. 取得报告期内发行人的返利计提政策及商业折扣政策，取得报告期内发行人计提的返利金额明细及商业折扣明细，复核其金额计算是否与相关政策相符

B. 将报告期各期发行人返利计提金额及其占相应收入的比例进行计算，并分析返利金额占比是否存在异常变化且无合理原因的情形，返利计提金额及其占相应收入的比例与同行业可比公司相比是否存在显著异常且无合理原因

C. 核查发行人返利的会计处理方式，是否与同行业可比公司存在显著差异，是否符合企业会计准则的规定

D. 应重点关注公司前五大客户或根据发行人具体情况确定的主要客户中返利及商业折扣金额与公司既定政策存在显著差异的客户，核查该客户与发行人是否存在潜在关联关系、是否存在利益输送等情形

【答案】ABC

【解析】选项D，应重点关注公司前十大客户或根据发行人具体情况确定的主要客户中返利及商业折扣金额与公司既定政策存在显著差异的客户，核查该客户与发行人是否存在潜在关联关系、是否存在利益输送等情形。

52. 关于消费类企业的现金销售，下列正确的有（　　）。

A. 通过访谈、查看发行人报告期内现金日记账，核查发行人是否存在现金销售的情形

B. 分析报告期内现金交易比例及其变动情况是否整体处于合理范围内，近一年及一期一般不超过同行业平均水平或与类似公司不存在重大差异

C. 针对报告期内的发行人现金销售明细，通过访谈等方式了解通过现金进行交易的原因，并分析其合理性，是否符合行业经营特点或经营模式

D. 在选取走访、函证、抽样测试等实质性程序的样本时，应重点选取存在现

金交易的客户，适当增加现金交易客户的样本数量，验证交易的真实性

【答案】ACD

【解析】选项B，分析报告期内现金交易比例及其变动情况是否整体处于合理范围内，近三年及一期一般不超过同行业平均水平或与类似公司不存在重大差异。

53. 对于消费类企业的采购情况，下列正确的有（　　）。

A. 了解现金采购或向个人采购时成本核算的原则和依据，是否符合行业经营特点或经营模式，分析是否具有必要性和合理性

B. 了解相关交易的供应商是否为发行人关联方，分析是否与实际控制人、董监高等主要关联方存在资金往来

C. 了解现金采购或向个人采购对发行人内部控制有效性的影响，审计机构是否已对现金采购和向个人供应商采购的相关内部控制有效性发表明确核查意见

D. 核查现金采购或向个人采购比例及其变动情况是否整体处于合理范围

【答案】ABCD

54. 因发行人与电商平台、大型商超等代销渠道进行交易而可能导致的存在大额发出商品的情形，可采取下列（　　）方式确认期末发出商品金额的准确性。

A. 抽查发行人的送货单　　B. 抽查与交易对手方的对账单

C. 向发行人客户发出函证　　D. 询问管理层

【答案】ABC

55. 关于医药类企业的销售情况，下列正确的有（　　）。

A. 针对客户为国企、事业单位、政府机关类发行人，分析获客方式是否通过招投标或直接委托方式获取业务合同

B. 通过函证、实地走访、信息系统核查、查阅合同及交易凭证、管理层访谈等方式，调查经销商销售模式、收入确认政策及会计处理、终端销售实现情况

C. 通过收集报告期内发行人向前五大客户提供的产品或服务内容、涉及的合同数量、金额及占比，分析是否存在应履行公开招投标程序而未履行的情形

D. 通过了解发行人收入确认时点，分析应收款项的变化趋势与同行业是否一致，合同条款是否存在与收入确认原则违背情况

【答案】ABD

【解析】选项C通过收集报告期内发行人向前十大客户提供的产品或服务内容、涉及的合同数量、金额及占比，分析是否存在应履行公开招投标程序而未履行的情形。

56. 2022年1月28日，证监会发布《关于注册制下提高招股说明书信息披露

质量的指导意见》，进一步对合理信赖作出系统规定，规定包括（ ）。

A. 双向合理信赖原则

B. 明确保荐人合理信赖的五个前提条件

C. 保荐人对会计师事务所、律师事务所等证券服务机构出具专业意见的内容可以保持职业怀疑态度

D. 保荐人及证券服务机构能够证明其符合合理信赖条件的，可以依法免除行政法律责任

【答案】ABD

【解析】 选项C在保持职业怀疑，履行了审慎核查和必要的调查、复核工作的基础上排除了职业怀疑的，保荐人对会计师事务所、律师事务所等证券服务机构出具专业意见的内容可以合理信赖，证券服务机构对于保荐人或者其他证券服务机构的基础工作或者专业意见可以合理信赖。

57. 关于保荐人合理信赖的五个前提条件，下列正确的有（ ）。

A. 评估证券服务机构及其参与人员的专业资质、经验、胜任能力及独立性

B. 保持职业怀疑、运用职业判断进行分析，并采取必要的手段进行印证

C. 如对证券服务机构及其签字人员出具的专业意见存有疑议的，保荐人应当要求其作出解释或者出具依据，如证券服务机构专业意见存在重大异常、前后重大矛盾，或者与保荐人获得的信息存在重大差异的，保荐人应当拒绝信赖证券服务机构的专业意见

D. 保荐人明知证券服务机构专业意见内容存在重大异常、前后重大矛盾，或者与保荐人获得的信息存在重大差异，但没有采取相关措施的，不能主张合理信赖

【答案】ABD

【解析】 选项C如对证券服务机构及其签字人员出具的专业意见存有疑议的，保荐人应当要求其作出解释或者出具依据；证券服务机构应当予以配合。如证券服务机构专业意见存在重大异常、前后重大矛盾，或者与保荐人获得的信息存在重大差异的，保荐人应当进一步调查、复核，并可聘请其他证券服务机构提供专业服务。保荐人经过审慎核查后，不能排除合理怀疑的，应当拒绝信赖证券服务机构的专业意见。

58. 关于《保荐人尽职调查工作准则》，下列正确的有（ ）。

A. 关于销售情况，保荐人可以合理信赖会计师的函证工作结果，不需要进行进一步核查

B. 关于货币资金，保荐人在合理信赖会计师银行函证工作的基础上，通过查阅发行人主要银行账户资金流水、货币资金明细账、报告期末货币资金明细表、银

行账户资料或向银行补充函证等方式进行核查

C. 关于销售收入，保荐人可以在合理信赖会计师收入核查工作的基础上，合理利用实地走访、访谈、合同调查、发询证函等手段核查相应模式下的收入真实性

D. 关于存货，在合理信赖会计师监盘工作的基础上，结合原材料及产品特性、生产需求、存货库存时间长短，实地抽盘大额存货，确认存货计价的准确性，核查是否存在大量积压或冷背情况

【答案】BCD

【解析】选项A销售情况：保荐人可以合理信赖会计师的函证工作结果，但应结合客户性质、规模、回款等情况及销售模式等因素，对主要客户通过实地走访、访谈、追查销货合同、销货发票、产品出库单、运输单、银行进账单或补充函证等方法对销售业务发生的真实性和准确性进一步核查。

59. 关于我国司法实践中的责任划分，下列不正确的有（　　）。

A. 证券服务机构制作、出具的文件有虚假记载、误导性陈述或者重大遗漏，给他人造成损失的，应当与委托人承担赔偿责任，但是能够证明自己没有过错的除外

B. 中介机构如果无法证明自己没有过错，应承担连带责任，该连带责任为全部损失的连带责任

C. 中介机构如果无法证明自己没有过错，应承担按责任大小确定的比例连带责任

D. 信息披露义务人未按照规定披露信息，或者公告的相关文件存在虚假记载、误导性陈述或者重大遗漏，致使投资者在证券交易中遭受损失的，信息披露义务人应当承担赔偿责任

【答案】ABC

【解析】选项A证券服务机构制作、出具的文件有虚假记载、误导性陈述或者重大遗漏，给他人造成损失的，应当与委托人承担连带赔偿责任，但是能够证明自己没有过错的除外。选项BC上述规定明确了虚假陈述中，中介机构如果无法证明自己没有过错，应承担连带责任，但未明确该连带责任为全部损失的连带责任，还是按过错程度和责任大小确定的比例连带责任。

三、判断题（不选、错选均不得分）

1.《尽调准则》所称尽职调查是指保荐人对拟推荐境内公开发行股票、可转换债券、存托凭证等公司进行的尽职调查。（　　）

【答案】正确

2. 不论《尽调准则》是否有明确规定，凡涉及发行条件和上市条件或对投资者作出投资决策有重大影响的信息，保荐人均应当在职责范围内勤勉尽责地进行尽职调查。（　　）

【答案】正确

3. 根据《尽调准则》第四条规定，尽职调查过程中若存在确实无法执行的核查程序，保荐人应详细说明情况、具体原因、合理性以及所采取的替代措施，并评估替代措施的充分适当性。（　　）

【答案】正确

4. 保荐人根据法律规定和客观需要合理使用第三方服务时，保荐人与第三方共同承担责任。（　　）

【答案】错误

【解析】保荐人应恪守独立履责、勤勉尽责义务，根据法律规定和客观需要合理使用第三方服务，不得将法定职责予以外包，保荐人依法应当承担的责任不因聘请第三方而减轻或免除。

5. 保荐人应结合发行人业务、行业竞争、所处产业链地位等总结、提炼重要风险因素，并充分了解对发行人的影响，对发行人影响重大的风险，应进行专项核查。保荐人应尽量对上述风险因素作定性分析。（　　）

【答案】错误

【解析】保荐人应结合发行人业务、行业竞争、所处产业链地位等总结、提炼重要风险因素，并充分了解对发行人的影响，对发行人影响重大的风险，应进行专项核查。保荐人应尽量对上述风险因素作定量分析，对导致风险的变动性因素作敏感性分析，无法进行定量分析的，应有针对性地作出定性描述。

6. 红筹企业（指注册地在境外、主要经营活动在境内的企业）拆除红筹架构以境内企业为主体申请上市，如该境内企业直接股东原持有红筹企业股权、持有境内企业股权比例为根据红筹企业持股比例转换而来，且该股东自持有红筹企业股权之日至IPO申报时点满12个月，原则上不视为新股东。（　　）

【答案】正确

7. 根据监管要求，按照实质重于形式原则，结合实际情况对股东进行进一步穿透核查，避免免责式、简单化不良倾向。（　　）

【答案】错误

【解析】根据监管要求，按照实质重于形式和重要性原则，结合实际情况对股东进行进一步穿透核查，避免免责式、简单化不良倾向。

8. 多人共同控制发行人的情况下，核查发行人最近 5 年内持有、实际支配公司股份表决权比例最高的人是否发生变化，变化前后的股东是否属于同一实际控制人。（ ）

【答案】错误

【解析】最近 3 年。

9. 如发行人销售采用经销模式，保荐人可以通过核查发行人报告期内的前十大经销商情况或根据发行人具体情况确定的主要经销商，并对其他经销商客户进行随机抽样核查。（ ）

【答案】正确

10. 关联销售中，关注董监高人员和核心技术人员、主要关联方或持有发行人 10% 以上股份的股东在主要客户中所占的权益。（ ）

【答案】错误

【解析】关注董监高人员和核心技术人员、主要关联方或持有发行人 5% 以上股份的股东在主要客户中所占的权益。

11. 调查发行人采购部门与生产计划部门的衔接情况、原材料的安全储备量情况，关注是否存在严重的原材料缺货风险。（ ）

【答案】正确

12. 保荐人可以根据发行人的经营特点、供应商集中度、采购地域等综合因素来制定核查范围，原则上要核查报告期各期的前五大供应商或根据发行人具体情况确定的主要供应商。（ ）

【答案】错误

【解析】原则上要核查报告期各期的前十大供应商或根据发行人具体情况确定的主要供应商。

13. 发现异常财务事项或财务报表被出具非无保留意见审计报告时，应进行专项核查。（ ）

【答案】正确

14. 存货抽盘指保荐人观察发行人的存货盘点，并对已盘点存货抽取一定的样本进行适当检查的程序，不包括保荐人在非存货盘点日，对存货抽取一定样本进行适当检查的程序。（ ）

【答案】错误

【解析】也包括保荐人在非存货盘点日，对存货抽取一定样本进行适当检查的程序。

15. 核查发行人五年内是否存在违法违规行为，若存在违法违规行为，应详细核查违规事实及受到处罚的情况。（ ）

【答案】错误

【解析】核查发行人三年内是否存在违法违规行为。

16. 保荐人应就发行人经营合规事项依法独立核查并发表意见，可以将政府部门的证明文件作为尽职调查工作底稿的必备内容。（ ）

【答案】错误

【解析】保荐人应就发行人经营合规事项依法独立核查并发表意见，但注意不应将政府部门的证明文件作为尽职调查工作底稿的必备内容。

17. 发行人主要采用互联网销售（取得相关业务营业收入或成本占比、毛利占比或相关费用占期间费用超过30%）或其客户主要采用互联网销售、日常经营活动高度依赖信息系统，通过了解信息系统运行情况及管理情况，专项核查信息系统的可靠性、有效性。（ ）

【答案】正确

18. 如客户通过互联网销售发行人产品且该类业务模式占比超过20%，应根据客户情况适当获取客户交易数据并核查是否与发行人数据匹配。（ ）

【答案】错误

【解析】如客户通过互联网销售发行人产品且该类业务模式占比超过30%，应根据客户情况适当获取客户交易数据并核查是否与发行人数据匹配。

19. 发行人存在红筹架构的，调查能否在法律框架下充分保障境内公众股东与企业发生民事诉讼时相关司法判决得到执行，是否能够降低因涉及跨境司法协调问题而导致的司法判决认可与执行风险。（ ）

【答案】正确

20. 调查董监高人员和核心技术人员最近五年内是否存在受到行政处罚、刑事处罚，或者因涉嫌犯罪正在被司法机关立案侦查或者涉嫌违法违规正在被中国证监会立案调查且尚未有明确结论意见的情形。（ ）

【答案】错误

【解析】调查董监高人员和核心技术人员最近三年内是否存在受到行政处罚、刑事处罚，或者因涉嫌犯罪正在被司法机关立案侦查或者涉嫌违法违规正在被中国证监会立案调查且尚未有明确结论意见的情形。

21. 对于发行人采用市值指标申请上市的，核查公司市值估值的合理性。

（ ）

【答案】正确

22. 关于现金销售，分析发行人报告期内现金交易比例及其变动情况是否整体处于合理范围内，近三年一期一般不超过同行业平均水平或与类似公司不存在重大差异。（　）

【答案】正确

23. 医药企业和医疗器械企业的主要特点是产品研发投入高，获得认证到上市销售耗时长并且不确定性高，具有长周期、高投资、高风险的特征。（　）

【答案】正确

24. 医疗器械企业常见描述自身产品可实现“进口替代”，该表述需要有相关支撑，一般可从技术角度、市场份额变化等角度核查。（　）

【答案】正确

25. 如证券服务机构专业意见存在重大异常、前后重大矛盾，保荐人应当拒绝信赖证券服务机构的专业意见。（　）

【答案】错误

【解析】如证券服务机构专业意见存在重大异常、前后重大矛盾，或者与保荐人获得的信息存在重大差异的，保荐人应当进一步调查、复核，并可聘请其他证券服务机构提供专业服务。保荐人经过审慎核查后，不能排除合理怀疑的，应当拒绝信赖证券服务机构的专业意见。

26. 证券服务机构制作、出具的文件有虚假记载、误导性陈述或者重大遗漏，给他人造成损失的，应当与委托人承担连带赔偿责任，即使自身没有过错。（　）

【答案】错误

【解析】能够证明自己没有过错的除外。

27. 美国《1933 年证券法》确立了证券发行中“合理勤勉”或“合理注意”概念。（　）

【答案】正确

四、综合题（每问备选答案中有一项或多项符合题目要求，不选、错选均不得分）

（一）甲企业拟公开发行股票，实现 60 亿元的融资额，现聘请乙证券公司对该企业公开发行股票进行尽职调查，合理确信甲企业是否满足信息披露要求、其公开披露文件是否已结合发行人实际情况进行有针对性的风险提示、是否充分披露了投资者作出价值判断和投资决策所必需的信息。乙证券公司派出有经验的项目组对甲企业进行相关尽职调查工作，建立了相关内部制度，并编制了保荐工作底稿。

1. 乙证券公司对尽职调查工作建立了相关内部制度，下列对制度的建立和要求的说法中正确的有（　　）。

A. 乙证券公司应当建立一套统一的尽职调查制度，应用于各类业务的尽职调查

B. 乙证券公司应当为该项目建立独立的保荐工作底稿

C. 若无特殊情况，甲公司的发行保荐和上市保荐应由同一保荐人担任

D. 乙证券公司要求该项目的一名签字保荐代表人填写“关于保荐项目重要事项尽职调查情况问核表”即可

【答案】BC

【解析】选项A，证券公司应当根据各类投资银行业务风险特性，针对性地建立尽职调查制度；选项D，保荐机构应要求保荐项目的两名签字保荐代表人填写《关于保荐项目重要事项尽职调查情况问核表》，故选项AD错误。选项B，根据《保荐管理办法》第四十条规定，保荐机构应当为每一项目建立独立的保荐工作底稿；选项C，根据《尽调准则》第六条规定，除另有规定的，同次发行的证券，其发行保荐和上市保荐应由同一保荐人担任，故选项BC正确。

2. 基于投资者保护调查，乙公司应当重点核查甲企业的事项有（　　）。

A. 甲企业报告期内的股利分配政策

B. 甲企业上市后的股利分配政策

C. 甲企业稳定股价的承诺及履行情况

D. 甲企业是否健全了保护中小股东利益的相关制度

【答案】ABCD

【解析】为保护投资者合法权益，保荐人应调查发行人是否制定具体的投资者保护措施，包括但不限于下列内容：核查发行人是否建立健全了《信息披露管理制度》《投资者关系管理制度》等相关制度，发行人报告期内的股利分配政策（选项A）以及上市后的股利分配政策（选项B）及分红回报规划、发行前滚存利润在上市后的分配政策，发行人是否建立健全了累计投票制、中小投资者单独计票等保护中小股东利益的相关制度（选项D），发行人、发行人股东及其董监高人员关于相关重要事项限售安排、稳定股价、欺诈购回、避免同业竞争、减少关联交易等的承诺及履行情况（选项C）。故选项ABCD均属于保荐人员应当具备的能力与素质。

（二）甲企业拟公开发行股票上市，现聘请丙证券公司对该企业进行尽职调查工作。为达到尽职调查的目的和基本要求，保荐人对甲企业按照工作原则，采用了

查阅企业内部文件资料、查询外部信息、函证、企业实地调查、关键人员访谈、走访、聘请第三方协助以及数据勾稽比对等手段进行了尽职调查工作。

1. 为达到尽职调查的目的和基本要求，保荐人对甲企业进行尽职调查时应遵循的原则有（　　）。

A. 重要性　　B. 全面性　　C. 间歇性　　D. 可验证性

【答案】ABD

【解析】 尽职调查应遵循的工作原则有：全面性原则、针对性原则、重要性原则、可验证原则性和全周期原则，故选项 ABD 正确。选项 C，尽职调查应贯穿项目的整个周期。尽职推荐受理后、证券发行上市前，保荐人应持续履行尽职调查义务。此外，在证券发行上市后，保荐人应在持续督导期内，持续督导发行人履行规范运作、信守承诺、信息披露等义务，故选项 C 错误。

2. 保荐人在进行存货分析时，除了查询企业内部资料，还可以进行的分析操作不包括（　　）。

A. 计算甲企业的存货周转率，并与同行业可比公司进行比较

B. 询问生产主管，实地查看生产线，了解甲企业产品的种类、各类主要产品的生产流程

C. 了解各类存货的发出计价方式，分析计价方式是否与甲企业的生产流程及产品特点匹配

D. 直接利用外部专家对某类存货价值的评估

【答案】D

【解析】 选项 ABC 均为可以进行存货分析的手段和方法。选项 D，在确保外部专家胜任能力和独立性的基础上，可以合理利用外部专家对该类存货的功能、价值等进行判断或评估，并对外部专家意见履行审慎关注和必要复核程序，故选项 D 错误。

（三）A 企业是一家高新科技企业，主要业务是生产电子元件及设备，其产品处于国内领先水平。X 证券公司与 A 企业签订了协议，成为 A 企业科创板 IPO 上市的保荐机构。X 证券公司对 A 企业进行了初步的尽职调查，发现 A 企业的主营业务是国家重点鼓励发展的产业，满足技术创新的市场定位，市场前景良好，收入确认政策是计件模式，内部控制机制较好，近几年业绩不断攀升。

1. 根据 X 证券公司的初步调查，未包含的风险因素调查内容是（　　）。

A. 产业政策　　B. 市场前景　　C. 经营业绩　　D. 产品生命周期

【答案】D

【解析】发行人风险因素调查的具体内容包括：(1) 调查发行人所在行业的发展涉及的主要国家政策，包括财政、金融、税收、土地使用、产业政策、行业管理、环境保护等；(2) 调查发行人产品（服务）的市场前景、行业经营环境的变化、商业周期或产品生命周期等；(3) 调查发行人生产经营模式是否发生变化、经营业绩是否稳定等。本案例中提及的初步调查涵盖了产业政策、市场前景和经营业绩，但未提及产品生命周期，故选项 D 正确。

2. 保荐人在核查 A 企业的收入确认政策时，应当关注的要点有（　　）。

A. 查阅 A 企业销售合同，分析重大合同条款

B. 结合 A 企业业务特点、交易的惯例、业务模式等，核查对收入确认政策的影响

C. 查询与 A 企业相同行业内所有上市公司的年报、招股说明书等资料

D. 检查 A 企业的出库单、物流凭证、验收单、记账凭证等业务和财务凭证

【答案】ABD

【解析】判断收入确认具体标准是否符合会计准则的要求及行业惯例，与发行人的业务是否匹配、相关内部控制制度是否有效，尽职调查中应关注以下要点：(1) 了解发行人的收入确认政策，结合发行人业务特点、交易的惯例、业务模式等，核查对收入确认政策的影响；(2) 查阅销售合同，分析重大合同条款，关注合同条款中的验收、付款、退换货、质保金、返利政策等条款对收入确认的影响；(3) 检查出库单、物流凭证、验收单、记账凭证等业务和财务凭证，关注业务单据流转与合同约定是否一致，收入确认的证据是否充分，故选项 ABD 正确。选项 C 并非要查询同行业所有上市公司年报，而是查询同行业可比上市公司年报、招股说明书等资料，对比发行人的收入确认政策与同行业可比公司是否一致，故选项 C 错误。

（四）H 企业是一家算法服务企业，主要业务是提供算法服务，收取软件授权费。H 企业的营业收入情况如下表所示。S 证券公司与 H 企业签订了协议，成为 H 企业科创板 IPO 上市的保荐机构，对 H 企业的销售收入进行了详尽的尽职调查，发现有一笔 5 000 元的现金收入。

H 企业营业收入情况

内容	20×0 年		20×1 年		20×2 年	
	金额（万元）	比例	金额（万元）	比例	金额（万元）	比例
主营业务	20 000	98.04%	30 000	99.34%	40 000	93.02%
其他业务	400	1.96%	200	0.66%	3 000	6.98%
合计	20 400	100%	30 200	100%	43 000	100%

1. 下列属于S证券公司选派项目组工作人员应当具备的能力与素质的有（　　）。

A. 专业胜任能力　B. 独立性　C. 职业怀疑　D. 诚实守信

【答案】ABCD

【解析】选项A和选项B，根据《尽调准则》第五条规定，保荐人尽职调查时，应当考虑自身专业胜任能力和独立性，并确保参与尽职调查工作的相关人员能够恪守独立、客观、公正、审慎的原则，具备良好的职业道德和专业胜任能力。选项C，根据《尽调准则》第六条规定，保荐人开展尽职调查工作，应当保持职业怀疑，以获取充分和适当的证据为基础出具对相关事项的明确的核查结论，核查的方法和结论能够通过工作底稿进行验证。选项D，根据《尽调准则》第七条规定，保荐人在尽职调查工作中，应当严格遵守法律法规、中国证监会的规定和行业自律规则，遵守社会公德、商业道德、职业道德和行为规范，公平竞争，合规经营，忠实勤勉，诚实守信，不得直接或者间接谋取不正当利益或者向他人输送不正当利益。故选项ABCD均属于保荐人员应当具备的能力与素质。

2. 保荐人在检查H企业营业收入结构时发现，20×2年主营业务收入占比出现了下降，对核查销售收入的真实性和准确性进行了核查，下列做法中无法实现这一核查目的的是（　　）。

A. 分析收到的现金的增减变化情况是否与销售收入变化情况相符

B. 取得主要产品报告期价格变动的资料

C. 对于重大金额的销售退回，向客户的打电话确认

D. 核查发行人的验收单、发票和银行流水等是否真实且在所属期间

【答案】C

【解析】对于重大金额的销售退回，应当取得客户的书面确认文件，而不是只进行简单的口头确认，故选项C正确。

3. H企业存在大额现金收款，保荐人在尽职调查中应当予以关注。这里的大额现金收款是指采用现金方式收取销售款占报告期任意一期的销售比例高于（　　）。

A. 10%　B. 15%　C. 20%　D. 50%

【答案】A

【解析】大额现金收款原则上是指采用现金方式收取销售款占报告期任意一期的销售比例高于10%，故选项A正确。

（五）M企业是一家制造业企业，主要业务是生产销售轮胎和其他配套零件。N证券公司与M企业签订了协议，成为M企业IPO上市的保荐机构。N公司保荐人取得了M企业的存货明细表、库龄明细表，了解了存货的构成并进行了存货的

抽盘，并且合理信赖了M企业聘请的会计师对于采购的函证工作结果。同时N公司对M企业的募集资金使用情况进行调查发现M企业有一笔资金用于向关联方购买资产。

1. 保荐人对M企业采用了存货抽盘，下列对存货抽盘的描述中错误的是（　　）。

A. 在存货抽盘之前保荐人确定了抽盘的范围，并编制了存货抽盘计划

B. 保荐人可以随意规定存货抽盘的时间

C. 存货盘点日，保荐人可跟随M企业安排的存货盘点人员进行抽盘

D. 保荐人应当观察不同地点、分支机构、部门或合并范围内子公司之间转移的存货是否已被适当记录

【答案】B

【解析】 存货抽盘原则上应安排在资产负债表日，若有特殊原因使得存货抽盘日并非资产负债表日的，则应执行“前推”或“后推”程序，并确保存货抽盘日与资产负债表日期间执行的实质性核查程序充分、适当，故选项B错误。

2. M企业的部分募集资金用于购买关联方的资产，当募集资金投向与关联方发生的交易时，下列说法中不正确的是（　　）。

A. 对于M企业收购的关联方资产，应调查其定价依据是否充分、交易价格是否公允

B. 若M企业的募集资金用于与关联方合资，应判断其对M企业的影响

C. 若M企业的募集资金用于与关联方的项目合作，仅需调查对该项目签订的合同

D. 若M企业的募集资金用于评估，应予以核查

【答案】C

【解析】 发行人募集资金投向涉及与关联方项目合作或设立公司的，应调查发行人对该项目或公司是否具备控制能力和经营能力以及有关协议、合同的订立情况及已履约情况和审批手续，故选项C错误。

3. 保荐人在合理信赖会计师的函证工作结果的同时还应结合M企业供应商性质、规模及采购模式等因素，对一些文件进行进一步核查，上述文件应包括（　　）。

A. 采购合同　　B. 银行回单　　C. 运输单　　D. 产品出库单

【答案】ABC

【解析】 保荐人可以合理信赖会计师的函证工作结果，但应结合供应商性质、规模及采购模式等因素，对主要供应商通过实地走访、访谈、追查采购合同、采购

发票、产品入库单、运输单、银行回单或补充函证等方法对采购业务进一步核查，故选项 ABC 正确。产品出库单是对销售业务发生的真实性和准确性进一步核查时应检查的文件，故选项 D 错误。

（六）H 企业是一家高新技术企业，其财务信息汇总如表所示。S 证券公司与 H 企业签订了协议，成为 H 企业科创板 IPO 上市的保荐机构。S 证券公司对 H 企业的财务报告、评估报告、会计政策、会计估计和会计差错进行了调查，进行了财务比率分析，对财务报表中的重要要素进行了核查，并在工作底稿中做了记录。

H 财务信息汇总情况（单位：万元）

项目	20×0 年	20×1 年	20×2 年
流动资产	9 000	13 000	17 000
非流动资产	3 400	3 200	3 000
资产合计	12 400	16 200	20 000
负债合计	4 000	5 000	7 000
净资产	16 400	21 200	27 000
营业收入	14 000	17 000	21 000
净利润	3 000	4 000	5 000
流动比率	2.12	2.33	2.47
速动比率	1.36	1.47	1.49
资产负债率	32.26%	30.86%	35.00%
应收账款周转率	3.10	2.98	2.76
毛利率	44.55%	48.14%	51.25%
销售净利率	21.43%	23.53%	23.81%
净资产收益率	18.29%	18.87%	18.52%
每股收益	0.82	1.01	1.29

1. 保荐人在核查 H 企业的财务报告时，对该企业的关联方也进行了必要核查，下列核查程序不正确的有（　　）。

A. 对于 H 企业财务报表中包含的分部信息，无须进行核查

B. 对纳入 H 企业合并范围的重要控股子公司的财务状况应同样履行充分审慎的核查程序

C. H 企业最近一年内收购兼并其他企业股权，且被收购企业资产总额超过收购前 H 企业相应项目 30%，应获得被收购企业收购前一年的利润表、资产负债表以及前一年与发行人关联交易情况

D. 对发行人披露的参股公司，应获取最近三年内的财务报告及审计报告

【答案】AD

【解析】选项A，对于发行人财务报表中包含的分部信息，应获取相关分部资料，进行必要的核查；选项D，对发行人披露的参股公司，应获取最近一年及一期的财务报告及审计报告，故选项AD错误。选项B，对纳入合并范围的重要控股子公司的财务状况应同样履行充分审慎的核查程序；选项C，发行人最近一年及一期内收购兼并其他企业资产（或股权），且被收购企业资产总额或营业收入或净利润超过收购前发行人相应项目20%（含20%）的，应获得被收购企业收购前一年的利润表、资产负债表以及前一年与发行人关联交易情况，故选项BC正确。

2. 保荐人对H企业进行了财务比率分析，下列指标中判断企业经营风险和持续经营能力的指标是（　　）。

A. 资产负债率　　B. 应收账款周转率

C. 流动比率　　D. 销售净利率

【答案】B

【解析】计算发行人各年度资产周转率、存货周转率和应收账款周转率等，结合市场发展、行业竞争状况、发行人生产模式及物流管理、销售模式及赊销政策等情况，分析发行人各年度营运能力及其变动情况，判断发行人经营风险和持续经营能力，故选项B正确。选项A和选项C可用于判断企业的偿债能力；选项D可用于判断企业的盈利能力。

（七）甲企业是一家电子产品制造企业，主要销售渠道为互联网。乙证券公司与甲企业签订了协议，成为甲企业IPO上市的保荐机构。甲企业的募集资金主要用于购置房产、向关联方收购资产、进行技术和人才储备以及处理环保问题。乙证券公司调查了甲企业的募集资金使用情况，重点关注了募集资金投向关联企业的项目，核查了甲企业的主营业务、生产经营规模、财务状况、技术条件、管理能力、发展目标与募集资金投资项目是否匹配。

1. 下列关于保荐人对甲企业采用的各项尽职调查手段中，做法不正确的是（　　）。

A. 保荐人聘请外部专家的工作对甲企业互联网销售系统的可靠性和有效性进行了核查

B. 保荐人仅通过研究甲企业不同财务数据之间的内在关系，对财务和业务信息作出评价

C. 保荐人与甲企业生产部门负责人和员工进行了访谈，了解了甲企业生产部门的运行模式

D. 保荐人向甲企业的相关往来方乙企业邮寄了函证，并且保证了函证收发过

程的独立性

【答案】B

【解析】采用数据勾稽比对手段时，保荐人通过研究不同财务数据之间、财务数据与非财务数据之间、非财务数据与非财务数据之间的内在关系，对财务和业务信息作出评价；以人工或计算机辅助方式对文件中数据计算的准确性进行核对或分析性复核，故选项B错误。

2. 保荐人核查了甲企业募集资金的使用情况，下列关于核查内容的说法中正确的有（　　）。

A. 对于甲企业新取得的房产，保荐人应调查房产的取得方式和进展情况

B. 对于甲企业处理的环保问题，调查其存在性即可

C. 对于甲企业投入的科技创新领域，结合其业务规划、技术储备及未来行业发展趋势等，调查其必要性、合理性和可行性

D. 对于甲企业向关联方收购的资产，无须理会其存在的效益承诺

【答案】AC

【解析】选项B，募集资金运用涉及环保问题的，应调查可能存在的环保问题、采取的措施及资金投入情况；选项D，募集资金向实际控制人、控股股东及其关联方收购资产，如对被收购资产有效益承诺，应调查是否明确效益无法完成时的补偿责任，故选项BD错误。选项A，募集资金运用涉及新取得土地或房产的，应调查取得方式、进展情况及未能如期取得对募集资金具体用途的影响；选项C，募集资金运用涉及重点投向科技创新领域的，应调查其与主营业务的关系和区别，是否会导致发行人的业务种类和业务模式发生变化，结合发行人的业务规划、技术储备及未来行业发展趋势等，调查其必要性、合理性和可行性，故选项AC正确。

（八）甲企业是一家制造业企业，乙证券公司与甲企业签订了协议，成为甲企业IPO上市的保荐机构。乙公司派出的项目组对甲企业的独立性进行了一系列调查，调查发现甲公司的董事在控股股东控制的企业中也担任董事，存在独立的会计部门，拥有独立的采购和销售系统，其房产拥有相关产权证书。在调查中还发现甲企业采用互联网销售取得的营业收入占比达到40%，发行报告期内财务总监郭某离职，在此之前企业的内部控制均得到了一贯执行。同时，甲企业和乙证券公司共同对本次发行做出承诺。

1. 本案例中提及的保荐人对独立性的尽职调查中，没有包含的方面是（　　）。

A. 资产独立　　B. 人员独立　　C. 财务独立　　D. 机构独立

【答案】D

【解析】选项A，资产独立可以通过查阅产权证书、招拍挂公示信息、房产管理、土地管理、知识产权管理等部门的缴费纳税记录，必要时进行实物资产盘点等方法，调查发行人资产的完整性及真实性；选项B，人员独立可以通过访谈发行人董监高、财务人员及员工，了解相关人员是否在发行人控股股东、实际控制人及其控制的其他企业任职及领薪，调查发行人人员的独立性；选项C，可以调查发行人是否设立独立的财务会计部门、建立独立的会计核算体系，判断其财务独立性，故选项ABC在本案中已包含。选项D，保荐人一般通过实地调查、访谈董监高人员和员工、查阅股东大会和董事会相关决议、查阅各机构内部规章制度等方法，判断发行人机构独立性。

2. 保荐人应当充分核查企业的内部控制情况，结合本案例，下列关于内部控制的尽职调查中，说法错误的是（　　）。

A. 保荐人应核查甲企业信息系统的可靠性、有效性

B. 保荐人无须再次核查与财务报表相关的内部控制的运行情况

C. 保荐人应取得发行人管理层对内部控制完整性、合理性及有效性的自我评价书面意见

D. 保荐人应对内部控制执行穿行测试，复核评价发行人的内部控制运行是否有效

【答案】B

【解析】若发行人主要采用互联网销售（取得相关业务营业收入或成本占比、毛利占比或相关费用占期间费用超过30%）或其客户主要采用互联网销售、日常经营活动高度依赖信息系统，通过了解信息系统运行情况及管理情况，专项核查信息系统的可靠性、有效性，故选项A正确。保荐人应取得发行人管理层对内部控制完整性、合理性及有效性的自我评价书面意见，故选项C正确。保荐人应对内部控制执行穿行测试，复核评价发行人的内部控制运行是否有效，故选项D正确。发行人报告期内财务总监或会计负责人离职的，关注具体原因及离职后去向，核实离任财务总监或会计负责人是否对其任职期间发行人财务数据情况存在异议的情形，发行人会计管理及与财务报表相关的内部控制是否持续稳定运行，故选项B错误。

3. 甲企业和乙证券公司共同对本次发行做出承诺主要包括（　　）。

A. 稳定股价的措施和承诺　　B. 对欺诈发行上市的股份购回承诺

C. 股份回购的措施和承诺　　D. 利润分配政策的承诺

【答案】ABCD

【解析】调查发行人、股东、实际控制人、董监高人员、核心技术人员以及本

次发行的保荐人及证券服务机构等人员应承诺的事项主要包括：（1）本次发行前股东所持股份的限售安排、自愿锁定股份、延长锁定期限以及股东持股及减持意向等承诺；（2）稳定股价的措施和承诺；（3）股份回购的措施和承诺；（4）对欺诈发行上市的股份购回承诺；（5）填补被摊薄即期回报的措施及承诺；（6）利润分配政策的承诺；（7）依法承担赔偿或补偿责任的承诺；（8）其他承诺事项。故选项 ABCD 均正确。

（九）A 企业是一家互联网企业，主要业务是提供导航服务，产品有特色手绘地图、定制语音包等，拥有广泛的受众市场。X 证券公司与 A 企业签订了协议，成为 A 企业 IPO 上市的保荐机构。A 企业拥有合法的经营资质和独立的信息系统，保荐人对 A 企业的信息系统进行了相关内部控制测试，并对经营数据和财务数据的匹配度进行了核查。

1. A 企业信息系统在建设时应设计的关键控制环节有（　　）。

A. 防刷单的和虚假流量的系统控制　　B. 防数据泄露的系统控制

C. 数据访问权限的系统控制　　D. 数据接口测试的系统控制

【答案】ABCD

【解析】发行人信息系统的建设至少应该包括以下关键控制环节：（1）信息系统的访问安全管理（如各层级数据浏览或修改权限）、系统变更管理、运行与维护管理、数据中心及网络管理等及信息系统的自动控制及接口测试等内部控制环节；（2）经营数据与财务数据对接过程中数据及数据来源、数据生成的相关内部控制；（3）信息系统在防止虚假流量、刷单、反舞弊等方面的系统控制；（4）信息系统对防止数据泄露和保障网络安全等方面的内部控制管理措施，故选项 ABCD 均正确。

2. X 证券公司对 A 企业的经营数据和财务数据的匹配情况进行了核查，下面关于核查的程序说法不正确的有（　　）。

A. 保荐人通过深入分析用户数量及变动情况、访问时长、充值和消费情况等关键指标发现异常情况

B. 保荐人调查获客成本和渠道是否合理，客户变动是否存在异常

C. 保荐人无须对平台投放的广告进行核查

D. 保荐人无须对宽带费用进行核查

【答案】CD

【解析】选项 C，互联网企业的收入来源除了主营业务之外，还会通过展示和用户点击转化收入，如用户点击广告后向广告主或广告代理商收取费用，应当对广

告投放的真实性核查，是否存在与广告商串通进行虚假交易；选项 D，通过对互联网数据中心或带宽费用的核查，可以判断平台访问量是否造假，故选项 CD 错误。

3. A 企业结合自身情况与保荐人商议在创业板上市，应当考虑的因素不包括（　　）。

A. A 企业是否符合国家科技创新战略

B. A 企业的主要产品的功能性能

C. A 企业的营业收入和净利润变动情况

D. A 企业的行业分类和定位与可比公司的行业分类是否一致

【答案】A

【解析】选项 A，是否符合国家科技创新战略是核查发行人是否属于符合科创板支持的方向，故选项 A 错误。选项 B，核查了发行人自身的创新、创造、创意特征；选项 C，核查了发行人的成长性；选项 D，核查了发行人是否符合创业板的行业要求，故选项 BCD 均为应考虑的因素。

（十）甲证券公司与乙企业签订了协议，成为乙企业 IPO 上市的保荐机构。在尽职调查过程中，甲公司进行了风险因素调查，合理信赖了乙企业聘请的丙会计师事务所出具的函证结果和监盘工作，同时对可能存在重大异常的方面进行了核查印证。

1. 甲公司对专业意见采用合理信赖应当遵循五个前提，下面关于五项前提的说法中不正确的有（　　）。

A. 有针对性地阅读丙会计师事务所出具的专业意见

B. 保持职业怀疑、运用职业判断进行分析

C. 评估出具专业意见的前提及假设是否公平、合理、完整

D. 评估丙会计师事务所及其参与人员的专业资质、经验、胜任能力及独立性

【答案】A

【解析】选项 A，保荐人应当全面阅读证券服务机构出具的专业意见，故选项 A 错误。

2. 甲证券公司进行了风险因素调查，下面提及的风险因素中可能存在重大影响的有（　　）。

A. 严重影响持续经营的安全生产因素

B. 重大专利纠纷

C. 低值易耗品价格的波动

D. 土地使用权纠纷

【答案】ABD

【解析】在风险调查时，应调查主要资产减值准备计提不足的风险、主要资产价值大幅波动的风险等情况，评价其对发行人经营是否产生重大影响，低值易耗品价格不包含在范围内，故选项 C 错误。选项 A，存在可能严重影响持续经营和财务状况的其他因素，如自然灾害、安全生产、环境保护、汇率变化、外贸环境、担保等；选项 B，重大专利、技术、产品纠纷；选项 D，发行人投资项目在市场前景、技术保障、产业政策、环境保护、土地使用、融资安排、与他人合作等方面存在的问题；均为可能存在重大影响的风险。

3. 甲证券公司保荐人在合理信赖会计师的函证工作结果的基础上，对销售业务发生的真实性和准确性进行了进一步核查，下面进一步核查的操作中不正确的有（　　）。

A. 采用邮寄方式函证，核实乙企业提供的被询证方的联系方式和地址的真实性

B. 采用现场函证的形式，由他人转交经办人员的回函

C. 采用电子函证的形式，只接收了邮件，未核实回复人身份

D. 采用邮寄方式函证，再次向被询证者寄发询证函

【答案】BC

【解析】选项 B，采用现场函证的形式，确认被询证方经办人员的身份，确认其有合适的资格、授权进行函证处理；并在处理函证的全程保持高度关注，确保直接从被询证方经办人员处获得回函，不得由他人转交，故选项 B 错误；选项 C，采用电子函证的形式，注意核实被询证方回复人身份，采用通过官网核实相关邮箱的后缀、通过邮件显示的电话信息访谈回复人是否发送了回函并做好记录等方式，必要时可考虑聘请信息系统专家协助确认电子回函的有效性，故选项 C 错误。

第六章　推荐与申报

一、单项选择题（以下备选项中只有一项最符合题目要求，不选、错选均不得分）

1. 关于发行上市审核流程，以下说法中不正确的是（　　）。

A. 应当依法经过交易所审核

B. 应当报中国证券业协会履行注册程序

C. 自受理发行上市申请文件之日起，交易所审核和证监会注册时间不超过3个月

D. 证监会在收到交易所审核意见及相关资料后20个工作日内同意注册或不予注册

【答案】B

【解析】发行人在主板、科创板、创业板首次公开发行股票或北交所公开发行并上市，应当依法经过交易所审核并报中国证监会履行注册程序。

2. 关于证监会注册准备工作，以下说法中不正确的是（　　）。

A. 自受理发行上市申请文件之日起，交易所审核和证监会注册时间不超过3个月

B. 发行监管部履行报批程序

C. 发行监管部履行征求意见程序

D. 对各个项目履行同步监督程序

【答案】D

【解析】证监会注册准备工作中，仅需对重点项目和随机抽取项目履行同步监督程序。

3. 关于发行上市审核基本流程，以下说法中不正确的是（　　）。

A. 发行人提交申请文件前需要经过董事会审议通过

B. 接收受理材料需在5个工作日内完成

C. 上交所、深交所规定20个工作日内补正

D. 发行人提交申请文件前需要经过股东大会审议通过

【答案】C

【解析】上交所、深交所规定 30 个工作日内补正，确有困难的可申请延期。

4. 关于提交申请，以下说法中不正确的是（　　）。

A. 发行人股东大会就公开发行股票并上市作出决议，必须经出席会议的股东所持表决权的 2/3 以上通过

B. 发行人申请股票发行上市，应当聘请保荐机构进行保荐，并委托保荐机构通过审核系统报送申请文件

C. 上交所、深交所、北交所均建立了预沟通机制，但预沟通的范围不包括信息披露

D. 发行人提交申请文件前需要经过股东大会审议通过

【答案】C

【解析】预沟通的范围主要包括：涉及发行条件、上市条件、板块定位和信息披露等要求，按照现有规则难以作出判断的重大问题；发行上市审核中尚未有案例支持的重大无先例事项；因产业政策调整涉及发行上市审核标准适用的相关问题；确需咨询沟通的其他问题。

5. 关于预沟通机制，以下说法中不正确的是（　　）。

A. 预沟通的方式包括书面、电话和视频等

B. 咨询沟通材料应当由发行人、保荐人加盖公章

C. 发行上市审核中尚未有案例支持的重大无先例事项需要进行预沟通

D. 如因产业政策调整涉及发行上市审核标准适用的问题则不需要提前沟通

【答案】D

【解析】预沟通的范围主要包括：涉及发行条件、上市条件、板块定位和信息披露等要求，按照现有规则难以作出判断的重大问题；发行上市审核中尚未有案例支持的重大无先例事项；因产业政策调整涉及发行上市审核标准适用的相关问题；确需咨询沟通的其他问题。

6. 以下情形不属于预沟通方式的是（　　）。

A. 书面　　B. 电话　　C. 邮件　　D. 现场

【答案】C

【解析】预沟通的方式包括书面、电话、现场和视频等方式。

7. 以下关于提交申请环节说法，不正确的是（　　）。

A. 保荐人应当履行内部质控程序，对咨询沟通适用范围、需解决的重大疑难问题、无先例事项及咨询沟通材料质量予以把关

B. 咨询沟通材料应当由发行人、保荐人加盖公章

C. 属于礼节性拜访的无实质咨询沟通内容也应当在申报前咨询沟通

D. 发行人申请股票发行上市，应当聘请保荐机构进行保荐，并委托保荐机构通过审核系统报送申请文件

【答案】C

【解析】以下情形不属于申报前咨询沟通的范围：无实质咨询沟通内容，属于礼节性拜访的；属于保荐人和证券服务机构应自行核查把关的问题；未按规定要求提交咨询沟通材料的；不适合申报前咨询沟通的其他情形。

8. 关于受理环节的基本规则，以下说法中正确的是（　　）。

A. 审核机构收到发行上市申请文件后 10 个工作日内，对文件进行核对，作出是否受理的决定

B. 审核机构对文件进行核对并告知发行人及保荐人之后，应在中国证监会的网站上公示

C. 发行上市申请文件不齐备或者不符合要求的，审核机构将向保荐人发出补正通知告知需要补正的事项

D. 发行人补正发行上市申请文件的，审核机构收到发行上市申请文件的时间以其收到补正文件的时间为准

【答案】C

【解析】审核机构收到发行上市申请文件后 5 个工作日内，对文件进行核对，作出是否受理的决定，告知发行人及其保荐人，并在交易所网站公示。发行人补正发行上市申请文件的，审核机构收到发行上市申请文件的时间以发行人最终提交补正文件的时间为准。

9. 关于常见的受理补正情形，以下说法中不正确的是（　　）。

A. 保荐人关于签字保荐代表人项目签字有关情况的说明与承诺中，未对保荐代表人在审项目情形进行说明

B. 未提交会计师事务所关于信息披露豁免相关核查意见、保荐人、发行人律师关于证监会系统离职人员入股情况的专项说明等材料

C. 报告期内存在会计差错更正事项的，未将更正前的审计报告和财务报告与会计差错更正专项鉴证报告汇总为一个文件提交

D. 财务报告审计截止日至招股说明书签署日之间超过 4 个月的，已提供发行人及其董事、监事、高级管理人员和发行人单位负责人、主管会计工作负责人及会计机构负责人出具的专项声明

【答案】D

【解析】 下列情形属于受理补正情形中的财务报告和审计报告不符合要求：财务报告审计截止日至招股说明书签署日之间超过 4 个月的，未提供发行人及其董事、监事、高级管理人员和发行人单位负责人、主管会计工作负责人及会计机构负责人出具的专项声明。

10. 关于受理补正情形中的遗漏申请文件或内容不完整，以下说法中不正确的是（　　）。

A. 发行人财务报表不完整，最近三年及一期合并口径和母公司口径的比较式财务报表不完整，缺少个别财务报表

B. 发行人纳税情况证明不完整，未按要求报送完整的最近三年及一期的纳税证明

C. 保荐人关于签字保荐代表人项目签字有关情况的说明与承诺中，未对保荐代表人在审项目情形进行说明

D. 报送的经注册会计师核验的发行人经常性损益明细表所属会计年度不完整

【答案】D

【解析】 属于遗漏申请文件或内容不完整的情形为报送的经注册会计师核验的发行人非经常性损益明细表所属会计年度不完整。

11. 下列（　　）项不属于申请文件缺少签名盖章或签字盖章不规范的情形。

A. 部分发行人的大股东或控股股东为境外机构，财务报表签章不完整，但未就签章不完整的原因进行说明

B. 在发行人报送的首发项目申请文件中，发行人及其重要子公司或主要经营机构的纳税证明中缺少主管税务机关公章

C. 律师事务所关于公司股东信息披露专项核查报告缺少律师事务所负责人、签字律师签名及律师事务所公章

D. 股东信息披露专项核查报告缺少保荐人法定代表人签名

【答案】B

【解析】 在发行人报送的首发项目申请文件中，发行人及其重要子公司或主要经营机构的纳税证明中缺少主管税务机关公章。该选项属于“遗漏申请文件或内容不完整”。

12. 关于申请文件表述不规范的问题，下列说法不正确的是（　　）。

A. 承诺内容表述不规范，但对不影响和干扰审核机构及相关人员作出承诺

B. 签字保荐代表人项目签字有关情况的说明与承诺前后表述矛盾

C. 发行人关于申请文件不适用情况的说明与实际报送申请文件的情况不一致

D. 部分保荐人在填报受理关注要点时，存在要点全选“是”，但与实际情况不一致的情形

【答案】A

【解析】 承诺内容表述不规范，未对不影响和干扰审核机构及相关人员作出承诺，未使用上市委员会的规范表述时属于“申请文件表述不规范”。

13. 关于受理补正情形中的其他情况，下列说法正确的是（　　）。

A. 发行保荐书专项授权书中授权的保荐代表人与实际签字的保荐代表人不一致

B. 股东大会决议签署日期与股东大会召开日期一致

C. 验资报告、合同等文件页数与会计鉴证页数不符，存在缺页情况

D. 诚信档案查询名单未提供可编辑的 PDF 版本文件

【答案】A

【解析】 其他情形包括：验资报告、合同等文件页数与律师鉴证页数不符，存在缺页情况；股东大会决议签署日期与股东大会召开日期不一致；诚信档案查询名单未提供可编辑的 Word 版本文件。

14. 关于审核机构不予受理的情形，下列说法正确的是（　　）。

A. 保荐机构、证券服务机构及其相关人员刚具备相关资质不满一年

B. 发行上市申请文件不齐备但已按要求补正

C. 发行人及其高级管理人员因证券违法违规被证监会认定为限制业务活动

D. 发行人及其承销商被证券业协会采取认定不适合从事相关业务的措施 1 个月前解除

【答案】C

【解析】 以下情形审核机构将不予受理：发行上市申请文件不齐备且未按要求补正；保荐机构、证券服务机构及其相关人员不具备相关资质；被证券业协会采取认定不适合从事相关业务等相关措施，尚未解除。

15. 关于审核机构不予受理的情形，下列说法不正确的是（　　）。

A. 保荐机构报送的发行上市申请文件在 12 个月内累计两次被不予受理的，自第二次收到不予受理通知之日起 3 个月后，方可报送新的发行上市申请文件

B. 上交所、深交所对于转板公司存在尚未实施完毕的股票发行、重大资产重组、股票回购等事项的不予受理

C. 保荐机构、承销商、证券服务机构及相关人员被证券交易所、国务院批准

的其他全国性证券交易场所采取一定期限内不接受其出具的相关文件

D. 发行人及其承销商被证券业协会采取认定不适合从事相关业务的措施 1 个月前解除

【答案】D

【解析】被证券业协会采取认定不适合从事相关业务等相关措施尚未解除的情形下，不予受理。已经解除，无论解除时间多久，都可以受理。

16. 关于发行上市的相关事项，下列说法正确的是（　　）。

A. 与发行上市相关的保荐人、证券服务机构等自审核机构受理上市申请文件之日起即须承担相应的法律责任

B. 交易所受理发行上市申请文件当日，发行人应当在交易所网站预先披露招股说明书、发行保荐书、上市保荐书、审计报告和法律意见书等文件

C. 申请在主板、科创板、创业板发行上市的，受理后 5 个工作日内，保荐机构应当以电子文档形式报送保荐工作底稿和验证版招股说明书，供监管备查

D. 申请在北交所发行上市的，受理后 5 个工作日内，保荐机构应当通过审核系统报送验证版招股说明书

【答案】B

【解析】与发行上市相关的保荐人、证券服务机构等自发行上市申请文件申报之日起即须承担相应的法律责任；申请在主板、科创板、创业板发行上市的，受理后 10 个工作日内，保荐机构应当以电子文档形式报送保荐工作底稿和验证版招股说明书，供监管备查；申请在北交所发行上市的，受理后 10 个工作日内，保荐机构应当通过审核系统报送验证版招股说明书。

17. 关于发行上市的相关事项，下列说法不正确的是（　　）。

A. 申请在主板、科创板、创业板发行上市的，受理后 10 个工作日内，保荐机构应当以纸质形式报送保荐工作底稿和验证版招股说明书，供监管备查

B. 审核机构受理发行上市申请后至中国证监会作出注册决定前，发行人应当按照相关规定对预先披露的招股说明书、发行保荐书、上市保荐书等文件予以更新并披露

C. 未经审核机构的同意，不得对发行上市申请文件进行更改

D. 申请在北交所发行上市的，受理后 10 个工作日内，保荐机构应当通过审核系统报送验证版招股说明书

【答案】A

【解析】申请在主板、科创板、创业板发行上市的，受理后 10 个工作日内，保

荐机构应当以电子文档形式报送保荐工作底稿和验证版招股说明书，供监管备查。

18. 关于发行上市的相关事项，下列说法正确的是（　　）。

A. 申请在北交所发行上市的，受理后 10 个工作日内，保荐机构应当通过审核系统报送验证版招股说明书，同时应当按照要求报送工作底稿

B. 交易所受理发行上市申请文件次日，发行人应当在交易所网站披露招股说明书、发行保荐书、上市保荐书、审计报告和法律意见书等文件

C. 申请在主板、科创板、创业板发行上市的，受理后 5 个工作日内，保荐机构应当以电子文档形式报送保荐工作底稿和验证版招股说明书，供监管备查

D. 与本次股票发行上市相关的保荐人、证券服务机构及其相关人员自发行上市申请文件申报之日起即须承担相应的法律责任

【答案】D

【解析】申请在北交所发行上市的，受理后 10 个工作日内，保荐机构应当通过审核系统报送验证版招股说明书，目前尚未要求报送工作底稿。交易所受理发行上市申请文件当日，发行人应当在交易所网站预先披露招股说明书、发行保荐书、上市保荐书、审计报告和法律意见书等文件。申请在主板、科创板、创业板发行上市的，受理后 10 个工作日内，保荐机构应当以电子文档形式报送保荐工作底稿和验证版招股说明书，供监管备查。

19. 申请在主板、科创板、创业板发行上市的，受理后（　　）个工作日内，保荐机构应当以（　　）文档形式报送保荐工作底稿和验证版招股说明书，供监管备查。

A. 7；电子　　B. 7；纸质　　C. 10；电子　　D. 10；纸质

【答案】C

20. 关于上市委员会审议，拟参会委员于会议召开（　　）个工作日前提交问询问题清单，上市委秘书处于审议会议召开（　　）个工作日前，将经会议召集人汇总后的问询问题告知发行人及其保荐人。

A. 3；3　　B. 3；2　　C. 2；2　　D. 2；3

【答案】B

21. 关于交易所审核过程的说法，不正确的是（　　）。

A. 交易所设立科技创新咨询委员会或行业咨询专家库，为板块建设和发行上市审核提供专业咨询和政策建议

B. 交易所设有独立的发行上市审核机构对发行人的发行上市申请文件进行审核，出具审核报告

C. 交易所发行上市审核机构按照受理的先后顺序进行审核，并自受理之日起 15 个工作日内提出首轮审核问询

D. 科技创新咨询委员会或行业咨询专家库提出的咨询意见可以作为审核机构审核问询的参考

【答案】C

【解析】 交易所发行上市审核机构按照受理的先后顺序进行审核，并自受理之日起 20 个工作日内提出首轮审核问询。

22. 关于审核机构审核的说法，不正确的是（　　）。

A. 交易所发行上市审核机构按照受理的先后顺序进行审核，并自受理之日起 20 个工作日内提出首轮审核问询

B. 发行人及其保荐人、证券服务机构应当按照审核问询要求进行必要的补充调查和核查，及时、逐项回复，相应补充或者修改发行上市申请文件

C. 首轮审核问询回复后，发现新的需要问询事项，发行上市审核机构在收到回复后 7 个工作日内可以继续提出审核问询

D. 科技创新咨询委员会或行业咨询专家库提出的咨询意见可以作为审核机构审核问询的参考

【答案】C

【解析】 首轮审核问询回复后，存在下列情形之一的，发行上市审核机构在收到回复后 10 个工作日内可以继续提出审核问询：(1) 首轮审核问询后，发现新的需要问询事项；(2) 发行人及其保荐人、证券服务机构的回复未能有针对性地回答发行上市审核机构提出的审核问询，或者审核机构就其回复需要继续审核问询；(3) 发行人的信息披露仍未满足中国证监会和交易所规定的要求；(4) 交易所认为需要继续审核问询的其他情形。

23. 首轮审核问询回复后，下列（　　）情形可以继续提出审核问询。

A. 首轮审核问询后，尚未发现新的需要问询事项

B. 发行人及其保荐人、证券服务机构的回复未能有针对性地回答发行上市审核机构提出的审核问询

C. 交易所认为不需要继续审核问询

D. 发行人的信息披露已经满足中国证监会和交易所规定的要求

【答案】B

24.（　　）对审核机构出具的审核报告和发行上市申请文件进行审议，形成审议意见；（　　）对发行人的发行上市申请文件进行审核，出具审核报告。

A. 发行上市审核机构；发行上市审核机构

B. 发行上市审核机构；上市委员会

C. 上市委员会；发行上市审核机构

D. 上市委员会；上市委员会

【答案】C

【解析】交易所设有独立的发行上市审核机构对发行人的发行上市申请文件进行审核，出具审核报告；设有上市委员会对审核机构出具的审核报告和发行上市申请文件进行审议，形成审议意见。

25. 根据2023年2月发布的《监管规则适用指引——发行类第8号：股票发行上市注册工作规程》，首发项目首次问询回复后，交易所应当及时对项目“两符合”情况形成明确意见。其中，“两符合”是指（　　）和（　　）。

A. 是否符合国家产业政策；是否符合拟上市板块要求

B. 是否符合国家经济政策；是否符合拟上市板块定位

C. 是否符合国家经济政策；是否符合拟上市板块要求

D. 是否符合国家产业政策；是否符合拟上市板块定位

【答案】D

【解析】根据2023年2月发布的《监管规则适用指引——发行类第8号：股票发行上市注册工作规程》，首发项目首次问询回复后，交易所应当及时对项目“两符合”（指是否符合国家产业政策、是否符合拟上市板块定位）情况形成明确意见。

26. 关于请示报告程序的说法，不正确的是（　　）。

A. 首发项目首次问询回复后，交易所应当及时对项目“两符合”情况形成明确意见

B. 在审核过程中，涉及“四重大”事项或其他重要事项的，应当及时向证监会发行监管部进行请示

C. 交易所应当在中国证监会发行监管部注册准备会关于“两符合”作出的会议结论解决之前，及时召开审核中心审议会

D. 需要请示的“四重大”事项包括重大敏感事项、重大无先例情况、重大舆情、重大违法事项

【答案】C

【解析】交易所在中国证监会发行监管部注册准备会关于“两符合”作出的会议结论解决之后，召开审核中心审议会。

27. 关于上市委员会审议的说法，不正确的是（　　）。

A. 上市委员会召开审议会议，以合议方式进行审议和复审，通过集体讨论对发行上市审核机构出具的审核报告及发行上市申请文件进行审议

B. 每次审议会议由3名委员参加，法律、会计专家至少各1名

C. 拟参会委员于上市委会议召开3个工作日前提交问询问题清单

D. 现场回答结束后，会议召集人根据参会委员的意见及讨论情况进行总结，按一致意见或少数服从多数的原则以合议形式形成审议意见

【答案】B

【解析】每次审议会议由5名委员参加，法律、会计专家至少各1名。

28. 关于上市委员会审议审核结果的说法，不正确的是（　　）。

A. 上市委员会认为发行人符合发行条件、上市条件和信息披露要求，但要求补充披露有关信息的，待补充披露后，交易所出具发行人符合发行条件、上市条件和信息披露要求的审核意见

B. 发行人存在发行条件、上市条件或者信息披露方面的重大事项有待进一步核实，无法形成审议意见的，经会议合议，上市委员会可以对该发行人的发行上市申请暂缓审议

C. 在上市委员会审议会议结束后15个工作日内，沪、深证券交易所要求保荐人汇总补充报送与审核问询回复相关的保荐工作底稿和更新后的验证版招股说明书

D. 上市委员会审议时，通过合议形成发行人是否符合发行条件、上市条件和信息披露要求的审议意见

【答案】C

【解析】在上市委员会审议会议结束后10个工作日内，沪、深证券交易所要求保荐人汇总补充报送与审核问询回复相关的保荐工作底稿和更新后的验证版招股说明书。

29. 当无法形成审议意见时，上市委员会可以对该发行人的发行上市申请暂缓审议，时间不超过（　　）个月；对发行人的同一发行上市申请，上市委员会暂缓审议次数为（　　）次。

A. 1；1　　B. 1；2　　C. 2；1　　D. 2；2

【答案】C

【解析】发行人存在发行条件、上市条件或者信息披露方面的重大事项有待进一步核实，无法形成审议意见的，经会议合议，上市委员会可以对该发行人的发行上市申请暂缓审议。暂缓审议时间不超过两个月，上市委员会再次召开会议审议。

对发行人的同一发行上市申请，上市委员会只能暂缓审议一次。

30. 沪、深证券交易所对发行上市申请不予受理或者终止审核的，发行人可以在收到相关文件后（　　）个工作日内申请复审。申请北交所发行上市的发行人对北交所作出的终止发行上市审核的决定有异议的，可以在收到终止审核决定后（　　）个工作日内申请复审。

A. 10；10　　B. 10；5　　C. 5；10　　D. 5；5

【答案】D

31. 关于复核与审核的说法，不正确的是（　　）。

A. 沪、深证券交易所对发行上市申请不予受理或者终止审核的，发行人可以在收到相关文件后5个工作日内申请复审

B. 发行人申请复审的，应当向审核机构提交复审申请书、保荐人就复审事项出具的意见书、律师事务所就复审事项出具的法律意见书及审核机构规定的其他文件

C. 交易所在收到复审申请后15个工作日内，召开上市委员会复审会议。上市委员会复审期间，原决定的效力不受影响

D. 上市委员会复审会议认为申请复审理由成立的，审核机构对发行上市申请予以受理或者重新审核，审核时限自受理之日或重新审核之日起算

【答案】C

【解析】交易所在收到复审申请后20个工作日内，召开上市委员会复审会议。上市委员会复审期间，原决定的效力不受影响。

32. 关于复核与审核的说法，正确的是（　　）。

A. 申请北交所发行上市的发行人对北交所作出的终止发行上市审核的决定有异议的，可以在收到终止审核决定后10个工作日内申请复审

B. 交易所在收到复审申请后10个工作日内，召开上市委员会复审会议。上市委员会复审期间，原决定不具有效力

C. 申请复审理由成立的，审核机构对发行上市申请予以受理或者重新审核，审核时限自受理之日或重新审核之日起算

D. 上市委员会会议认为发行人不符合发行条件、上市条件或者信息披露要求作出终止发行上市审核的决定后，发行人提出异议申请复审的，参加上市委员会原审议会议的委员可以参加复审会议

【答案】C

【解析】申请北交所发行上市的发行人对北交所作出的终止发行上市审核的决

定有异议的，可以在收到终止审核决定后 5 个工作日内申请复审。交易所在收到复审申请后 20 个工作日内，召开上市委员会复审会议。上市委员会复审期间，原决定的效力不受影响。上市委员会会议认为发行人不符合发行条件、上市条件或者信息披露要求作出终止发行上市审核的决定后，发行人提出异议申请复审的，参加上市委员会原审议会议的委员不得参加复审会议。

33. 关于复核与审核的说法，正确的是（　　）。

A. 交易所在收到复审申请后 10 个工作日内，召开上市委员会复审会议。上市委员会复审期间，原决定不具有效力

B. 上市委员会会议认为发行人不符合发行条件、上市条件或者信息披露要求作出终止发行上市审核的决定后，发行人提出异议申请复审的，参加上市委员会原审议会议的委员可以参加复审会议

C. 因发行人撤回发行上市申请或者保荐人撤回保荐终止审核的，发行人可以继续申请复审

D. 上市委员会复审会议认为申请复审理由成立的，审核机构对发行上市申请予以受理或者重新审核，审核时限自受理之日或重新审核之日起算

【答案】D

【解析】 交易所在收到复审申请后 20 个工作日内，召开上市委员会复审会议。上市委员会复审期间，原决定的效力不受影响。上市委员会会议认为发行人不符合发行条件、上市条件或者信息披露要求作出终止发行上市审核的决定后，发行人提出异议申请复审的，参加上市委员会原审议会议的委员不得参加复审会议。因发行人撤回发行上市申请或者保荐人撤回保荐终止审核的，发行人不得申请复审。

34. 关于审核时限的说法，正确的是（　　）。

A. 审核机构自受理之日起 15 个工作日内提出首轮审核问询

B. 申请在上交所、深交所上市的，自受理发行上市申请文件之日起，交易所审核机构审核和中国证监会注册的时间总计不超过 2 个月

C. 申请北交所上市的，自受理发行上市申请文件之日起 3 个月内形成审核意见

D. 发行人及其保荐人、证券服务机构回复审核问询的时间总计不超过 3 个月

【答案】D

【解析】 审核机构自受理之日起 20 个工作日内提出首轮审核问询。申请在上交所、深交所上市的，自受理发行上市申请文件之日起，交易所审核机构审核和中国证监会注册的时间总计不超过 3 个月。申请北交所上市的，自受理发行上市申请文

件之日起2个月内形成审核意见。

35. 关于审核时限的说法，不正确的是（　　）。

A. 发行人及其保荐人、证券服务机构回复审核问询的时间总计不超过3个月

B. 申请在上交所、深交所上市的，自受理发行上市申请文件之日起，交易所审核机构审核和中国证监会注册的时间总计不超过2个月

C. 对于北交所上市公司向科创板、创业板转板的情形，上交所、深交所自受理申请文件之日起2个月内作出是否同意转板上市的决定

D. 申请北交所上市的，自受理发行上市申请文件之日起2个月内形成审核意见

【答案】B

【解析】申请在上交所、深交所上市的，自受理发行上市申请文件之日起，交易所审核机构审核和中国证监会注册的时间总计不超过3个月。

36. 对于北交所上市公司向科创板、创业板转板的情形，上交所、深交所自受理申请文件之日起（　　）个月内作出是否同意转板上市的决定，转板公司及其保荐机构、证券服务机构回复交易所审核问询的时间总计不超过（　　）个月。

A. 1；2　　B. 2；3　　C. 3；4　　D. 3；5

【答案】B

【解析】对于北交所上市公司向科创板、创业板转板的情形，上交所、深交所自受理申请文件之日起2个月内作出是否同意转板上市的决定（转板公司及其保荐人、证券服务机构回复审核问询的时间不计算在内），转板公司及其保荐机构、证券服务机构回复交易所审核问询的时间总计不超过3个月。

37. 关于《创业板注册制发行上市审核动态》对时限的说明，下列说法不正确的是（　　）。

A. 在节假日提交成功的申请材料，受理时限将从提交成功之日起第一个工作日起算

B. 保荐人原则上应于收到审核机构修改意见后的7个工作日内提交符合要求的审核问询回复及相关申报文件

C. 未按要求提交延期申请或延期理由不充分、不合理的，于审核机构发出修改意见的10个工作日次日起恢复发行人端计时

D. 深交所根据审核实践，明确保荐人提交问询回复或其他申报文件初稿后至审核机构确认接收之前双方停止计时

【答案】B

【解析】保荐人原则上应于收到审核机构修改意见后的10个工作日内提交符合要求的审核问询回复及相关申报文件；如因核查工作量较大等原因确实无法在10个工作日内提交的，发行人和保荐人应提交延期申请，原则上延期不得超过10个工作日。

38. 关于《创业板注册制发行上市审核动态》对时限的说明，下列说法正确的是（　　）。

A. 在节假日提交成功的申请材料，受理时限将从提交成功次日起算

B. 审核人员应于收到保荐人提交的问询回复或其他申报文件的5个工作日内，形成修改意见并告知保荐人，且原则上可以提出不超过2次修改意见

C. 如因核查工作量较大等原因确实无法在10个工作日内提交审核问询回复的，发行人和保荐人应提交延期申请，原则上延期不得超过10个工作日

D. 同意延期的，延期后未能在规定时间内提交符合要求的审核问询回复及相关申报文件的，于延期期满当日恢复发行人端计时

【答案】C

【解析】在节假日提交成功的申请材料，受理时限将从提交成功之日起第一个工作日起算。审核人员应于收到保荐人提交的问询回复或其他申报文件的5个工作日内，形成修改意见并告知保荐人，且原则上只能提出1次修改意见。同意延期的，延期后未能在规定时间内提交符合要求的审核问询回复及相关申报文件的，于延期期满次日起恢复发行人端计时。

39. 关于《科创板发行上市审核动态》对时限的说明，下列说法不正确的是（　　）。

A. 按照国务院规定的全国性节假日放假、调休正常计入发行人回复用时

B. 上交所审核机构因投诉举报等事项启动专项核查的，自核查函发出后次日至确认核查函回复的当日，不计入发行人3个月的总回复用时

C. 发行人和保荐机构、证券服务机构应在收到专项核查函后，按规定履行核查义务，同时关注审核问询回复时间，妥善安排问询回复工作

D. 如因投诉举报启动专项核查的，核查期间与审核问询回复期间重合的，审核问询回复用时正常计算

【答案】A

【解析】法定节假日不计入发行人回复用时。元旦、春节、国庆节等按照国务院规定的全国性节假日放假、调休期间，回复用时相应扣除。

40. 关于证监会注册准备程序，下列说法不正确的是（　　）。

A. 交易所审核阶段在首次问询回复后，交易所应当及时对项目“两符合”情况形成明确意见，认为项目满足要求的，应当及时向发行监管部作专门报告

B. 交易所在审核过程中，发现项目涉及“四重大”事项或其他重要审核事项的，交易所审核中心应当及时向发行监管部进行请示

C. 通过召开注册准备会，讨论是否同意交易所请示意见

D. 发行监管部应当在 3 个工作日内，将注册准备会会议结论书面通知交易所审核中心

【答案】D

【解析】发行监管部应当在 2 个工作日内，将注册准备会会议结论书面通知交易所审核中心。

41. 下列（　　）项属于注册准备会无法得出的结论。

A. 项目符合国家产业政策和拟上市板块定位

B. 交易所应进一步问询或补充材料

C. 提请交易所现场检查

D. 注册准备会下次召开的时间

【答案】D

【解析】注册准备会可以作出以下结论：（1）项目符合或者不符合国家产业政策、拟上市板块定位；（2）同意或者不同意交易所请示意见；（3）要求交易所进一步问询或补充材料；（4）就相关事项征求其他相关单位部门意见；（5）建议交易所进行现场督导、提请现场检查或专项核查；（6）其他相关结论。

42. 发行监管部在全程跟进交易所审核进程时，下列（　　）项内容不需要重点关注。

A. 是否存在“两符合”“四重大”问题

B. 发行人在发行上市条件和信息披露要求的重大方面是否符合相关规定

C. 交易所审核内容有无重大遗漏，审核程序是否符合规定

D. 注册准备会会议记录书是否按照标准记录完整、准确

【答案】D

【解析】证监会依法对交易所审核工作开展监督。发行监管部在交易所审核的同时，对重点项目和随机抽取项目进行重点监督。对于同步监督项目，发行监管部会全程跟进交易所审核进程，通过主要关注以下内容，同步监督交易所审核要求落实情况、审核标准执行情况以及审核责任履行情况：（1）交易所审核内容有无重大遗漏，审核程序是否符合规定；（2）发行人在发行上市条件和信息披露要求的重大

方面是否符合相关规定；（3）是否存在“两符合”“四重大”问题。

43. 关于注册程序，下列（　　）项说法正确。

A. 发行监管部在交易所提交注册申请后10个工作日内召开注册审议会，基于交易所审核意见，依法履行发行注册程序

B. 中国证监会退回交易所补充审核后，交易所再次报送的，注册期限重新计算

C. 在规定的注册期限内，中国证监会发现存在影响发行条件的新增事项的，可以要求交易所进一步问询，但无法就新增事项形成审核意见

D. 根据项目情况，注册审议会应当作出建议予以注册、不予注册、要求交易所进一步落实、退回交易所补充审核等意见

【答案】B

【解析】 发行监管部在交易所提交注册申请后5个工作日内召开注册审议会，基于交易所审核意见，依法履行发行注册程序。根据项目情况，注册审议会可以作出建议予以注册、不予注册、要求交易所进一步落实、退回交易所补充审核等意见。在规定的注册期限内，中国证监会发现存在影响发行条件的新增事项的，可以要求交易所进一步问询并就新增事项形成审核意见。

44. 下列关于予以注册、撤销注册的说法不正确的是（　　）。

A. 中国证监会作出予以注册决定后、发行人股票上市交易前，发行人应当持续符合发行条件

B. 中国证监会可以要求发行人暂缓发行、上市

C. 相关重大事项导致发行人不符合发行条件的，应当撤销注册

D. 股票已经发行尚未上市的，发行人应当按照发行价并加算银行同期贷款利息返还股票持有人

【答案】D

【解析】 股票已经发行尚未上市的，发行人应当按照发行价并加算银行同期存款利息返还股票持有人。

45. 中国证监会作出不予注册决定的，自决定作出之日起（　　）个月后，发行人可以再次提出公开发行股票并上市申请。

A. 3　　B. 6　　C. 9　　D. 12

【答案】B

46. 除了下列（　　）情形，发行人、保荐人和证券服务机构应当及时书面报告交易所或中国证监会，中止发行上市审核程序或发行注册程序。

A. 发行人及其控股股东、实际控制人涉嫌贪污、贿赂、侵占财产、挪用财产或者破坏社会主义市场经济秩序的犯罪

B. 发行人的保荐人、证券服务机构被中国证监会依法采取限制业务活动、责令停业整顿、指定其他机构托管

C. 发行人及保荐人被迫中止审核，并无正当理由

D. 保荐人或者签字保荐代表人、证券服务机构或者相关签字人员，被证券交易所实施一定期限内不接受其出具的相关文件的纪律处分，尚未解除

【答案】C

【解析】选项 C 应为发行人及保荐人主动要求中止审核，理由正当并经交易所同意。

47. 下列（　　）项不属于中国证监会终止上市审核程序或发行注册程序的情形。

A. 发行上市申请文件内容存在重大缺陷，严重影响投资者理解和交易所审核或者发行注册工作

B. 发行人未在规定时限内回复审核问询或者未对发行上市申请文件作出解释说明、补充修改

C. 发行人或者保荐人、证券服务机构阻碍或者拒绝依法实施的现场检查或者现场督导

D. 中止审核情形未能在 6 个月内消除，或者未能在规定的时限内完成相关事项

【答案】D

【解析】选项 D 应为中止审核情形未能在 3 个月内消除，或者未能在规定的时限内完成相关事项。

48. 关于重大事项报告与处理的要求，下列说法不正确的是（　　）。

A. 中国证监会作出注册决定后至股票上市交易前，发生重大事项，可能导致发行人不符合发行条件、上市条件或者信息披露要求的，发行人应当中止发行

B. 发行人及其保荐人应当将相关情况及时报告审核机构并作出公告，说明重大事项相关情况及发行人将暂停发行、暂缓上市

C. 审核机构经审核认为相关重大事项导致发行人不符合发行条件、上市条件或者信息披露要求的，将出具明确意见并向中国证监会报告

D. 上市委员会审议会议后至股票上市交易前，发生重大事项的，发行上市审核机构经重新审核后决定是否重新提交上市委员会审议

【答案】A

【解析】中国证监会作出注册决定后至股票上市交易前，发生重大事项，可能导致发行人不符合发行条件、上市条件或者信息披露要求的，发行人应当暂停发行。

49. 项目中止审核后，发行人根据规定需要更换保荐人的，更换后的保荐人应当在（　　）审核之日起（　　）个月内完成尽职调查，重新出具文件，并对原保荐人出具的文件进行复核，出具复核意见，对差异情况作出说明。

A. 终止；3　　B. 终止；6　　C. 中止；3　　D. 中止；6

【答案】C

50. 下列关于在审期间变更中介机构或签字人员的处理，说法正确的是（　　）。

A. 由于保荐机构执业受限，发行人更换保荐机构时需要重新履行申报及受理程序

B. 发行人更换律师事务所、会计师事务所、资产评估机构无须中止审查

C. 发行人更换签字保荐代表人、签字律师、签字会计师、签字资产评估师应当中止审查

D. 更换手续完成前，中介机构原签字人员不再承担相应法律责任

【答案】B

【解析】发行人更换保荐机构的，除保荐机构执业受限等非发行人原因的情形外，需重新履行申报及受理程序。发行人更换签字保荐代表人、签字律师、签字会计师、签字资产评估师无须中止审查。换手续完成前，中介机构原签字人员继续承担相应法律责任。

51. 下列审核中的监管沟通问题，说法正确的是（　　）。

A. 自申请文件受理次日起至首轮审核问询发出前，为审核静默期

B. 在审核静默期，审核机构可以继续接受该发行人、保荐人、证券服务机构的咨询沟通

C. 交易所对电话沟通全程录音；对视频、现场沟通安排在指定区域进行并全程录音录像

D. 对于中介机构应当自行核查把关的事项，也属于沟通咨询范围

【答案】C

【解析】自申请文件受理之日起至首轮审核问询发出前，为审核静默期。在审核静默期内，审核机构不接受该发行人、保荐人、证券服务机构的咨询沟通。无实质性沟通内容、礼节性拜访，打听审核具体进度或安排、内部会议讨论内容以及能

否通过等情况的，属于中介机构应当自行核查把关的事项，未按照交易所指南要求提供沟通问题清单的，不属于沟通咨询范围。

52. 下列关于申请文件的要求，说法不正确的是（　　）。

A. 信息披露内容与格式准则规定的申请文件目录是对发行申请文件的最低要求

B. 如果某些文件对发行人不适用，发行人应作出书面说明

C. 申请文件一经受理，未经中国证监会或者交易所同意，不得改动

D. 申请文件的原始纸质文件所有需要签名处，均可以名章、签名章等代替

【答案】D

【解析】 申请文件的原始纸质文件所有需要签名处，应载明签名字样的印刷体，并由签名人亲笔签名，不得以名章、签名章等代替。

53.（　　）是股票发行阶段信息披露的主要载体，是投资者作出价值判断和投资决策的基本依据，是企业发行上市过程中最核心、最重要的法律文件。

A. 发行法律意见书　　B. 发行企业财务报告

C. 发行上市申请文件　　D. 招股说明书

【答案】D

54. 注册制下，招股说明书信息披露质量坚持的原则不包括（　　）。

A. 坚持以投资者需求为导向　　B. 坚持结果导向

C. 坚持归位尽责　　D. 坚持综合施策

【答案】B

【解析】 注册制下，招股说明书信息披露质量坚持以下原则：（1）坚持以投资者需求为导向；（2）坚持问题导向；（3）坚持归位尽责；（4）坚持综合施策。

55. 下列关于招股说明书的内容与格式，说法正确的是（　　）。

A. 凡对投资者作出价值判断和投资决策有影响的信息，均应披露

B. 信息披露事项涉及重要性水平判断的，发行人应结合自身业务特点披露重要性水平的确定标准和依据

C.《招股书格式准则》包括一般规定和特别规定，特别规定适用于各板块

D. 发行人作为信息披露的第一责任人，应以发行人利益最大化为导向编制招股说明书

【答案】B

【解析】 凡对投资者作出价值判断和投资决策有重大影响的信息，均应披露。《招股书格式准则》包括一般规定和特别规定，一般规定适用于各板块，特别规定

则基于各板块不同定位而作出差异化披露要求。发行人作为信息披露的第一责任人，应以投资者投资需求为导向编制招股说明书。

56. 与沪、深证券交易所公司披露要求相比，北交所公司披露要求在“财务会计信息”和“管理层分析与讨论”这两部分的差异不包括（　　）。

A. 北交所公司增加对合并财务报表与母公司财务报表存在显著差异的应披露子公司财务报表等事项的披露要求

B. 北交所公司对发行人尚未盈利或存在累计未弥补亏损的成因、影响及改善措施和发行人尚未盈利的公司等事项归置在“其他重要事项”章节、本次发行完成前滚存利润的分配安排和已履行的决策程序的披露要求等事项归置在“投资者保护”章节

C. 北交所公司未对存在协议控制架构或类似特殊安排的应披露其是否纳入合并范围及依据，报告期末主要对外投资项目情况，已境外上市或拟同时境内外上市公司因适用不同会计准则导致财务报告存在差异事项产生原因及差异调节表等事项（如有）予以披露要求

D. 北交所公司增加对合并财务报表与母公司财务报表存在显著差异的应披露母公司财务报表等事项的披露要求

【答案】A

【解析】选项 A 应为北交所公司增加对合并财务报表与母公司财务报表存在显著差异的应披露母公司财务报表等事项的披露要求。

57. 沪、深证券交易所规定发行人按照重要性原则披露募集资金运用情况，不包括（　　）。

A. 募集资金的具体用途

B. 募集资金的运用和管理安排，所筹资金不能满足预计资金使用需求的，缺口部分的资金来源及落实情况不予披露

C. 募集资金运用涉及审批、核准或备案程序的，应披露相关程序履行情况

D. 募集资金运用涉及与他人合作的，应披露合作方基本情况、合作方式、各方权利义务关系

【答案】B

【解析】募集资金的运用和管理安排，所筹资金不能满足预计资金使用需求的，应披露缺口部分的资金来源及落实情况。

58. 创业板转板上市报告书要求增加披露的内容不包括（　　）。

A. 限售股情况

B. 报告期内发行企业技术人员的主要变动情况

C. 核心人员最近三年涉及行政处罚、纪律处分被中国证监会立案调查情况的披露

D. 独立董事对关联交易履行的审议程序是否合法及交易价格是否公允的意见

【答案】B

【解析】 选项 B 应为“报告期内核心技术人员的主要变动情况及对转板公司的影响”。

59. 下列关于申请文件披露的说法，不正确的是（　　）。

A. 交易所受理发行上市申请文件当日，发行人应当按照交易所的规定在交易所网站预先披露招股说明书、发行保荐书等文件

B. 发行人披露的招股意向书内容含发行价格、筹资金额

C. 招股意向书与招股说明书具有同等法律效力

D. 交易所审核机构审核问询的回复是发行上市申请文件的组成部分

【答案】B

【解析】 发行人披露的招股意向书除不含发行价格、筹资金额以外，其内容与格式应当与招股说明书一致，并与招股说明书具有同等法律效力。

60. 招股说明书引用经审计的财务报表在其最近一期截止日后（　　）个月内有效，特殊情况下发行人可申请适当延长，但至多不超过（　　）个月。

A. 6；3　　B. 9；3　　C. 12；3　　D. 12；6

【答案】A

61. 申请在科创板、创业板发行上市的，发行人财务报告审计截止日至招股说明书签署日之间超过（　　）个月、（　　）个月的，应当在提交招股说明书（上会稿）前提供发行人初步测算的期间 1 个季度、2 个季度的主要财务数据。

A. 3；7　　B. 3；8　　C. 4；7　　D. 4；8

【答案】C

62. 下列关于工作底稿的基本要求，说法不正确的是（　　）。

A. 工作底稿是保荐机构出具发行保荐书、验证招股说明书的基础

B. 凡对保荐机构及其保荐代表人履行保荐职责有影响的文件资料及信息，均应当作为工作底稿予以留存

C. 工作底稿是评价保荐机构及其保荐代表人从事保荐业务是否诚实守信、勤勉尽责的重要依据

D. 保荐机构应当按照《底稿指引》的要求编制证券发行上市保荐业务工作底稿

【答案】B

【解析】凡对保荐机构及其保荐代表人履行保荐职责有重大影响的文件资料及信息，均应当作为工作底稿予以留存。

63. 下列关于工作底稿的内容及目录，说法不正确的是（　　）。

A. 发行人子公司对发行人业务经营或财务状况有重大影响的，保荐机构可根据重要性和合理性原则对该子公司单独编制工作底稿

B. 工作底稿不包括保荐机构对发行人辅导过程中形成的文件资料

C. 工作底稿是评价保荐机构及其保荐代表人从事保荐业务是否诚实守信、勤勉尽责的重要依据

D. 保荐机构对所获取资料进行分析、核查、验证所编制的文件资料也属于工作底稿的一部分

【答案】B

【解析】保荐机构对发行人相关人员进行辅导所形成的文件资料应当置于工作底稿中。

64. 下列关于工作底稿目录编制，说法不正确的是（　　）。

A. 保荐机构应当对工作底稿建立统一目录，且该目录应当便于查阅和核对

B. 保荐机构可以根据发行人的板块、行业、业务类型不同，在不影响首次公开发行并上市业务保荐质量的前提下调整、补充、完善保荐工作底稿目录

C. 保荐机构无法调整底稿目录主要章节和条目的顺序

D. 对于首次公开发行证券并在主板上市业务，保荐机构可根据相关规定，增减具体条款或调整条款表述

【答案】C

【解析】保荐机构可以在不改变实质内容的基础上，根据所申报板块相关规定调整底稿目录主要章节和条目的顺序，便于对信息披露内容进行验证。

65. 下列关于工作底稿的管理，说法不正确的是（　　）。

A. 保荐机构在收集和整理工作底稿时应当注意甄别工作底稿反映内容的真实性、客观性以及有效性，完善有关取证的必要手续

B. 保荐机构应当在工作底稿中详细记录保荐项目人员配置情况、各人员从事的具体工作，以及相关人员在项目中发挥的作用

C. 保荐机构及相关人员对工作底稿中的未公开披露的信息负有保密责任

D. 工作底稿应根据项目进展随时收集，项目完成后汇总整理

【答案】D

【解析】工作底稿应根据项目进展随时收集，分阶段整理。

66. 下列关于工作底稿的管理，说法正确的是（　　）。

A. 工作底稿应根据项目进展随时收集，项目完成后汇总整理

B. 工作底稿应进行编号，编号工作应贯穿底稿收集与整理的过程始终

C. 工作底稿的不同章节中尽量避免存在重复的文件资料

D. 为了安全起见，工作底稿在形成纸质文档以后应当删除电子底稿避免泄露

【答案】B

【解析】工作底稿应根据项目进展随时收集，分阶段整理。不同章节中存在重复的文件资料，可以采用相互引证的方法。在项目立项前、内核前、申报前、终止或完成后等阶段在电子底稿系统中上传相关工作底稿。

67. 下列关于工作底稿的审核和归档，说法不正确的是（　　）。

A. 保荐机构的业务部门申请启动内核会议审议程序前，应当完成对现场尽职调查阶段工作底稿的获取和归集工作，并提交质量控制部门或团队验收，质量控制部门或团队应当出具明确的验收意见

B. 保荐机构的质量控制部门或团队应当认真审阅尽职调查工作底稿，对相关专业意见和推荐文件是否依据充分，项目组是否勤勉尽责出具明确验收意见

C. 项目终止或完成后，保荐机构应当在60个工作日内完成项目底稿的整理归档工作

D. 保荐机构的质量控制部门或团队应当监督项目组按照相关要求完成工作底稿的整理归档，并对归档工作进行验收

【答案】C

【解析】项目终止或完成后，保荐机构应当在45个工作日内完成项目底稿的整理归档工作。

68. 下列关于工作底稿的审核和归档，说法不正确的是（　　）。

A. 向上级申请以后，归档后的工作底稿可以进行修改、替换、删除等变更操作

B. 原则上应确保电子底稿内容与纸质底稿内容保持一致，纸质及电子底稿保存期限也应保持一致

C. 工作底稿可以纸质文档、电子文档或者其他介质形式的文档留存

D. 以纸质以外的其他介质形式存在的工作底稿，应当以可独立保存的形式留存

【答案】A

【解析】 归档后的工作底稿不得进行修改、替换、删除等变更操作。

69. 下列关于工作底稿的审核和归档，说法不正确的是（　　）。

A. 项目终止或完成后，保荐机构应当在45个工作日内完成项目底稿的整理归档工作

B. 持续督导期内，保荐机构应当在持续督导年度工作报告（意见）披露后45个工作日内完成相关底稿的归档工作

C. 工作底稿未验收通过的，不得启动内核会议审议程序

D. 归档后的工作底稿不得进行修改、替换、删除等变更操作

【答案】B

【解析】 持续督导期内，保荐机构应当在持续督导年度工作报告（意见）披露后30个工作日内完成相关底稿的归档工作。

70. 下列关于工作底稿的电子化管理，说法不正确的是（　　）。

A. 保荐机构应当为其履行过立项程序的每一个投资银行类项目建立独立的工作底稿

B. 保荐机构应将底稿系统的有效性评估纳入投资银行类业务内部控制有效性评估，并适时调整完善

C. 项目一经履行立项程序，无论是否内核、报送、终止，保荐人均须在系统中保留已开展工作的底稿文件及变更痕迹

D. 底稿系统建成后，保荐机构应分别于向有关单位报送发行、上市（挂牌）等申请文件后30个工作日内，通过底稿系统向协会报送相关材料

【答案】D

【解析】 底稿系统建成后，保荐机构应分别于向有关单位报送发行、上市（挂牌）等申请文件后45个工作日内，以及发行、上市（挂牌）完成后45个工作日内，通过底稿系统向协会报送工作底稿目录（申报稿）、对应的文件名和文件校验码，以及工作底稿目录（终稿）、归档后的文件名和文件校验码，以便存档备查。保荐机构应保证报送的工作底稿目录等相关信息真实、准确、完整。

71. 保荐机构应将底稿系统的（　　）评估纳入投资银行类业务内部控制有效性评估，并适时调整完善。

A. 完整性　　B. 全面性　　C. 可靠性　　D. 有效性

【答案】D

【解析】 保荐机构应将底稿系统的有效性评估纳入投资银行类业务内部控制有效性评估，并适时调整完善。

72. 底稿系统的功能不包括（　　）。

A. 实现业务流程清晰　　　　　　B. 覆盖投资银行各类业务

C. 静态反映项目整个生命周期　　D. 实现底稿管理严格

【答案】C

【解析】底稿系统应至少具备以下功能：能够覆盖投资银行各类业务；能够动态反映项目整个生命周期；能够实现业务流程清晰、控制流程完整、底稿管理严格。

73. 底稿系统建成后，保荐机构应分别于向有关单位报送发行、上市（挂牌）等申请文件后（　　）个工作日内，以及发行、上市（挂牌）完成后（　　）个工作日内，通过底稿系统向协会报送工作底稿目录（申报稿）、对应的文件名和文件校验码，以及工作底稿目录（终稿）、归档后的文件名和文件校验码，以便存档备查。

A. 30；30　　B. 30；45　　C. 45；45　　D. 45；30

【答案】C

74. 下列关于工作底稿的收集与管理，说法不正确的是（　　）。

A. 保荐机构应当在工作底稿中粗略记录各人员从事的具体工作

B. 工作底稿应根据项目进展随时收集，分阶段整理

C. 工作底稿编号一般原则：依某项文件在工作底稿目录中首次出现的位置按序编号

D. 保荐机构及相关人员对工作底稿中的未公开披露的信息负有保密责任

【答案】A

【解析】保荐机构应当在工作底稿中详细记录保荐项目人员配置情况、各人员从事的具体工作，以及相关人员在项目中发挥的作用，明确工作底稿收集整理的责任人员，且保荐机构及相关人员对工作底稿中的未公开披露的信息负有保密责任。

二、多项选择题（以下备选项中有两项或两项以上符合题目要求，多选、少选、错选均不得分）

1. 下列选项中，属于证监会注册准备工作的有（　　）。

A. 上市委员会审议　　　　　　B. 注册准备会

C. 出具审核报告　　　　　　　D. 对重点项目履行同步监督程序

【答案】BD

【解析】选项A和选项C是交易所审核工作，选项B和选项D是证监会注册准

备工作，除此之外证监会注册准备工作还有发行监管部履行报批程序和征求意见程序（如有）。

2. 下列选项中，属于预沟通的范围的有（　　）。

A. 发行上市审核中尚未有案例支持的重大无先例事项

B. 因产业政策调整涉及发行上市审核标准适用的相关问题

C. 涉及上市条件要求，按照现有规则可以作出判断的重大问题

D. 涉及板块定位要求，按照现有规则难以作出判断的重大问题

【答案】ABD

【解析】预沟通的范围主要包括：涉及发行条件、上市条件、板块定位和信息披露等要求，按照现有规则难以作出判断的重大问题（选项C和选项D）；发行上市审核中尚未有案例支持的重大无先例事项（选项A）；因产业政策调整涉及发行上市审核标准适用的相关问题（选项B）；确需咨询沟通的其他问题。

3. 下列选项中，不属于申报前咨询沟通范围的有（　　）。

A. 有实质咨询沟通内容，属于礼节性拜访的

B. 不适合申报前咨询沟通的其他情形

C. 属于保荐人和证券服务机构应自行核查把关的问题

D. 未按规定要求提交咨询沟通材料的

【答案】BCD

【解析】以下情形不属于申报前咨询沟通的范围：无实质咨询沟通内容，属于礼节性拜访的（选项A）；属于保荐人和证券服务机构应自行核查把关的问题（选项C）；未按规定要求提交咨询沟通材料的（选项D）；不适合申报前咨询沟通的其他情形（选项B）。

4. 下列选项中，属于预沟通方式的有（　　）。

A. 书面咨询　　B. 电话咨询　　C. 现场咨询　　D. 视频咨询

【答案】ABCD

【解析】预沟通的方式包括书面、电话、现场和视频等方式。根据沪、深证券交易所的规定，保荐人和证券服务机构一般应选择电话、书面咨询方式，问题复杂、确需当面沟通的，保荐人可以通过审核系统提交咨询沟通材料，并预约现场或视频咨询，故选项ABCD均正确。

5. 下列关于审核机构受理上市申请的做法中不符合要求的有（　　）。

A. 审核机构收到发行上市申请文件后10个工作日内，对文件进行核对，作出是否受理的决定

B. 发行人补正发行上市申请文件的，审核机构收到发行上市申请文件的时间以发行人最终提交补正文件的时间为准

C. 甲企业报送的电子文件和预留原件具有同等的法律效力

D. 发行上市申请文件不齐备或者不符合要求的，审核机构将向保荐人发出补正通知告知需要补正的事项，发行人应当予以补正，补正时限最长不超过 20 个工作日

【答案】AD

【解析】选项 A，审核机构应在收到发行上市申请文件后 5 个工作日内，对文件进行核对，作出是否受理的决定，故选项 A 错误；选项 D，发行上市申请文件不齐备或者不符合要求的，审核机构将向保荐人发出补正通知告知需要补正的事项，发行人应当予以补正，补正时限最长不超过 30 个工作日，故选项 D 错误。

6. 下列选项中，属于发行人常见的受理补正情形的有（　　）。

A. 股东大会决议缺少参会董事签名

B. 申报文件为修订模式、显示比例过大或过小

C. 发行人纳税情况证明不完整

D. 财务报告审计截止日至招股说明书签署日之间超过 4 个月，但提供了发行人及其董监高等负责人出具的专项声明的

【答案】ABC

【解析】选项 A 是申请文件缺少签名盖章或签字盖章不规范的情形；选项 B 是其他情形；选项 C 是遗漏申请文件或内容不完整的情形，故选项 ABC 均是常见的受理补正情形。选项 D，财务报告审计截止日至招股说明书签署日之间超过 4 个月的，未提供发行人及其董事、监事、高级管理人员和发行人单位负责人、主管会计工作负责人及会计机构负责人出具的专项声明的属于受理补正情形，故选项 D 错误。

7. 下列选项中，属于遗漏申请文件或内容不完整而需要补正的情形的有（　　）。

A. 保荐人声明承诺不齐全或内容不完整

B. 遗漏申请文件、内容不齐全

C. 缺少保荐人法定代表人签名

D. 发行人财务报表不完整

【答案】ABD

【解析】选项 ABD 均属于遗漏申请文件或内容不完整而需要补正的情形，选项 C 属于申请文件缺少签名盖章或签字盖章不规范的情形。

8. 下列选项中，属于深交所的审核机构不予受理情形的有（　　）。

A. 发行上市申请文件不齐备且未按要求补正

B. 证券服务机构的相关人员因证券违法违规被中国证监会限制业务活动

C. 证券服务机构的相关人员不具备相关资质

D. 存在尚未实施完毕的重大资产重组

【答案】AB

【解析】 选项C和选项D均属于北交所审核机构不予受理的情形，选项A和选项B属于上交所、深交所和北交所共同认定的审核机构不予受理的情形。

9. 下列关于保荐工作底稿和验证版招股说明书备查的说法中，错误的有（　　）。

A. 甲企业申请在主板上市，受理后10个工作日内，保荐机构应当以电子文档形式报送保荐工作底稿

B. 乙企业申请在科创板上市，受理后15个工作日内，保荐机构应当以电子文档形式报送招股说明书

C. 丙企业申请在北交所发行上市，受理后10个工作日内，应当通过审核系统报送验证版招股说明书

D. 丁企业申请在北交所发行上市，受理后10个工作日内，应当通过审核系统报送工作底稿

【答案】BD

【解析】 申请在主板、科创板、创业板发行上市的，受理后10个工作日内，保荐机构应当以电子文档形式报送保荐工作底稿和验证版招股说明书，供监管备查（选项A和选项B）。申请在北交所发行上市的，受理后10个工作日内，保荐机构应当通过审核系统报送验证版招股说明书（选项C），目前尚未要求报送工作底稿（选项D）。

10. 交易所对发行上市申请不予受理或者终止审核的，发行人可以申请复审，下列关于复审的说法中正确的有（　　）。

A. 发行人可以在收到不予受理或者终止审核的相关文件后10个工作日内申请复审

B. 交易所在收到复审申请后15个工作日内，召开上市委员会复审会议

C. 因发行人撤回发行上市申请或者保荐人撤回保荐终止审核的，发行人不得申请复审

D. 发行人申请复审的，应当向审核机构提交复审申请书、保荐人就复审事项出具的意见书等规定文件

【答案】CD

【解析】 沪、深证券交易所对发行上市申请不予受理或者终止审核的，发行人可以在收到相关文件后5个工作日内申请复审。申请北交所发行上市的发行人对北交所作出的终止发行上市审核的决定有异议的，可以在收到终止审核决定后5个工作日内申请复审，故选项A错误；交易所在收到复审申请后20个工作日内，召开上市委员会复审会议，故选项B错误。

11. 交易所分别设有（　　）对发行人的发行上市申请文件进行审核、为板块建设和发行上市审核提供专业咨询和政策建议、对审核机构出具的审核报告和发行上市申请文件进行审议，形成审议意见。

A. 发行上市审核机构　　B. 科技创新咨询委员会

C. 行业咨询专家库　　D. 上市委员会

【答案】ABCD

【解析】 交易所设有独立的发行上市审核机构对发行人的发行上市申请文件进行审核，出具审核报告；设立科技创新咨询委员会或行业咨询专家库，为板块建设和发行上市审核提供专业咨询和政策建议；设有上市委员会对审核机构出具的审核报告和发行上市申请文件进行审议，形成审议意见。

12. 首轮审核问询回复后，存在下列（　　）情形之一的，发行上市审核机构在收到回复后10个工作日内可以继续提出审核问询。

A. 证券服务机构的回复未能有针对性地回答审核问询

B. 交易所认为需要继续审核问询

C. 首轮审核问询后，发现新的需要问询事项

D. 发行人的信息披露仍未满足中国证监会和交易所规定的要求

【答案】ABCD

【解析】 首轮审核问询回复后，存在下列情形之一的，发行上市审核机构在收到回复后10个工作日内可以继续提出审核问询：（1）首轮审核问询后，发现新的需要问询事项；（2）发行人及其保荐人、证券服务机构的回复未能有针对性地回答发行上市审核机构提出的审核问询，或者审核机构就其回复需要继续审核问询；（3）发行人的信息披露仍未满足中国证监会和交易所规定的要求；（4）交易所认为需要继续审核问询的其他情形。

13. 下列关于交易所审核阶段主要时限的说法，不正确的有（　　）。

A. 审核机构自受理之日起15个工作日内提出首轮审核问询

B. 申请北交所上市的，自受理发行上市申请文件之日起2个月内形成审核意见

C. 发行人及其保荐人、证券服务机构回复审核问询的时间总计不超过 2 个月

D. 保荐人原则上应于收到审核机构修改意见后的 10 个工作日内提交符合要求的审核问询回复及相关申报文件

【答案】AC

【解析】 审核机构自受理之日起 20 个工作日内提出首轮审核问询。发行人及其保荐人、证券服务机构回复审核问询的时间总计不超过 3 个月。

14. 通过召开注册准备会，可以得出的结论有（　　）。

A. 项目符合或者不符合国家产业政策、拟上市板块定位

B. 要求交易所进一步问询或补充材料

C. 同意或者不同意交易所请示意见

D. 建议交易所进行现场督导、提请现场检查或专项核查

【答案】ABCD

【解析】 注册准备会可以作出以下结论：（1）项目符合或者不符合国家产业政策、拟上市板块定位；（2）同意或者不同意交易所请示意见；（3）要求交易所进一步问询或补充材料；（4）就相关事项征求其他相关单位部门意见；（5）建议交易所进行现场督导、提请现场检查或专项核查；（6）其他相关结论。

15. 下列关于证监会注册程序的说法，不正确的有（　　）。

A. 发行监管部在交易所提交注册申请后 10 个工作日内召开注册审议会，基于交易所审核意见，依法履行发行注册程序

B. 中国证监会在 15 个工作日内对发行人的注册申请作出予以注册或者不予注册的决定

C. 在规定的注册期限内，中国证监会发现存在影响发行条件的新增事项的，可以要求交易所进一步问询并就新增事项形成审核意见

D. 中国证监会退回交易所补充审核后，交易所再次报送的，注册期限重新计算

【答案】AB

【解析】 发行监管部在交易所提交注册申请后 5 个工作日内召开注册审议会，基于交易所审核意见，依法履行发行注册程序。中国证监会在 20 个工作日内对发行人的注册申请作出予以注册或者不予注册的决定。

16. 下列属于在 3 个月内消除中止审核的情形有（　　）。

A. 发行人及其控股股东、实际控制人涉嫌贪污、贿赂、侵占财产、挪用财产

B. 发行人及其控股股东、实际控制人存在破坏社会主义市场经济秩序的犯罪

C. 发行人的签字保荐代表人被中国证监会依法采取认定为不适当人选等监管措施，被证券业协会采取认定不适合从事相关业务的纪律处分

D. 发行人及其实际控制人涉嫌欺诈发行、重大信息披露违法

【答案】ABD

【解析】属于在3个月内消除中止审核的情形包括：发行人及其控股股东、实际控制人涉嫌贪污、贿赂、侵占财产、挪用财产或者破坏社会主义市场经济秩序的犯罪，或者涉嫌欺诈发行、重大信息披露违法或其他涉及国家安全、公共安全、生态安全、生产安全、公众健康安全等领域的重大违法行为，被立案调查或者被司法机关立案侦查，尚未结案。

17. 出现下列（　　）情形之一的，交易所或中国证监会将终止相应发行上市审核程序或发行注册程序。

A. 发行人撤回发行上市申请或者保荐人撤销保荐

B. 证券服务机构阻碍或者拒绝依法实施的现场检查或者现场督导

C. 发行人的法人资格终止

D. 发行人注册申请文件中记载的财务资料已过有效期且逾期1个月未更新

【答案】ABC

【解析】选项D应当为“发行人注册申请文件中记载的财务资料已过有效期且逾期3个月未更新”。

18. 关于媒体报道与投诉举报的说法，正确的有（　　）。

A. 审核机构受理发行上市申请后至股票上市交易前，发行人及其保荐人应当密切关注公共媒体关于发行人的重大报道、市场传闻

B. 举报核查报告应当说明核查内容、核查手段、核查过程和核查结论

C. 相关报道与发行人信息披露存在重大差异，所涉事项可能对本次发行上市产生影响的，发行人及其保荐人应当向审核机构作出解释说明

D. 保荐人、证券服务机构应当在核查结论中明确说明举报事项是否属实，并就举报事项是否对发行人本次发行上市构成障碍发表明确意见

【答案】ABD

【解析】选项C为相关报道、传闻与发行人信息披露存在重大差异，所涉事项可能对本次发行上市产生重大影响的，发行人及其保荐人应当向审核机构作出解释说明。

19. 关于业务咨询和项目沟通，下列说法中正确的有（　　）。

A. 咨询沟通方式包括书面沟通、电话沟通以及视频、现场等当面沟通方式

B. 中介机构应当自行核查把关的事项不属于沟通咨询范围

C. 交易所对视频、现场沟通安排在指定区域进行并全程录音录像

D. 特殊情况下，在审核静默期内，审核机构可以接受该发行人、保荐人、证券服务机构的咨询沟通

【答案】ABC

【解析】在审核静默期内，审核机构不接受该发行人、保荐人、证券服务机构的咨询沟通。

20. 注册制的核心是信息披露。下列关于发行申请文件要求的说法中，正确的有（　　）。

A. 信息披露内容与格式准则规定的申请文件目录是对发行申请文件的最高要求

B. 根据审核需要，中国证监会和交易所可以要求发行人和中介机构补充文件

C. 如果某些文件对发行人不适用，发行人应作出书面说明

D. 申请文件一经受理，未经中国证监会或者交易所同意，不得改动

【答案】BCD

【解析】信息披露内容与格式准则规定的申请文件目录是对发行申请文件的最低要求，故选项 A 错误；根据审核需要中国证监会和交易所可以要求发行人和中介机构补充文件；如果某些文件对发行人不适用，发行人应作出书面说明；申请文件一经受理，未经中国证监会或者交易所同意，不得改动，故 BCD 选项正确。

21. 下列关于申请文件的原始纸质文件的说法中，正确的有（　　）。

A. 发行人通过交易所发行上市审核业务系统报送电子申请文件，同时应确保申请文件的原始纸质文件已存档

B. 发行人不能提供有关文件原件的，可以由出文单位盖章，以保证与原件一致

C. 申请文件的原始纸质文件所有需要签名处，应载明签名字样的印刷体，签名可以用名章、签名章等代替

D. 申请文件的原始纸质文件中需要由发行人律师鉴证的文件，发行人律师应在该文件首页注明“以下第××页至第××页与原件一致”

【答案】ABD

【解析】发行人通过交易所发行上市审核业务系统报送电子申请文件，同时应确保申请文件的原始纸质文件已存档，故选项 A 正确；发行人不能提供有关文件原件的，应由发行人律师提供鉴证意见，或由出文单位盖章，以保证与原件一致，发行人应作出书面说明，故选项 B 正确；申请文件的原始纸质文件所有需要签名处，

应载明签名字样的印刷体，并由签名人亲笔签名，不得以名章、签名章等代替，故选项C错误；申请文件的原始纸质文件中需要由发行人律师鉴证的文件，发行人律师应在该文件首页注明“以下第××页至第××页与原件一致”，故D选项正确。

22. 下列关于发行人报送的电子文件的说法中，正确的有（　　）。

A. 预留原件后，报送的电子文件仍可以修改

B. 发行人律师应对报送的电子文件与预留原件的一致性出具鉴证意见

C. 报送的电子文件和预留原件具有同等的法律效力

D. 发行人通过交易所发行上市审核业务系统报送电子申请文件，同时应确保申请文件的原始纸质文件已存档

【答案】BCD

【解析】报送的电子文件应和预留原件一致，故选项A错误；发行人律师应对报送的电子文件与预留原件的一致性出具鉴证意见，故选项B正确；报送的电子文件和预留原件具有同等的法律效力，故选项C正确；发行人通过交易所发行上市审核业务系统报送电子申请文件，同时应确保申请文件的原始纸质文件已存档，故选项D正确。

23. 下列关于北交所对发行上市申请文件的要求，说法正确的有（　　）。

A. 在北交所上市的发行人无须提供保荐人对本次申请符合受理要求的说明

B. 在北交所上市的发行人无须提供纳税情况及原始财务报表等财务资料

C. 在北交所上市的发行人无须提供关于公司设立以来股本演变情况的说明

D. 在北交所上市的发行人无须提供产权和特许经营权、重要合同/协议等相关的申请文件

【答案】BCD

【解析】北交所较沪、深证券交易所做简化体现在无须提供纳税情况及原始财务报表等财务资料、发行人关于公司设立以来股本演变情况的说明及其董监高的确认意见、产权和特许经营权、重要合同/协议等相关的申请文件，故BCD选项正确。保荐人对本次申请符合受理要求的说明属于北交所要求提交的申请文件，故选项A错误。

24. 下列关于北交所与沪深主板对发行上市申请文件的要求差异，说法正确的有（　　）。

A. 北京证券交易所要求提供“中介机构关于证监会系统离职人员入股情况的专项说明”

B. 沪、深证券交易所公司要求提供“发行人股东信息披露的专项承诺以及保

荐人、律师出具的股东信息披露的专项核查报告”

C. 沪、深证券交易所要求提供“保荐协议和承销协议”

D. 北京证券交易所要求提供“保荐协议和承销协议”

【答案】ABC

【解析】对股东信息披露，北交所要求提供“中介机构关于证监会系统离职人员入股情况的专项说明”，而沪、深证券交易所公司要求提供“发行人股东信息披露的专项承诺以及保荐人、律师出具的股东信息披露的专项核查报告”，故选项 AB 正确。沪、深证券交易所要求提供“保荐协议和承销协议”，北交所仅要求提供“保荐协议”，故选项 C 正确，D 选项错误。

25. 招股说明书是股票发行阶段信息披露的主要载体。注册制下，招股说明书信息披露质量坚持的原则有（　　）。

A. 坚持以投资者需求为导向　　B. 坚持问题导向

C. 坚持归位尽责　　D. 坚持综合施策

【答案】ABCD

【解析】注册制下，招股说明书信息披露质量坚持的原则包括坚持以投资者需求为导向、坚持问题导向、坚持归位尽责、坚持综合施策，故 ABCD 选项正确。

26. 招股说明书是股票发行阶段信息披露的主要载体。下列关于招股说明书信息披露质量原则的说法中，正确的有（　　）。

A. 招股说明书要满足不同类型投资者多元化需求，既要简明清晰、通俗易懂，方便普通投资者阅读和使用

B. 招股说明书要内容丰富、充分详实，满足专业投资者需要

C. 真实、准确、详细是信息披露的底线要求

D. 归位尽责要求厘清发行人及中介机构在招股说明书撰写与编制中的职责边界

【答案】ABD

【解析】招股说明书要满足不同类型投资者多元化需求，既要简明清晰、通俗易懂，方便普通投资者阅读和使用；又要内容丰富、充分详实，满足专业投资者需要，故选项 AB 正确；真实、准确、完整是信息披露的底线要求，故选项 C 错误；归位尽责要求厘清发行人及中介机构在招股说明书撰写与编制中的职责边界，故 D 选项正确。

27. 下列关于发行人编制招股说明书的说法中，正确的有（　　）。

A. 凡对投资者作出价值判断和投资决策有重大影响的信息，均应披露

B. 发行人是信息披露的第一责任人

C. 发行人应以投资者投资需求为导向编制招股说明书

D. 发行人保证相关信息的内容真实、准确、完整

【答案】ABCD

【解析】凡对投资者作出价值判断和投资决策有重大影响的信息，均应披露，故选项A正确；发行人作为信息披露的第一责任人，应以投资者投资需求为导向编制招股说明书，为投资者作出价值判断和投资决策提供充分且必要的信息，保证相关信息的内容真实、准确、完整，故BCD选项正确。

28. 在披露招股说明书中的风险因素时，发行人不得包含的内容包括（　　）。

A. 风险因素分类　　B. 风险对策

C. 对发行人的影响　　D. 发行人竞争优势

【答案】BD

【解析】披露风险因素不得包含风险对策、发行人竞争优势及类似表述，故BD选项错误。

29. 除在风险因素章节披露相关风险提示以外，发行人还应在招股说明书显要位置提示以下（　　）特定板块的投资风险。

A. 主板　　B. 科创板　　C. 创业板　　D. 北交所

【答案】BCD

【解析】除在风险因素章节披露相关风险提示以外，发行人还应在招股说明书显要位置提示特定板块的投资风险：科创板、创业板、北交所，故BCD选项正确。

30. 在招股说明书中，发行人基本情况章节的披露内容包括（　　）。

A. 报告期内的股本和股东变化情况　　B. 成立以来重要事件

C. 在其他证券市场的上市/挂牌情况　　D. 员工薪酬明细情况

【答案】ABC

【解析】发行人基本情况章节的披露内容包括：发行人报告期内的股本和股东变化情况，简要披露成立以来重要事件（含报告期内重大资产重组），在其他证券市场的上市/挂牌情况（如有），员工情况等，故选项ABC正确。招股说明书未要求披露员工薪酬明细，故D选项错误。

31. 下列关于不同板块公司对董事、监事、高级管理人员及其他核心人员变动情况披露特别规定的说法中，正确的有（　　）。

A. 科创板和创业板发行人董事、监事、高级管理人员及其他核心人员最近二年内发生变动的，应以列表方式汇总披露变动情况、原因及影响

B. 主板市场发行人董事、监事、高级管理人员及其他核心人员最近五年内发生变动的，应以列表方式汇总披露变动情况、原因及影响

C. 北交所公司要求披露董事、监事的提名人，董事、监事、高级管理人员最近三年内发生变动情况

D. 北交所公司未对报告期内社会保险和住房公积金缴纳情况等事项予以披露要求

【答案】AD

【解析】科创板和创业板发行人董事、监事、高级管理人员及其他核心人员最近两年内发生变动的，应以列表方式汇总披露变动情况、原因及影响，故选项A正确；发行人董事、监事、高级管理人员及其他核心人员最近三年内发生变动的，应以列表方式汇总披露变动情况、原因及影响，故选项B错误；北交所公司未对董事、监事的提名人，董事、监事、高级管理人员最近三年内发生变动情况以及报告期内社会保险和住房公积金缴纳情况等事项予以披露要求，故选项C错误，D选项正确。

32. 与沪、深证券交易所公司披露要求相比，北交所公司披露要求的主要差异包括（　　）。

A. 北交所公司未对公司设立情况予以披露要求

B. 北交所公司增加了报告期内股本和股东变化情况等事项的披露要求

C. 北交所公司增加了在全国股转系统挂牌期间的情况、发行人控股股东、实际控制人与其他股东签署的特殊投资约定等可能导致股权结构变化的事项等事项的披露要求

D. 北交所公司将特别表决权股份或类似安排的情况（如有）归置在“公司治理”章节予以披露

【答案】ACD

【解析】与沪、深证券交易所公司披露要求相比，北交所公司披露要求的主要差异是：（1）北交所公司未对公司设立情况，协议控制架构的具体安排（如有）等事项予以披露要求，故选项A正确；（2）北交所公司简化了报告期内股本和股东变化情况等事项的披露要求，故选项B错误；（3）北交所公司增加了在全国股转系统挂牌期间的情况、发行人控股股东、实际控制人与其他股东签署的特殊投资约定等可能导致股权结构变化的事项等事项的披露要求，故选项C正确；（4）北交所公司将特别表决权股份或类似安排的情况（如有）归置在“公司治理”章节，控股股东、实际控制人报告期内违法行为归置于“其他重要事项”章节予以披露，

故D选项正确。

33. 在招股说明书中，发行人业务与技术章节的披露内容包括（ ）。

A. 对主要业务有重大影响的主要固定资产、无形资产等资源要素的情况

B. 与他人共享资源要素情况

C. 生产经营涉及的主要环境污染物

D. 境外经营及境外资产情况

【答案】ABCD

【解析】在招股说明书中，发行人业务与技术章节的披露内容包括：发行人对主要业务有重大影响的主要固定资产、无形资产等资源要素的情况，与他人共享资源要素情况（如有），主要产品或服务的核心技术及技术来源，生产经营涉及的主要环境污染物、主要处理设施及处理能力，境外经营及境外资产情况等，故ABCD选项均正确。

34. 注册制下，按照申报即披露的原则，发行人应及时履行信息披露，应主要披露的环节包括（ ）。

A. 首次申报 B. 问询回复 C. 注册申请 D. 启动发行

【答案】ABCD

【解析】注册制下，按照申报即披露的原则，发行人应及时履行信息披露，应主要披露的环节包括首次申报、问询回复、注册申请（首发）、启动发行（首发）。

35. 在首次申报环节，交易所受理发行上市申请文件当日，发行人应当按照交易所的规定在交易所网站预先披露（ ）等文件。

A. 招股说明书 B. 转板报告书 C. 审计报告 D. 法律意见书

【答案】ACD

【解析】交易所受理发行上市申请文件当日，发行人应当按照交易所的规定在交易所网站预先披露招股说明书、发行保荐书、上市保荐书、审计报告和法律意见书等文件；交易所受理转板申请文件当日，转板公司应当通过交易所网站披露转板报告书、上市保荐书、审计报告、法律意见书等文件。

36. 在首次申报环节，交易所受理转板申请文件当日，转板公司应当通过交易所网站披露（ ）等文件。

A. 招股说明书 B. 转板报告书 C. 发行保荐书 D. 法律意见书

【答案】BD

【解析】交易所受理发行上市申请文件当日，发行人应当按照交易所的规定在交易所网站预先披露招股说明书、发行保荐书、上市保荐书、审计报告和法律意见

书等文件；交易所受理转板申请文件当日，转板公司应当通过交易所网站披露转板报告书、上市保荐书、审计报告、法律意见书等文件。

37. 在注册申请环节，上市委员会认为发行人符合发行条件、上市条件和信息披露要求，交易所向中国证监会报送审核意见时，发行人应当将修改后的（　　）文件在中国证监会网站和交易所网站同步公开。

A. 招股说明书　　B. 上市保荐书　　C. 审计报告　　D. 法律意见书

【答案】ABCD

【解析】上市委员会认为发行人符合发行条件、上市条件和信息披露要求，交易所向中国证监会报送审核意见时，发行人应当将修改后的招股说明书、发行保荐书、上市保荐书、审计报告和法律意见书等文件在中国证监会网站和交易所网站同步公开。

38. 工作底稿是指保荐机构及其保荐代表人在从事保荐业务全部过程中获取和编写的、与保荐业务相关的各种重要资料和工作记录的总称。下列关于工作底稿说法正确的有（　　）。

A. 证券公司应当按照《证券发行上市保荐业务工作底稿指引》的要求编制证券发行上市保荐业务工作底稿

B. 工作底稿是评价保荐机构及其保荐代表人从事保荐业务是否诚实守信、勤勉尽责的重要依据

C. 工作底稿应当真实、准确、完整地反映保荐机构尽职推荐发行人证券发行上市、持续督导发行人履行相关义务所开展的主要工作

D. 工作底稿应当成为保荐机构出具发行保荐书、发行保荐工作报告、上市保荐书、发表专项保荐意见以及验证招股说明书的基础

【答案】BCD

【解析】保荐机构应当按照《证券发行上市保荐业务工作底稿指引》的要求编制证券发行上市保荐业务工作底稿（选项A错误）。

39. 保荐机构应当在参照指引的基础上，根据发行人的（　　）类型不同，在不影响保荐业务质量的前提下调整、补充、完善首次公开发行保荐工作底稿。

A. 板块　　B. 行业　　C. 业务　　D. 融资

【答案】ABCD

【解析】保荐机构应当在参照指引的基础上，根据发行人的板块、行业、业务、融资类型不同，在不影响保荐业务质量的前提下调整、补充、完善首次公开发行保荐工作底稿。

40. 发行人子公司对发行人业务经营或财务状况有重大影响的，保荐机构可根据（　　）原则对该子公司单独编制工作底稿。

A. 重要性　　B. 合法性　　C. 合理性　　D. 合规性

【答案】AC

【解析】发行人子公司对发行人业务经营或财务状况有重大影响的，保荐机构可根据重要性和合理性原则对该子公司单独编制工作底稿。

41. 下列关于工作底稿目录编制的说法正确的有（　　）。

A. 对于确实不适用的部分，应当在工作底稿目录中注明“不适用”，并简要说明不适用的原因，同时删除基础目录

B. 保荐机构可以在不改变实质内容的基础上，根据所申报板块相关规定调整底稿目录主要章节和条目的顺序，便于对信息披露内容进行验证

C. 对于首次公开发行证券并在主板上市业务以及向不特定合格投资者公开发行股票并在北交所上市业务，保荐机构可根据相关规定，增减具体条款或调整条款表述

D. 保荐机构可以在参照《底稿目录细则》的基础上，根据发行人的板块、行业、业务类型不同，在不影响首次公开发行并上市业务保荐质量的前提下调整、补充、完善保荐工作底稿目录

【答案】BCD

【解析】对于确实不适用的部分，应当在工作底稿目录中注明“不适用”，并简要说明不适用的原因，但不能删除基础目录（选项 A 错误）。

42. 下列关于工作底稿的收集和整理说法正确的有（　　）。

A. 保荐机构在收集和整理工作底稿时应当注意甄别工作底稿反映内容的真实性、客观性以及有效性，完善有关取证的必要手续

B. 保荐机构应当对招股说明书进行验证，并在验证文件与工作底稿之间建立起索引关系

C. 工作底稿应根据项目进展随时收集，项目结束后统一整理

D. 工作底稿应当内容完整、格式规范、标识统一、记录清晰

【答案】ABD

【解析】工作底稿应根据项目进展随时收集，分阶段整理（选项 C 错误）。

43. 保荐机构应当在工作底稿中详细记录以下（　　）信息。

A. 保荐项目人员配置情况　　B. 各人员从事的具体工作

C. 相关人员在项目中发挥的作用　　D. 保荐项目配置人员的居住情况

【答案】ABC

【解析】保荐机构应当在工作底稿中详细记录保荐项目人员配置情况、各人员从事的具体工作，以及相关人员在项目中发挥的作用（选项D错误）。

44. 下列关于工作底稿的整理说法正确的有（　　）。

A. 在项目立项前、内核前、申报前、终止或完成后等阶段在电子底稿系统中上传相关工作底稿

B. 工作底稿各章节之间应当有明显的分隔标识，不同章节中存在重复的文件资料，不要采用相互引证的方法

C. 工作底稿应当有调查人员及调查相关人员的签字，并应当符合相关法律法规和监管规定的要求

D. 工作底稿应进行编号，编号工作应贯穿底稿收集与整理的过程始终

【答案】ACD

【解析】工作底稿各章节之间应当有明显的分隔标识，不同章节中存在重复的文件资料，可以采用相互引证的方法（选项B错误）。

45. 下列关于工作底稿的审核说法正确的有（　　）。

A. 保荐机构的业务部门申请启动内核会议审议程序后，应当完成对现场尽职调查阶段工作底稿的获取和归集工作

B. 保荐机构的质量控制部门或团队应当认真审阅尽职调查工作底稿，对相关专业意见和推荐文件是否依据充分，项目组是否勤勉尽责出具明确验收意见

C. 验收通过的，质量控制部门或团队应当制作项目质量控制报告，列示项目存疑或需关注的问题提请内核会议讨论

D. 验收未通过的，质量控制部门或团队应当要求项目组作出解释或补充相关工作底稿后重新提交验收。工作底稿未验收通过不影响内核会议审议程序的启动

【答案】BC

【解析】保荐机构的业务部门申请启动内核会议审议程序前，应当完成对现场尽职调查阶段工作底稿的获取和归集工作（选项A错误）。验收未通过的，质量控制部门或团队应当要求项目组作出解释或补充相关工作底稿后重新提交验收。工作底稿未验收通过的，不得启动内核会议审议程序（选项D错误）。

46. 下列关于工作底稿归档的说法正确的有（　　）。

A. 项目终止或完成后，保荐机构应当在30个工作日内完成项目底稿的整理归档工作

B. 持续督导期内，保荐机构应当在持续督导年度工作报告（意见）披露后15

个工作日内完成相关底稿的归档工作

C. 归档后的工作底稿不得进行修改、替换、删除等变更操作

D. 原则上应确保电子底稿内容与纸质底稿内容保持一致，纸质及电子底稿保存期限也应保持一致，且不低于相关法律法规规定的年限

【答案】CD

【解析】 项目终止或完成后，保荐机构应当在45个工作日内完成项目底稿的整理归档工作（选项A错误）。持续督导期内，保荐机构应当在持续督导年度工作报告（意见）披露后30个工作日内完成相关底稿的归档工作（选项B错误）。

47. 保荐机构应按照中国证券业协会发布的《证券公司投资银行类业务工作底稿电子化管理系统建设指引》等要求建立投资银行类业务工作底稿电子化管理系统，该系统具备（　　）功能。

A. 能够覆盖投资银行各类业务

B. 能够动态反映项目整个生命周期

C. 能够实现业务流程清晰、控制流程完整

D. 能够实现底稿管理严格

【答案】ABCD

【解析】 底稿系统应至少具备以下功能：能够覆盖投资银行各类业务；能够动态反映项目整个生命周期；能够实现业务流程清晰、控制流程完整、底稿管理严格。

三、判断题（不选、错选均不得分）

1. 发行人在主板、科创板、创业板首次公开发行股票或北交所公开发行并上市，应当依法经过交易所审核并报中国证监会履行注册程序。（　　）

【答案】正确

2. 发行人申请股票发行上市，应当聘请保荐机构进行保荐，并委托保荐机构通过审核系统报送申请文件。（　　）

【答案】正确

3. 无实质咨询沟通内容，属于礼节性拜访的属于申报前咨询沟通范围。（　　）

【答案】错误

【解析】 以下情形不属于申报前咨询沟通的范围：无实质咨询沟通内容，属于礼节性拜访的；属于保荐人和证券服务机构应自行核查把关的问题；未按规定要求

提交咨询沟通材料的；不适合申报前咨询沟通的其他情形。

4. 发行人补正发行上市申请文件的，审核机构收到发行上市申请文件的时间以发行人首次提交补正文件的时间为准，并按照收到发行人发行上市申请文件的先后顺序予以受理。（　）

【答案】错误

【解析】发行人补正发行上市申请文件的，审核机构收到发行上市申请文件的时间以发行人最终提交补正文件的时间为准，并按照收到发行人发行上市申请文件的先后顺序予以受理。

5. 发行上市申请文件不齐备或者不符合要求的，审核机构将向保荐人发出补正通知告知需要补正的事项，发行人应当予以补正，补正时限最长不超过 60 个工作日。（　）

【答案】错误

【解析】补正时限最长不超过 30 个工作日。

6. 上交所、深交所对于转板公司存在尚未实施完毕的股票发行、重大资产重组、股票回购等事项的不予受理。（　）

【答案】正确

7. 保荐机构报送的发行上市申请文件在 12 个月内累计三次被不予受理的，自第二次收到不予受理通知之日起 3 个月后，方可报送新的发行上市申请文件。

（　）

【答案】错误

【解析】保荐机构报送的发行上市申请文件在 12 个月内累计两次被不予受理的，自第二次收到不予受理通知之日起 3 个月后，方可报送新的发行上市申请文件。

8. 首轮审核问询回复后，发行人及其保荐人、证券服务机构的回复未能有针对性地回答审核问询，发行上市审核机构在收到回复后 15 个工作日内可以继续提出审核问询。（　）

【答案】错误

【解析】发行上市审核机构在收到回复后 10 个工作日内可以继续提出审核问询。

9. 上市委员会每次审议会议由 7 名委员参加，法律、会计专家至少各 2 名。

（　）

【答案】错误

【解析】上市委员会每次审议会议由5名委员参加，法律、会计专家至少各1名。

10. 交易所在收到复审申请后20个工作日内，召开上市委员会复审会议。上市委员会复审期间，原决定不再具有效力。 （ ）

【答案】错误

【解析】上市委员会复审期间，原决定的效力不受影响。

11. 交易所发行上市审核机构按照受理的先后顺序进行审核，并自受理之日起30个工作日内提出首轮审核问询。 （ ）

【答案】错误

【解析】交易所发行上市审核机构按照受理的先后顺序进行审核，并自受理之日起20个工作日内提出首轮审核问询。

12. 发行人存在发行条件、上市条件或者信息披露方面的重大事项有待进一步核实，无法形成审议意见的，经会议合议，上市委员会可以对该发行人的发行上市申请暂缓审议。暂缓审议时间不超过6个月，上市委员会再次召开会议审议。

（ ）

【答案】错误

【解析】暂缓审议时间不超过2个月，上市委员会再次召开会议审议。

13. 对发行人的同一发行上市申请，上市委员会只能暂缓审议一次。 （ ）

【答案】正确

14. 在上市委员会审议会议结束后10个工作日内，沪、深证券交易所要求保荐人汇总补充报送与审核问询回复相关的保荐工作底稿和更新后的验证版招股说明书，北交所要求保荐人报送更新前后的验证版招股说明书。 （ ）

【答案】错误

【解析】在上市委员会审议会议结束后10个工作日内，沪、深证券交易所要求保荐人汇总补充报送与审核问询回复相关的保荐工作底稿和更新后的验证版招股说明书，北交所仅要求保荐人报送更新后的验证版招股说明书。

15. 沪、深证券交易所对发行上市申请不予受理或者终止审核的，发行人可以在收到相关文件后10个工作日内申请复审。 （ ）

【答案】错误

【解析】发行人可以在收到相关文件后5个工作日内申请复审。

16. 对于北交所上市公司向科创板、创业板转板的情形，上交所、深交所自受理申请文件之日起3个月内作出是否同意转板上市的决定（转板公司及其保荐人、证券服务机构回复审核问询的时间不计算在内），转板公司及其保荐机构、证券服

务机构回复交易所审核问询的时间总计不超过 3 个月。（　　）

【答案】错误

【解析】对于北交所上市公司向科创板、创业板转板的情形，上交所、深交所自受理申请文件之日起 2 个月内作出是否同意转板上市的决定（转板公司及其保荐人、证券服务机构回复审核问询的时间不计算在内），转板公司及其保荐机构、证券服务机构回复交易所审核问询的时间总计不超过 3 个月。

17. 交易所审核阶段在首次问询回复后，交易所应当及时对项目“两符合”情况形成明确意见，认为项目满足“两符合”要求的，应当及时向发行监管部作专门报告，发行监管部在收到报告后 10 个工作日内召开注册准备会进行研究。（　　）

【答案】错误

【解析】发行监管部在收到报告后 5 个工作日内召开注册准备会进行研究。

18. 发行监管部应当在 5 个工作日内，将注册准备会会议结论书面通知交易所审核中心。（　　）

【答案】错误

【解析】发行监管部应当在 2 个工作日内，将注册准备会会议结论书面通知交易所审核中心。

19. 中国证监会在 30 个工作日内对发行人的注册申请作出予以注册或者不予注册的决定。（　　）

【答案】错误

【解析】中国证监会在 20 个工作日内对发行人的注册申请作出予以注册或者不予注册的决定。

20. 项目中止审核后，发行人根据规定需要更换保荐人的，更换后的保荐人应当在中止审核之日起 6 个月内完成尽职调查，重新出具文件，并对原保荐人出具的文件进行复核，出具复核意见，对差异情况作出说明。（　　）

【答案】错误

【解析】更换后的保荐人应当在中止审核之日起 3 个月内完成尽职调查。

21. 发行人未在规定时限内回复审核问询或者未对发行上市申请文件作出解释说明、补充修改，交易所或中国证监会将终止相应发行上市审核程序或发行注册程序，通知发行人及其保荐人。（　　）

【答案】正确

22. 发行人更换律师事务所、会计师事务所、资产评估机构需要中止审查。

（　　）

【答案】错误

【解析】发行人更换律师事务所、会计师事务所、资产评估机构无须中止审查。

23. 发行人披露的招股意向书除不含发行价格、筹资金额以外，其内容与格式应当与招股说明书一致，并与招股说明书具有同等法律效力。（　　）

【答案】正确

24. 发行人在取得中国证监会予以注册决定后，启动股票公开发行前，应当在交易所网站和符合中国证监会规定条件的网站披露招股意向书。（　　）

【答案】正确

25. 发行人财务报告审计截止日至招股说明书签署日之间超过 6 个月的，应补充提供经会计师事务所审阅的期间 1 个季度的财务报表。（　　）

【答案】错误

【解析】发行人财务报告审计截止日至招股说明书签署日之间超过 4 个月的，应补充提供经会计师事务所审阅的期间 1 个季度的财务报表。

26. 保荐机构可以在参照《底稿目录细则》的基础上，在不影响首次公开发行并上市业务保荐质量的前提下调整、补充、完善保荐工作底稿目录。对于确实不适用的部分可以删除基础目录。（　　）

【答案】错误

【解析】对于确实不适用的部分，应当在工作底稿目录中注明“不适用”，并简要说明不适用的原因，但不能删除基础目录。

27. 项目一经履行立项程序，无论是否内核、报送、终止，保荐人均无须再在系统中保留已开展工作的底稿文件及修改、替换、删除等变更痕迹。（　　）

【答案】错误

【解析】项目一经履行立项程序，无论是否内核、报送、终止，保荐人均须在系统中保留已开展工作的底稿文件及修改、替换、删除等变更痕迹。

四、综合题（每问备选答案中有一项或多项符合题目要求，不选、错选均不得分）

（一）甲企业提交了上市申请，报送了相关申请文件，由深圳证券交易所受理及审核。上市委员会召开了审议会议，以合议方式进行审议和复审，通过集体讨论对深交所发行上市审核机构出具的审核报告及甲企业的发行上市申请文件进行审议。本次会议共 5 名委员参加，其中法律、会计专家各 1 名，参会委员于上市委会议召开 3 个工作日前提交了问询问题清单，审议会议全程录音录像，会议结束一周后在官方网站公布了审议结果。

1. 深交所在收到甲企业发行上市申请文件后（　　）个工作日内，对文件进行核对，作出是否受理的决定，告知发行人及其保荐人，并在交易所网站公示。

A. 5　　B. 10　　C. 15　　D. 20

【答案】A

【解析】 审核机构收到发行上市申请文件后 5 个工作日内，对文件进行核对，作出是否受理的决定，告知发行人及其保荐人，并在交易所网站公示，故选项 A 正确。

2. 上市委员会对甲企业的上市申请和深交所出具的审核报告进行了审议，本案例中关于审议过程的说法中正确的有（　　）。

A. 会议共 5 名委员参加，其中法律、会计专家各 1 名

B. 参会委员于上市委会议召开 3 个工作日前提交了问询问题清单

C. 会议全程录音录像

D. 会议结束一周后在官方网站公布了审议结果

【答案】ABC

【解析】 选项 A，每次审议会议由五名委员参加，法律、会计专家至少各 1 名；选项 B，拟参会委员于上市委会议召开 3 个工作日前提交问询问题清单，上市委秘书处于审议会议召开 2 个工作日前，将经会议召集人汇总后的问询问题告知发行人及其保荐人，选项 C，审议会议全程录音录像；故选项 ABC 正确。会议结束当日，在交易所网站公布审议结果及问询问题，故选项 D 错误。

3. 在审核期间甲企业的保荐人乙证券公司被中国证监会责令停业整顿，深交所对甲企业中止了审核，下列关于甲企业的做法中正确的有（　　）。

A. 甲企业更换了证券服务机构，更换后的证券服务机构在中止审核之日起 6 个月内完成了尽职调查

B. 甲企业未更换证券服务机构，但及时向深交所出具了复核报告

C. 甲企业更换了证券服务机构，更换后的证券服务机构在中止审核之日起 3 个月内完成了尽职调查

D. 甲企业更换了证券服务机构，更换后的证券服务机构重新出具了相关文件，并对乙公司出具的文件进行复核，出具复核意见，但未对差异情况作出说明

【答案】BC

【解析】 更换后的保荐人或者证券服务机构应当自中止审核之日起 3 个月内完成尽职调查，故选项 A 错误，选项 C 正确。更换后的保荐人或者证券服务机构应当

重新出具相关文件，并对原保荐人或者证券服务机构出具的文件进行复核，出具复核意见，对差异情况作出说明，故选项 D 错误。发行人根据规定无须更换保荐人或者证券服务机构的，保荐人或者证券服务机构应当及时向交易所出具复核报告，故选项 B 正确。

（二）甲企业是一家医药器械企业，经董事会报股东大会批准通过了上市决议，并向深交所递交了上市申请，由深交所受理审核并报送中国证监会履行注册程序。深交所于 20×3 年 6 月 1 日将审核意见和相关资料报送至证监会，证监会随后做出了同意注册的决定。

1. 证监会应在收到深交所审核意见及相关资料后的（　　）个工作日内作出同意注册的决定。

A. 10　　B. 15　　C. 20　　D. 30

【答案】C

【解析】证监会在收到交易所审核意见及相关资料后的 20 个工作日内作出同意注册或者不予注册的决定，故选项 C 正确。

2. 证监会做出予以注册的决定后，甲企业在注册决定有效期内发行股票，下面关于发行股票的做法中不正确的有（　　）。

A. 证监会做出的予以注册决定自收到报送材料之日起 1 年内有效

B. 甲企业可以在注册决定有效期内自行决定何时发行股票

C. 甲企业招股说明书的有效期为 1 年，自公开发行前最后一次签署之日起算

D. 若甲企业在股票上市交易前出现了可能影响本次发行的重大事项，证监会可以要求其暂缓发行、上市

【答案】AC

【解析】中国证监会的予以注册决定，自作出之日起 1 年内有效，发行人应当在注册决定有效期内发行股票，时间起点是决定作出之日而非收到报送材料之日，故选项 A 错误；招股说明书的有效期为 6 个月，自公开发行前最后一次签署之日起算，故选项 C 错误。

3. 保荐人在对甲企业尽职调查的过程中结合了甲企业所在的医药类行业的具体情况，下列属于医药类企业行业特征和业务模式特点的有（　　）。

A. 产品研发投入高　　B. 资质壁垒与人才壁垒高

C. 盈利周期短　　D. 业务开展具有一定的季节性特征

【答案】ABD

【解析】医药企业和医疗器械企业的主要特点是产品研发投入高，获得认证到

上市销售耗时长并且不确定性高，具有长周期、高投资、高风险的特征，行业受到严格监管，部分细分领域存在准入限制；研发服务企业的主要特点是企业研发及运营高度依赖核心技术、专业人才及知识产权保护，产品/服务与企业自身技术研发相互交叉，业务发展受政策影响较大；医疗服务企业的主要特点是资质壁垒与人才壁垒高，盈利周期和品牌培育期长，业务开展具有一定的季节性与区域性特征，故选项 ABD 正确。医药类企业盈利周期长，故选项 C 错误。

（三）甲企业在乙证券公司的辅导下，经董事会报股东大会批准，提交了上市申请，报送了相关申请文件，由深圳证券交易所受理及审核，并报送中国证监会履行注册程序。

1. 甲企业股东大会就公开发行股票并上市作出决议，必须经出席会议的股东所持表决权的（　　）以上通过。

A. 1/3　　B. 1/2　　C. 2/3　　D. 3/4

【答案】C

【解析】发行人股东大会就公开发行股票并上市作出决议，必须经出席会议的股东所持表决权的 2/3 以上通过，故选项 C 正确。

2. 下列关于甲企业向深交所报送的申请文件的说法中不正确的有（　　）。

A. 甲企业申请文件的原始纸质文件所有需要签名处，均使用了签名章等代替

B. 甲企业根据深交所对申请文件的问询及时提供补充、修改材料

C. 甲企业报送的电子文件和预留原件具有同等的法律效力

D. 如果甲企业报送了电子申请文件，无须存档原始纸质文件

【答案】AD

【解析】申请文件的原始纸质文件所有需要签名处，应载明签名字样的印刷体，并由签名人亲笔签名，不得以名章、签名章等代替，故选项 A 错误；发行人通过交易所发行上市审核业务系统报送电子申请文件，同时应确保申请文件的原始纸质文件已存档，故选项 D 错误。

（四）甲企业拟在深交所上市创业板，聘用乙证券公司为其保荐机构，乙公司对甲企业进行了尽职调查，并指导甲企业编制了招股说明书，披露了对投资者作出价值判断和投资决策有重大影响的信息。

1. 关于甲企业招股说明书的编制和披露，下面说法中正确的有（　　）。

A. 甲企业编制的招股说明书为了做到简明清晰、通俗易懂，删减了部分重要内容

B. 保荐人是招股说明书信息披露的第一责任人

C. 深交所受理申请文件的当日，甲企业应当按照规定在深交所网站预先披露招股说明书

D. 甲企业编制的招股说明书满足了不同类型投资者多元化需求

【答案】CD

【解析】 真实、准确、完整是信息披露的底线要求，在真实、准确、完整的基础之上，招股说明书信息披露突出重大性和针对性，做到简明清晰、通俗易懂，故选项 A 错误；发行人作为信息披露的第一责任人，应以投资者投资需求为导向编制招股说明书，为投资者作出价值判断和投资决策提供充分且必要的信息，故选项 B 错误；交易所受理发行上市申请文件当日，发行人应当按照交易所的规定在交易所网站预先披露招股说明书、发行保荐书、上市保荐书、审计报告和法律意见书等文件，故选项 C 正确；招股说明书应坚持以投资者需求为导向，要满足不同类型投资者多元化需求，故选项 D 正确。

2. 甲公司在招股说明书中对自身的基本情况进行了披露，下列关于其基本情况披露中说法不正确的是（　　）。

A. 甲公司高级管理人员王某在三年前发生变动，以列表方式汇总披露了其变动情况

B. 甲企业简要披露了重要子公司丙公司的情况

C. 甲企业简要披露了报告期内的重大资产重组事件

D. 甲企业披露了报告期内的股东变化情况

【答案】A

【解析】 创业板和科创板发行人董事、监事、高级管理人员及其他核心人员最近 2 年内发生变动的，主板发行人董事、监事、高级管理人员及其他核心人员最近三年内发生变动的，应以列表方式汇总披露变动情况、原因及影响，故选项 A 错误。

3. 乙公司针对甲企业前次和本次募集资金使用情况进行了核查，下列核查做法中正确的有（　　）。

A. 调查本次募集资金投资项目实施后，对甲企业的独立性产生不利影响

B. 核查历次募集资金剩余数额、占所募集资金总额的比例和未全部使用的原因，因与本次投入项目无关，故无须核查甲企业是否对资金进行了后续的安排

C. 调查本次募集资金投资项目是否存在盲目扩张

D. 比较历次募集资金实际效益和预期的使用效益是否存在差异以及差异原因

【答案】ACD

【解析】保荐人应核查历次募集资金剩余情况。对于未全部使用的，需核查其未使用的资金数额、占所募集资金总额的比例、未全部使用的原因以及发行人是否已作出相关的安排，故选项 B 错误；选项 A，发行人本次募集资金项目实施后，应调查该项目是否与发行人的控股股东或实际控制人新增同业竞争或者对发行人的独立性产生不利影响；选项 C，调查发行人的现有主营业务、生产经营规模、财务状况、技术条件、管理能力、发展目标与募集资金投资项目是否匹配，是否存在盲目扩张，是否存在导致发行人未来经营模式发生重大变化的风险；选项 D，比较历次募集资金实际效益和预期的使用效益是否存在差异，并分析差异原因，故选项 ACD 正确。

（五）甲企业聘用乙证券公司为其保荐机构，乙公司对甲企业进行了尽职调查，并通过工作底稿对尽职调查需要关注的事项进行了记录。甲企业在乙证券公司的辅导下，提交了上市申请，报送了相关申请文件，由深圳证券交易所受理及审核。

1. 保荐人工作底稿中记录了尽职调查的关注事项，下列工作底稿的编制做法中不符合要求的有（　　）。

A. 保荐人在工作底稿中记录了尽职调查过程中获取和形成的文件资料

B. 保荐人在工作底稿中仅记录了与甲企业董事长、高级管理人员的访谈记录

C. 保荐人在工作底稿中记录了在持续督导过程中获取的文件资料

D. 保荐人在工作底稿目录中删除了不适用的部分

【答案】BD

【解析】保荐机构根据实际情况，对发行人及其子公司、发行人的控股股东或实际控制人及其子公司等的董事、监事、高级管理人员以及其他人员进行访谈的访谈记录，故选项 B 错误；对于确实不适用的部分，应当在工作底稿目录中注明“不适用”，并简要说明不适用的原因，但不能删除基础目录，故选项 D 错误。

2. 下列关于甲企业向深交所报送的申请文件的相关期限的说法中正确的是（　　）。

A. 甲企业的招股说明书引用经审计的财务报表在其最近一期截止日后 12 个月内有效

B. 甲企业财务报告审计截止日至招股说明书签署日之间共 6 个月，应补充提供经会计师事务所审阅的期间 1 个季度的财务报表

C. 甲企业更新了半年报，报告期为 3 年

D. 若甲企业财务报告审计截止日至招股说明书签署日之间共 9 个月，应补充提供经会计师事务所审阅的期间 1 个季度的财务报表

【答案】B

【解析】发行人财务报告审计截止日至招股说明书签署日之间超过4个月的，应补充提供经会计师事务所审阅的期间1个季度的财务报表，故选项B正确。招股说明书引用经审计的财务报表在其最近一期截止日后6个月内有效，特殊情况下发行人可申请适当延长，但至多不超过3个月，选项A错误；发行人更新季报或半年报的，报告期由三年变更为3年一期。故选项C错误；发行人财务报告审计截止日至招股说明书签署日之间超过7个月的，应补充提供经会计师事务所审阅的期间2个季度的财务报表，故选项D错误。

3. 下列选项中，属于保荐人在尽职调查过程中应当关注的财务会计项目的有(　　)。

A. 货币资金　　B. 非经常性损益　　C. 研发费用　　D. 或有负债

【答案】ABCD

【解析】保荐人在进行财务会计核查时，应当关注销售收入、销售成本、期间费用、非经常性损益、货币资金、应收款项、合同资产、对外投资、固定资产、在建工程、无形资产、对外投资、投资性房地产、商誉、主要债务、或有负债、合并报表的范围、纳税情况等项目，故选项ABCD正确。

第七章　发行与承销

一、单项选择题（以下备选项中只有一项最符合题目要求，不选、错选均不得分）

1. 2005 年（　　）的实施，实现了由原来的行政主导定价向市场主体主导定价的转变，标志着我国首次公开发行股票市场化定价机制的初步建立。

A. 配售制　　B. 询价制　　C. 协商定价　　D. 直接定价

【答案】B

2. 2016 年 1 月，证券业协会修订《首次公开发行股票承销业务规范》，规定最高申报价格与最终确定的发行价格相同时，剔除比例可以小于（　　），避免出现相同报价中部分投资者被剔除的不公平情形。

A. 3%　　B. 5%　　C. 10%　　D. 15%

【答案】C

3. 注册制下总体上已经建立了以（　　）为主体进行询价、定价、配售，由市场供求决定价格的新股发行承销机制。

A. 财务投资者　　B. 战略投资者　　C. 个人投资者　　D. 机构投资者

【答案】D

4. 2019 年科创板注册制实施后至 2023 年全面注册制实施前，在配售环节，股票配售方式基本上为向网下投资者询价配售、网上定价申购与战略配售结合的方式。主板及创业板采用直接定价的，全部向（　　）发售。

A. 网上投资者　　B. 网下投资者　　C. 个人投资者　　D. 机构投资者

【答案】A

5.（　　）年 2 月 17 日，中国证监会发布全面实行股票发行注册制相关制度规则，自公布之日起施行。证券交易所、全国股转公司、中国结算、中证金融、证券业协会配套制度规则同步发布实施。

A. 2020　　B. 2021　　C. 2022　　D. 2023

【答案】D

6. 全面注册制实施后对新股发行价格、规模等不设任何行政性限制，完善了以（　　）为主要参与主体的询价、定价、配售等机制，实现新股市场化发行。

A. 财务投资者　　B. 个人投资者　　C. 机构投资者　　D. 战略投资者

【答案】C

7. 全面注册制后，证监会、证券交易所和证券业协会的监管职责边界进一步明确。（　　）负责发行承销的总体统筹协调以及对证券交易所监管工作的监督检查和对中国证券业协会的指导。

A. 证券业协会　　B. 北交所　　C. 证监会　　D. 证券交易所

【答案】C

8. 全面注册制后，证监会、证券交易所和证券业协会的监管职责边界进一步明确。（　　）负责对发行承销过程实施一线监管。

A. 证券业协会　　B. 中国结算公司　　C. 证监会　　D. 证券交易所

【答案】D

【解析】全面注册制后，证监会、证券交易所和证券业协会的监管职责边界进一步明确。证券交易所负责对发行承销过程实施一线监管，发行人和主承销商应当向证券交易所报送发行承销方案和发行承销总结。

9. 2023 年全面注册制实施后，首次公开发行证券采用直接定价方式的，除保荐人的相关子公司或者保荐人所属证券公司的相关子公司参与发行人证券配售外，全部向（　　）发售，不能安排向询价对象询价配售及向战略投资者配售。

A. 机构投资者　　B. 战略投资者　　C. 网下投资者　　D. 网上投资者

【答案】D

【解析】2023 年全面注册制实施后，首次公开发行证券采用直接定价方式的，除保荐人的相关子公司或者保荐人所属证券公司的相关子公司参与发行人证券配售外，全部向网上投资者发售，不能安排向询价对象询价配售及向战略投资者配售。

10.《首次公开发行股票注册管理办法》规定，（　　）应当建立对发行承销业务的常态化检查制度。

A. 证券业协会　　B. 交易所

C. 证监会和交易所　　D. 证监会

【答案】C

11.（　　）作为沪、深证券交易所证券发行承销监管的统领性制度，在定价与配售、证券承销、信息披露等方面进行了总体规范，建立以市场化询价发行定价为主体、以直接定价为补充的定价机制，进一步明确了证监会、交易所和证券业协会的监管职责边界。

A.《证券法》

B.《证券发行与承销管理办法》

C.《首次公开发行股票注册管理办法》

D.《证券公司投资银行类业务内部控制指引》

【答案】B

【解析】《证券发行与承销管理办法》作为沪、深证券交易所证券发行承销监管的统领性制度，在定价与配售、证券承销、信息披露等方面进行了总体规范，建立以市场化询价发行定价为主体、以直接定价为补充的定价机制，进一步明确了证监会、交易所和证券业协会的监管职责边界。

12.《证券公司投资银行类业务内部控制指引》规定，（　　）应当建立健全承销业务制度和决策机制，加强对定价、发行等环节的决策管理，明确具体的操作规程，切实落实承销责任。

A. 交易所　　B. 证券公司　　C. 证券业协会　　D. 证监会

【答案】B

13. 在沪、深证券交易所首次公开发行证券的流程是（　　）。

①首次公开发行股票注册申请文件受理

②领取注册批文

③申请并启动发行

④定价和路演

⑤股份登记托管

⑥申购、配售、缴款

⑦向交易所提交上市申请

⑧上市

A. ①②③④⑥⑤⑦⑧　　B. ①②③④⑤⑥⑦⑧

C. ①②③⑥④⑤⑦⑧　　D. ①②③⑤④⑥⑦⑧

【答案】A

14. 股票发行与承销环节的核心是（　　）。

A. 定价与配售　　B. 定价　　C. 配售　　D. 持续督导

【答案】A

15. 根据《首次公开发行证券承销业务规则》，股票首次公开发行采用询价方式确定发行价格的，主承销商应当于招股意向书刊登后的（　　）向网下投资者提供投资价值研究报告，但不得以任何形式公开披露或变相公开投资价值研究报告或其内容，证监会及交易所另有规定的除外。

A. 当日　　B. 次日　　C. 3日内　　D. 7日内

【答案】A

16. 根据《北京证券交易所证券发行与承销管理细则》，公开发行股票并在北交所上市采用（　　）方式的，承销商应当提供投资价值研究报告并公开披露。

A. 询价　　B. 协商定价　　C. 直接定价　　D. 竞价

【答案】D

17. 证券分析师参与撰写投资价值研究报告相关工作，需事先履行（　　）手续。

A. 跨墙审批　　B. 合规审批　　C. 人员审批　　D. 授权审批

【答案】A

【解析】证券分析师参与撰写投资价值研究报告相关工作，需事先履行跨墙审批手续。

18. 下列关于投资价值研究报告的说法中，错误的是（　　）。

A. 主承销商不得在刊登招股意向书之前提供投资价值研究报告或泄露报告内容

B. 主承销商不得提供承销团以外的机构撰写的投资价值研究报告

C. 作为保荐人的主承销商的证券分析师应当独立撰写投资价值研究报告并署名

D. 主承销商可以在刊登招股意向书之前提供投资价值研究报告或泄露报告内容

【答案】D

【解析】主承销商不得在刊登招股意向书之前提供投资价值研究报告或泄露报告内容。

19. 作为保荐人的主承销商的证券分析师应当独立撰写投资价值研究报告并署名。采用联合保荐的，应当至少由其中（　　）家机构的证券分析师撰写投资价值研究报告。

A. 1　　B. 2　　C. 3　　D. 4

【答案】A

【解析】作为保荐人的主承销商的证券分析师应当独立撰写投资价值研究报告并署名。采用联合保荐的，应当至少由其中1家机构的证券分析师撰写投资价值研究报告。

20. 因经营范围限制，作为保荐人的主承销商无法撰写投资价值研究报告的，应委托具有证券投资咨询资格的母公司或子公司撰写投资价值研究报告，（　　）应当对投资价值研究报告的内容和质量负责，并采取有效措施做好信息保密工作，同时应当在报告首页承诺本次报告的独立性。

A. 母公司　　B. 子公司　　C. 双方　　D. 主承销商

【答案】C

21. 证券分析师参与撰写投资价值研究报告相关工作，需事先履行跨墙审批手续。下列关于跨墙要求的说法中，错误的是（　　）。

A. 承销商可以不对投资价值研究报告事实性信息核实、质量审核、合规审查进行留痕存档管理

B. 实施跨墙管理时，应当保证跨墙人员的相对稳定，维护跨墙工作流程的严肃性，保证信息隔离制度的有效落实

C. 参与跨墙的证券分析师一经确认，不得随意调整

D. 跨墙期间，证券分析师应当严格遵守信息保密的要求，将跨墙参与的工作与其他工作有效隔离

【答案】A

【解析】承销商应当对投资价值研究报告事实性信息核实、质量审核、合规审查进行留痕存档管理。

22. 注册制下，定价由市场确定，投资者需在对发行人有深入了解的基础上才能合理报价，（　　）能够促进投资者与股票发行人之间的沟通交流，便于投资者作出明确的价格判断。

A. 询价　　B. 路演推介　　C. 配售　　D. 持续督导

【答案】B

23. 下列关于路演推介基本规定的说法中，错误的是（　　）。

A. 发行人和主承销商可以采用现场、电话、视频会议、互联网等合法合规的方式进行路演推介

B. 采用公开方式进行路演推介的，无须事先披露举行时间和参加方式

C. 路演推介期间，发行人和主承销商与投资者任何形式的见面、交谈、沟通，均视为路演推介

D. 主承销商应当以确切的事实为依据，不得夸大宣传或以虚假广告等不正当手段诱导、误导投资者

【答案】B

【解析】采用公开方式进行路演推介的，应当事先披露举行时间和参加方式。

24. 发行人和主承销商采用现场、电话、视频会议、互联网等合法合规的方式进行路演推介时，（　　）不得进入会议现场、不得参与发行人和主承销商与投资者的沟通交流活动。

A. 发行人　　B. 主承销商

C. 见证律师　　D. 与路演推介工作无关的机构与个人

【答案】D

【解析】发行人和主承销商采用现场、电话、视频会议、互联网等合法合规的方式进行路演推介时，除发行人、主承销商、投资者及见证律师之外，其他与路演推介工作无关的机构与个人不得进入会议现场，不得参与发行人和主承销商与投资者的沟通交流活动。

25. 首次公开发行证券以及公开发行股票并在北交所上市申请文件受理后，发行人和主承销商可以与（　　）进行一对一路演推介，介绍公司、行业基本情况，但路演推介内容不得超出证监会及交易所认可的公开信息披露范围。

A. 机构投资者　　B. 个人投资者

C. 拟参与战略配售的投资者　　D. 所有投资者

【答案】C

26. 路演结束后，发行人和主承销商应当与战略投资者签署路演推介确认书，确认路演推介内容符合相关法律法规、监管规定及自律规则的要求。路演推介确认书应由（　　）分别存档备查。

A. 发行人与战略投资者　　B. 主承销商与发行人

C. 战略投资者与主承销商　　D. 发行人、主承销商与战略投资者

【答案】D

【解析】路演结束后，发行人和主承销商应当与战略投资者签署路演推介确认书，确认路演推介内容符合相关法律法规、监管规定及自律规则的要求。路演推介确认书应由各方分别存档备查。

27. 向专业从事证券投资的投资者询价是形成股票发行价格的有效方式。采用询价方式确定发行价格的，（　　）的报价是发行价格形成的重要基础，发行人及主承销商须在其报价的基础上协商确定发行价格。

A. 网下投资者　　B. 网上投资者　　C. 机构投资者　　D. 个人投资者

【答案】A

【解析】采用询价方式确定发行价格的，网下投资者的报价是发行价格形成的

重要基础，发行人及主承销商须在网下投资者报价的基础上协商确定发行价格。

28. 主承销商应当对面向（　　）及以上投资者的路演推介过程进行全程录音。

A. 一家　　B. 两家　　C. 三家　　D. 四家

【答案】B

29. 发行人和主承销商的相关路演推介材料应当由（　　）进行事前审核，确保宣传材料的合法合规性，不能超出相关规定限定的公开信息的内容及范围。

A. 证监会　　B. 交易所　　C. 律师事务所　　D. 会计师事务所

【答案】C

30. 发行人和主承销商应当至少采用（　　）方式向公众投资者进行公开路演推介，并事先披露举行时间和参加方式。

A. 电话　　B. 互联网　　C. 现场　　D. 视频

【答案】B

31. 证券分析师路演推介应当与发行人路演推介（　　），帮助网下投资者更好地了解发行人基本面、行业可比公司、发行人盈利预测和估值情况。

A. 选择其一进行　　B. 合并进行　　C. 同时进行　　D. 分别进行

【答案】D

32. 主承销商应当对簿记现场人员进行严格管理，维持簿记现场秩序。下列关于维持簿记现场秩序的说法中，错误的是（　　）。

A. 簿记建档开始前，主承销商应当明确簿记现场人员，相关人员进入簿记现场应当签字确认

B. 除簿记场所专用通讯工具外，簿记建档工作人员不得使用任何其他对外通讯工具，不得对外泄露报价信息

C. 簿记建档期间，投资者咨询工作应当集中管理，咨询电话不必全程录音

D. 询价期间，簿记场所应当全程录音录像

【答案】C

【解析】簿记建档期间，投资者咨询工作应当集中管理，咨询电话应当全程录音。

33. 公开发行股票并在（　　）上市采用向网下投资者询价方式确定发行价格的，因向网下投资者询价是通过交易所交易系统进行的，询价过程中主承销商无法接触网下投资者的申购价格和申购数量信息，因此不需选定专门的场所用于簿记建档。

A. 北交所　　B. 深交所　　C. 上交所　　D. 科创板

【答案】A

【解析】公开发行股票并在北交所上市采用向网下投资者询价方式确定发行价格的，因向网下投资者询价是通过交易所交易系统进行的，询价过程中主承销商无法接触网下投资者的申购价格和申购数量信息，因此不需选定专门的场所用于簿记建档。

34.（　　）不属于境内新股定价的方式。

A. 直接定价　　B. 协商定价　　C. 询价定价　　D. 竞价定价

【答案】B

【解析】境内新股定价的方式主要有直接定价、询价定价、竞价定价三种。

35.（　　）可以采用竞价定价方式。

A. 主板　　B. 科创板　　C. 创业板　　D. 北交所

【答案】D

【解析】北交所可以采用竞价定价方式。

36.（　　）方式是指承销商与发行人在发行前直接确定发行价格，投资者不参与价格确定过程的一种定价方式。该种方式发行程序简单，较为适合发行规模较小的项目。

A. 直接定价　　B. 初步询价直接定价

C. 累计投标询价定价　　D. 竞价定价

【答案】A

【解析】直接定价方式是指承销商与发行人在发行前直接确定发行价格，投资者不参与价格确定过程的一种定价方式。该种方式发行程序简单，较为适合发行规模较小的项目。

37. 首次公开发行证券发行数量（　　）股（份）以下且无老股转让计划的，发行人和主承销商可以通过直接定价的方式确定发行价格。

A. 1 000 万　　B. 2 000 万　　C. 3 000 万　　D. 5 000 万

【答案】B

38.（　　）方式为目前最为常见的定价方式，是主承销商根据投资者的报价结果并综合公司基本面、市场情况、同行业公司估值水平及承销风险等因素综合确定发行价格的一种方式。

A. 询价定价　　B. 直接定价　　C. 竞价定价　　D. 协商定价

【答案】A

39. 下列关于询价定价方式的说法中，错误的是（　　）。

A. 询价定价方式为目前最为常见的定价方式

B. 询价定价方式又分为初步询价直接定价和累计投标询价定价两种方式

C. 北交所可以采用累计投标询价定价的定价方式

D. 主板、科创板、创业板和北交所均可以采用初步询价直接定价的定价方式

【答案】C

【解析】根据《北京证券交易所证券发行与承销管理细则》，北交所股票公开发行并上市采用询价方式的，应当通过初步询价确定发行价格，不安排累计投标询价。

40. 根据《上海证券交易所股票公开发行自律委员会支持全面实行股票发行注册制下企业平稳发行行业倡导建议》及《深圳证券交易所股票发行规范委员会关于保障全面实行股票发行注册制下新股平稳有序发行的倡议》，首次公开发行证券数量低于 8 000 万股（份）且预计募集资金总额不足 15 亿元的企业不采用（　　）确定发行价格。

A. 累计投标询价方式　　B. 初步询价直接定价

C. 协商定价　　D. 竞价定价

【答案】A

41. 公开发行股票并在北交所上市采用竞价方式的，投资者有效申购总量小于或等于网上发行数量且已设置最低申购价格的，发行价格为（　　）。

A. 最低申购价格　　B. 最高申购价格

C. 投资者的最低报价　　D. 投资者的最高报价

【答案】A

【解析】公开发行股票并在北交所上市采用竞价方式的，投资者有效申购总量小于或等于网上发行数量且已设置最低申购价格的，发行价格为最低申购价格；未设置最低申购价格的，发行价格为投资者的最低报价。

42. 公开发行股票并在北交所上市定价时需考虑历史交易价格或历史发行价格。历史交易价格，是指申请公开发行前 6 个月内最近（　　）个有成交的交易日的平均收盘价。

A. 10　　B. 20　　C. 30　　D. 60

【答案】B

43. 首次公开发行证券、公开发行股票并在北交所上市采用询价方式发行的，高价剔除比例不超过（　　）。

A. 2% B. 3% C. 5% D. 10%

【答案】B

44. 公开发行股票并在北交所上市采用竞价发行且采用剔除最高报价方式确定发行价格的，剔除部分不得低于拟申购总量的（ ），因剔除导致拟申购总量不足的，相应部分可不剔除。

A. 2% B. 3% C. 5% D. 10%

【答案】C

45. 根据《上海证券交易所股票公开发行自律委员会支持全面实行股票发行注册制下企业平稳发行行业倡导建议》及《深圳证券交易所股票发行规范委员会关于保障全面实行股票发行注册制下新股平稳有序发行的倡议》，建议发行人和主承销商综合考虑企业基本面、报价情况、市场与行业环境、承销风险等，审慎评估定价是否超过网下投资者报价“四个值”的孰低值，超过幅度不高于（ ）。

A. 10% B. 20% C. 30% D. 40%

【答案】C

46. 首次公开发行证券可以实施战略配售。发行证券数量不足 1 亿股（份）的，战略配售证券数量占本次公开发行证券数量的比例应当不超过（ ）；发行证券数量 1 亿股（份）以上，不足 4 亿股（份）的，战略配售证券数量占本次公开发行证券数量的比例应当不超过（ ）；4 亿股（份）以上的，战略配售证券数量占本次公开发行证券数量的比例应当不超过（ ）。

A. 10%；15%；20% B. 10%；20%；30%

C. 20%；30%；50% D. 20%；25%；50%

【答案】C

47. 向不特定合格投资者公开发行股票并在北交所上市发行股票数量在 5 000 万股以上的，战略投资者获得配售的股票总量原则上不得超过本次公开发行股票数量的（ ），超过的应当在发行方案中充分说明理由。

A. 10% B. 20% C. 30% D. 50%

【答案】C

48. 首次公开发行证券数量 1 亿股（份）以上的，战略投资者应不超过（ ）名；不足 1 亿股（份）的，战略投资者应不超过（ ）名。

A. 30；15 B. 35；15 C. 30；10 D. 35；10

【答案】D

49. 证券投资基金参与战略配售的，应当以基金管理人的名义作为 1 名战略投资者参与发行。同一基金管理人仅能以其管理的（　　）只证券投资基金参与本次战略配售。

A. 1　　　B. 2　　　C. 3　　　D. 5

【答案】A

50. 根据《上海证券交易所首次公开发行证券发行与承销业务实施细则》，科创板试行保荐人相关子公司跟投制度。跟投具体比例根据发行人首次公开发行证券的规模分档确定：发行规模不足 10 亿元的，跟投比例为（　　），但不超过人民币（　　）万元。

A. 5%；6 000　　　B. 5%；4 000　　　C. 3%；6 000　　　D. 3%；4 000

【答案】B

51. 发行人的高级管理人员与核心员工均可以通过专项资产管理计划参与战略配售，获配的股票数量不得超过公开发行股票数量的（　　）。

A. 15%　　　B. 10%　　　C. 5%　　　D. 3%

【答案】B

52. 战略投资者认购首次公开发行证券的锁定期至少为发行人首次公开发行并上市之日起（　　）个月。保荐人相关子公司跟投的，锁定期限为自发行人首次公开发行并上市之日起（　　）个月。

A. 6；24　　　B. 12；24　　　C. 18；36　　　D. 24；36

【答案】B

53. 发行人和主承销商应要求参与网下询价和配售业务的网下投资者指定的配售对象，以项目初步询价开始前两个交易日为基准日，其在项目发行上市所在证券交易所基准日前 20 个交易日（含基准日）的非限售股票和非限售存托凭证总市值的日均值应为（　　）万元（含）以上。科创和创业等主题封闭运作基金与封闭运作战略配售基金，在该基准日前 20 个交易日（含基准日）的非限售股票和非限售存托凭证总市值的日均值应为（　　）万元（含）以上。

A. 3 000；500　　　B. 5 000；500　　　C. 6 000；1 000　　　D. 8 000；1 000

【答案】C

54. 首次公开发行证券并在主板上市，采用询价方式的，公开发行后总股本不超过 4 亿股（份）的，网下初始发行比例不低于本次公开发行证券数量的（　　）；公开发行后总股本超过 4 亿股（份）或者发行人尚未盈利的，网下初始发行比例不低于本次公开发行证券数量的（　　）。

A. 70%；60%　　　B. 70%；70%　　　C. 60%；60%　　　D. 60%；70%

【答案】D

55. 首次公开发行证券并在科创板、创业板上市采用询价方式的，公开发行后总股本不超过4亿股（份）的，网下初始发行比例不低于本次公开发行证券数量的（　　）；公开发行后总股本超过4亿股（份）或者发行人尚未盈利的，网下初始发行比例不低于本次公开发行证券数量的（　　）。

A. 70%；70%　　B. 80%；80%　　C. 70%；80%　　D. 80%；70%

【答案】C

56. 首次公开发行证券采用询价方式的，网上投资者有效申购倍数超过50倍且不超过100倍的，应当从网下向网上回拨，回拨比例为本次公开发行股票数量（扣除战略配售部分）的（　　）（科创板）、（　　）（创业板）、（　　）（主板）。

A. 5%；15%；20%　　B. 5%；10%；20%

C. 10%；15%；20%　　D. 10%；20%；30%

【答案】B

57. 首次公开发行证券采用询价方式的，网上投资者有效申购倍数超过100倍的，回拨比例为本次公开发行股票数量（扣除战略配售部分）的（　　）（科创板）、（　　）（创业板）、（　　）（主板）。

A. 10%；20%；40%　　B. 10%；20%；30%

C. 5%；15%；30%　　D. 5%；25%；30%

【答案】A

58. 首次公开发行证券采用询价方式的，回拨后无限售期的网下发行数量原则上不超过本次公开发行股票数量（扣除战略配售部分）的（　　）（科创板）、（　　）（创业板）。

A. 80%；60%　　B. 60%；50%　　C. 60%；70%　　D. 80%；70%

【答案】D

59. 公开发行股票并在北交所上市通过网下询价方式确定股票发行价格的，网下初始发行比例应当不低于（　　）且不高于（　　）。

A. 60%；70%　　B. 60%；80%　　C. 50%；60%　　D. 50%；70%

【答案】B

60. 首次公开发行证券，发行人和主承销商应当安排不低于本次网下发行证券数量的（　　）优先向公募基金、社保基金、养老金、年金基金、保险资金和合格境外投资者资金配售。

A. 50%　　B. 60%　　C. 70%　　D. 80%

【答案】C

61. 采用摇号限售方式的，摇号抽取不低于（　　）的配售对象账户，网下投资者应当承诺中签账户获配证券限售；采用比例限售方式的，网下投资者应当承诺不低于（　　）的获配证券数量限售。

A. 10%；10%　　B. 15%；15%　　C. 5%；5%　　D. 10%；5%

【答案】A

62. 市场发生重大变化，投资者弃购数量占本次公开发行证券数量比例超过（　　）的，发行人和主承销商可以就投资者弃购部分向网下投资者进行二次配售。

A. 5%　　B. 10%　　C. 20%　　D. 25%

【答案】B

63. 首次公开发行证券并在主板上市采用询价方式的，公开发行后总股本不超过 4 亿股（份）的，网上初始发行比例不超过本次公开发行证券数量的百分之（　　）；公开发行后总股本超过 4 亿股（份），网上初始发行比例不超过本次公开发行证券数量的百分之（　　）。

A. 50；20　　B. 50；30　　C. 40；20　　D. 40；30

【答案】D

64. 首次公开发行证券并在科创板、创业板上市采用询价方式的，公开发行后总股本不超过 4 亿股（份）的，网上初始发行比例不超过本次公开发行证券数量的百分之（　　）；公开发行后总股本超过 4 亿股（份）或者发行人尚未盈利的，网上初始发行比例不超过本次公开发行证券数量的百分之（　　）。

A. 30；20　　B. 40；30　　C. 20；30　　D. 30；40

【答案】A

65. 公开发行股票并在北交所上市采用询价方式的，网上初始发行比例应当不低于（　　）且不高于（　　）。

A. 20%；30%　　B. 20%；40%　　C. 30%；40%　　D. 30%；50%

【答案】B

【解析】公开发行股票并在北交所上市采用询价方式的，网上初始发行比例应当不低于 20% 且不高于 40%。

66. 跟投具体比例根据发行人首次公开发行证券的规模分档确定，下列说法错误的是（　　）。

A. 发行规模不足 10 亿元的，跟投比例为 5%，但不超过人民币 4 000 万元

B. 发行规模 10 亿元以上、不足 20 亿元的，跟投比例为 4%，但不超过人民币

6 000 万元

C. 发行规模 20 亿元以上、不足 50 亿元的，跟投比例为 3%，但不超过人民币 1 亿元

D. 发行规模 50 亿元以上的，跟投比例为 1%，但不超过人民币 10 亿元

【答案】D

【解析】 跟投具体比例根据发行人首次公开发行证券的规模分档确定：(1) 发行规模不足 10 亿元的，跟投比例为 5%，但不超过人民币 4 000 万元；(2) 发行规模 10 亿元以上、不足 20 亿元的，跟投比例为 4%，但不超过人民币 6 000 万元；(3) 发行规模 20 亿元以上、不足 50 亿元的，跟投比例为 3%，但不超过人民币 1 亿元；(4) 发行规模 50 亿元以上的，跟投比例为 2%，但不超过人民币 10 亿元。

67. 首次公开发行证券采用摇号抽签方式对网上申购进行配售。网上有效申购总量大于网上发行总量时，交易所按照每（　　）股配一个号的规则对有效申购进行统一连续配号，主承销商在公证机构监督下根据总配号量和中签率组织摇号抽签，每一个中签号可认购（　　）股新股。

A. 500；500　　B. 1 000；1 000　　C. 100；100　　D. 200；200

【答案】A

68. 超额配售选择权，是指发行人授予主承销商的一项选择权，获此授权的主承销商按同一发行价格超额发售不超过公开发行数量（　　）的股份。

A. 10%　　B. 15%　　C. 20%　　D. 25%

【答案】B

【解析】 超额配售选择权，又称“绿鞋”，是指发行人授予主承销商的一项选择权，获此授权的主承销商按同一发行价格超额发售不超过公开发行数量 15% 的股份。

69. 根据《上海证券交易所股票公开发行自律委员会支持全面实行股票发行注册制下企业平稳发行行业倡导建议》及《深圳证券交易所股票发行规范委员会关于保障全面实行股票发行注册制下新股平稳有序发行的倡议》，建议首次公开发行证券数量低于（　　）万股（份）且预计募集资金总额不足（　　）亿元的发行人不采用超额配售选择权。

A. 8 000；15　　B. 6 000；10　　C. 8 000；10　　D. 6 000；15

【答案】A

70. 在超额配售选择权行使期届满或者累计购回数量达到采用超额配售选择权发行证券数量限额的 10 个工作日内，获授权的主承销商应当将超额配售选择权的

实施情况和使用超额配售证券募集资金买入股票的完整记录报（ ）备案。

A. 证监会　　B. 交易所　　C. 证券业协会　　D. 中国结算公司

【答案】B

【解析】 在超额配售选择权行使期届满或者累计购回数量达到采用超额配售选择权发行证券数量限额的 10 个工作日内，获授权的主承销商应当将超额配售选择权的实施情况和使用超额配售证券募集资金买入股票的完整记录报交易所备案。

71. 在本次股票上市之日起（ ）个自然日内，主承销商有权根据市场情况，从竞价交易市场购买发行人证券，或者要求发行人增发证券，分配给对此超额发售部分提出认购申请的投资者。

A. 15　　B. 30　　C. 45　　D. 60

【答案】B

72. 采用超额配售选择权的主承销商，可以在征集投资者认购意向时，与投资者达成预售拟行使超额配售选择权所对应证券的协议，明确投资者预先付款并同意向其延期交付证券。主承销商应当将延期交付证券的协议报（ ）备案。

A. 交易所和中国证监会　　B. 中国证券业协会和中国证监会

C. 交易所和中国证券业协会　　D. 交易所和中国结算公司

【答案】D

【解析】 采用超额配售选择权的主承销商，可以在征集投资者认购意向时，与投资者达成预售拟行使超额配售选择权所对应证券的协议，明确投资者预先付款并同意向其延期交付证券。主承销商应当将延期交付证券的协议报交易所和中国结算公司备案。

73. 下列关于超额配售选择权的说法中，错误的是（ ）。

A. 采用超额配售选择权的，应当在招股说明书中披露超额配售选择权实施方案，而无须在招股意向书中说明

B. 采用超额配售选择权的，发行人应授予主承销商超额配售证券并使用超额配售股票募集的资金从二级市场竞价交易购买发行人证券的权利

C. 发行人和主承销商应当审慎评估采用超额配售选择权的可行性、预期目标等，并在首次预先披露的招股说明书中明确是否采用超额配售选择权以及采用超额配售选择权发行证券数量上限

D. 主承销商与发行人签订的承销协议中，应当明确发行人对主承销商采用超额配售选择权的授权，以及获授权的主承销商的相应责任

【答案】A

【解析】采用超额配售选择权的，应当在招股意向书和招股说明书中披露超额配售选择权实施方案。

74. 证券的代销、包销期限最长不得超过（　　）日。

A. 60　　B. 90　　C. 30　　D. 50

【答案】B

【解析】证券的代销、包销期限最长不得超过90日。

75. 证券上市起（　　）个工作日内，主承销商应当将验资报告、专项法律意见书随同承销总结报告等文件一并报交易所。

A. 5　　B. 10　　C. 15　　D. 20

【答案】B

76. 扣除最终战略配售数量后，网下和网上投资者缴款认购的股份数量合计不足本次公开发行数量的（　　）时，发行人和主承销商可以中止发行。

A. 50%　　B. 60%　　C. 70%　　D. 80%

【答案】C

77. 所有注册制项目发行承销涉嫌违法违规或者存在异常情形的，中国证监会可以要求交易所对相关事项进行调查处理，或者直接责令发行人和承销商暂停或者中止发行。中止发行后，在（　　）同意注册决定的有效期内，经向（　　）备案后，发行人和主承销商可择机重启发行。

A. 中国证监会；交易所　　B. 交易所；中国证监会

C. 中国证监会；中国证券业协会　　D. 中国证券业协会；中国证监会

【答案】A

78. 根据《首次公开发行证券承销业务规则》，发行人和主承销商在发行过程中，应当按照中国证监会和交易所的相关规定编制信息披露文件，履行信息披露义务。下列关于信息披露的说法中，错误的是（　　）。

A. 首次公开发行股证券及北交所过程中发布的公告仅由主承销商落款

B. 发行人和主承销商在披露发行市盈率时，应当同时披露发行市盈率的计算方式

C. 发行人尚未盈利的，可以不披露发行市盈率及与同行业市盈率比较的相关信息

D. 首次公开发行证券公开披露的信息应当在交易所网站和符合证监会规定条件的媒体发布

【答案】A

【解析】首次公开发行股证券及北交所过程中发布的公告应当由主承销商和发行人共同落款。

79. 下列关于公开发行股票并在北交所上市信息披露的说法中，错误的是（　　）。

A. 采用询价方式的，发行人与主承销商应当在询价公告中披露本次发行的定价方式、定价程序等信息

B. 采用询价方式的，无须披露网下投资者的详细报价情况

C. 股票公开发行采用竞价方式的，发行价格确定后，发行人和主承销商应当披露竞价结果

D. 发行完成后，发行人与主承销商应披露发行结果公告

【答案】B

【解析】采用询价方式的，还应当披露网下投资者的详细报价情况，包括参与报价的网下投资者名称、申报的每股价格和对应的拟申购股数，剔除最高报价情况，剔除最高报价部分后网下投资者有效报价的中位数和加权平均数，网下和网上发行股票数量，回拨机制等。

二、多项选择题（以下备选项中有两项或两项以上符合题目要求，多选、少选、错选均不得分）

1. （　　）环节是募集资金实现的最后一步，核心是定价和配售。

A. 发行　　B. 承销　　C. 辅导　　D. 尽职调查

【答案】AB

【解析】发行与承销环节是募集资金实现的最后一步，核心是定价和配售。

2. 2005 年首次公开发行股票询价制度及 2006 年证监会《证券发行与承销管理办法》、上交所《沪市股票上网发行资金申购实施办法》、深交所《资金申购上网定价公开发行股票实施办法》实施后，股票的配售方式确定为（　　）相结合的方式，其中首次公开发行股票数量在 4 亿股以上的，还可以向战略投资者配售股票。

A. 直接定价配售　　B. 网上定价申购

C. 网上询价配售　　D. 向询价对象询价配售

【答案】BD

3. 2019 年科创板注册制实施后至 2023 年全面注册制实施前，在配售环节，股票配售方式基本上为（　　）结合的方式。

A. 向网下投资者询价配售　　B. 网上定价申购

C. 战略配售　　D. 向网上投资者询价配售

【答案】ABC

4. 全面注册制后，证监会、证券交易所和证券业协会的监管职责边界进一步明确。下列关于各机构监管职责的说法中正确的有（　　）。

A. 证监会负责发行承销的总体统筹协调以及对证券交易所监管工作的监督检查和对中国证券业协会的指导

B. 证监会负责对发行承销过程实施一线监管

C. 证券交易所负责对发行承销过程实施一线监管

D. 证券业协会负责对承销商、网下投资者进行自律管理

【答案】ACD

【解析】全面注册制后，证监会、证券交易所和证券业协会的监管职责边界进一步明确。证监会负责发行承销的总体统筹协调以及对证券交易所监管工作的监督检查和对中国证券业协会的指导；证券交易所负责对发行承销过程实施一线监管，发行人和主承销商应当向证券交易所报送发行承销方案和发行承销总结；证券业协会负责对承销商、网下投资者进行自律管理。

5. 证券交易所负责对发行承销过程实施一线监管，（　　）应当向证券交易所报送发行承销方案和发行承销总结。

A. 发行人　　B. 主承销商　　C. 分销商　　D. 副主承销商

【答案】AB

【解析】全面注册制后，证监会、证券交易所和证券业协会的监管职责边界进一步明确。证券交易所负责对发行承销过程实施一线监管，发行人和主承销商应当向证券交易所报送发行承销方案和发行承销总结。

6. 2023 年全面注册制实施后，在配售环节，股票配售方式基本上为（　　）结合的方式。

A. 询价配售　　B. 网上定价申购

C. 战略配售　　D. 向网下投资者询价配售

【答案】ABC

7. 在法律法规层面上，（　　）对股票定价、配售及承销等方面进行统领性的规范。

A.《公司法》

B.《证券公司投资银行类业务内部控制指引》

C. 《证券法》

D. 《证券发行与承销管理办法》

【答案】AC

8. 《公司法》《证券法》对股票定价、配售及承销等方面进行统领性的规范。以下关于股票的发行与承销的说法中，正确的有（　　）。

A. 发起人向社会公开募集股份，应当由依法设立的证券公司承销，签订承销协议

B. 公司发行新股，可以根据公司经营情况和财务状况，确定其作价方案

C. 同次发行的同种类股票，每股的发行条件和价格应当相同，任何单位或者个人所认购的股份，每股应当支付相同价额

D. 股票发行价格可以按票面金额，也可以超过票面金额，但不得低于票面金额

【答案】ABCD

【解析】《公司法》规定，发起人向社会公开募集股份，应当由依法设立的证券公司承销，签订承销协议；股份的发行，实行公平、公正的原则，同种类的每一股份应当具有同等权利；同次发行的同种类股票，每股的发行条件和价格应当相同，任何单位或者个人所认购的股份，每股应当支付相同价额；股票发行价格可以按票面金额，也可以超过票面金额，但不得低于票面金额；公司发行新股，可以根据公司经营情况和财务状况，确定其作价方案。

9. 《证券法》规定，证券承销业务采取（　　）方式。

A. 包销　　B. 代销　　C. 募集　　D. 配售

【答案】AB

【解析】《证券法》规定，证券承销业务采取代销或者包销方式。

10. 《证券发行与承销管理办法》作为沪、深证券交易所证券发行承销监管的统领性制度，在定价与配售、证券承销、信息披露等方面进行了总体规范，建立（　　）的定价机制，进一步明确了证监会、交易所和证券业协会的监管职责边界。

A. 以市场化询价发行定价为主体　　B. 以直接定价为主体

C. 以市场化询价发行为补充　　D. 以直接定价为补充

【答案】AD

11. 首次公开发行证券及向不特定合格投资者公开发行股票并在北交所上市主要涉及到（　　）等环节。

A. 申请并启动发行　　B. 定价和路演

C. 申购与配售　　　　D. 股份登记托管

【答案】ABCD

12. 质量审核应当保持审慎原则，参照发行人（　　）等因素制定严格的投资价值研究报告审核标准，明确和细化发行人可比公司选择标准、盈利预测假设条件、估值方法、主要估值参数（包括但不限于无风险收益率、永续增长率、加权平均资本成本）的选择依据。

A. 细分行业　　　　B. 业务模式

C. 商业模式　　　　D. 公司经营、财务特点

【答案】ABCD

13. 撰写投资价值研究报告应秉承相应的原则。以下属于撰写投资价值研究报告应秉承的原则的有（　　）。

A. 合规、客观、专业、审慎

B. 资料来源具有权威性

C. 无虚假记载、误导性陈述或重大遗漏

D. 主承销商的证券分析师独立撰写投资价值研究报告并署名

【答案】ABCD

【解析】撰写投资价值研究报告应当秉承以下原则：合规、客观、专业、审慎；资料来源具有权威性；无虚假记载、误导性陈述或重大遗漏；主承销商的证券分析师独立撰写投资价值研究报告并署名；与发行人有关的信息不得超过招股意向书及其他已公开信息的范围；采用专业、严谨的研究方法和分析逻辑；基于合理的数据基础和事实依据，审慎提出研究结论；分析与结论应当保持逻辑一致性；数据的来源应具有权威性，并注明出处。

14. 证券分析师参与撰写投资价值研究报告相关工作，需事先履行跨墙审批手续。下列关于跨墙要求的说法中，正确的有（　　）。

A. 实施跨墙管理时，应当保证跨墙人员的相对稳定

B. 参与跨墙的证券分析师一经确认，不得随意调整

C. 跨墙期间，证券分析师应当严格遵守信息保密的要求

D. 跨墙期间，证券分析师不必遵守信息保密的要求

【答案】ABC

【解析】实施跨墙管理时，应当保证跨墙人员的相对稳定，维护跨墙工作流程的严肃性，保证信息隔离制度的有效落实。参与跨墙的证券分析师一经确认，不得随意调整。跨墙期间，证券分析师应当严格遵守信息保密的要求，将跨墙参与的工

作与其他工作有效隔离。

15. 证券分析师在撰写投资价值研究报告时应保持独立性，下列说法中正确的有（　　）。

A. 承销商应当从组织设置、人员职责及工作流程等方面保证证券分析师撰写投资价值研究报告的独立性

B. 参与投资价值研究报告撰写相关人员的薪酬不得与相关项目的业务收入挂钩

C. 参与投资价值研究报告撰写相关人员的薪酬可以与相关项目的业务收入挂钩

D. 证券分析师应当保持独立性，除对事实性信息的真实性、准确性核实外，证券公司内部相关利益人员和部门、发行人等不得对投资价值研究报告的内容进行评判

【答案】ABD

【解析】参与投资价值研究报告撰写相关人员的薪酬不得与相关项目的业务收入挂钩。

16. 投资价值研究报告应当对影响发行人投资价值的因素进行全面分析，包括（　　）。

A. 发行人的行业归属、行业政策，发行人与主要竞争者的比较及其在行业中的地位

B. 发行人商业模式、经营状况和发展前景分析

C. 发行人盈利能力和财务状况分析

D. 发行人募集资金投资项目分析；发行人与同行业可比上市公司（如有）的投资价值比较

【答案】ABCD

17. 下列关于路演推介基本规定的说法中，正确的有（　　）。

A. 主承销商应当以确切的事实为依据，不得夸大宣传或以虚假广告等不正当手段诱导、误导投资者

B. 主承销商不得以任何方式发布报价或定价信息

C. 主承销商不得阻止符合条件的投资者报价或劝诱投资者报高价

D. 主承销商不得口头、书面向投资者或路演参与方透露未公开披露的信息，包括但不限于财务数据、经营状况、重要合同等重大经营信息及可能影响投资者决策的其他重要信息

【答案】ABCD

18. 下列关于网下投资者路演推介的说法中，正确的有（ ）。

A. 主承销商应当对面向两家及两家以上投资者的路演推介过程进行全程录音

B. 主承销商对网下投资者一对一路演推介的，应当记录路演推介的时间、地点、双方参与人及主要内容等，并存档备查

C. 主承销商应当要求律师事务所出具培训总结，并督促律师事务所勤勉尽责

D. 主承销商应当要求律师事务所对路演推介材料出具明确审核确认意见

【答案】ABCD

19. 下列关于网上投资者路演推介的说法中，正确的有（ ）。

A. 发行人和主承销商应当至少采用互联网方式向公众投资者进行公开路演推介，并事先披露举行时间和参加方式

B. 路演时不得屏蔽公众投资者提出的与本次发行相关的问题

C. 路演推介内容不得超出证监会及交易所认可的公开信息披露范围

D. 发行人和主承销商向公众投资者进行推介时，提供的发行人信息的内容及完整性应与向网下投资者提供的信息保持一致

【答案】ABCD

20. 发行人和主承销商应当至少采用互联网方式向公众投资者进行公开路演推介，并事先披露（ ）。

A. 举行时间　　B. 参加方式　　C. 参会人员　　D. 路演流程

【答案】AB

21. 根据《首次公开发行证券承销业务规则》，首次公开发行证券通过网下投资者询价方式确定发行价格的，主承销商应当对网下投资者的报价进行簿记建档，记录网下投资者的（ ），并根据簿记建档结果确定发行价格或发行价格区间。

A. 申购时间　　B. 申购价格　　C. 申购地点　　D. 申购数量

【答案】BD

22. 根据《首次公开发行证券承销业务规则》，首次公开发行证券通过网下投资者询价方式确定发行价格的，主承销商应当对网下投资者的报价进行簿记建档。下列关于簿记的说法中，正确的有（ ）。

A. 主承销商应当对网下投资者的报价进行簿记建档，记录网下投资者的申购价格和申购数量，并根据簿记建档结果确定发行价格或发行价格区间

B. 主承销商和发行人不得擅自修改网下投资者的报价信息

C. 主承销商应当选定专门的场所用于簿记建档

D. 簿记场所应当与其他业务区域保持相对独立，且具备完善可靠的通讯系统和记录系统，符合安全保密要求

【答案】ABCD

【解析】根据《首次公开发行证券承销业务规则》，首次公开发行证券通过网下投资者询价方式确定发行价格的，主承销商应当对网下投资者的报价进行簿记建档，记录网下投资者的申购价格和申购数量，并根据簿记建档结果确定发行价格或发行价格区间。主承销商和发行人不得擅自修改网下投资者的报价信息。鉴于网下投资者申购价格和申购数量信息的敏感性，主承销商应当选定专门的场所用于簿记建档。簿记场所应当与其他业务区域保持相对独立，且具备完善可靠的通讯系统和记录系统，符合安全保密要求。

23. 境内新股定价的方式主要有（　　）。

A. 直接定价　　B. 竞价定价

C. 初步询价直接定价　　D. 累计投标询价定价

【答案】ABCD

【解析】境内新股定价的方式主要有直接定价、询价定价、竞价定价三种，其中询价定价又分为初步询价直接定价和累计投标询价定价两种方式。

24. 目前主板可以采用的定价方式包括（　　）。

A. 直接定价　　B. 初步询价直接定价

C. 累计投标询价定价　　D. 竞价定价

【答案】ABC

【解析】目前主板可以采用的定价方式包括直接定价、初步询价直接定价、累计投标询价定价。

25. 询价定价方式为目前最为常见的定价方式，是主承销商根据投资者的报价结果并综合公司（　　）等因素综合确定发行价格的一种方式。

A. 基本面　　B. 市场情况

C. 同行业公司估值水平　　D. 承销风险

【答案】ABCD

【解析】询价定价方式为目前最为常见的定价方式，是主承销商根据投资者的报价结果并综合公司基本面、市场情况、同行业公司估值水平及承销风险等因素综合确定发行价格的一种方式。

26. 在新股定价时，考虑因素主要包括（　　）。

A. 基本面情况、二级市场情绪、同行业可比公司估值、历史价格

B. 剔除一定比例的最高报价

C. 剔除无效报价和最高报价后的询价（竞价）结果

D. 承销风险

【答案】ABCD

【解析】在新股定价时，考虑因素主要包括基本面情况、二级市场情绪、同行业可比公司估值、历史价格；剔除一定比例的最高报价；剔除无效报价和最高报价后的询价（竞价）结果；承销风险。

27. 新股发行中，配售方式包括（　　）。

A. 战略配售　　B. 网下配售　　C. 网上配售　　D. 优先配售

【答案】ABC

【解析】新股发行中，配售方式包括战略配售、网下配售与网上配售三种。

28. 根据证券业协会《首次公开发行证券承销业务规则》，主承销商应当建立健全组织架构和配售制度，配售制度包括（　　）。

A. 决策机制　　B. 配售规则

C. 业务流程　　D. 与配售相关的内部控制制度

【答案】ABCD

【解析】根据证券业协会《首次公开发行证券承销业务规则》，主承销商应当建立健全组织架构和配售制度，加强配售过程管理，在相关制度中明确对配售工作的要求。配售制度包括决策机制、配售规则和业务流程，以及与配售相关的内部控制制度等。

29. 主承销商可以设置负责配售决策的相关委员会。委员会具体职责应当包括（　　）。

A. 制定战略配售、网上与网下投资者配售工作规则

B. 确定配售原则和方式

C. 履行配售结果审议决策职责

D. 执行配售制度和程序，确保配售过程和结果合法合规

【答案】ABCD

【解析】主承销商可以设置负责配售决策的相关委员会。委员会具体职责应当包括制定战略配售、网上与网下投资者配售工作规则，确定配售原则和方式，履行配售结果审议决策职责，执行配售制度和程序，确保配售过程和结果合法合规。

30. 以下关于参与战略配售的投资者的说法中，正确的有（　　）。

A. 应当具备良好的市场声誉和影响力

B. 应当具有较强资金实力

C. 应当认可发行人长期投资价值

D. 应当按照认购时的市场价格认购其承诺认购数量的发行人股票

【答案】ABC

【解析】参与战略配售的投资者，均应当具备良好的市场声誉和影响力，具有较强资金实力，认可发行人长期投资价值，并按照最终确定的发行价格认购其承诺认购数量的发行人股票。

31. 以下属于首次公开发行证券战略配售投资者类型的有（　　）。

A. 与发行人经营业务具有战略合作关系或长期合作愿景的大型企业或其下属企业

B. 具有长期投资意愿的大型保险公司或其下属企业、国家级大型投资基金或其下属企业

C. 以公开募集方式设立，主要投资策略包括投资战略配售股票，且以封闭方式运作的证券投资基金

D. 参与跟投的保荐人相关子公司

【答案】ABCD

【解析】除ABCD外，首次公开发行证券战略配售投资者还有以下2种类型：（1）发行人的高级管理人员与核心员工参与本次战略配售设立的专项资产管理计划；（2）符合法律法规、业务规则规定的其他投资者。

32. 根据《深圳证券交易所首次公开发行证券发行与承销业务实施细则》，保荐人相关子公司应当跟投（　　）。

A. 创业板未盈利企业

B. 存在表决权差异安排企业

C. 蓝筹企业

D. 发行价格（或者发行价格区间上限）超过“四个值”孰低值的发行人

【答案】ABD

【解析】根据《上海证券交易所首次公开发行证券发行与承销业务实施细则》，科创板试行保荐人相关子公司跟投制度。根据《深圳证券交易所首次公开发行证券发行与承销业务实施细则》，创业板未盈利企业、存在表决权差异安排企业、红筹企业以及发行价格（或者发行价格区间上限）超过“四个值”孰低值的发行人，保荐人相关子公司应当跟投。

33. 下列关于战略投资者锁定期的说法中，正确的有（　　）。

A. 战略投资者认购首次公开发行证券的锁定期至少为发行人首次公开发行并上市之日起 12 个月

B. 保荐人相关子公司跟投的，锁定期限为自发行人首次公开发行并上市之日起 24 个月

C. 向不特定合格投资者公开发行股票并在北交所上市的公开发行股票锁定期至少为发行人公开发行股票上市之日起 9 个月

D. 向不特定合格投资者公开发行股票并在北交所上市的公开发行股票，发行人高级管理人员与核心员工可以通过专项资产管理计划、员工持股计划等参与战略配售的股票持有期限不得多于 12 个月

【答案】ABD

【解析】向不特定合格投资者公开发行股票并在北交所上市的公开发行股票锁定期至少为发行人公开发行股票上市之日起 6 个月。

34. 保荐人及主承销商对战略配售投资者的选取标准、配售资格以及配售禁止性情形进行核查，下列属于核查内容的有（　　）。

A. 发行人和主承销商向参与战略配售的投资者承诺上市后股价将上涨，或者股价如果未上涨将由发行人购回证券或者给予任何形式的经济补偿

B. 主承销商以承诺对承销费用分成、介绍参与其他发行人战略配售等作为条件引入战略投资者

C. 发行人上市后认购发行人战略投资者管理的证券投资基金及其控股子公司管理的证券投资基金（仅公开发行股票并在北交所上市项目适用）

D. 战略投资者使用非自有资金认购发行人股票，或者存在接受其他投资者委托或委托其他投资者参与本次战略配售的情形（符合战略配售条件的证券投资基金等主体除外）

【答案】ABCD

【解析】除 ABCD 外，保荐人及主承销商对战略配售投资者的选取标准、配售资格以及配售禁止性情形进行核查，核查内容至少包括是否存在以下行为：（1）发行人承诺在战略投资者获配股份的限售期内，委任与该战略投资者存在关联关系的人员担任发行人的董事、监事及高级管理人员，但发行人的高级管理人员与核心员工设立专项资产管理计划、员工持股计划（公开发行股票并在北交所上市项目）参与战略配售的除外；（2）其他直接或间接进行利益输送的行为。

35. 在网下配售时，发行人和主承销商应当根据证监会及交易所的规定，并结合（　　）因素确定清晰、明确、合理、可预期的配售原则。

A. 投资者条件　　B. 报价及申购情况

C. 行为表现　　D. 协会对网下投资者的评价结果

【答案】ABCD

【解析】在网下配售时，发行人和主承销商应当根据证监会及交易所的规定，并结合以下因素确定清晰、明确、合理、可预期的配售原则：(1) 投资者条件，包括投资者类型、独立研究及评估能力、限售期安排和长期持股意愿等；(2) 报价情况，包括投资者报价、报价时间等；(3) 申购情况，包括投资者申购价格、申购数量等；(4) 行为表现，包括历史申购情况、网下投资者与发行人和主承销商的战略合作关系等；(5) 协会对网下投资者的评价结果。

36. 为强化对配售行为的监管，《证券发行与承销管理办法》及《首次公开发行证券网下投资者管理规则》等相关制度设定了禁止配售的投资者范围。下列选项中，发行人和主承销商在网下发行中不能向（　　）配售股票。

A. 发行人及其股东、实际控制人、董事、监事、高级管理人员和其他员工

B. 发行人及其股东、实际控制人、董事、监事、高级管理人员能够直接或间接实施控制、共同控制或施加重大影响的公司

C. 主承销商

D. 主承销商持股比例为3%的股东，主承销商的董事、监事、高级管理人员和其他员工

【答案】ABC

【解析】选项D的正确表述是发行人和主承销商不能对主承销商及其持股比例5%以上的股东，主承销商的董事、监事、高级管理人员和其他员工配售股票。

37. 首次公开发行证券安排网下限售的，发行人和主承销商可以采用（　　）方式，限售期不低于6个月。

A. 摇号限售　　B. 比例限售　　C. 分类限售　　D. 优先限售

【答案】AB

【解析】首次公开发行证券安排网下限售的，发行人和主承销商可以采用摇号限售或者比例限售方式，限售期不低于6个月。

38. 主承销商与发行人签订的承销协议中，应当明确发行人对主承销商采用超额配售选择权的授权，以及获授权的主承销商的相应责任。下列属于获授权的主承销商责任的是（　　）。

A. 获授权的主承销商，应当勤勉尽责，建立独立的投资决策流程及相关防火墙制度，严格执行内部控制制度

B. 获授权的主承销商应当向中国结算公司申请开立使用超额配售证券募集的资金买入股票的专门账户

C. 获授权的主承销商应当向证监会和中国结算公司提交授权委托书及授权代表的有效签字样本

D. 获授权的主承销商应当将超额配售证券募集的资金存入其在商业银行开设的独立账户

【答案】ABD

【解析】获授权的主承销商应当向中国结算公司申请开立使用超额配售证券募集的资金买入股票的专门账户，并向交易所和中国结算公司提交授权委托书及授权代表的有效签字样本。所涉及的开户、清算、交收等事项，应当按照交易所和中国结算公司相关规则办理。

39. 获授权的主承销商应当保存使用超额配售证券募集资金买入股票的完整记录，保存时间不得少于10年，记录应当包括（　　）。

A. 每次申报买入证券的时间

B. 每次申报买入证券的价格与数量

C. 每次申报买入证券的价格确定情况

D. 买入证券的每笔成交信息

【答案】ABCD

【解析】获授权的主承销商应当保存使用超额配售证券募集资金买入股票的完整记录，保存时间不得少于10年，记录应当包括以下信息：每次申报买入证券的时间、价格与数量；每次申报买入证券的价格确定情况；买入证券的每笔成交信息，包括成交时间、成交价格、成交数量等。

40. 在超额配售选择权行使期届满或者累计购回证券数量达到采用超额配售选择权发行证券数量限额的2个工作日内，发行人与获授权的主承销商应当披露（　　）。

A. 超额配售选择权行使期届满或者累计购回证券数量达到采用超额配售选择权发行证券数量限额的日期

B. 超额配售选择权实施情况是否合法、合规，是否符合所披露的有关超额配售选择权的实施方案要求，是否实现预期达到的效果

C. 因行使超额配售选择权而发行的证券数量

D. 发行人本次筹资总金额

【答案】ABCD

41. 证券公司承销证券，应当同发行人签订代销或者包销协议，载明事项包括（　　）。

A. 当事人的名称、住所及法定代表人姓名

B. 代销、包销证券的种类、数量、金额及发行价格

C. 代销、包销的期限及起止日期

D. 违约责任

【答案】ABCD

【解析】证券公司承销证券，应当同发行人签订代销或者包销协议，载明下列事项：当事人的名称、住所及法定代表人姓名；代销、包销证券的种类、数量、金额及发行价格；代销、包销的期限及起止日期；代销、包销的付款方式及日期；代销、包销的费用和结算办法；违约责任；国务院证券监督管理机构规定的其他事项。

42. 根据《证券法》，向不特定对象发行证券聘请承销团承销的，承销团应当由主承销和参与承销的证券公司组成。下列关于组建承销团的说法中，正确的有（　　）。

A. 组成承销团的承销商应当签订承销团协议，由所有承销商负责组织承销工作

B. 证券发行由两家以上证券公司联合主承销的，所有担任主承销商的证券公司应当共同承担主承销责任，履行相关义务

C. 承销团由 5 家以上承销商组成的，可以设副主承销商，协助主承销商组织承销活动

D. 承销团成员应当按照承销团协议及承销协议的规定进行承销活动，不得进行虚假承销

【答案】BD

【解析】组成承销团的承销商应当签订承销团协议，由主承销商负责组织承销工作。承销团由 3 家以上承销商组成的，可以设副主承销商，协助主承销商组织承销活动。

43. 首次公开发行证券项目当出现以下（　　）情况时，发行人及主承销商应当采取中止发行的措施。

A. 公开发行股票数量在 4 亿股（含）以下的，剔除最高报价部分后有效报价投资者的数量少于 10 家的

B. 公开发行股票数量在 4 亿股以上的，剔除最高报价部分后有效报价投资者

的数量少于20家的

C. 保荐人相关子公司未按照作出的承诺实施跟投的

D. 剔除最高报价部分后剩余拟申购总量不足初步询价阶段网下初始发行数量的

【答案】ABCD

【解析】除ABCD外，首次公开发行证券项目当出现以下情况时，发行人及主承销商应当采取中止发行的措施：(1) 发行人预计发行后总市值不满足其在招股说明书中明确选择的市值与财务指标上市标准的；(2) 发行人和主承销商通过累计投标询价确定发行价格的，未按规定在申购日规定时间内向交易所提交发行价格及网上中签率公告的；(3) 发行人和主承销商事先约定并披露的其他中止发行的情形。

44. 下列关于承销方式的说法中，正确的是（　　）。

A. 证券承销有代销和包销两种方式

B. 证券代销是指证券公司代发行人发售证券，在承销期结束时，将未售出的证券全部退还给发行人的承销方式

C. 证券包销是指证券公司将发行人的证券按照协议全部购入或者在承销期结束时将售后剩余证券全部自行购入的承销方式

D. 证券的代销、包销期限最长不得超过60日

【答案】ABC

【解析】证券的代销、包销期限最长不得超过90日。

45. 根据《证券发行与承销管理办法》，发行人和主承销商应当签订承销协议，在承销协议中应当（　　）。

A. 界定双方的权利义务关系

B. 约定明确的承销基数

C. 采用包销方式的，应当明确包销责任

D. 采用代销方式的，应当约定发行失败后的处理措施

【答案】ABCD

46. 在实践中，（　　）均采用包销方式进行承销。

A. 首次公开发行证券　　B. 公开发行股票并在上交所上市

C. 公开发行股票并在北交所上市　　D. 公开发行股票并在深交所上市

【答案】AC

【解析】在实践中，首次公开发行证券及公开发行股票并在北交所上市均采用包销方式进行承销。

47. 公开发行股票并在北交所上市的，发行承销过程中出现（　　）情形时，发行人和主承销商应当中止发行。

A. 采用询价方式的，有效报价的网下投资者数量超过 10 家或网下投资者有效申购数量低于网下初始发行量

B. 预计发行后无法满足其在招股文件中选择的股票上市标准

C. 发行价格未在股东大会确定的发行价格区间内或低于股东大会确定的发行底价

D. 发行人和主承销商事先约定并披露的其他情形

【答案】BCD

【解析】公开发行股票并在北交所上市的，发行承销过程中出现以下情形之一的，发行人和主承销商应当中止发行：(1) 采用询价方式的，有效报价的网下投资者数量不足 10 家或网下投资者有效申购数量低于网下初始发行量；(2) 预计发行后无法满足其在招股文件中选择的股票上市标准；(3) 发行价格未在股东大会确定的发行价格区间内或低于股东大会确定的发行底价；(4) 发行人和主承销商事先约定并披露的其他情形；(5) 北交所认定的其他情形。

48. 采用询价方式且存在（　　）情形之一的，应当在网上申购前发布投资风险特别公告，详细说明定价合理性，提示投资者注意投资风险。

A. 发行价格（或者发行价格区间上限）对应市盈率超过同行业上市公司二级市场平均市盈率的

B. 发行价格（或者发行价格区间上限）超过“四个值”的孰低值的

C. 发行价格（或者发行价格区间上限）超过境外市场价格的

D. 发行人尚未盈利的

【答案】ABCD

49. 根据公开发行股票并在北交所上市信息披露的相关要求，发行完成后，发行人与主承销商应披露发行结果公告，下列选项中属于应当公告内容的有（　　）。

A. 网上网下投资者申购数量和获配数量

B. 获配网下投资者名称及其申购数量和获配数量明细

C. 自主配售的结果是否符合事先公布的配售原则

D. 除主承销商外其他承销商的包销情况

【答案】ABC

【解析】除 ABC 外，发行完成后，发行人与主承销商应披露发行结果公告，内容还应包括：(1) 投资者提供有效报价但未参与申购、实际申购数量少于询价时拟

申购数量和由于申购资金不足导致申购无效的情况；（2）主承销商的包销情况；（3）保荐费用、承销费用、其他中介费用等发行费用信息；（4）北交所认为应当说明的其他情况。

三、判断题（不选、错选均不得分）

1. 2005年询价制度实施前，由于投资者和中介机构等市场主体尚不成熟，市场机制不完善，买方不能对卖方构成有效约束，出于保护投资者目的，首次公开发行股票主要采用限定发行市盈率上限的方式管理发行价格，发行人及主承销商对发行价格有决定权。（　　）

【答案】错误

【解析】发行人及主承销商对发行价格没有决定权。

2. 2018年证监会修订《证券发行与承销管理办法》，规定公开发行股票数量在2 000万股（含）以下且无老股转让计划的，不可以通过直接定价的方式确定发行价格。（　　）

【答案】错误

【解析】可以通过直接定价的方式确定发行价格。

3. 2019年科创板注册制实施后至2023年全面注册制实施前，在定价环节，除公开发行股票并在北交所上市可以采用直接定价或竞价、主板及创业板发行数量2 000万股（份）以下（不包括发行人尚未盈利的）且无股东公开发售股份的可以直接定价外，其他均应当通过向网下投资者询价方式确定发行价格。（　　）

【答案】正确

4. 在定价环节，目前注册制下除公开发行股票并在北交所上市可以采用直接定价或竞价、首次公开发行证券发行数量1 000万股（份）以下（不包括发行人尚未盈利的）且无股东公开发售股份的可以直接定价外，其他均应当通过向网下投资者询价方式确定发行价格。（　　）

【答案】错误

【解析】在定价环节，目前注册制下除公开发行股票并在北交所上市可以采用直接定价或竞价、首次公开发行证券发行数量2 000万股（份）以下（不包括发行人尚未盈利的）且无股东公开发售股份的可以直接定价外，其他均应当通过向网下投资者询价方式确定发行价格。

5.《公司法》规定，股票发行价格可以按票面金额，可以超过票面金额，也可以低于票面金额。（　　）

【答案】错误

【解析】《公司法》规定，股票发行价格可以按票面金额，也可以超过票面金额，但不得低于票面金额。

6.《公司法》规定，发起人向社会公开募集股份，应当由依法设立的证券公司承销，签订承销协议。（　　）

【答案】正确

7.《证券法》规定，证券承销业务采取代销或者包销方式。（　　）

【答案】正确

8.《首次公开发行股票注册管理办法》规定，证监会和交易所应当建立对发行承销业务的常态化检查制度。（　　）

【答案】正确

9. 根据《证券公司投资银行类业务内部控制指引》规定，证券公司应当建立定价配售集体决策机制，必须以现场方式对定价配售过程中的重要事项进行集体决策。（　　）

【答案】错误

【解析】根据《证券公司投资银行类业务内部控制指引》规定，证券公司应当建立定价配售集体决策机制，以现场、通讯、书面表决等方式对定价配售过程中的重要事项进行集体决策。

10. 根据《首次公开发行证券承销业务规则》，股票首次公开发行采用询价方式确定发行价格的，主承销商应当于招股意向书刊登后的当日向网下投资者提供投资价值研究报告，并且可以公开投资价值研究报告或其内容。（　　）

【答案】错误

【解析】根据《首次公开发行证券承销业务规则》，股票首次公开发行采用询价方式确定发行价格的，主承销商应当于招股意向书刊登后的当日向网下投资者提供投资价值研究报告，但不得以任何形式公开披露或变相公开投资价值研究报告或其内容，证监会及交易所另有规定的除外。

11. 根据《北京证券交易所证券发行与承销管理细则》，公开发行股票并在北交所上市采用询价方式的，承销商应当向网下投资者提供投资价值研究报告；采用竞价方式的，承销商应当提供投资价值研究报告，但不能公开披露。（　　）

【答案】错误

【解析】采用竞价方式的，承销商应当提供投资价值研究报告并公开披露。

12. 注册制下，发行定价由发行人决定，投资价值研究报告对于投资者判断公

司价值有重要的参考意义，高质量的投资价值研究报告有助于定价效率的提升及资本市场价格发现功能的发挥。（　　）

【答案】错误

【解析】注册制下，发行定价由市场决定。

13. 投资价值研究报告的质量审核和合规审查过程中形成的所有工作底稿无须存档备查。（　　）

【答案】错误

【解析】投资价值研究报告的质量审核和合规审查过程中形成的所有工作底稿应当存档备查。

14. 证券分析师参与撰写投资价值研究报告相关工作，需事先履行跨墙审批手续。（　　）

【答案】正确

15. 证券分析师可以就投资价值研究报告涉及发行人的相关事实性信息向发行人及投资银行业务部门人员进行真实性、准确性的核实。证券分析师在进行事实性信息的核实时，不得向发行人及投资银行业务部门人员提供包括估值、盈利预测等投资分析内容的章节。（　　）

【答案】正确

16. 参与投资价值研究报告撰写相关人员的薪酬可以与相关项目的业务收入挂钩。（　　）

【答案】错误

【解析】参与投资价值研究报告撰写相关人员的薪酬不得与相关项目的业务收入挂钩。

17. 承销团其他成员的证券分析师不可以根据需要撰写投资价值研究报告。（　　）

【答案】错误

【解析】承销团其他成员的证券分析师可以根据需要撰写投资价值研究报告，但应保持独立性并署名。

18. 发行人和主承销商只可以采用现场的方式进行路演推介。（　　）

【答案】错误

【解析】发行人和主承销商可以采用现场、电话、视频会议、互联网等合法合规的方式进行路演推介。

19. 首次公开发行证券及公开发行股票并在北交所上市申请文件受理后至发行

人发行申请经交易所审核通过、并获中国证监会同意注册、依法刊登招股意向书前，主承销商不得自行或与发行人共同采取任何公开或变相公开方式进行与证券发行相关的推介活动，也不得通过其他利益关联方或委托他人等方式进行相关活动。（　　）

【答案】正确

20. 发行人和主承销商应当至少采用互联网方式向公众投资者进行公开路演推介，但不必事先披露举行时间和参加方式。（　　）

【答案】错误

【解析】发行人和主承销商应当至少采用互联网方式向公众投资者进行公开路演推介，并事先披露举行时间和参加方式。

21. 簿记场所应当与其他业务区域保持相对独立，且具备完善可靠的通讯系统和记录系统，符合安全保密要求。（　　）

【答案】正确

22. 公开发行股票并在北交所上市采用向网下投资者询价方式确定发行价格的，必须选定专门的场所用于簿记建档。（　　）

【答案】错误

【解析】公开发行股票并在北交所上市采用向网下投资者询价方式确定发行价格的，因向网下投资者询价是通过交易所交易系统进行的，询价过程中主承销商无法接触网下投资者的申购价格和申购数量信息，因此不需要选定专门的场所用于簿记建档。

23. 询价期间，簿记场所应当全程录音录像。簿记建档工作人员应当使用簿记专用电脑，其他人员不得携带电脑进入簿记现场，簿记专用电脑上不得安装任何通讯软件。（　　）

【答案】正确

24. 首次公开发行证券通过直接定价方式确定的发行价格对应市盈率不得超过所有上市公司二级市场平均市盈率。（　　）

【答案】错误

【解析】首次公开发行证券通过直接定价方式确定的发行价格对应市盈率不得超过同行业上市公司二级市场平均市盈率。

25. 首次公开发行证券采用询价定价方式的，除参与跟投的保荐人的相关子公司或者保荐人所属证券公司的相关子公司战略配售情形外，全部向网上投资者发行，不进行网下询价和配售。（　　）

【答案】错误

【解析】首次公开发行证券采用直接定价方式的，除参与跟投的保荐人的相关子公司或者保荐人所属证券公司的相关子公司战略配售情形外，全部向网上投资者发行，不进行网下询价和配售。

26. 发行人尚未盈利的，应当通过向网下投资者询价方式确定发行价格，可以直接定价。（　）

【答案】错误

【解析】发行人尚未盈利的，应当通过向网下投资者询价方式确定发行价格，不得直接定价。

27. 主板可以采用的定价方式包括直接定价、询价定价与竞价定价三种。

（　）

【答案】错误

【解析】主板可以采用的定价方式包括直接定价和询价定价，不包括竞价定价。目前仅公开发行股票并在北交所上市可采用该种定价方式。

28. 根据《北京证券交易所证券发行与承销管理细则》，北交所股票公开发行并上市采用询价方式的，应当通过初步询价确定发行价格，不安排累计投标询价。

（　）

【答案】正确

29. 竞价方式下，既可以向网上投资者发行，也可以进行网下询价和配售。

（　）

【答案】错误

【解析】竞价方式下，全部向网上投资者发行，不进行网下询价和配售。

30. 根据《上海证券交易所股票公开发行自律委员会支持全面实行股票发行注册制下企业平稳发行行业倡导建议》及《深圳证券交易所股票发行规范委员会关于保障全面实行股票发行注册制下新股平稳有序发行的倡议》，首次公开发行证券采用询价方式发行的，高价剔除比例不超过5%，不低于1%。（　）

【答案】错误

【解析】首次公开发行证券采用询价方式发行的，高价剔除比例不超过3%，不低于1%。

31. 定价时主承销商及发行人需对发行定价对应的承销风险进行研判，关注认购倍数是否足够、投资者的弃购风险（沪、深证券交易所项目）等。（　）

【答案】正确

32. 根据《证券公司投资银行类业务内部控制指引》，证券公司应当建立定价配售集体决策机制，对定价配售过程中的重要事项进行集体决策。（ ）

【答案】正确

33. 剔除无效报价和最高报价前的投资者的询价结果为发行人及保荐人（主承销商）定价时最重要的考量因素。（ ）

【答案】错误

【解析】 剔除无效报价和最高报价后的投资者的询价结果为发行人及保荐人（主承销商）定价时最重要的考量因素。

34. 根据证监会《证券公司投资银行类业务内部控制指引》，证券公司应该建立定价配售集体决策机制，对定价配售过程中的重要事项进行集体决策。（ ）

【答案】正确

35. 主承销商可以设置负责配售决策的相关委员会。未设置委员会的，应当建立科学合理的集体决策机制。集体决策机制参照委员会的相关要求执行。（ ）

【答案】正确

36. 向不特定合格投资者公开发行股票并在北交所上市的，战略投资者不得超过 20 名。（ ）

【答案】错误

【解析】 向不特定合格投资者公开发行股票并在北交所上市的，战略投资者不得超过 10 名。

37. 战略投资者参与股票配售，应当使用自有资金，不得接受他人委托或者委托他人参与，但以公开方式募集设立、主要投资策略包括投资战略配售股票且以封闭方式运作的证券投资基金除外。（ ）

【答案】正确

38. 实施战略配售的，无须扣除战略配售部分后确定网上网下发行比例。

（ ）

【答案】错误

【解析】 实施战略配售的，应当扣除战略配售部分后确定网上网下发行比例。

39. 对网下投资者分类配售的，发行人和主承销商可以根据配售对象的机构类别、产品属性、承诺持有期限等合理设置具体类别，在发行公告中预先披露；同类投资者获得配售的比例可以不相同。（ ）

【答案】错误

【解析】 同类投资者获得配售的比例应当相同。

40. 在对网下投资者分类配售时，公募基金、社保基金、养老金、年金基金、保险资金和合格境外投资者资金的配售比例不得低于其他投资者。（　　）

【答案】正确

41. 市场发生重大变化的，发行人和主承销商可以要求网下投资者缴纳不超过拟申购金额30%的保证金。（　　）

【答案】错误

【解析】市场发生重大变化的，发行人和主承销商可以要求网下投资者缴纳不超过拟申购金额20%的保证金。

42. 首次公开发行证券并在主板上市采用直接定价方式的，全部向网下投资者配售。（　　）

【答案】错误

【解析】首次公开发行证券并在主板上市采用直接定价方式的，全部向网上投资者配售。

43. 在本次股票上市之日起20个自然日内，主承销商有权根据市场情况，从竞价交易市场购买发行人证券，或者要求发行人增发证券，分配给对此超额发售部分提出认购申请的投资者。（　　）

【答案】错误

【解析】在本次股票上市之日起30个自然日内，主承销商有权根据市场情况，从竞价交易市场购买发行人证券，或者要求发行人增发证券，分配给对此超额发售部分提出认购申请的投资者。

44. 主承销商采用超额配售选择权，超额配售选择权发行股票数量应少于战略配售投资者获配数量，并应当与参与本次配售并同意作出延期交付股份安排的投资者达成协议。（　　）

【答案】正确

45. 证券公司在代销、包销期内，可以为本公司预留所代销的证券和预先购入并留存所包销的证券。（　　）

【答案】错误

【解析】证券公司在代销、包销期内，对所代销、包销的证券应当保证先行出售给认购人，证券公司不得为本公司预留所代销的证券和预先购入并留存所包销的证券。

46. 根据《证券法》，向不特定对象发行证券聘请承销团承销的，承销团应当由主承销组成。（　　）

【答案】错误

【解析】根据《证券法》，向不特定对象发行证券聘请承销团承销的，承销团应当由主承销和参与承销的证券公司组成。

47. 根据新《证券法》，证券公司承销证券，应当对公开发行募集文件的真实性、准确性、完整性进行核查。 （ ）

【答案】正确

48. 首次公开发行股证券及北交所过程中发布的公告应当仅由主承销商落款。 （ ）

【答案】错误

【解析】首次公开发行股证券及北交所过程中发布的公告应当由主承销商和发行人共同落款。

49. 发行人披露的招股意向书除不含发行价格、筹资金额以外，其内容与格式应当与招股说明书一致，并与招股说明书具有同等法律效力。 （ ）

【答案】正确

四、综合题（每问备选答案中有一项或多项符合题目要求，不选、错选均不得分）

（一）2×23 年 6 月 1 日，发行人甲公司拟在上海证券交易所科创板首次公开发行股票，甲公司于当天领取了注册批文，并向上海证券交易所提交了发行方案，甲公司选择了 Q 证券公司作为主承销商。Q 公司在招股意向书刊登后的当日提供了投资价值研究报告。

1. 下列关于甲公司首次公开发行股票流程的说法中，正确的是（ ）。

A. 领取注册批文——申请并启动发行——申购、配售、缴款——定价和路演——股份登记托管——提交上市申请

B. 领取注册批文——申请并启动发行——股份登记托管——申购、配售、缴款——定价和路演——提交上市申请

C. 领取注册批文——申请并启动发行——定价和路演——股份登记托管——申购、配售、缴款——提交上市申请

D. 领取注册批文——申请并启动发行——定价和路演——申购、配售、缴款——股份登记托管——提交上市申请

【答案】D

【解析】沪深交易所首次公开发行股票的简要流程为：首次公开发行股票注册

申请文件受理，领取注册批文，申请并启动发行，定价和路演，申购、配售、缴款，股份登记托管，向交易所提交上市申请，故选项 D 正确。

2. 如果甲公司首次公开发行股票采用直接定价方式确定发行价格，下列说法中错误的有（　　）。

A. 甲公司首次公开发行股票发行数量在 2 000 万股（份）以上

B. 甲公司首次公开发行股票的发行价格对应市盈率可以超过同行业上市公司二级市场平均市盈率

C. 甲公司与 Q 公司应结合其所属行业、市场情况、同行业公司估值水平等因素审慎确定股票发行价格

D. 甲公司尚未盈利

【答案】ABD

【解析】 首次公开发行证券发行数量 2 000 万股（份）以下且无老股转让计划的，发行人和主承销商可以通过直接定价的方式确定发行价格，故选项 A 错误；首次公开发行证券通过直接定价方式确定的发行价格对应市盈率不得超过同行业上市公司二级市场平均市盈率，故选项 B 错误；发行人尚未盈利的，应当通过向网下投资者询价方式确定发行价格，不得直接定价，故选项 D 错误。

3. Q 公司在撰写甲公司投资价值研究报告的过程中应秉承的原则有（　　）。

A. 合规、客观、专业、审慎

B. 与发行人有关的信息可超过招股意向书及其他已公开信息的范围

C. 资料来源具有权威性

D. 分析与结论应当保持逻辑一致性

【答案】ACD

【解析】 在撰写投资价值研究报告的基本原则中，与发行人有关的信息不得超过招股意向书及其他已公开信息的范围，故选项 B 错误。

（二）2×23 年 4 月 26 日，发行人 P 公司根据《首次公开发行证券承销业务规则》和《北京证券交易所证券发行与承销管理细则》，拟向不特定合格投资者公开发行股票并在北交所上市，P 公司采用网下询价方式确定了发行价格，承销商 W 证券公司拟向网下投资者提供投资价值研究报告，证券分析师陈某参与了撰写 P 公司投资价值研究报告的相关工作。此外，P 公司新股申请并启动发行后，P 公司和主承销商 W 证券公司拟进行定价和路演推介。

1. 以下各流程中，不属于 P 公司向不特定合格投资者公开发行股票流程的是（　　）。

A. 申请并启动发行　　　　　　　　B. 定价和路演

C. 申购与配售　　　　　　　　　　D. 股票转入股转系统

【答案】D

【解析】向不特定合格投资者公开发行股票并在北交所上市的流程是：首次公开发行股票注册申请文件受理，领取注册批文，申请并启动发行，定价和路演，申购、配售、缴款，股份登记托管，向交易所提交上市申请，故选项 ABC 错误；股票转入股转系统属于退市流程的环节，故选 D。

2. 陈某在参与撰写 P 公司投资价值研究报告的相关工作前，履行了跨墙审批手续，下列关于陈某履行跨墙审批手续的说法中，正确的有（　　）。

A. 陈某被确认为参与跨墙的证券分析师后，不得随意调整

B. 跨墙期间，陈某应当严格遵守信息保密的要求，将跨墙参与的工作与其他工作有效隔离

C. 陈某可以就投资价值研究报告涉及 P 公司的相关事实性信息向发行人及投资银行业务部门人员进行真实性、准确性的核实

D. 陈某在进行事实性信息的核实时，可以向 P 公司提供包括估值、盈利预测等投资分析内容的章节

【答案】ABC

【解析】证券分析师在进行事实性信息的核实时，不得向发行人及投资银行业务部门人员提供包括估值、盈利预测等投资分析内容的章节，故选项 D 错误。

3. P 公司和 W 公司可以采用的路演推介方式有（　　）。

A. 现场　　　　B. 电话　　　　C. 视频会议　　　　D. 互联网

【答案】ABCD

【解析】发行人和主承销商可以采用现场、电话、视频会议、互联网等合法合规的方式进行路演推介，故选项 ABCD 正确。

（三）2×23 年 6 月 6 日，发行人丁公司拟公开发行股票并在北交所上市，丁公司通过向网下投资者询价的方式确定发行价格，E 公司提供了投资价值研究报告，证券分析师王某参与了研究报告的撰写。为了促进投资者对丁公司有深入的了解，丁公司和主承销商 E 证券公司拟进行路演推介。此外，考虑到网下投资者申购价格和申购数量信息的敏感性，E 公司选用了特定场所以进行簿记建档。

1. 招股意向书刊登后，丁公司和 E 公司可以向网下投资者进行路演推介和询价，下列关于丁公司和 E 公司进行网下投资者路演推介的说法中，错误的是（　　）。

A. 丁公司管理层进行路演推介时，可以介绍公司、行业及发行方案等与本次发行相关的内容，并对股票二级市场交易价格作出预测

B. E公司对网下投资者一对一路演推介的，应当记录路演推介的时间、地点、双方参与人及主要内容等，并存档备查

C. E公司应当聘请参与网下发行与承销全程见证的律师事务所在路演推介活动前对发行人管理层、参与路演的工作人员和证券分析师等进行培训

D. 丁公司和E公司的相关路演推介材料应当由律师事务所进行事前审核，确保宣传材料的合法合规性

【答案】A

【解析】发行人管理层路演推介时，可以介绍公司、行业及发行方案等与本次发行相关的内容，但路演推介内容不得超出招股意向书及其他已公开信息范围，不得对股票二级市场交易价格作出预测，故选项A错误；主承销商对网下投资者一对一路演推介的，应当记录路演推介的时间、地点、双方参与人及主要内容等，并存档备查，故选项B正确；主承销商应当聘请参与网下发行与承销全程见证的律师事务所在路演推介活动前对发行人管理层、参与路演的工作人员和证券分析师等进行培训，强调发行人对外宣传资料的口径，故选项C正确；发行人和主承销商的相关路演推介材料应当由律师事务所进行事前审核，确保宣传材料的合法合规性，不能超出相关规定限定的公开信息的内容及范围，故选项D正确。

2. 王某撰写的投资价值研究报告应包含的内容有（　　）。

A. 丁公司的行业归属、行业政策

B. 丁公司的商业模式、经营状况和发展前景分析

C. 丁公司的盈利能力和财务状况分析

D. 丁公司的募集资金投资项目分析

【答案】ABCD

【解析】投资价值研究报告应当对影响发行人投资价值的因素进行全面分析，至少包括下列内容：发行人的行业归属、行业政策（选项A），发行人与主要竞争者的比较及其在行业中的地位；发行人商业模式、经营状况和发展前景分析（选项B）；发行人盈利能力和财务状况分析（选项C）；发行人募集资金投资项目分析（选项D）；发行人与同行业可比上市公司（如有）的投资价值比较；与发行人相关的风险因素；其他对发行人投资价值有重要影响的因素，故选项ABCD正确。

3. 下列关于E公司对簿记现场人员管理的说法中，正确的有（　　）。

A. 簿记建档开始前，E公司应当明确簿记现场人员，相关人员进入簿记现场

应当签字确认

B. 除簿记场所专用通讯工具外，簿记建档工作人员不得使用任何其他对外通讯工具，不得对外泄露报价信息

C. 询价期间，E 公司应当对簿记场所全程录音录像

D. E 公司应当每年定期对发行簿记工作是否存在违规行为等情况进行自查自纠，对自查发现的问题和隐患及时整改

【答案】ABCD

【解析】主承销商应当对簿记现场人员进行严格管理，维持簿记现场秩序，主要包括：(1) 簿记建档开始前，主承销商应当明确簿记现场人员，相关人员进入簿记现场应当签字确认（选项 A）；(2) 簿记建档期间，除主承销商负责本次发行簿记建档的工作人员、合规人员及对本次网下发行进行见证的律师外，任何人员不得进入簿记场所。除簿记场所专用通讯工具外，簿记建档工作人员不得使用任何其他对外通讯工具，不得对外泄露报价信息（选项 B）。簿记建档期间，投资者咨询工作应当集中管理，咨询电话应当全程录音。负责咨询工作的相关人员不得泄露报价信息；(3) 询价期间，簿记场所应当全程录音录像（选项 C）。簿记建档工作人员应当使用簿记专用电脑，其他人员不得携带电脑进入簿记现场，簿记专用电脑上不得安装任何通讯软件；(4) 主承销商应当每年定期对发行簿记工作是否存在违规行为等情况进行自查自纠，对自查发现的问题和隐患及时整改（选项 D），故选项 ABCD 正确。

（四）2×23 年 6 月 6 日，发行人 M 公司拟向不特定合格投资者公开发行股票并在北交所上市，M 公司采用询价方式确定发行价格，并选择了丙证券公司作为主承销商。在经历启动发行和定价、路演之后，M 公司和丙公司拟对新发股票进行分配和出售。

1. 根据《首次公开发行证券承销业务规则》，M 公司首次公开发行股票采用询价方式确定了发行价格，丙公司应当于招股意向书刊登后的（　　）向网下投资者提供投资价值研究报告。

A. 当日　　B. 2 日内　　C. 3 日内　　D. 5 日内

【答案】A

【解析】根据《首次公开发行证券承销业务规则》，股票首次公开发行采用询价方式确定发行价格的，主承销商应当于招股意向书刊登后的当日向网下投资者提供投资价值研究报告，故选项 A 正确。

2. 下列关于 M 公司和丙公司路演推介的说法中，正确的有（　　）。

A. 首次公开发行证券及公开发行股票并在北交所上市申请文件受理后至 M 公司发行申请经交易所审核通过、并获中国证监会同意注册、依法刊登招股意向书前，丙公司可以与 M 公司共同采取公开方式进行与证券发行相关的推介活动

B. 丙公司应当以确切的事实为依据，不得夸大宣传或以虚假广告等不正当手段诱导、误导投资者

C. 丙公司不得阻止符合条件的投资者报价或劝诱投资者报高价

D. 丙公司不得口头，但可以书面向投资者或路演参与方透露未公开披露的信息

【答案】BC

【解析】 首次公开发行证券及公开发行股票并在北交所上市申请文件受理后至发行人发行申请经交易所审核通过、并获中国证监会同意注册、依法刊登招股意向书前，主承销商不得自行或与发行人共同采取任何公开或变相公开方式进行与证券发行相关的推介活动，故选项 A 错误；主承销商应当以确切的事实为依据，不得夸大宣传或以虚假广告等不正当手段诱导、误导投资者，故选项 B 正确；主承销商不得阻止符合条件的投资者报价或劝诱投资者报高价，故选项 C 正确；主承销商不得口头、书面向投资者或路演参与方透露未公开披露的信息，故选项 D 错误。

3. 如果 M 公司和丙公司在新股发行中实施了战略配售，股票发行数量为 4 000 万股，其战略配售股数可以为（　　）万股。

A. 1 600　　B. 1 200　　C. 800　　D. 400

【答案】CD

【解析】 向不特定合格投资者公开发行股票并在北交所上市公开发行股票数量不足 5 000 万股的，战略投资者获得配售的股票总量不得超过本次公开发行股票数量的 20%，因此战略配售股数不得超过 4 000 × 20% = 800（万股），故选项 CD 正确。

（五）2 × 23 年 5 月 17 日，发行人乙公司拟在上海证券交易所主板首次公开发行股票，乙公司于当天领取了注册批文，并向上海证券交易所提交了发行方案，乙公司选择了 T 证券公司作为主承销商，乙公司和 T 公司拟对新发股票进行分配和出售，T 公司已具备证券承销业务资格。乙公司和 T 公司在新股发行中实施了战略配售，王某是参与乙公司新股战略配售的投资者。此外，乙公司和 T 公司按照中国证监会和交易所的相关规定编制了信息披露文件。

1. 下列关于王某参与战略配售的说法中，正确的有（　　）。

A. 王某应当具备良好的市场声誉和影响力

B. 王某应具有较强资金实力

C. 王某认购首次公开发行证券的锁定期是乙公司首次公开发行并上市之日起 12 个月

D. 王某应认可乙公司的长期投资价值，并按照最终确定的发行价格认购其承诺认购数量的 M 公司的股票

【答案】ABCD

【解析】参与战略配售的投资者，均应当具备良好的市场声誉和影响力，具有较强资金实力，认可发行人长期投资价值，并按照最终确定的发行价格认购其承诺认购数量的发行人股票，故选项 ABD 正确；战略投资者认购首次公开发行证券的锁定期至少为发行人首次公开发行并上市之日起 12 个月，故选项 C 正确。

2. 乙公司选择了代销的方式委托 T 公司将股票售出，下列关于 T 公司代销股票的说法中，正确的有（　　）。

A. 在承销期结束时，T 公司应将未售出的证券全部退还给乙公司

B. T 公司将乙公司的股票按照协议全部购入，在承销期结束时需要将售后剩余股票全部自行购入

C. T 公司代销股票，应当同乙公司签订代销协议

D. T 公司和乙公司签订代销协议中，应约定明确的承销基数，并披露发行失败后的处理措施

【答案】ACD

【解析】乙公司选择了代销的方式委托 T 公司将股票售出，而证券代销是指证券公司代发行人发售证券，在承销期结束时，将未售出的证券全部退还给发行人的承销方式，故选项 A 正确；证券包销是指证券公司将发行人的证券按照协议全部购入或者在承销期结束时将售后剩余证券全部自行购入的承销方式，故选项 B 错误；证券公司承销证券，应当同发行人签订代销或者包销协议，故选项 C 正确；发行人和主承销商签订承销协议中，还应约定明确的承销基数。采用代销方式的，应当约定并披露发行失败后的处理措施，故选项 D 正确。

3. 下列有关乙公司和 T 公司信息披露的说法中，正确的有（　　）。

A. 乙公司和 T 公司应履行信息披露义务，确保披露的信息真实、准确、完整、及时，无虚假记载、误导性陈述或者重大遗漏

B. 乙公司首次公开发行股票公开披露的信息应当在交易所网站和符合证监会规定条件的媒体发布

C. 乙公司和 T 公司在披露发行市盈率时，可以不披露发行市盈率的计算方式

D. 乙公司尚未盈利时，也必须要披露发行市盈率及与同行业市盈率比较的相关信息

【答案】AB

【解析】根据《首次公开发行证券承销业务规则》，发行人和主承销商在发行过程中，应当按照中国证监会和交易所的相关规定编制信息披露文件，履行信息披露义务，确保披露的信息真实、准确、完整、及时，无虚假记载、误导性陈述或者重大遗漏，故选项 A 正确；首次公开发行证券公开披露的信息应当在交易所网站和符合证监会规定条件的媒体发布，公开发行股票并在北交所上市发行人和主承销商公告的信息应当在符合《证券法》规定的信息披露平台披露，故选项 B 正确；发行人和主承销商在披露发行市盈率时，应当同时披露发行市盈率的计算方式，故选项 C 错误；发行人尚未盈利的，可以不披露发行市盈率及与同行业市盈率比较的相关信息，应当披露市销率、市净率等反映发行人所在行业特点的估值指标，故选项 D 错误。

第八章　上市与持续监管

一、单项选择题（以下备选项中只有一项最符合题目要求，不选、错选均不得分）

1. 根据《上海证券交易所证券发行与承销业务指南第 1 号——首次公开发行股票》，上交所首发新股上市流程，主承销商需要在（　　）提交发行承销总结。

A. L+5 日前　　B. L+10 日前　　C. L+15 日前　　D. L+30 日前

【答案】B

【解析】注：上述 L 日指新股上市交易首日。下同。

2. 根据《上海证券交易所证券发行与承销业务指南第 1 号——首次公开发行股票》规定的首发上市流程，科创板首发新股上市需提交的上市申请文件不包括（　　）。

A. 发行人拟聘任或者已聘任的董事会秘书的有关资料（简历、关于聘任该董事会秘书的董事会决议、董事会秘书资格证书）

B. 律师事务所出具的法律意见书

C.《首次公开发行股票主板/科创板上市公告书提示性公告》

D. 依法经具有执行证券、期货相关业务资格的会计师事务所审计的发行人最近三年的财务会计报告和审计报告

【答案】D

【解析】根据《上海证券交易所证券发行与承销业务指南第 1 号——首次公开发行股票》规定的首发上市流程，发行人和主承销商提交依法经具有执行证券、期货相关业务资格的会计师事务所审计的发行人最近三年的财务会计报告，不包括审计报告。

3. 根据《上海证券交易所证券发行与承销业务指南第 1 号——首次公开发行股票》，上交所首发新股上市流程中 L-2 日的流程为（　　）。

A. 发行人和主承销商提交全套上市申请文件

B. 签收上市通知书、缴纳上市费用

C. 获得同意发行人股票在上海证券交易所上市的函

D. 发行人和主承销商完成股份登记及募集资金验证工作

【答案】A

【解析】根据《上海证券交易所证券发行与承销业务指南第1号——首次公开发行股票》，上交所首发新股上市流程，发行人和主承销商需要在L－2日提交全套上市申请文件。

4. 根据《深圳证券交易所股票发行与承销业务指南第2号——首发及转板上市业务办理》，深交所首发新股上市流程要求，在（　　）提交上市申请文件。

A. L－3日或之前　　B. L－3日

C. L－2日或之前　　D. L－2日

【答案】C

【解析】根据《深圳证券交易所股票发行与承销业务指南第2号——首发及转板上市业务办理》，深交所首发新股上市流程要求，在L－2日或之前提交上市申请文件。

5. 根据《深圳证券交易所股票发行与承销业务指南第2号——首发及转板上市业务办理》，深交所首发新股上市需提交的上市申请文件不包括（　　）。

A. 上市申请书

B. 申请上市的董事会、股东大会决议

C. 律师事务所出具的关于股票发行过程合规性的专项法律意见书和验资报告

D. 保荐承销协议

【答案】C

【解析】根据《深圳证券交易所股票发行与承销业务指南第2号——首发及转板上市业务办理》，深交所首发新股上市需提交由会计师事务所出具的验资报告，而非律师事务所出具的验资报告。

6. 根据《深圳证券交易所股票发行与承销业务指南第2号——首发及转板上市业务办理》，深交所首发新股上市前的流程为（　　）。

A. 提交上市申请文件——签收上市通知书、缴纳上市费用——披露上市公告书等文件

B. 完成股份登记及募集资金验证工作——提交上市申请文件——披露上市公告书等文件

C. 签收上市通知书、缴纳上市费用——提交上市申请文件——披露上市公告书等文件

D. 完成股份登记及募集资金验证工作——签收上市通知书、缴纳上市费用——

提交上市申请文件

【答案】A

【解析】根据《深圳证券交易所股票发行与承销业务指南第2号——首发及转板上市业务办理》，深交所首发新股上市前的流程为提交上市申请文件——签收上市通知书、缴纳上市费用——披露上市公告书等文件。

7. 根据《北京证券交易所向不特定合格投资者公开发行股票并上市业务办理指南第2号——发行与上市》，在（　　）获得同意发行人股票在北京证券交易所上市的函。

A. L－3日或之前　　B. L－3日前

C. L－3日　　D. L－2日

【答案】B

【解析】根据《北京证券交易所向不特定合格投资者公开发行股票并上市业务办理指南第2号——发行与上市》，应在L－3日前获得同意发行人股票在北京证券交易所上市的函。

8. 根据《北京证券交易所向不特定合格投资者公开发行股票并上市业务办理指南第2号——发行与上市》，取得上市函阶段提交的文件不包括（　　）。

A. 上市申请书　　B. 更新后的上市保荐书

C. 验资报告　　D. 重大事项确认函

【答案】D

【解析】根据《北京证券交易所向不特定合格投资者公开发行股票并上市业务办理指南第2号——发行与上市》，北交所上市阶段主要包括取得上市函以及办理上市手续两个阶段，重大事项确认函为办理上市手续阶段需提交的文件。

9. 根据《北京证券交易所向不特定合格投资者公开发行股票并上市业务办理指南第2号——发行与上市》，北交所上市阶段主要包括（　　）。

A. 取得上市函以及办理上市手续两个阶段

B. 办理上市手续以及缴纳上市费用两个阶段

C. 股份登记以及取得上市函两个阶段

D. 取得上市函以及股份登记两个阶段

【答案】A

【解析】根据《北京证券交易所向不特定合格投资者公开发行股票并上市业务办理指南第2号——发行与上市》，北交所上市阶段主要包括取得上市函以及办理上市手续两个阶段。

10. 发生重大事项的，发行人及其保荐人应当及时向交易所报告，并按要求更新发行上市申请文件的会后事项期间为（　　）。

A. 交易所受理发行上市申请后至股票上市交易前

B. 上市委员会审议会议后至股票上市交易前

C. 中国证监会作出注册决定后至股票上市交易前

D. 转板会后，交易所作出同意上市的决定后至在科创板、创业板上市前

【答案】A

【解析】根据《上海证券交易所股票发行上市审核规则》第五十四条规定，交易所受理发行上市申请后至股票上市交易前，发生重大事项的，发行人及其保荐人应当及时向交易所报告，并按要求更新发行上市申请文件。发行人的保荐人、证券服务机构应当持续履行尽职调查职责，并向交易所提交专项核查意见。

11. 发行人 A 在上市前被举报发行文件存在重大虚假陈述，监管部门调查后应采取（　　）措施。

A. 暂停上市　　B. 暂缓发行　　C. 撤销核准决定　D. 停止发行

【答案】C

【解析】发行人 A 因股票发行申请及公开募集文件含有虚假记载的问题经证监会查证属实，发行人 A 不符合规定的股票发行上市条件，中国证监会可依法撤销对发行人 A 股票公开发行的核准决定。

12. 发行人 B 完成股票发行后，且所募集资金已划至发行人账户，被媒体质疑并举报，监管部门调查后撤销股票发行核准决定，并要求发行人 B 按照（　　）的标准将募集资金返还证券持有人。

A. 发行价并加算 3 倍银行同期存款利息

B. 发行价并加算银行同期存款利息

C. 成立调查组时的市价

D. 发行价并加算银行同期贷款利息

【答案】B

【解析】根据相关要求，发行人 B 应按照发行价并加算银行同期存款利息的标准返还证券持有人。

13. 已核准的发行人 A 在上市前被举报发行文件存在重大虚假陈述，财务会计文件存在重大虚假记载。对于动用的募集资金，相应处理包括通知发行人 A 股票发行的主承销商、会计师事务所和律师事务所，将其在发行人 A 股票发行上市项目上收取的、出自发行人 A 募股资金的承销费、审计费和律师费应（　　）。

A. 没收　　　　　　　　　　　　　　B. 直接返还给发行人

C. 不予退回　　　　　　　　　　　　D. 退至清退专用账户

【答案】D

【解析】 对于动用的募集资金，相应处理包括通知发行人 A 股票发行的主承销商、会计师事务所和律师事务所，将其在发行人 A 股票发行上市项目上收取的、出自发行人 A 募股资金的承销费、审计费和律师费退至清退专用账户。

14. 发行人 A 在股票发行后，被媒体质疑专利技术到期，经核查后发现目前全部产品均使用被终止的 4 项外观设计专利，50% 产品使用被终止的 1 项实用新型专利，最终导致（　　）。

A. 暂缓上市　　B. 展开调查　　C. 暂停上市　　D. 撤销上市核准

【答案】D

【解析】 总体上看，5 项专利被终止对申请人存在不利影响。因此，发行人 A 首发核准被撤销。

15. 发行人最终导致证监会撤销首次公开发行股票的核准决定的行为，不包括（　　）。

A. 发行人不符合发行条件

B. 发行人不符合上市条件

C. 发行人不符合信息披露要求

D. 发行后的上市阶段发生媒体质疑或相关人员举报

【答案】D

【解析】 在发行后的上市阶段发生媒体质疑或相关人员举报等会后事项，经过核查，上述事项表明发行人不符合发行条件、上市条件或信息披露要求，才会导致证监会撤销首次公开发行股票的核准决定。

16. 董事会不能履行或者不履行召集股东大会会议职责的，监事会应当及时召集和主持；监事会不召集和主持的，连续（　　）日以上单独或者合计持有公司（　　）以上股份的股东可以自行召集和主持。

A. 60；5%　　B. 90；5%　　C. 90；10%　　D. 60；10%

【答案】C

17. 根据《公司法》规定，股东大会作出决议，必须经出席会议的股东所持表决权过半数通过，但以下事项不属于必须经出席股东大会的股东所持表决权的 2/3 以上通过的是（　　）。

A. 修改公司章程

B. 增加注册资本

C. 变更公司形式

D. 公司在一年内购买、出售重大资产或者担保金额超过公司资产总额10%的

【答案】D

【解析】根据《公司法》规定，股东大会作出决议，必须经出席会议的股东所持表决权过半数通过，但以下事项必须经出席股东大会的股东所持表决权的2/3以上通过：修改公司章程；增加或者减少注册资本；公司合并、分立、解散或变更公司形式；公司在一年内购买、出售重大资产或者担保金额超过公司资产总额30%的。

18. 董事会专门委员会包括审计委员会、战略委员会、提名委员会、薪酬与考核委员会。其中，仅要求设立审计委员会，未对其他专门委员会作出规定的是（　　）。

A. 主板　　B. 创业板　　C. 科创板　　D. 北交所

【答案】C

【解析】科创板仅要求设立审计委员会，未对其他专门委员会作出规定；上交所主板、深交所主板、创业板要求设立审计委员会，并规定董事会可以根据需要设立战略委员会、提名委员会、薪酬与考核委员会；北交所鼓励上市公司设立上述专门委员会，未做强制要求。

19. 独立董事应当经全体独立董事同意，才能行使该职权的是（　　）。

A. 在股东大会召开前公开向股东征集投票权

B. 独立聘请外部审计机构和咨询机构，对公司的具体事项进行审计和咨询

C. 提议召开董事会

D. 向董事会提议聘用或解聘会计师事务所

【答案】B

【解析】独立董事除应当具有《公司法》和其他相关法律、法规赋予董事的职权外，上市公司还应当赋予独立董事以下特别职权：（1）重大关联交易（指上市公司拟与关联人达成的总额高于300万元或高于上市公司最近经审计净资产值的5%的关联交易）应由独立董事事前认可；独立董事作出判断前，可以聘请中介机构出具独立财务顾问报告，作为其判断的依据；（2）向董事会提议聘用或解聘会计师事务所；（3）向董事会提请召开临时股东大会；（4）提议召开董事会；（5）在股东大会召开前公开向股东征集投票权；（6）独立聘请外部审计机构和咨询机构，对公司的具体事项进行审计和咨询；独立董事行使上述第（1）项至第（5）项职权，应当取得全体独立董事的1/2以上同意；行使第（6）项职权，应当经全体独立董事同意。

20. 内部审计部门对董事会审计委员会负责，向（　　）报告工作。

A. 董事会审计委员会　　B. 董事长

C. 董事会　　D. 股东大会

【答案】A

【解析】 上市公司应当设立内部审计部门，对内部控制制度的建立和实施、财务信息的真实性和完整性等情况进行检查监督。内部审计部门应当保持独立性，不得置于财务部门的领导之下，或者与财务部门合署办公。内部审计部门对董事会审计委员会负责，向审计委员会报告工作。

21. 上市公司以自筹资金预先投入募投项目的，可以在募集资金到账后（　　），以募集资金置换自筹资金。

A. 3个月内　　B. 6个月内　　C. 12个月内　　D. 24个月内

【答案】B

22. 上市公司存在下列情形的，视为募集资金用途变更，应当在董事会审议通过后及时公告，并履行股东大会审议程序，以下不属于募集资金用途变更的是（　　）。

A. 取消或者终止原募集资金项目，实施新项目

B. 变更募集资金投资项目实施主体

C. 变更募集资金投资项目实施方式

D. 上市公司及全资子公司之间进行变更募集资金投资项目实施主体

【答案】D

【解析】 上市公司存在下列情形的，视为募集资金用途变更，应当在董事会审议通过后及时公告，并履行股东大会审议程序：（1）取消或者终止原募集资金项目，实施新项目；（2）变更募集资金投资项目实施主体（不包括上市公司及全资子公司之间进行变更）；（3）变更募集资金投资项目实施方式；（4）交易所认定为募集资金用途变更的其他情形。

23.《公司法》明确规定，不得担任公司的董事、监事、高级管理人员的情形是（　　）。

A. 因贪污、贿赂、侵占财产、挪用财产或者破坏社会主义市场经济秩序，被判处刑罚，执行期满未逾5年，或者因犯罪被剥夺政治权利，执行期满未逾5年

B. 担任破产清算的公司、企业的董事或者厂长、经理，对该公司、企业的破产负有个人责任的，自该公司、企业破产清算完结之日起逾6年

C. 担任因违法被吊销营业执照、责令关闭的公司、企业的法定代表人，并负有个人责任的，自该公司、企业被吊销营业执照之日起逾3年

D. 个人所负数额较大的债务到期清偿

【答案】A

【解析】《公司法》明确规定，存在下列情形之一的，不得担任公司的董事、监事、高级管理人员：(1) 无民事行为能力或者限制民事行为能力；(2) 因贪污、贿赂、侵占财产、挪用财产或者破坏社会主义市场经济秩序，被判处刑罚，执行期满未逾5年，或者因犯罪被剥夺政治权利，执行期满未逾5年；(3) 担任破产清算的公司、企业的董事或者厂长、经理，对该公司、企业的破产负有个人责任的，自该公司、企业破产清算完结之日起未逾3年；(4) 担任因违法被吊销营业执照、责令关闭的公司、企业的法定代表人，并负有个人责任的，自该公司、企业被吊销营业执照之日起未逾3年；(5) 个人所负数额较大的债务到期未清偿。

24. 关于董事会秘书空缺期间的处理方式，上市公司应当在下列（　　）情形下聘任董事会秘书。

A. 首次公开发行的股票上市后1个月内

B. 首次公开发行的股票上市后90天内

C. 原任董事会秘书离职后3个月内

D. 原任董事会秘书离职后1个月内

【答案】C

【解析】上市公司应当在首次公开发行的股票上市后3个月内或者原任董事会秘书离职后3个月内聘任董事会秘书。上交所主板、深交所和北交所规定，上市公司董事会秘书空缺期间，董事会应当及时指定一名董事或者高级管理人员代行董事会秘书的职责并向交易所报告，同时尽快确定董事会秘书的人选。公司指定代行董事会秘书职责的人员之前，由公司董事长代行董事会秘书职责。《科创板上市规则》规定，董事会秘书空缺期间，上市公司应当及时指定一名董事或者高级管理人员代行董事会秘书职责。公司董事会秘书空缺时间超过3个月的，董事长（《科创板上市规则》4.2.8规定为“法定代表人”）应当代行董事会秘书职责。上交所主板和深交所主板均规定在6个月内完成董事会秘书的聘任工作。

25. 信息披露义务人应当及时依法履行信息披露义务，披露的信息应当真实、准确、完整，简明清晰、通俗易懂，不得有虚假记载、误导性陈述或者重大遗漏。（　　）是信息披露的第一责任人。

A. 法定责任人　　B. 发行人　　C. 董事长　　D. 实际控制人

【答案】B

26. 信息披露义务人应当及时依法履行信息披露义务，下列不属于信息披露原则的是（　　）。

A. 真实性　　B. 准确性　　C. 一致性　　D. 及时性

【答案】C

27. 上市公司应当披露的定期报告包括年度报告、半年度报告和季度报告。定期报告内容应当经上市公司（　　）审议通过。

A. 股东大会　　B. 董事会　　C. 监事会　　D. 董事长

【答案】B

【解析】未经董事会审议通过的定期报告不得披露。

28. 上市公司应当在最先发生的以下任一时点，及时履行重大事件的信息披露义务的是（　　）。

A. 董事会或者监事会知悉该重大事件发生时

B. 有关各方就该重大事件开展进一步协商时

C. 董事、监事或者高级管理人员知悉该重大事件发生时

D. 有关各方知悉该重大事件发生时

【答案】C

【解析】上市公司应当在最先发生的以下任一时点，及时履行重大事件的信息披露义务：（1）董事会或者监事会就该重大事件形成决议时；（2）有关各方就该重大事件签署意向书或者协议时；（3）董事、监事或者高级管理人员知悉该重大事件发生时。

29. 针对存在特定违法违规情形的董监高，《减持细则》《北京证券交易所上市公司持续监管指引第 8 号——股份减持和持股管理》规定，董监高因涉及证券期货违法犯罪被立案调查或侦查期间，行政处罚、刑事判决作出后（　　），不得减持股份。

A. 3 个月内的　　B. 6 个月内的　　C. 9 个月内的　　D. 12 个月内的

【答案】B

【解析】董监高因涉及证券期货违法犯罪被立案调查或侦查期间，行政处罚、刑事判决作出后 6 个月内的，不得减持股份；董监高被交易所公开谴责后 3 个月内不得减持股份。

30. 根据《公司法》第 141 条规定，公司首次公开发行股份前已发行的股份，自公司股票在证券交易所（　　）不得转让。

A. 上市交易之日起 180 天内　　B. 上市交易之日起 1 年内

C. 上市交易之日起 2 年内　　D. 上市交易之日起 3 年内

【答案】B

【解析】本题考查上市公司全体股东“有限售条件股份”的锁定期。

31. 沪、深证券交易所规定，上市公司控股股东、实际控制人自公司股票上市之日起（　　），不得转让或者委托他人管理其直接和间接持有的首发前股份，也不得提议由上市公司回购该部分股份。

A. 12个月内　　B. 24个月内　　C. 36个月内　　D. 48个月内

【答案】C

【解析】本题考查上市公司控股股东、实际控制人“有限售条件股份”的锁定期。

32. 北交所规定，上市公司控股股东、实际控制人及其亲属，自公司首次公开发行并上市之日起（　　），不得转让或委托他人代为管理。

A. 12个月内　　B. 24个月内　　C. 36个月内　　D. 48个月内

【答案】A

【解析】本题考查上市公司控股股东、实际控制人“有限售条件股份”的锁定期。

33. 根据《公司法》第141条规定，公司董事、监事、高级管理人员应当向公司申报所持有的本公司的股份及其变动情况，在任职期间每年转让的股份不得超过其所持有本公司股份总数的25%；所持本公司股份自公司股票上市交易之日起（　　）不得转让。上述人员离职后（　　），不得转让其所持有的本公司股份。

A. 一年内；半年内　　B. 一年内；一年内

C. 半年内；半年内　　D. 半年内；一年内

【答案】A

【解析】本题考查上市公司董监高“有限售条件股份”的锁定期。

34. 根据《上海证券交易所科创板股票上市规则》，科创板上市公司核心技术人员自所持首发前股份限售期满之日起（　　），每年转让的首发前股份不得超过上市时所持公司首发前股份总数的25%，减持比例可以累积使用。

A. 1年内　　B. 2年内　　C. 3年内　　D. 4年内

【答案】D

【解析】本题考查核心技术人员“有限售条件股份”的锁定期。

35. 公司实现盈利后，控股股东、实际控制人、董监高及核心技术人员可以自（　　）起减持首发前股份，但应当遵守证监会及交易所其他规定。

A. 盈利满一年后次日　　B. 当年年度报告披露后次日

C. 盈利满一年后　　　　D. 当年年度报告披露后

【答案】B

【解析】本题考查公司实现盈利后"有限售条件股份"的锁定期。

36. 为维护上市公司中小股东利益，科创板、创业板和北交所针对上市时公司未盈利的情形，公司上市时未盈利的，在公司实现盈利前，科创板、创业板上市公司董事、监事、高级管理人员锁定期为（　　）。

A. 2 个完整会计年度　　　　B. 2 年

C. 3 个完整会计年度　　　　D. 3 年

【答案】C

【解析】本题考查公司实现盈利后"有限售条件股份"的锁定期。

37. 根据《深圳证券交易所首次公开发行证券发行与承销业务实施细则》第二十六条和《上海证券交易所首次公开发行证券发行与承销业务实施细则》第二十八条规定，网下发行投资者的锁定期为（　　）。

A. 两年　　　　B. 同网下发行股份的锁定期

C. 一年　　　　D. 无流通限制及锁定安排

【答案】D

【解析】除自愿设定锁定期以及沪、深证券交易所下列安排网下限售情形外，网下发行其他股份不设锁定期，自上市之日起即可流通交易。

38. 首次公开发行证券安排网下限售的，发行人和主承销商可以采用摇号限售或比例限售方式，限售期不低于 6 个月。采用摇号限售方式的，摇号抽取（　　）的配售对象账户，网下投资者应当承诺中签账户获配证券限售。

A. 超过 10%　　B. 超过 15%　　C. 不低于 10%　　D. 不低于 15%

【答案】C

【解析】本题考查网下限售的相关内容。

39. 首次公开发行规模在（　　）亿元以上的，设置相应限售期的配售对象账户或获配证券数量的比例不低于（　　）。

A. 100；70%　　B. 100；60%　　C. 300；70%　　D. 300；60%

【答案】A

40. 沪、深证券交易所规定的战略投资者的持有期限均为（　　），持有期自本次发行的股票在交易所上市之日起计算。

A. 6 个月　　B. 12 个月　　C. 18 个月　　D. 24 个月

【答案】B

【解析】沪、深证券交易所规定的战略投资者的持有期限均为12个月，持有期自本次发行的股票在交易所上市之日起计算。

41. 各板块均规定，发行人高级管理人员与核心员工可以通过专项资产管理计划、员工持股计划等参与战略配售，获配的股票持有期限不得少于12个月。保荐机构相关子公司参与科创板和创业板跟投的，锁定期为（　　）。

A. 12个月　　B. 不少于12个月

C. 24个月　　D. 不少于24个月

【答案】C

【解析】保荐机构相关子公司参与科创板和创业板跟投的，锁定期为24个月。

42. 根据《上市公司证券发行注册管理办法》，减持不再适用《上市公司股东、董监高减持股份的若干规定》的有关规定的是（　　）。

A. 控股股东和持股10%以上股东

B. 上市公司特定股东

C. 上市公司大股东通过继承取得的上市公司股份

D. 上市公司大股东通过向特定对象发行股票取得的上市公司股份

【答案】D

【解析】根据《上市公司证券发行注册管理办法》，通过向特定对象发行股票取得的上市公司股份，其减持不再适用《上市公司股东、董监高减持股份的若干规定》的有关规定。除上述情形外，大股东减持所持有的其他任何股份，包括公司IPO前股份、配股，以及通过大宗交易、协议转让、司法过户、继承等取得的股份，均须遵守《减持细则》《北京证券交易所上市公司持续监管指引第8号——股份减持和持股管理》的规定。

43. 沪、深证券交易所上市公司的大股东在任意连续90日内，通过（　　）减持股份的数量不得超过总股本的2%。

A. 协议转让　　B. 竞价交易　　C. 大宗交易　　D. 司法过户

【答案】C

44. 北交所上市公司大股东可以在3个月内通过交易所集中竞价减持股份的总数超过公司股份总数1%，但应当在首次卖出的（　　）前预先披露减持计划。

A. 30个交易日　　B. 30日　　C. 45个交易日　　D. 45日

【答案】A

45. 根据《上市公司股权激励管理办法》及科创板、创业板、北交所股票上市规则，符合主板上市公司股权激励对象的是（　　）。

A. 董事

B. 独立董事

C. 监事

D. 单独或合计持有上市公司 5% 以上股份的股东其配偶

【答案】A

【解析】激励对象可以包括上市公司的董事、高级管理人员、核心技术人员或者核心业务人员，以及公司认为应当激励的对公司经营业绩和未来发展有直接影响的其他员工。单独或合计持有上市公司 5% 以上股份的股东、上市公司实际控制人及其配偶、父母、子女，不得成为主板上市公司的激励对象；但上述主体在上市公司担任董事、高级管理人员、核心技术人员或者核心业务人员的，可以成为科创板、创业板、北交所上市公司的激励对象，上市公司应当充分说明前述人员成为激励对象的必要性、合理性。

46. 主板上市公司全部在有效期内的股权激励计划所涉及的标的股票总数累计不得超过公司股本总额的（　　）。

A. 5%　　B. 10%　　C. 20%　　D. 30%

【答案】B

【解析】本题考查股权激励的规模。

47. 上市后最近 36 个月内出现未按（　　）进行利润分配的情形，不影响上市公司实行股权激励。

A. 公司章程　　B. 法律法规　　C. 内部文件　　D. 公开承诺

【答案】C

48. 发行人全部在有效期内的期权激励计划所对应股票数量占（　　）的比例原则上不得超过 15%，且不得设置预留权益。

A. 上市后普通股　　B. 上市前普通股　　C. 上市后总股本　　D. 上市前总股本

【答案】D

【解析】本题考查期权的激励规模。

49. 期权的行权价格由股东自行商定确定，但原则上不应低于以下情形的是（　　）。

A. 最近一年经审计的总资产　　B. 最近一年经审计的净资产

C. 每股市价　　D. 每股收益

【答案】B

【解析】期权的行权价格由股东自行商定确定，但原则上不应低于最近一年经审计的净资产或评估值。

50. 发行人应在招股说明书中充分披露期权激励计划的有关信息不包括（　　）。

A. 期权激励计划的基本内容、制定计划履行的决策程序、目前的执行情况

B. 期权行权价格的确定原则，以及和最近一年经审计的总资产的差异与原因

C. 期权激励计划对公司经营状况、财务状况、控制权变化等方面的影响

D. 涉及股份支付费用的会计处理

【答案】B

【解析】应披露的是期权行权价格的确定原则，以及和最近一年经审计的净资产或评估值的差异与原因。

二、多项选择题（以下备选项中有两项或两项以上符合题目要求，多选、少选、错选均不得分）

1. 根据《上海证券交易所证券发行与承销业务指南第 1 号——首次公开发行股票》，上交所首发新股上市前的流程包括（　　）。

A. 上传重大事项确认函

B. 发行人和主承销商提交全套上市申请文件

C. 发行人、主承销商刊登上市公告书及公司章程

D. 主承销商提交发行承销总结

【答案】BC

【解析】选项 A 为办理股票在北京证券交易所上市手续，选项 D 为上市后的流程。

2. 上交所要求提交的首发上市全套申请文件中，披露类型为上网、存档的文件为（　　）。

A. 《首次公开发行股票主板/科创板上市公告书》

B. 《公司章程》

C. 首次公开发行结束后发行人全部股票已经中国结算上海分公司托管的证明文件

D. 保荐人出具的上市保荐书

【答案】AB

【解析】选项 C 和选项 D 的披露类型为非上网，仅存档。

3. 根据《深圳证券交易所股票发行与承销业务指南第 2 号——首发及转板上市业务办理》规定的上市流程，主承销商在 L－2 日报送首发上市申请文件

包括（　　）。

A. 依法经会计师事务所审计的发行人最近三年的财务会计报告

B. 需报送的承诺与说明

C. 发行人公开发行前持股 10% 以上股东的持股意向及减持意向说明

D. 上市申请书

【答案】ABD

【解析】申请文件为发行人公开发行前持股 5% 以上股东的持股意向及减持意向说明。

4. 根据《深圳证券交易所股票发行与承销业务指南第 2 号——首发及转板上市业务办理》，深交所在 L－2 日的首发新股上市流程包括（　　）。

A. 提交上市申请文件　　B. 签收上市通知书

C. 缴纳上市费用　　D. 披露上市公告书等文件

【答案】ABC

【解析】披露上市公告书等文件为 L－1 日的流程。

5. 根据《北京证券交易所向不特定合格投资者公开发行股票并上市业务办理指南第 2 号——发行与上市》，北交所首发新股上市流程阶段包括（　　）。

A. 取得上市函　　B. 签收上市通知书

C. 办理上市手续　　D. 披露上市公告书等文件

【答案】AC

【解析】北交所上市阶段主要包括取得上市函以及办理上市手续两个阶段。

6. 上交所与深交所内主承销商都需提交的上市承销总结阶段文件包括（　　）。

A. 战略投资者缴款验资报告　　B. 承销团协议

C. 战略投资者认股协议　　D. 新股配售经纪佣金验资报告

【答案】ABC

【解析】深交所上市承销总结阶段文件不包括新股配售经纪佣金验资报告。

7. 根据《北京证券交易所向不特定合格投资者公开发行股票并上市业务办理指南第 2 号——发行与上市》，办理股票在北京证券交易所上市手续时，需要向北交所提交的文件包括（　　）。

A.《向不特定合格投资者公开发行股票并在北京证券交易所上市提示性公告》

B.《向不特定合格投资者公开发行股票并在北京证券交易所上市公告书》

C. 重大事项确认函

D. 中国结算北京分公司出具的股份登记相关文件

【答案】ABCD

【解析】根据《北京证券交易所向不特定合格投资者公开发行股票并上市业务办理指南第2号——发行与上市》，发行人取得同意其股票在北京证券交易所上市的函后，于L-3日10：00前，在BPM系统“发行承销—北京证券交易所上市公告”模块上传《向不特定合格投资者公开发行股票并在北京证券交易所上市提示性公告》《向不特定合格投资者公开发行股票并在北京证券交易所上市公告书》以及重大事项确认函，中国结算北京分公司出具的股份登记相关文件。

8. 根据《北京证券交易所上市公司向上海证券交易所科创板转板办法（试行）》规定，北交所上市公司向科创板转板的上市的申请文件包括（　　）。

A.《首次公开发行股票主板/科创板上市公告书》

B. 申请上市的董事会、股东大会决议

C. 承销及保荐协议

D. 稳定股价的措施和承诺

【答案】ABC

【解析】根据《北京证券交易所上市公司向上海证券交易所科创板转板办法（试行）》规定，北交所上市公司向科创板转板的上市相关程序及要求参照适用《上海证券交易所科创板股票上市规则》关于首次公开发行股票并上市的相关规定，故选项ABC符合。根据《深圳证券交易所股票发行与承销业务指南第2号——首发及转板上市业务办理》，选项D属于北交所上市公司向创业板转板上市的申请文件。

9. 根据《深圳证券交易所股票发行与承销业务指南第2号——首发及转板上市业务办理》，北交所上市公司向创业板转板上市具体流程包括（　　）。

A. 向交易所提交转板申请

B. 向中国结算深圳分公司提交跨市场转登记申请

C. 在北交所披露终止上市公告，向交易所申请证券代码及证券简称

D. 签收上市通知书、缴纳上市费

【答案】ACD

【解析】北交所上市公司向创业板转板上市具体流程中，发行人应向中国结算北京分公司提交跨市场转登记申请。

10. 中国证监会作出注册决定后至股票上市交易前，发生重大事项，可能导致发行人不符合发行条件、上市条件或者信息披露要求的，发行人应当（　　）。

A. 暂停发行　　　　B. 作出公告

C. 提交专项核查意见　　　　　　　　　D. 已经发行的，暂缓上市

【答案】AD

【解析】根据《上海证券交易所股票发行上市审核规则》第五十五条、《深圳证券交易所股票发行上市审核规则》第五十五条、《北京证券交易所向不特定合格投资者公开发行股票注册管理办法》第二十五条规定，中国证监会作出注册决定后至股票上市交易前，发生重大事项，可能导致发行人不符合发行条件、上市条件或者信息披露要求的，发行人应当暂停发行；已经发行的，暂缓上市。

11. 如发生媒体质疑或举报事项，交易所会就质疑投诉举报的事项，采取以下（　　）措施。

A. 要求发行人及其保荐人按规定履行信息披露义务

B. 要求发行人及其保荐人向交易所作出解释说明

C. 要求发行人及其保荐人进行必要的核查

D. 根据需要向发行人及其保荐人、证券服务机构进行问询

【答案】ABD

【解析】要求保荐人、证券服务机构进行必要的核查，而不是发行人。

12. 上市阶段，交易所重点对申请文件的（　　）方面进行审核。

A. 真实程度　　　B. 齐备程度　　　C. 格式　　　D. 内容

【答案】BD

【解析】上市阶段，交易所重点对申请文件的齐备程度和内容进行审核。

13. 上市阶段，发行人A申报材料中的财务会计文件存在重大虚假记载，中国证监会可以依法采取的处罚包括（　　）。

A. 停止上市

B. 撤销核准决定

C. 将该案移送司法机关追究刑事责任

D. 追究民事责任

【答案】BC

【解析】若发行人A股票发行申请及公开募集文件含有虚假记载的问题，经证监会查证属实，发行人A不符合规定的股票发行上市条件，中国证监会应依法撤销对发行人A股票公开发行的核准决定，同时依法将该案移送司法机构追究刑事责任。

14. 股票发行期间，媒体质疑发行人A披露不实，证监会也收到了举报信。举报内容主要包括虚增收入、虚构存货、水电费与生产情况不配比、隐瞒关联方、隐

瞒自然人股东身份等。因此，证监会（　　）。

A. 冻结了发行人 A 已经募集的资金

B. 要求中介机构对涉及问题进行了核查

C. 要求暂缓上市

D. 撤销首发核准

【答案】ABC

【解析】尚未对举报内容进行核查，不应直接撤销首发核准。

15. 上市公司应当在公司章程中规定股东大会的召集、召开和表决等程序，制定股东大会议事规则，并列入公司章程或者作为章程附件，以下关于股东大会的召集说法正确的有（　　）。

A. 股东大会会议由董事会召集，董事长主持

B. 董事长不能履行职务或者不履行职务的，由副董事长主持

C. 副董事长不能履行职务或者不履行职务的，由半数以上董事共同推举 1 名董事主持

D. 副董事长不能履行职务或者不履行职务的，由副董事长指定 1 名董事主持

【答案】ABC

【解析】本题考查股东大会的召集。

16. 有下列情形之一的，应当在两个月内召开临时股东大会的有（　　）。

A. 董事人数不足《公司法》规定人数或者公司章程所定人数的 2/3 时

B. 公司未弥补的亏损达实收股本总额 1/3 时

C. 单独或者合计持有公司 10% 以上股份的股东请求时

D. 监事会认为必要时

【答案】ABC

【解析】依据《公司法》规定，股东大会应当每年召开一次年会。有下列情形之一的，应当在 2 个月内召开临时股东大会：董事人数不足《公司法》规定人数或者公司章程所定人数的 2/3 时；公司未弥补的亏损达实收股本总额 1/3 时；单独或者合计持有公司 10% 以上股份的股东请求时；董事会认为必要时；监事会提议召开时；公司章程规定的其他情形。

17. 独立董事行使职权时应由 1/2 以上独立董事同意后，方可提交董事会讨论的职权包括（　　）。

A. 独立聘请外部审计机构和咨询机构，对公司的具体事项进行审计和咨询

B. 重大关联交易（指上市公司拟与关联人达成的总额高于 300 万元或高于上

市公司最近经审计净资产值的5%的关联交易）应由独立董事事前认可

C. 提议召开董事会

D. 向董事会提议聘用或解聘会计师事务所

【答案】BD

【解析】 独立董事除应当具有《公司法》和其他相关法律、法规赋予董事的职权外，上市公司还应当赋予独立董事以下特别职权：（1）重大关联交易（指上市公司拟与关联人达成的总额高于300万元或高于上市公司最近经审计净资产值的5%的关联交易）应由独立董事事前认可；独立董事作出判断前，可以聘请中介机构出具独立财务顾问报告，作为其判断的依据；（2）向董事会提议聘用或解聘会计师事务所；（3）向董事会提请召开临时股东大会；（4）提议召开董事会；（5）在股东大会召开前公开向股东征集投票权；（6）独立聘请外部审计机构和咨询机构，对公司的具体事项进行审计和咨询。独立董事行使上述第（1）项至第（5）项职权，应当取得全体独立董事的1/2以上同意；行使第（6）项职权，应当经全体独立董事同意（选项A错误）。第（1）（2）项事项应由1/2以上独立董事同意后（选项BD正确，选项C错误），方可提交董事会讨论。

18. 不需要独立董事对公司的财务会计报告、内部控制被会计师事务所出具非标准无保留审计意见发表意见的有（　　）。

A. 上交所主板　B. 科创板　C. 深交所　D. 北交所

【答案】BD

【解析】 科创板和北交所不需要独立董事对“内部控制”发表意见。

19. 相关规则针对上市公司提供财务资助、提供担保、募集资金管理、承诺及承诺履行情况、利润分配和资本公积金转增股本等重点规范事项进行了明确规定。上市公司应当在公司章程中明确股东大会、董事会关于提供担保事项的有（　　）。

A. 审批权限　B. 违反审批权限的责任追究机制

C. 违反审议程序的责任追究机制　D. 审议程序

【答案】ABCD

【解析】 上市公司应当在公司章程中明确股东大会、董事会关于提供担保事项的审批权限，以及违反审批权限和审议程序的责任追究机制，并严格执行提供担保审议程序。未经董事会或者股东大会审议通过，公司不得提供担保。

20. 以下属于创业板公司董事会秘书的职责的有（　　）。

A. 负责公司信息披露事务，协调公司信息披露工作

B. 负责组织和协调公司投资者关系管理

C. 协助董事会建立健全公司内部控制制度，积极推动公司避免同业竞争、减少并规范关联交易事项、建立健全激励约束机制以及承担社会责任

D. 协助董事会制定公司资本市场发展战略，协助筹划或者实施再融资或者并购重组事务

【答案】AB

【解析】选项 C 和选项 D 属于科创板公司董事会秘书的职责。

21. 对控股股东、实际控制人的持续监管主要在（　　）方面。

A. 信息披露　　B. 完整性　　C. 真实性　　D. 独立性

【答案】AD

【解析】对控股股东、实际控制人的持续监管主要侧重信息披露和维护上市公司独立性两个大的方面，要求控股股东和实际控制人应当配合上市公司的信息披露相关工作并维护上市公司的独立性，采取切实措施保障上市公司的独立。

22. 控股股东、实际控制人应当维护上市公司的独立性，包括（　　）。

A. 财务独立　　B. 实质独立　　C. 机构独立　　D. 业务独立

【答案】ACD

【解析】控股股东、实际控制人应当维护上市公司的独立性，采取切实措施保障公司资产完整、人员独立、财务独立、机构独立和业务独立。

23. 上市公司应当在募集资金到位后 1 个月内与（　　）签订三方监管协议。

A. 保荐机构　　B. 独立财务顾问　　C. 交易所　　D. 商业银行

【答案】AD

【解析】上市公司应当在募集资金到位后 1 个月内与保荐机构、存放募集资金的商业银行签订三方监管协议。

24. 年度报告除中期报告应记载的内容外，还应当记载的内容包括（　　）。

A. 控股股东及实际控制人发生变化

B. 持股 5% 以上股东、控股股东及实际控制人情况

C. 董事会报告

D. 报告期内重大事件及对公司的影响

【答案】BCD

【解析】选项 A 属于中期报告和年度报告的共同记载内容。

25. 发生可能对上市公司证券及其衍生品种交易价格产生较大影响的重大事件，投资者尚未得知时，上市公司应当立即披露，说明事件的起因、目前的状态和可能产生的影响。重大事件包括（　　）。

A. 聘任或者解聘为公司审计的会计师事务所

B. 资产被查封、扣押或者冻结

C. 新公布的法律、行政法规、规章、行业政策可能对公司产生重大影响

D. 银行账户被冻结

【答案】AC

【解析】主要资产被查封、扣押或者冻结，主要银行账户被冻结属于重大事项。

26. 上市公司应当在最先发生的以下（　　）时点，及时履行重大事件的信息披露义务。

A. 董事会或者监事会就该重大事件形成决议时

B. 有关各方就该重大事件签署意向书或者协议时

C. 董事、监事或者高级管理人员知悉该重大事件发生时

D. 有关各方知悉该重大事件发生时

【答案】ABC

【解析】上市公司应当在最先发生的以下任一时点，及时履行重大事件的信息披露义务：(1) 董事会或者监事会就该重大事件形成决议时（选项A正确）；(2) 有关各方就该重大事件签署意向书或者协议时（选项B正确）；(3) 董事、监事或者高级管理人员知悉该重大事件发生时（选项C正确）。

27. 依法披露的信息，应当在证券交易所的网站和符合中国证监会规定条件的媒体发布，同时将其置备于上市公司住所、证券交易所，供社会公众查阅。应当在证券交易所的网站和符合中国证监会规定条件的报刊依法开办的网站披露的有（　　）。

A. 信息披露文件的全文

B. 信息披露文件的摘要

C. 定期报告的摘要

D. 收购报告书的摘要

【答案】ACD

【解析】信息披露文件的全文应当在证券交易所的网站和符合中国证监会规定条件的报刊依法开办的网站披露，定期报告、收购报告书等信息披露文件的摘要应当在证券交易所的网站和符合中国证监会规定条件的报刊披露。

28. 对于上市公司股东首次公开发行股票前所持有的股份，相关规则规定了锁定期要求，这部分股份在锁定期届满后才能在二级市场上流通，以下说法符合沪、深证券交易所规定的有（　　）。

A. 上市公司控股股东、实际控制人自公司股票上市之日起36个月内，不得转让或者委托他人管理其直接和间接持有的首发前股份，也不得提议由上市公司回购

该部分股份

B. 公司首次公开发行股份前已发行的股份，自公司股票在证券交易所上市交易之日起一年内不得转让

C. 上市公司控股股东、实际控制人及其亲属，自公司首次公开发行并上市之日起 12 个月，不得转让或委托他人代为管理

D. 上市公司控股股东、实际控制人及其亲属，自公司首次公开发行并上市之日起 36 个月，不得转让或委托他人代为管理

【答案】AB

【解析】 选项 C 为北交所的相关规定，选项 D 不存在相关规定。

29. 在基金业协会备案的创业投资基金，其所投资符合条件的企业上市后，通过证券交易所集中竞价交易减持其持有的发行人首次公开发行前发行的股份，适用的比例限制包括（　　）。

A. 截至发行人首次公开发行上市日，投资期限不满 36 个月的，在 6 个月内减持股份的总数不得超过公司股份总数的 1%

B. 截至发行人首次公开发行上市日，投资期限在 36 个月以上但不满 48 个月的，在 2 个月内减持股份的总数不得超过公司股份总数的 1%

C. 截至发行人首次公开发行上市日，投资期限在 48 个月以上但不满 60 个月的，在 1 个月内减持股份的总数不得超过公司股份总数的 1%

D. 截至发行人首次公开发行上市日，投资期限在 60 个月以上的，减持股份总数不再受比例限制

【答案】BCD

【解析】 截至发行人首次公开发行上市日，投资期限不满 36 个月的，在 3 个月内减持股份的总数不得超过公司股份总数的 1%。

30. 上市公司股东减持股份制度是资本市场重要的基础性制度，也是二级市场证券交易中受到高度关注的重要问题。《上市公司股东、董监高减持股份的若干规定》及配套《上市公司股东及董事、监事、高级管理人员减持股份实施细则》《北京证券交易所上市公司持续监管指引第 8 号——股份减持和持股管理》本着问题导向、突出重点的思路，着眼于管住“关键少数”，主要受规范的市场主体的有（　　）。

A. 控股股东和持股 5% 以上股东

B. 上市公司特定股东

C. 上市公司董监高

D. 减持通过集中竞价交易买入股份的大股东

【答案】ABC

【解析】主要受规范的市场主体：一是上市公司大股东，即控股股东和持股5%以上股东，但大股东减持通过集中竞价交易买入的股份除外；二是上市公司特定股东，即持有特定股份（即首次公开发行前股票）的股东；三是上市公司董监高。这三类股东的突出特点是具有持股优势、信息优势和持股成本优势。

31. 上市公司股东减持股份制度是资本市场重要的基础性制度，也是二级市场证券交易中受到高度关注的重要问题。对大股东通过一致行动人分散减持的，大股东与其一致行动人的管理方法为（　　）。

A. 持股合并计算　　B. 共同遵守减持数量限制

C. 单独计算减持额度　　D. 持股单独计算

【答案】AB

【解析】对大股东通过一致行动人分散减持的，明确大股东与其一致行动人的持股合并计算，并共同遵守减持数量限制、共用相关减持额度。

32. 在减持的事前、事中、事后，须披露相关信息。具体包括，在减持实施的15日前公告减持计划，披露减持股份的信息包括（　　）。

A. 数量　　B. 来源　　C. 时间区间　　D. 价格区间

【答案】ABCD

【解析】在减持的事前、事中、事后，须披露相关信息。具体包括，在减持实施的15日前公告减持计划，披露减持股份的数量、来源、原因、时间区间、价格区间等信息。

33. 为强化证券市场监管、震慑违法违规行为，《减持细则》《北京证券交易所上市公司持续监管指引第8号——股份减持和持股管理》禁止存在特定违法违规情形的大股东减持股份，禁止情形包括（　　）。

A. 上市公司或大股东因涉嫌证券期货违法犯罪被立案调查或侦查期间，行政处罚、刑事判决作出后6个月内，大股东减持

B. 上市公司或大股东因涉嫌证券期货违法犯罪被立案调查或侦查期间，行政处罚、刑事判决作出后12个月内，大股东减持

C. 大股东被交易所公开谴责后3个月内不得减持股份

D. 大股东被交易所公开谴责后6个月内不得减持股份

【答案】AC

【解析】禁止情形包括2种：一是上市公司或大股东因涉嫌证券期货违法犯罪被立案调查或侦查期间，行政处罚、刑事判决作出后6个月内，大股东不得减持股

份；二是大股东被交易所公开谴责后3个月内不得减持股份。

34. 持有特定股份的股东，无论其持股比例，在任意连续90日内，通过大宗交易减持的解禁限售股不得超过总股本的（　　），通过竞价交易减持的解禁限售股不得超过总股本的（　　）。

A. 1%；1%　　B. 1%；2%　　C. 2%；1%　　D. 2%；2%

【答案】C

【解析】持有特定股份的股东，无论其持股比例，在任意连续90日内，通过竞价交易减持的解禁限售股不得超过总股本的1%，通过大宗交易减持的解禁限售股不得超过总股本的2%，合计不得超过3%。

35. 上市公司在授予激励对象限制性股票时，应当确定授予价格或授予价格的确定方法。授予价格不得低于股票票面金额，且原则上不得低于下列价格较高者的有（　　）。

A. 股权激励计划草案公布前1个交易日公司股票交易均价的50%

B. 股权激励计划草案公布前30个交易日公司股票交易均价的50%

C. 股权激励计划草案公布前20个交易日、60个交易日或者120个交易日的公司股票交易均价之一的50%

D. 股权激励计划草案公布前20个交易日、60个交易日或者120个交易日的公司股票交易均价之一的30%

【答案】AC

【解析】上市公司在授予激励对象限制性股票时，应当确定授予价格或授予价格的确定方法。授予价格不得低于股票票面金额，且原则上不得低于下列价格较高者：（1）股权激励计划草案公布前1个交易日公司股票交易均价的50%；（2）股权激励计划草案公布前20个交易日、60个交易日或者120个交易日的公司股票交易均价之一的50%。

36. 根据《上市公司股权激励管理办法》及科创板、创业板、北交所股票上市规则，上市公司股权激励对象包括（　　）。

A. 董事

B. 高级管理人员

C. 核心技术人员

D. 对公司经营业绩和未来发展有直接影响的其他员工

【答案】ABCD

【解析】激励对象可以包括核心技术人员或者核心业务人员，以及公司认为应当激励的对公司经营业绩和未来发展有直接影响的其他员工。

37. 根据《上市公司股权激励管理办法》及科创板、创业板、北交所股票上市规则，不得成为激励对象的包括（　　）。

A. 最近 12 个月内被证券交易所认定为不适当人选

B. 最近 12 个月内被中国证监会及其派出机构认定为不适当人选

C. 最近 12 个月内因重大违法违规行为被中国证监会及其派出机构行政处罚

D. 最近 12 个月内因重大违法违规行为被中国证监会及其派出机构采取市场禁入措施

【答案】ABCD

【解析】本题考查股权激励的对象，以上选项均正确。

38. 根据《上市公司股权激励管理办法》及科创板、创业板、北交所股票上市规则，符合股权激励规模的情形包括（　　）。

A. 主板上市公司全部在有效期内的股权激励计划所涉及的标的股票总数累计不得超过公司股本总额的 10%

B. 科创板上市公司全部在有效期内的股权激励计划所涉及的标的股票总数累计不得超过公司股本总额的 10%

C. 创业板上市公司全部在有效期内的股权激励计划所涉及的标的股票总数累计不得超过公司股本总额的 10%

D. 北交所上市公司全部在有效期内的股权激励计划所涉及的标的股票总数累计不得超过公司股本总额的 30%

【答案】AD

【解析】主板上市公司全部在有效期内的股权激励计划所涉及的标的股票总数累计不得超过公司股本总额的 10%，科创板和创业板上市公司的上述比例为 20%，北交所上市公司的上述比例为 30%。

39. 根据《上市公司股权激励管理办法》，上市公司具有下列情形之一的，不得实行股权激励的有（　　）。

A. 最近一个会计年度财务会计报告被注册会计师出具否定意见或者无法表示意见的审计报告

B. 最近三个会计年度财务报告内部控制被注册会计师出具否定意见或无法表示意见的审计报告

C. 上市后最近 12 个月内出现过未按法律法规、公司章程、公开承诺进行利润分配的情形

D. 上市后最近36个月内出现过未按法律法规、公司章程、公开承诺进行利润分配的情形

【答案】AD

【解析】根据《上市公司股权激励管理办法》，上市公司具有下列情形之一的，不得实行股权激励：(1) 最近一个会计年度财务会计报告被注册会计师出具否定意见或者无法表示意见的审计报告；(2) 最近一个会计年度财务报告内部控制被注册会计师出具否定意见或无法表示意见的审计报告；(3) 上市后最近36个月内出现过未按法律法规、公司章程、公开承诺进行利润分配的情形；(4) 法律法规规定不得实行股权激励的；(5) 中国证监会认定的其他情形。故选择AD。

40. 期权的行权价格由股东自行商定确定，但原则上不应低于（　　）。

A. 最近一年经审计的总资产

B. 最近一年经审计的净资产

C. 最近一年经审计的评估值

D. 最近一年经审计的每股收益

【答案】BC

【解析】期权的行权价格由股东自行商定确定，但原则上不应低于最近一年经审计的净资产或评估值。

41. 根据沪、深证券交易所和北交所股票上市规则，企业社会责任相关要求包括（　　）。

A. 将履行社会责任融入发展战略

B. 将履行社会责任融入公司治理过程

C. 要求按规定披露履行社会责任的情况

D. 损害公共利益可能会被强制退市

【答案】ABCD

【解析】本题考查社会责任的相关内容，以上选项均表述正确。

42. 上市公司应当将生态环保要求融入发展战略和公司治理过程，并根据自身生产经营特点和实际情况，属于履行环境保护责任的有（　　）。

A. 制订执行公司环境保护计划

B. 建设运行有效的污染防治设施

C. 保障供应链环境安全

D. 建立安全可靠的生产环境和生产流程

【答案】ABC

【解析】选项D属于保障产品安全。

43. 上市公司应当根据自身生产经营模式，属于履行生产及产品安全保障责任

的有（　　）。

A. 遵守产品安全法律法规与行业标准

B. 建立产品质量安全保障机制

C. 建立产品安全事故应急方案

D. 开展必要的员工知识和职业技能培训

【答案】ABC

【解析】选项 D 属于保障员工权益。

44. 上市公司应当根据员工构成情况，属于履行员工权益保障责任的有（　　）。

A. 建设运行有效的污染防治设施

B. 建立员工聘用解雇、薪酬福利、社会保险、工作时间等管理制度及违规处理措施

C. 建立防范职业性危害的工作环境与配套安全措施

D. 建立安全可靠的生产环境和生产流程

【答案】BC

【解析】选项 A 属于保护环境，选 D 属于保障产品安全。

45. 根据现行退市制度，退市可分为强制退市和主动退市。其中可引发上市公司强制退市的情形主要有（　　）。

A. 重大违法强制退市　　B. 交易类强制退市

C. 财务类强制退市　　D. 规范类强制退市

【答案】ABCD

【解析】本题考查强制退市的相关内容，以上选项均表述正确。

46. 根据中小投资者合法权益保护制度，上市公司及其控股股东、实际控制人应当（　　）。

A. 保障中小投资者知情权　　B. 完善中小投资者投票等机制

C. 建立中小投资者单独计票机制　　D. 保障中小投资者依法行使权利

【答案】ABCD

【解析】本题考查中小投资者合法权益保护制度的相关内容，以上选项均表述正确。

47. 公开征集股东权利，是指符合条件的主体公开请求不特定的上市公司股东委托其代为出席股东大会，并代为行使相关股东权利的行为，符合条件的主体包括（　　）。

A. 上市公司董事会

B. 独立董事

C. 持有1%以上有表决权股份的股东

D. 依照法律、行政法规或者国务院证券监督管理机构的规定设立的投资者保护机构

【答案】ABCD

【解析】根据《证券法》规定，上市公司董事会、独立董事、持有1%以上有表决权股份的股东或者依照法律、行政法规或者国务院证券监督管理机构的规定设立的投资者保护机构，可以作为征集人，自行或者委托证券公司、证券服务机构，公开请求上市公司股东委托其代为出席股东大会，并代为行使提案权、表决权等股东权利。

三、判断题（不选、错选均不得分）

1. 根据《上海证券交易所证券发行与承销业务指南第1号——首次公开发行股票》规定的首发上市流程，科创板上市公司申请公开发行文件中的《公司章程》应作为独立文件提交。（　　）

【答案】错误

【解析】科创板上市公司申请公开发行时，《公司章程》应作为《上市公告书》附件提交。

2. 根据《北京证券交易所向不特定合格投资者公开发行股票并上市业务办理指南第2号——发行与上市》，北交所上市阶段主要包括取得上市函以及办理上市手续两个阶段。（　　）

【答案】正确

3. T+3日及以后，主承销商报送上市申请书、更新后的上市保荐书、验资报告、重大事项专项报告（如有）、法律意见书等纸质文件。北交所对上述文件进行审查确认后，向发行人出具同意其股票在北京证券交易所上市的函。（　　）

【答案】错误

【解析】T+3日及以后，主承销商需在BPM系统“发行承销－上市申请”模块提交上市申请书、更新后的上市保荐书、验资报告、重大事项专项报告（如有）、法律意见书等文件。

4. 根据交易所业务办理指南，主承销商需提交的上市承销总结阶段文件，其中上交所需要新股发行数据统计表。（　　）

【答案】错误

【解析】根据《上海证券交易所证券发行与承销业务指南第 1 号——首次公开发行股票》规定的首发上市流程，上交所要求主承销商提交的上市承销总结阶段文件中不包括新股发行数据统计表。

5. 上交所、深交所和北交所在上市承销总结阶段，都需要提交承销总结报告。（　　）

【答案】正确

6. 上交所、深交所和北交所对报送超额配售选择权相关文件的时间要求不存在差异。（　　）

【答案】错误

【解析】沪、深证券交易所的报送时间点为全部发行工作完成后 10 个工作日内，北交所的报送时间点为超额配售选择权行使期届满或者累计购回股票数量达到超额配售选择权发行股票数量限额的十日内。

7. 根据《北京证券交易所上市公司向上海证券交易所科创板转板办法（试行）》规定，北交所上市公司向科创板转板的上市相关程序及要求参照适用《上海证券交易所科创板股票上市规则》关于首次公开发行股票并上市的相关规定。（　　）

【答案】正确

8. 上市阶段，交易所重点对申请文件的齐备程度和内容进行审核，材料不齐备的，可以在规定时间内对材料进行多次补正。（　　）

【答案】错误

【解析】材料不齐备的，应当在规定时间内对材料进行一次性补正。

9. 根据《上海证券交易所股票发行上市审核规则》第五十四条规定，交易所受理发行上市申请后至股票上市交易前，发生重大事项的，发行人及其保荐人应当及时向交易所报告，并按要求更新发行上市申请文件。发行人的保荐人、证券服务机构应当持续履行尽职调查职责，并根据情况选择是否向交易所提交专项核查意见。（　　）

【答案】错误

【解析】发行人的保荐人、证券服务机构应当持续履行尽职调查职责，并向交易所提交专项核查意见。

10. 中国证监会作出注册决定后至股票上市交易前，发生重大事项，可能导致发行人不符合发行条件、上市条件或者信息披露要求的，发行人应当暂停发行。（　　）

【答案】正确

11. 根据《公司法》规定，单独或者合计持有公司5%以上股份的股东，可以在股东大会召开10日前提出临时提案并书面提交董事会。（　　）

【答案】错误

【解析】单独或者合计持有公司3%以上股份的股东，可以在股东大会召开10日前提出临时提案并书面提交董事会。

12. 1/10以上的股东、1/3以上董事或者监事会，可以提议召开董事会临时会议。（　　）

【答案】错误

【解析】代表1/10以上表决权的股东、1/3以上董事或者监事会，可以提议召开董事会临时会议。

13. 上交所规定，在上市公司控股股东、实际控制人及其附属企业任职的人员不得担任独立董事。（　　）

【答案】错误

【解析】上交所没有限制“控股股东”不得担任独立董事。

14. 控股股东、实际控制人可以通过财务会计核算系统直接查询公司经营情况、财务状况等信息。（　　）

【答案】错误

【解析】将公司财务核算体系纳入控股股东、实际控制人管理系统之内会损害上市公司的独立性，如共用财务会计核算系统或者控股股东、实际控制人可以通过财务会计核算系统直接查询公司经营情况、财务状况等信息。

15. 董事会或者审计委员会认为公司内部控制存在重大缺陷或者重大风险的，或者保荐人、会计师事务所指出公司内部控制有效性存在重大缺陷的，董事会应当及时向交易所报告并予以披露。公司应当在公告中披露内部控制存在的重大缺陷或者重大风险、已经或者可能导致的后果。（　　）

【答案】错误

【解析】公司还应当在公告中披露“已采取或者拟采取的措施”。

16. 上市公司不得为关联人提供资金等财务资助，但向非由公司控股股东、实际控制人控制的关联参股公司提供财务资助，且该参股公司的其他股东按出资比例提供同等条件财务资助的情形除外。（　　）

【答案】正确

17. 信息披露义务人可以以定期报告形式临时代替应当履行的临时报告义务。（　）

【答案】错误

【解析】信息披露义务人不得以新闻发布或者答记者问等任何形式代替应当履行的报告、公告义务，不得以定期报告形式代替应当履行的临时报告义务。

18. 公司可以在20×3年3月20日披露上年度的年度报告，在20×3年3月10日披露本年度的第一季度报告。（　）

【答案】错误

【解析】公司第一季度报告的披露时间不得早于上一年度的年度报告披露时间。

19. 凡是对投资者作出价值判断和投资决策有重大影响的信息，均应当披露。（　）

【答案】正确

20. 董事、监事和高级管理人员无法保证定期报告内容的真实性、准确性、完整性或者有异议的，应当在书面确认意见中发表意见并陈述理由，上市公司应当披露。上市公司不予披露的，董事、监事和高级管理人员应上报证监会申请披露。（　）

【答案】错误

【解析】上市公司不予披露的，董事、监事和高级管理人员可以直接申请披露。

21. 发生可能对上市公司证券及其衍生品种交易价格产生较大影响的重大事件，如公司的债务人出现资不抵债或者进入破产程序，公司对相应债权未提取足额坏账准备，投资者尚未得知时，上市公司应当立即披露，说明事件的起因、目前的状态和可能产生的影响。（　）

【答案】错误

【解析】公司主要债务人出现资不抵债或者进入破产程序，公司对相应债权未提取足额坏账准备时，属于发生可能对上市公司证券及其衍生品种交易价格产生较大影响的重大事件。

22. 市场出现重大事件的传闻时，上市公司应当及时披露相关事项的现状、可能影响事件进展的风险因素。（　）

【答案】正确

23. 沪、深证券交易所规定，上市公司控股股东、实际控制人自公司股票上市之日起36个月内，不得转让或者委托他人管理其直接和间接持有的首发前股份，也不得提议由上市公司回购该部分股份；但转让双方存在控制关系或者受同一实际

控制人控制的，自发行人股票上市之日起6个月后，可豁免上述规定。（　　）

【答案】错误

【解析】转让双方存在控制关系或者受同一实际控制人控制的，自发行人股票上市之日起12个月后，可豁免上述规定。

24. 深交所规定，上市公司控股股东、实际控制人及其亲属，自公司首次公开发行并上市之日起12个月，不得转让或委托他人代为管理。（　　）

【答案】错误

【解析】北交所规定，上市公司控股股东、实际控制人及其亲属，自公司首次公开发行并上市之日起12个月，不得转让或委托他人代为管理。

25. 上市公司核心技术人员自公司股票上市之日起12个月内和离职后6个月内不得转让本公司首发前股份。（　　）

【答案】错误

【解析】核心技术人员为科创板的特殊要求。根据《上海证券交易所科创板股票上市规则》，科创板上市公司核心技术人员自公司股票上市之日起12个月内和离职后6个月内不得转让本公司首发前股份。

26. 公司实现盈利后，控股股东、实际控制人、董监高及核心技术人员可以自当年年度报告披露后次日起减持首发前股份，但应当遵守证监会及交易所其他规定。（　　）

【答案】正确

27. 在公司实现盈利前，科创板、创业板和北交所上市公司控股股东、实际控制人锁定期为3个完整会计年度。（　　）

【答案】错误

【解析】北交所上市公司控股股东、实际控制人锁定期为自上市之日起2个完整会计年度内。

28. 网上发行的股票无流通限制及锁定安排，自本次发行股票在交易所上市交易之日起即可流通。（　　）

【答案】正确

29. 根据《上市公司证券发行注册管理办法》，通过向特定对象发行股票取得的上市公司股份，其减持不再适用《上市公司股东、董监高减持股份的若干规定》的有关规定。（　　）

【答案】正确

30. 如果公司董监高在三年任期的第一年辞职，其在离职半年内不得减持股

份，在剩余未满任期及其后的半年内不用遵守每年减持不得超过 25% 的比例要求。（ ）

【答案】错误

【解析】沪、深证券交易所上市公司董监高在任期届满前离职的，仍按其原任期时间，适用公司法规定的减持比例要求。

31. 外籍员工任职上市公司董事、高级管理人员、核心技术人员或者核心业务人员的，不可以成为激励对象。（ ）

【答案】错误

【解析】外籍员工任职上市公司董事、高级管理人员、核心技术人员或者核心业务人员的，可以成为激励对象。

32. 单独或合计持有上市公司 5% 以上股份的股东、上市公司实际控制人及其配偶、父母、子女，不得成为创业板上市公司的激励对象。（ ）

【答案】错误

【解析】单独或合计持有上市公司 5% 以上股份的股东、上市公司实际控制人及其配偶、父母、子女，不得成为主板上市公司的激励对象；但上述主体在上市公司担任董事、高级管理人员、核心技术人员或者核心业务人员的，可以成为科创板、创业板、北交所上市公司的激励对象，上市公司应当充分说明前述人员成为激励对象的必要性、合理性。

33. 出于审慎考虑，不允许 A 股拟上市公司设置首发申报前制定并准备在上市后实施的期权激励计划。（ ）

【答案】错误

【解析】证监会《首次公开发行股票注册管理办法》第四十四条规定，发行人存在申报前制定、上市后实施的期权激励计划的，应当符合中国证监会和交易所的规定，并充分披露有关信息。

34. 激励对象应当符合相关上市板块股票上市规则相关规定，即可以包括公司的董事、高级管理人员、核心技术人员或者核心业务人员，以及公司认为应当激励的对公司经营业绩和未来发展有直接影响的其他员工，包括独立董事和监事。（ ）

【答案】错误

【解析】独立董事和监事不能成为期权激励对象。

35. 上市公司上市后最近 36 个月内出现过未按公开承诺进行利润分配的情形，不得实行股权激励。（ ）

【答案】正确

【解析】上市公司上市后最近36个月内出现过未按法律法规、公司章程、公开承诺进行利润分配的情形，不得实行股权激励。

36. 上市公司若涉及国家安全、公共安全、生态安全、生产安全和公众健康安全等领域的违法行为，情节恶劣，严重损害国家利益、社会公共利益，或者严重影响上市地位，交易所可能会中止股票上市。（　　）

【答案】错误

【解析】严重损害社会公共利益可致强制退市，交易所可能会终止股票上市。

37. 企业社会责任相关要求主要包括将履行社会责任融入发展战略和公司治理过程、要求按规定披露履行社会责任的情况、损害个人利益会被强制退市三个方面。（　　）

【答案】错误

【解析】企业社会责任相关要求主要包括将履行社会责任融入发展战略和公司治理过程、要求按规定披露履行社会责任的情况、损害公共利益可能会被强制退市三个方面。

38. 科创板股票*ST紫晶和*ST泽达因欺诈发行、财务造假等严重损害投资者利益行为，被实施重大违法强制退市，将成为科创板首批退市公司。根据股票上市规则，两公司后续可以重新提交上市申请。（　　）

【答案】错误

【解析】上市股票因欺诈发行退市后不得申请重新上市。

39. 上市公司应当在年度报告中披露履行社会责任的情况，并视情况编制和披露社会责任报告、可持续发展报告、环境责任报告等文件。出现违背社会责任重大事项时应当充分评估潜在影响并及时披露，说明原因和解决方案。（　　）

【答案】正确

四、综合题（每问备选答案中有一项或多项符合题目要求，不选、错选均不得分）

（一）2×23年2月10日，发行人I公司完成了股票公开发行后，根据《深圳证券交易所股票上市规则》《深圳证券交易所创业板股票上市规则》，I公司拟向深圳证券交易所提出股票上市申请，以实现股票的挂牌上市，此外，I公司选择了R证券公司作为主承销商，I公司与R公司签订了代销协议。

1. 根据《深圳证券交易所股票发行与承销业务指南第2号——首发及转板上

市业务办理》，I公司首发新股的上市流程应该为（　　）。

A. 提交上市申请文件——签收上市通知书、缴纳上市费用——披露上市公告书等文件——新股上市——主承销商提交发行承销总结

B. 发行人和主承销商完成股份登记及募集资金验证工作——发行人和主承销商提交全套上市申请文件——发行人、主承销商刊登上市公告书及公司章程——上市——主承销商提交发行承销总结

C. 提交上市申请文件——披露上市公告书等文件——签收上市通知书、缴纳上市费用——新股上市——主承销商提交发行承销总结

D. 发行人和主承销商完成股份登记及募集资金验证工作——发行人、主承销商刊登上市公告书及公司章程——发行人和主承销商提交全套上市申请文件——上市——主承销商提交发行承销总结

【答案】A

【解析】根据《深圳证券交易所股票发行与承销业务指南第2号——首发及转板上市业务办理》，深交所首发新股上市流程为提交上市申请文件——签收上市通知书、缴纳上市费用——披露上市公告书等文件——新股上市——主承销商提交发行承销总结，因此选项A正确。

2. I公司上市后，R公司拟行使超额配售选择权，下列关于R公司报送超额配售选择权时间点的各项说法中正确的是（　　）。

A. 全部发行工作完成后5个工作日内

B. 超额配售选择权行使期届满或者累计购回股票数量达到超额配售选择权发行股票数量限额的5日内

C. 全部发行工作完成后10个工作日内

D. 超额配售选择权行使期届满或者累计购回股票数量达到超额配售选择权发行股票数量限额的10日内

【答案】C

【解析】行使超额配售选择权的，各交易所规定在上市后报送超额配售选择权相关文件，文件类型相同，均为超额配售选择权的实施情况以及使用超额配售股票募集资金买入股票的完整记录；报送的时间要求存在差异，沪、深证券交易所为全部发行工作完成后10个工作日内，故选项C正确。

3. I公司与R公司签订了代销协议，下列关于代销协议的说法中正确的有（　　）。

A. 协议应载明代销股票的种类、数量、金额及发行价格

B. 协议应载明代销的费用和结算办法

C. 协议应载明代销的期限及起止日期

D. 相对于包销，R 公司的承销方式风险较大，承销佣金也较高

【答案】ABC

【解析】证券公司承销证券，应当同发行人签订代销或者包销协议，载明下列事项：（1）当事人的名称、住所及法定代表人姓名；（2）代销、包销证券的种类、数量、金额及发行价格（选项 A）；（3）代销、包销的期限及起止日期（选项 C）；（4）代销、包销的付款方式及日期；（5）代销、包销的费用和结算办法（选项 B）；（6）违约责任；（7）国务院证券监督管理机构规定的其他事项，故选项 ABC 正确；相对于包销，代销的风险较小，承销佣金也较低，故选项 D 错误。

（二）2×22 年 7 月 1 日，发行人 Q 公司首次公开发行股票并于深交所主板上市，证券公司 P 公司为主承销商，Q 公司在对股票进行配售的过程中，始终保持健全、有效、透明的治理体系和监督机制，保证股东大会、董事会、监事会规范运作。因管理需要，Q 公司拟聘请刘某担任独立董事。

1. 根据《深圳证券交易所股票发行与承销业务指南第 2 号——首发及转板上市业务办理》规定的上市流程，如果 L 日为股票在交易所上市交易日，P 公司在 L－2 日报送首发上市的申请文件有（　　）。

A. 上市申请书

B. 申请上市的董事会、股东大会决议

C.《首次公开发行股票主板/科创板上市公告书》

D.《控股股东、实际控制人声明及承诺书》

【答案】ABD

【解析】上市申请书，申请上市的董事会、股东大会决议，《控股股东、实际控制人声明及承诺书》属于主承销商在深交所上市应提交的申请文件，故选项 ABD 正确；《首次公开发行股票主板/科创板上市公告书》属于主承销商在上交所上市应提交的申请文件，故选项 C 错误。

2. Q 公司和 P 公司在新股发行中，可采取的配售方式有（　　）。

A. 战略配售　　B. 网下配售　　C. 计划配售　　D. 网上配售

【答案】ABD

【解析】在新股发行中，发行人和主承销商可以采用的配售方式包括战略配售、网下配售与网上配售三种，故选项 ABD 正确。

3. 刘某存在下列（　　）情形时，将不得担任 Q 公司的独立董事。

A. 刘某的妻子韩某于 Q 公司财务部门任职

B. 刘某的父亲直接持有了 Q 公司 3.5% 的已发行股份，并且是 Q 公司前 10 名股东中的自然人股东

C. 刘某同时在 Q 公司附属子公司 W 公司的研发部门任职

D. 刘某同时担任了 Q 公司的重要供应商 P 公司的监事

【答案】ABCD

【解析】为保持独立董事的独立性，不得担任独立董事情形包括：（1）在上市公司或者其附属企业任职的人员及其直系亲属和主要社会关系（选项 A）；（2）直接或者间接持有上市公司已发行股份 1% 以上或者是上市公司前 10 名股东中的自然人股东及其直系亲属（选项 B）；（3）在直接或者间接持有上市公司已发行股份 5% 以上的股东单位或者在上市公司前 5 名股东单位任职的人员及其直系亲属；（4）在上市公司控股股东、实际控制人及其附属企业任职的人员（选项 C）；（5）为上市公司及其控股股东、实际控制人或者其各自的附属企业提供财务、法律、咨询等服务的人员，包括提供服务的中介机构的项目组全体人员、各级复核人员、在报告上签字的人员、合伙人及主要负责人；（6）在与上市公司及其控股股东、实际控制人或者其各自的附属企业具有重大业务往来的单位担任董事、监事和高级管理人员，或者在该业务往来单位的控股股东单位担任董事、监事和高级管理人员（选项 D）；（7）最近 12 个月内曾经具有前六项所列举情形之一的人员；（8）其他认定不具备独立性的情形，故选项 ABCD 正确。

（三）2×22 年 10 月 8 日，发行人 Y 公司于上交所科创板上市，取得中国证监会予以注册的决定后，Y 公司和主承销商 M 证券公司及时向交易所报备了发行与承销方案。Y 公司上市后，李某担任了 Y 公司的董事长，积极推动 Y 公司内部各项制度的制定和完善。此外，Y 公司根据《上市公司信息披露管理办法》《上海证券交易所股票上市规则》等要求进行信息披露。

1. 取得中国证监会予以注册的决定后，Y 公司和 M 公司及时向交易所报备了发行与承销方案，下列关于 Y 公司和 M 公司的发行与承销方案说法中错误的有（　　）。

A. 该方案包括了发行方案、初步询价公告、投资价值研究报告、战略配售方案、超额配售选择权实施方案等内容

B. 交易所收到发行与承销方案后在规定的时间内无异议的，Y 公司和 M 公司可依法刊登招股意向书（说明书），启动发行工作

C. 投资者申购缴款结束后，Y 公司和 M 公司应当聘请具有证券、期货相关业

务资格的会计师事务所对申购和募集资金进行验证，无须出具验资报告

D. 股票上市起10个工作日内，M公司应当将验资报告、专项法律意见书随同承销总结报告等文件一并报证监会

【答案】CD

【解析】发行与承销方案应当包括发行方案、初步询价公告（如有）、投资价值研究报告（如有）、战略配售方案（如有）、超额配售选择权实施方案（如有）等内容，故选项A正确；交易所收到发行与承销方案后在规定的时间内无异议的，发行人和主承销商可依法刊登招股意向书（说明书），启动发行工作，故选项B正确；投资者申购缴款结束后，发行人和主承销商应当聘请具有证券、期货相关业务资格的会计师事务所对申购和募集资金进行验证，并出具验资报告，故选项C错误；证券上市起10个工作日内，主承销商应当将验资报告、专项法律意见书随同承销总结报告等文件一并报交易所，而不是证监会，故选项D错误。

2. 下列关于李某行使董事长职权的说法中，错误的有（　　）。

A. 李某积极推动上市公司内部各项制度的制订和完善，加强董事会建设，确保董事会工作依法正常开展

B. 李某向董事会提请召开临时股东大会

C. 李某督促、检查董事会决议的执行

D. 李某向董事会提议聘用或解聘会计师事务所

【答案】BD

【解析】董事长是董事会主要负责人，董事长应当积极推动上市公司内部各项制度的制定和完善，加强董事会建设，确保董事会工作依法正常开展，依法召集、主持董事会会议并督促董事出席董事会会议。董事长行使下列职权：（1）主持股东大会和召集、主持董事会会议；（2）督促、检查董事会决议的执行；（3）董事会授予的其他职权，因此选项AC正确；提请召开临时股东大会，向董事会提议聘用或解聘会计师事务所属于独立董事行使的职权，故选项BD错误。

3. 下列关于Y公司遵循信息披露原则进行信息披露的说法中，正确的是（　　）。

A. Y公司披露信息时以客观事实为依据，如实反映实际情况，遵循的是真实性原则

B. Y公司披露信息时使用明确、贴切的语言和文字，没有夸大其词和误导性陈述，遵循的是公平性原则

C. Y公司披露信息时内容完整，充分披露了对公司股票及其衍生品种交易价

格有较大影响的信息，遵循的是准确性原则

D. Y 公司披露信息时在规则规定的期限内披露了重大信息，遵循的是完整性原则

【答案】A

【解析】信息披露原则包括：(1) 真实性原则，上市公司及相关信息披露义务人披露信息，应当以客观事实或者具有事实基础的判断和意见为依据，如实反映实际情况，不得有虚假记载，故选项 A 正确。(2) 准确性原则，上市公司及相关信息披露义务人披露信息，应当客观，使用明确、贴切的语言和文字，不得夸大其词，不得有误导性陈述，故选项 B 错误。(3) 完整性原则，上市公司及相关信息披露义务人披露信息，应当内容完整，充分披露对公司股票及其衍生品种交易价格有较大影响的信息，故选项 C 错误。(4) 及时性原则，上市公司及相关信息披露义务人应当在规则规定的期限内披露重大信息，不得有意选择披露时点，故选项 D 错误。(5) 公平性原则，信息披露义务人披露的信息应当同时向所有投资者披露，不得提前向任何单位和个人泄露。

(四) 发行人 W 公司于 2×21 年 1 月 1 日在上海证券交易所主板上市，上市以来，W 公司根据《上市公司信息披露管理办法》《上海证券交易所股票上市规则》等要求进行信息披露，其披露信息在证券交易所的网站和符合中国证监会规定条件的媒体发布。此外，因公司管理需要，W 公司聘用了付某担任董事会秘书，还制定了股权激励制度以激励董事和高管。

1. 下列关于 W 公司进行的信息披露方式的做法中，正确的有（　　）。

A. W 公司在证券交易所的网站和符合中国证监会规定条件的媒体发布

B. W 公司将披露的信息置备于上市公司住所、证券交易所，供社会公众查阅

C. W 公司以新闻发布的形式代替了应当履行的报告义务

D. W 公司以定期报告的形式代替了应当履行的临时报告义务

【答案】AB

【解析】依法披露的信息，应当在证券交易所的网站和符合中国证监会规定条件的媒体发布，同时将其置备于上市公司住所、证券交易所，供社会公众查阅，故选项 AB 正确；信息披露义务人不得以新闻发布或者答记者问等任何形式代替应当履行的报告、公告义务，不得以定期报告形式代替应当履行的临时报告义务，故选项 CD 错误。

2. 付某担任董事会秘书后，应当履行的职责有（　　）。

A. 负责公司信息披露事务，协调公司信息披露工作

B. 在股东大会召开前公开向股东征集投票权

C. 负责公司信息披露的保密工作，在未公开重大信息泄露时，立即向交易所报告并披露

D. 关注有关公司的传闻或媒体报道并主动求证真实情况，督促公司相关主体及时回复交易所问询

【答案】ACD

【解析】董事会秘书对上市公司和董事会负责，履行的职责有：(1) 负责公司信息披露事务，协调公司信息披露工作，组织制定公司信息披露事务管理制度，督促公司及相关信息披露义务人遵守信息披露相关规定，故选项 A 正确；(2) 负责组织和协调公司投资者关系管理，协调公司与证券监管机构、投资者及实际控制人、中介机构、媒体等之间的信息沟通；(3) 筹备组织董事会会议和股东大会会议，参加股东大会、董事会、监事会及高级管理人员相关会议，负责董事会会议记录工作并签字；(4) 负责公司信息披露的保密工作，在未公开重大信息泄露时，立即向交易所报告并披露，故选项 C 正确；(5) 关注有关公司的传闻或媒体报道并主动求证真实情况，督促公司相关主体及时回复交易所问询，故选项 D 正确。在股东大会召开前公开向股东征集投票权属于独立董事行使的职权，故选项 B 错误。

3. 如果 W 公司采用股票期权的方式进行股权激励，其行权价格不得低于股票票面金额，且原则上不得低于下列（　　）的价格较高者。

A. W 公司股权激励计划草案公布前 1 个交易日的公司股票交易均价

B. W 公司股权激励计划草案公布前 3 个交易日的公司股票交易均价

C. W 公司股权激励计划草案公布前 15 个交易日、30 个交易日或者 90 个交易日的公司股票交易均价之一

D. W 公司股权激励计划草案公布前 20 个交易日、60 个交易日或者 120 个交易日的公司股票交易均价之一

【答案】AD

【解析】上市公司在授予激励对象股票期权时，应当确定行权价格或者行权价格的确定方法。行权价格不得低于股票票面金额，且原则上不得低于下列价格较高者：(1) 股权激励计划草案公布前 1 个交易日的公司股票交易均价；(2) 股权激励计划草案公布前 20 个交易日、60 个交易日或者 120 个交易日的公司股票交易均价之一。故选项 AD 正确。

（五）发行人 Z 公司于 2×22 年 4 月 1 日在上海证券交易所科创板上市，根据《上市公司股权激励管理办法》，Z 公司制定并实施了股权激励制度，以对本公司董

事、高管及其他员工进行长期性的激励，Z公司核心技术人员洪某是股权激励对象之一。此外，因管理制度完善需要，Z公司聘请了张某担任公司的独立董事。

1. Z公司拟对本公司高管以及核心技术人员进行股权激励，根据《上市公司股权激励管理办法》，下列可以成为Z公司股权激励对象的有（　　）。

A. 担任Z公司独立董事的甲　　B. 担任Z公司监事的乙

C. 任职Z公司董事的外籍员工丙　　D. Z公司的核心技术人员丁

【答案】CD

【解析】 根据《上市公司股权激励管理办法》及科创板、创业板、北交所股票上市规则，上市公司股权激励对象应符合如下要求：(1) 激励对象可以包括上市公司的董事、高级管理人员、核心技术人员或者核心业务人员，以及公司认为应当激励的对公司经营业绩和未来发展有直接影响的其他员工，故选项D正确。(2) 激励对象不应当包括独立董事和监事，故选项AB错误。(3) 外籍员工任职上市公司董事、高级管理人员、核心技术人员或者核心业务人员的，可以成为激励对象，故选项C正确。(4) 单独或合计持有上市公司5%以上股份的股东、上市公司实际控制人及其配偶、父母、子女，不得成为主板上市公司的激励对象。

2. 根据《上海证券交易所科创板股票上市规则》，Z公司核心技术人员洪某自公司股票上市之日起（　　）个月内和离职后（　　）个月内不得转让本公司首发前股份。自所持首发前股份限售期满之日起4年内，每年转让的首发前股份不得超过上市时所持公司首发前股份总数的（　　）。

A. 6；6；20%　　B. 6；12；25%　　C. 12；6；25%　　D. 12；12；20%

【答案】C

【解析】 核心技术人员为科创板的特殊要求。根据《上海证券交易所科创板股票上市规则》，科创板上市公司核心技术人员自公司股票上市之日起12个月内和离职后6个月内不得转让本公司首发前股份；自所持首发前股份限售期满之日起4年内，每年转让的首发前股份不得超过上市时所持公司首发前股份总数的25%，减持比例可以累积使用，故选项C正确。

3. Z公司对外聘请了张某作为公司的独立董事，以下关于张某工作职责以及职权的说法中正确的有（　　）。

A. 张某应当独立、公正地履行职责，按时出席Z公司的董事会会议

B. 张某应当了解上市公司的生产经营和运作情况，主动调查、获取作出决策所需要的情况和资料

C. 张某应当重点关注Z公司的关联交易、对外担保、募集资金使用、社会公

众股股东保护等事项

D. 重大关联交易应由张某事前认可，刘某作出判断前，可以聘请中介机构出具独立财务顾问报告，但不得作为其判断的依据

【答案】ABC

【解析】上市公司独立董事应当独立、公正地履行职责，按时出席董事会会议，了解上市公司的生产经营和运作情况，主动调查、获取作出决策所需要的情况和资料，故选项 AB 正确；独立董事应当重点关注公司的关联交易、对外担保、募集资金使用、社会公众股股东保护、重大资产重组、重大投融资活动、董事和高级管理人员的薪酬、利润分配和信息披露等事项，故选项 C 正确；重大关联交易应由独立董事事前认可；独立董事作出判断前，可以聘请中介机构出具独立财务顾问报告，作为其判断的依据，故选项 D 错误。

第九章　持续督导

一、单项选择题（以下备选项中只有一项最符合题目要求，不选、错选均不得分）

1.（　　）是完善上市公司治理结构、提高上市公司质量的重要手段。

A. 持续督导　　B. 信息披露　　C. 持续监管　　D. 延长督导

【答案】A

2. 根据各交易所股票上市规则，对于在主板首发上市的企业，持续督导期间为证券上市当年剩余时间及其后（　　）个完整会计年度。

A. 1　　B. 2　　C. 3　　D. 4

【答案】B

3. 根据各交易所股票上市规则，在创业板、科创板和北交所上市的，持续督导期间为证券上市当年剩余时间及其后（　　）个完整会计年度。

A. 1　　B. 2　　C. 3　　D. 4

【答案】C

4. 持续督导的期间自（　　）起计算。

A. 证监会批准之日　　B. 证券上市次月

C. 证券上市当月　　D. 证券上市之日

【答案】D

5. 北交所上市公司向科创板和创业板转板的，保荐机构持续督导期间为（　　）。

A. 转板上市后当年剩余期间及其后一个完整会计年度

B. 转板上市后一个完整会计年度

C. 转板上市后当年剩余期间及其后两个完整会计年度

D. 转板上市后两个完整会计年度

【答案】C

【解析】北交所上市公司向科创板和创业板转板的，保荐机构持续督导期间为公司股票在转板上市当年剩余时间及其后两个完整会计年度。

6. 转板公司提交转板申请时已在北交所连续上市满两年的，持续督导期间为（　　）。

A. 上市当年剩余时间以及其后一个完整会计年度

B. 上市后一个完整会计年度

C. 上市当年剩余时间以及其后两个完整会计年度

D. 上市后两个完整会计年度

【答案】A

【解析】转板公司提交转板申请时已在北交所连续上市满两年的，持续督导期间为公司股票在科创板或创业板上市当年剩余时间以及其后一个完整会计年度。

7. 转板公司在北交所上市前，已在全国股转系统原（　　）挂牌的，原挂牌时间和北交所上市时间（　　）。

A. 精选层；合并计算　　B. 精选层；分别计算

C. 基础层；合并计算　　D. 基础层；分别计算

【答案】A

【解析】转板公司在北交所上市前，已在全国股转系统原精选层挂牌的，原精选层挂牌时间和北交所上市时间合并计算。

8. 保荐人被撤销保荐业务资格的，上市公司应当在（　　）内另行聘请保荐人。

A. 15 日　　B. 1 个月　　C. 45 日　　D. 一周

【答案】B

9. 退市公司重新上市后，其保荐人应当在公司（　　）履行持续督导职责。

A. 重新上市后当年及其后的 1 个完整会计年度内

B. 重新上市后 1 个完整会计年度内

C. 重新上市后当年及其后的 2 个完整会计年度内

D. 重新上市后 2 个完整会计年度内

【答案】C

10. 持续督导工作开始前，保荐机构应明确参与持续督导工作的人员，相关人员应至少包括（　　）名保荐代表人。

A. 1　　B. 2　　C. 3　　D. 4

【答案】B

11. 保荐机构应当就持续督导工作形成（　　），并将其作为出具相关意见或者报告的基础。

A. 尽职调查记录　B. 工作底稿　　　C. 现场检查报告　D. 工作报告书

【答案】B

12.《深圳证券交易所上市公司自律监管指引第 13 号——保荐业务》第二十二条对保荐机构及其保荐代表人应当主动、持续关注的事项进行了细化。下列选项中不属于经营环境和业务变化状况的是（　　）。

A. 行业发展前景　　　　　　　　B. 国家产业政策的变化

C. 经营业绩的变化　　　　　　　D. 经营模式的转型

【答案】C

【解析】经营环境和业务变化情况，包括行业发展前景、国家产业政策或者法规的变化、经营模式的转型、主营业务的变更、产品或者服务品种结构的变化等。

13.《深圳证券交易所上市公司自律监管指引第 13 号——保荐业务》第二十二条对保荐机构及其保荐代表人应当主动、持续关注的事项进行了细化。下列选项中不属于采购和销售变化情况的是（　　）。

A. 市场开发情况　　　　　　　　B. 市场占有率的变化

C. 产品品种结构的变化　　　　　D. 主导产品价格的变化

【答案】C

【解析】采购和销售变化情况，包括市场开发情况、采购和销售渠道、采购和销售模式的变化、市场占有率的变化、主要原材料或者主导产品价格的变化、重大客户和重要资产的变化等。

14.（　　）等与公司规范运作与治理相关的事项，是风险高发点，也是保荐机构及其保荐代表人在审阅信息披露时应当关注的重点。

A. 关联交易、盈利状况　　　　　B. 关联交易、违规担保

C. 投融资状况、盈利状况　　　　D. 投融资状况、违规担保

【答案】B

【解析】关联交易、违规担保等与公司规范运作与治理相关的事项，是风险高发点，也是保荐机构及其保荐代表人在审阅信息披露时应当关注的重点。

15. 根据《证券发行上市保荐业务管理办法》，保荐机构及其保荐代表人应当持续关注募集资金的专户存储、投资项目的实施等承诺事项。关于募集资金的专户存储，上交所规定，上市公司 1 次或 12 个月以内累计从募集资金专户支取的金额（　　），上市公司应当及时通知保荐机构。

A. 超过 5 000 万元或达到发行募集资金总额扣除发行费用后的净额的 20% 的

B. 超过 5 000 万元且达到发行募集资金总额扣除发行费用后的净额的 20% 的

C. 超过 3 000 万元或达到发行募集资金总额扣除发行费用后的净额的 20% 的

D. 超过 3 000 万元且达到发行募集资金总额扣除发行费用后的净额的 20% 的

【答案】B

【解析】上市公司 1 次或 12 个月以内累计从募集资金专户支取金额或比例超过相应标准的，上市公司应当及时通知保荐机构。其中，上交所规定的支取标准是：上市公司 1 次或 12 个月以内累计从募集资金专户支取的金额超过 5 000 万元且达到发行募集资金总额扣除发行费用后的净额的 20%（即 5 000 万元和募集资金净额 20% 的孰高值）。

16. 根据《证券发行上市保荐业务管理办法》，保荐机构及其保荐代表人应当持续关注募集资金的专户存储、投资项目的实施等承诺事项。关于募集资金的专户存储，深交所规定，上市公司 1 次或 12 个月以内累计从募集资金专户支取的金额（　　），上市公司应当及时通知保荐机构。

A. 超过 3 000 万元或达到募集资金净额的 10% 的

B. 超过 3 000 万元且达到募集资金净额的 10% 的

C. 超过 5 000 万元或达到募集资金净额的 20% 的

D. 超过 5 000 万元且达到募集资金净额的 20% 的

【答案】C

【解析】上市公司 1 次或 12 个月以内累计从募集资金专户支取金额或比例超过相应标准的，上市公司应当及时通知保荐机构。其中，深交所规定的支取标准是：上市公司 1 次或者 12 个月内累计从专户中支取的金额超过 5 000 万元或者达到募集资金净额的 20% 的（即 5 000 万元和募集资金净额 20% 的孰低值）。

17. 上市公司及控股股东、实际控制人等未履行承诺事项的，保荐机构和保荐代表人应当及时向（　　）报告，并督促相关当事人制订整改计划并及时履行信息披露义务。

A. 证监会　　B. 证券交易所　　C. 证券委员会　　D. 社会公众

【答案】B

【解析】上市公司及控股股东、实际控制人等未履行承诺事项的，保荐机构和保荐代表人应当及时向交易所报告，并督促相关当事人制定整改计划并及时履行信息披露义务。

18. 根据《上海证券交易所上市公司自律监管指引第 1 号——规范运作》第 6.1.3 规定，保荐人应当对财务资助事项的合法合规性、公允性及存在的风险等发表意见。下列资助对象中，保荐人不需要发表意见的是（　　）。

A. 行政事业单位

B. 非营利机构

C. 合并报表范围内的控股子公司

D. 合并报表范围内且该控股子公司其他股东中不包含上市公司的控股股东、实际控制人及其关联人的

【答案】D

【解析】根据《上海证券交易所上市公司自律监管指引第1号——规范运作》第6.1.3规定，保荐人应当对财务资助事项的合法合规性、公允性及存在的风险等发表意见。第6.1.3规定，资助对象为上市公司合并报表范围内，且该控股子公司其他股东中不包含上市公司的控股股东、实际控制人及其关联人的除外。

19.《科创板股票上市规则》第3.2.7条规定，科创板上市公司日常经营出现某些情形时，保荐机构、保荐代表人应当就相关事项对公司经营的影响以及是否存在其他未披露重大风险发表意见并披露。下列选项中不符合上述表达中某些情形的是（　　）。

A. 主要业务停滞或出现可能导致主要业务停滞的重大风险事件

B. 主要产品研发失败

C. 未能清偿到期债务

D. 核心技术人员涉嫌犯罪被司法机关采取强制措施

【答案】B

【解析】《科创板股票上市规则》第3.2.7条规定，科创板上市公司日常经营出现下列情形的，保荐机构、保荐代表人应当就相关事项对公司经营的影响以及是否存在其他未披露重大风险发表意见并披露：（1）主要业务停滞或出现可能导致主要业务停滞的重大风险事件；（2）资产被查封、扣押或冻结；（3）未能清偿到期债务；（4）实际控制人、董事长、总经理、财务负责人或核心技术人员涉嫌犯罪被司法机关采取强制措施；（5）涉及关联交易、为他人提供担保等重大事项；（6）交易所或者保荐机构认为应当发表意见的其他情形。

20.《科创板股票上市规则》第3.2.8条规定，科创板上市公司业务和技术出现一定情形的，保荐机构、保荐代表人应当就相关事项对公司核心竞争力和日常经营的影响，以及是否存在其他未披露重大风险发表意见并披露。下列选项中不符合上述表达中一定情形的是（　　）。

A. 核心技术人员离职

B. 核心知识产权许可丧失

C. 披露内容存在重大遗漏

D. 主要产品研发失败

【答案】C

【解析】《科创板股票上市规则》第3.2.8条规定，科创板上市公司业务和技术出现下列情形的，保荐机构、保荐代表人应当就相关事项对公司核心竞争力和日常经营的影响，以及是否存在其他未披露重大风险发表意见并披露：（1）主要原材料供应或者产品销售出现重大不利变化；（2）核心技术人员离职；（3）核心知识产权、特许经营权或者核心技术许可丧失、不能续期或者出现重大纠纷；（4）主要产品研发失败；（5）核心竞争力丧失竞争优势或者市场出现具有明显优势的竞争者；（6）交易所或者保荐机构认为应当发表意见的其他情形。

21.《深圳证券交易所上市公司自律监管指引第13号——保荐业务》第二十七条规定，保荐机构应当对深交所上市公司（含主板和创业板）披露的特定事项发表专项意见。下列选项中，无须保荐机构发表专项意见的是（　　）。

A. 募集资金使用情况　　B. 关联交易

C. 内部控制自评报告　　D. 限售股份上市流通

【答案】C

【解析】《深圳证券交易所上市公司自律监管指引第13号——保荐业务》第二十七条规定，保荐机构应当对深交所上市公司（含主板和创业板）披露的下列事项发表专项意见：（1）募集资金使用情况；（2）限售股份上市流通；（3）关联交易；（4）对外担保（对合并范围内的子公司提供担保除外）；（5）委托理财；（6）提供财务资助（对合并范围内的子公司提供财务资助除外）；（7）风险投资、套期保值等业务；（8）控股股东或第一大股东及其一致行动人存在平仓风险或被强制过户风险；（9）交易所或者保荐机构认为需要发表专项意见的其他事项。

22. 保荐机构进行现场核查的，应当就核查情况、提请上市公司及投资者关注的问题、本次现场核查结论等事项出具现场核查报告，并在现场核查结束后（　　）内披露。

A. 15日　　B. 30日　　C. 15个交易日　　D. 30个交易日

【答案】C

23. 上市公司签署重大合同，合同金额占公司最近一个会计年度经审计（　　）100%以上，且绝对金额超过（　　）的，保荐机构应当对公司和交易对方的履约能力出具专项意见。

A. 营业收入或总资产；2亿元　　B. 营业收入或总利润；1亿元

C. 主营业务收入或总利润；1亿元　　D. 主营业务收入或总资产；2亿元

【答案】D

【解析】《深圳证券交易所上市公司自律监管指引第2号——创业板上市公司规范运作》7.3.7规定，上市公司签署重大合同，合同金额占公司最近一个会计年度经审计主营业务收入或者总资产100%以上，且绝对金额超过2亿元的，保荐机构应当对公司和交易对方的履约能力出具专项意见。

24.《上海证券交易所上市公司自律监管指引第11号——持续督导》规定，每年定期现场检查不应少于（　　）次，负责该项目的（　　）名保荐代表人至少应当有（　　）人参加现场检查。

A. 1；3；2　　B. 2；3；2　　C. 1；2；1　　D. 2；1；2

【答案】C

【解析】《上海证券交易所上市公司自律监管指引第11号——持续督导》规定，每年定期现场检查不应少于一次，负责该项目的两名保荐代表人至少应当有一人参加现场检查。

25. 在持续督导期间，上市公司或相关当事人出现特定情形时，保荐机构应自知悉或应当知悉之日起（　　）内，对上市公司进行专项现场检查/核查。

A. 7日内或交易所要求的期限　　B. 15日内或交易所要求的期限

C. 7日与交易所要求的期限孰短　　D. 15日与交易所要求的期限孰短

【答案】B

【解析】在持续督导期间，上市公司或相关当事人出现特定情形时，保荐机构应自知悉或应当知悉之日起15日内或在交易所要求的期限内，对上市公司进行专项现场检查/核查。

26. 针对沪、深证券交易所上市公司，应当至少（　　）对上市公司募集资金的存放与使用情况进行一次募集资金（　　）。

A. 每半年；专项检查　　B. 每半年；现场检查

C. 每一年；专项检查　　D. 每一年；现场检查

【答案】B

【解析】针对沪、深证券交易所上市公司，《上市公司监管指引第2号——上市公司募集资金管理和使用的监管要求》规定，应当至少每半年对上市公司募集资金的存放与使用情况进行一次募集资金现场检查。

27. 针对北交所上市公司，保荐机构及其保荐代表人应当按照中国证监会和北交所有关规定做好募集资金使用的督导、核查工作，（　　）就上市公司募集资金存放和使用情况至少进行一次（　　），并出具核查报告。

A. 每半年；专项检查　　B. 每半年；现场检查

C. 每一年；专项检查　　　　D. 每一年；现场检查

【答案】D

【解析】针对北交所上市公司，《北京证券交易所证券发行上市保荐业务管理细则》第二十五条规定，保荐机构及其保荐代表人应当按照中国证监会和北交所有关规定做好募集资金使用的督导、核查工作，每年就上市公司募集资金存放和使用情况至少进行一次现场核查，出具核查报告，并在上市公司披露年度报告时一并披露。

28. 根据上交所规定，下列选项中不属于保荐机构定期现场检查内容的是（　　）。

A. 业绩大幅波动的合理性　　　　B. 信息披露情况

C. 经营状况　　　　D. 募集资金使用情况

【答案】A

【解析】上交所规定，保荐机构定期现场检查的内容包括但不限于以下事项：(1) 公司治理和内部控制情况；(2) 信息披露情况；(3) 公司的独立性以及与控股股东、实际控制人及其他关联方资金往来情况；(4) 募集资金使用情况；(5) 关联交易、对外担保、重大对外投资情况；(6) 经营状况；(7) 保荐机构认为应当予以现场检查的其他事项。

29. 根据深交所规定，下列选项中不属于保荐机构定期现场检查内容的是（　　）。

A. 三会运作情况

B. 业绩大幅波动的合理性

C. 控股股东、实际控制人持股变化情况

D. 经营状况

【答案】D

【解析】深交所规定，保荐机构定期现场检查内容至少包括：(1) 公司治理和内部控制情况、三会运作情况；(2) 控股股东、实际控制人持股变化情况；(3) 独立性以及与控股股东、实际控制人及其他关联方资金往来情况；(4) 信息披露情况；(5) 募集资金使用情况；(6) 大额资金往来情况；(7) 关联交易、对外担保、重大对外投资情况；(8) 业绩大幅波动的合理性；(9) 公司及股东承诺履行情况；(10) 现金分红制度的执行情况；(11) 保荐机构认为应予以现场检查的其他事项。

30. 根据深交所规定，下列选项中不属于保荐机构应在规定期限内进行专项现场检查的是（　　）。

A. 违规使用募集资金　　　　B. 为他人提供担保

C. 非经营性占用上市公司资金　　　　D. 关联交易显失公允

【答案】B

【解析】根据《深圳证券交易所上市公司自律监管指引第 13 号——保荐业务》第二十九条规定，上市公司出现以下情形之一的，保荐机构和保荐代表人在知悉或者应当知悉之日起 15 日内或者交易所规定的期限内就相关事项进行专项现场检查：(1) 控股股东、实际控制人或其他关联方非经营性占用上市公司资金；(2) 违规为他人提供担保；(3) 违规使用募集资金；(4) 违规进行证券投资等风险投资、套期保值业务等；(5) 关联交易显失公允或未履行审批程序和信息披露义务；(6) 应交易所要求的其他情形。

31. 根据深交所规定，保荐机构应当至少每年对上市公司相关人员进行培训，下列选项中不属于相关人员的是（　　）。

A. 中层以上管理人员　　B. 上市公司监事

C. 高级管理人员　　D. 核心技术人员

【答案】D

【解析】根据《深圳证券交易所上市公司自律监管指引第 13 号——保荐业务》，保荐机构应当至少每年对上市公司董事、监事、高级管理人员、中层以上管理人员及上市公司控股股东和实际控制人等相关人员进行一次培训，培训内容包括但不限于股票上市规则、交易所发布的细则、指引、通知、办法、备忘录等相关规定以及上市公司违规案例等。持续督导工作小组对上市公司相关人员的定期培训工作可在现场检查时进行。

32. 保荐机构进行定期培训时需留存培训报告、培训课件、培训人员签到表、培训会议现场照片作为资料并形成（　　）。

A. 现场报告书　B. 培训情况报告　C. 工作底稿　D. 保荐工作报告

【答案】C

【解析】保荐机构进行定期培训时需留存培训报告、培训课件、培训人员签到表、培训会议现场照片作为工作底稿。

33. 根据深交所规定，上市公司出现特定情形时，保荐机构应当在 10 个交易日内对上市公司董事、监事、高级管理人员、中层以上管理人员及上市公司控股股东和实际控制人等相关人员进行专门培训。下列选项中不属于需要专门培训情形的是（　　）。

A. 实际控制人发生变更

B. 受到中国证监会行政处罚或者交易所通报批评

C. 信息披露工作考核结果为 C

D. 交易所要求培训的其他情形

【答案】C

【解析】 根据《深圳证券交易所上市公司自律监管指引第13号——保荐业务》，上市公司出现以下情形之一的，保荐机构应当在10个交易日内对上市公司董事、监事、高级管理人员、中层以上管理人员及上市公司控股股东和实际控制人等相关人员进行专门培训：（1）实际控制人发生变更的；（2）受到中国证监会行政处罚或者交易所通报批评、公开谴责处分的；（3）信息披露工作考核结果为D的；（4）交易所要求培训的其他情形。

34. 根据沪、深交易所规定，对于主板上市公司，保荐机构应提交（　　）；对于创业板和科创板上市公司，保荐机构需提交（　　）。

A. 年度保荐工作报告；半年度和年度持续督导跟踪报告

B. 年度保荐工作报告；半年度持续督导跟踪报告

C. 持续督导年度报告书；半年度持续督导跟踪报告

D. 持续督导年度报告书，年度持续督导跟踪报告

【答案】A

【解析】 沪、深证券交易所主板规定保荐机构应提交年度保荐工作报告/持续督导年度报告书；对于创业板和科创板上市公司，保荐机构需要提交半年度和年度持续督导跟踪报告。

35. 根据上交所规定，上市公司年度报告披露后（　　）个交易日内，保荐机构应当向交易所报送《持续督导年度报告书》。

A. 3　　B. 5　　C. 7　　D. 10

【答案】B

【解析】 根据《上海证券交易所上市公司自律监管指引第11号——持续督导》第二十九条规定，上市公司年度报告披露后5个交易日内，保荐机构应当向交易所报送《持续督导年度报告书》。该法条在实务中适用于上交所主板。

36. 根据深交所规定，保荐机构应在主板上市公司披露年度报告之日起的（　　）个交易日内，按照指引规定的内容与格式向交易所报送年度保荐工作报告，持续督导期开始之日至该年度结束不满（　　）的除外。

A. 5；3个月　　B. 10；6个月　　C. 5；6个月　　D. 10；3个月

【答案】D

【解析】 根据《深圳证券交易所上市公司自律监管指引第13号——保荐业务》第四十二条，保荐机构应在主板上市公司披露年度报告之日起的10个交易日内，按照指引规定的内容与格式向交易所报送年度保荐工作报告，持续督导期开始之日

至该年度结束不满 3 个月的除外。

37. 对于科创板上市公司，保荐机构应当在上市公司年度报告、半年度报告披露之日起（　　）个交易日内，披露持续督导跟踪报告。

A. 5　　B. 7　　C. 10　　D. 15

【答案】D

【解析】根据《科创板股票上市规则》3.2.15 规定，保荐机构应当在上市公司年度报告、半年度报告披露之日起 15 个交易日内，披露持续督导跟踪报告。

38. 保荐人出具的募集资金专项核查报告于上市公司披露年度报告时向交易所提交，同时在（　　）网站披露。

A. 证监会　　B. 上市公司　　C. 交易所　　D. 保荐机构

【答案】C

【解析】保荐人出具的募集资金专项核查报告于上市公司披露年度报告时向交易所提交，同时在交易所网站披露。

39. 2021 年 2 月，上市公司 B 使用 GMP 改造二期扩建项目专户中募集资金 716.93 万元支付土地资源交易中心三个地块购置保证金。基于此，应当对上市公司 B 采取的监管措施为（　　）。

A. 当地证监局对上市公司出具警示函

B. 交易所对上市公司予以通报批评处分

C. 当地证监局对保荐机构及保荐代表人出具警示函

D. 交易所对保荐机构及保荐代表人予以通报批评处分

【答案】C

【解析】（1）存在问题：该募集资金用途变更未履行相应审议程序，也未及时进行披露。上市公司 B 首次公开发行股票并上市的保荐机构对上市公司 B 首次公开发行股票募集资金存储和使用情况进行持续督导，保荐代表人存在未持续关注发行人募集资金的专户存储、投资项目的实施等承诺事项的问题。（2）被采取的监管措施：当地证监局对保荐机构及保荐代表人出具警示函。

二、多项选择题（以下备选项中有两项或两项以上符合题目要求，多选、少选、错选均不得分）

1. 根据各交易所股票上市规则，下列说法正确的有（　　）。

A. 在主板首发上市的企业，持续督导期间为证券上市后 2 个完整会计年度

B. 在主板首发上市的企业，持续督导期间为证券上市当年剩余时间及其后 2

个完整会计年度

C. 在创业板、科创板和北交所上市的，持续督导期间为证券上市当年剩余时间及其后3个完整会计年度

D. 在创业板、科创板和北交所上市的，持续督导期间为证券上市后3个完整会计年度

【答案】BC

【解析】根据各交易所股票上市规则，对于在主板首发上市的企业，持续督导期间为证券上市当年剩余时间及其后2个完整会计年度；在创业板、科创板和北交所上市的，持续督导期间为证券上市当年剩余时间及其后3个完整会计年度。

2. 根据上交所规定，下列情形中应当延长持续督导期间的有（　　）。

A. 募集资金未全部使用完毕

B. 可转换公司债券尚未完成转股、换股或行权

C. 上市公司承诺事项未完全履行

D. 相关当事人承诺事项未完全履行

【答案】ABCD

3. 根据深交所规定，除一般情形之外，深交所要求延长持续督导期间的情形还有（　　）。

A. 上市公司在内部控制等方面存在较大风险的

B. 上市公司在规范运作等方面存在重大缺陷的

C. 上市公司信息披露考核结果为D的

D. 上市公司受到证监会行政处罚或者深交所公开谴责的

【答案】ABD

4. 根据北交所规定，关于延长持续督导期间的说法正确的有（　　）。

A. 上市公司连续两年信息披露考核结果为D的，需要延长持续督导期间

B. 上市公司受到证监会行政处罚或者北交所公开谴责的，需要延长持续督导期间

C. 保荐机构持续督导时间应延长至相关违规行为已经得到纠正、重大风险已经消除时，且不少于上述情形发生后一个完整的会计年度

D. 保荐机构持续督导时间应延长至相关违规行为已经得到纠正、重大风险已经消除时，且不少于上述情形发生当年剩余时间及其后一个完整的会计年度

【答案】BD

【解析】北交所规定，除一般情形之外，北交所要求延长持续督导期间的情形

还包括：(1) 上市公司在规范运作、公司治理、内部控制等方面存在重大缺陷或者重大风险的；(2) 上市公司受到证监会行政处罚或者北交所公开谴责的；(3) 交易所认定的其他情形。存在上述事项之一的，保荐机构持续督导时间应延长至相关违规行为已经得到纠正、重大风险已经消除时，且不少于上述情形发生当年剩余时间及其后一个完整的会计年度。

5. 保荐人被撤销保荐业务资格的，上市公司应当在（　　）内另行聘请保荐人。因原保荐机构被撤销保荐机构资格而另行聘请保荐机构的，另行聘请的保荐机构督导时间（　　）。

A. 30 日内

B. 15 日内

C. 不得少于当年剩余时间及其后一个完整的会计年度

D. 不得少于一个完整的会计年度

【答案】AD

6. 根据深交所规定，变更保荐人需要提交的文件有（　　）。

A. 现场检查报告

B. 保荐工作报告

C. 工作报告书

D. 向证券监管机构报送的与上市公司相关的其他报告

【答案】ABD

【解析】根据深交所规定，变更保荐人需要提交的文件有：现场检查报告、专项检查报告和保荐工作报告；向证券监管机构报送的与上市公司相关的其他报告；其他需要移交的文件。法规依据：《深圳证券交易所上市公司自律监管指引第 13 号——保荐业务》第十条。

7. 下列属于持续督导机构应当持续关注上市公司的重点事项有（　　）。

A. 承诺事项履行情况　　B. 股票交易异常波动

C. 生产经营情况　　D. 受到的监管措施

【答案】ABCD

【解析】持续督导机构应该持续关注上市公司的生产经营情况、公司规范运作和治理情况、财务状况、承诺事项履行情况、股票交易异常波动、受到的监管措施以及已经发生或者可能发生的重大事件及其影响。

8. 根据上交所规定，下列选项中，符合上市公司使用募集资金时需要保荐人发表明确同意意见的有（　　）。

A. 变更募集资金用途

B. 超募资金用于在建项目

C. 使用暂时闲置的募集资金进行现金管理

D. 使用暂时闲置的募集资金暂时补充流动资金

【答案】ABCD

【解析】根据《上海证券交易所上市公司自律监管指引第1号——规范运作》第6.3.10规定，上市公司将募集资金用作以下事项时，应当经董事会审议通过，并由独立董事、监事会以及保荐人发表明确同意意见：（1）以募集资金置换预先已投入募集资金投资项目的自筹资金；（2）使用暂时闲置的募集资金进行现金管理；（3）使用暂时闲置的募集资金暂时补充流动资金；（4）变更募集资金用途；（5）超募资金用于在建项目及新项目。

9. 根据《深圳证券交易所上市公司自律监管指引第13号——保荐业务》等相关规定，下列关于深交所要求发表核查意见一般规定的说法中，正确的有（ ）。

A. 保荐机构应当对深交所上市公司（含主板和创业板）披露的委托代销事项发表专项意见

B. 保荐机构应当对深交所上市公司（含主板和创业板）披露的风险投资事项发表专项意见

C. 上市公司经营情况被会计师事务所出具了“保留结论”“否定结论”或者“无法提出结论”鉴证结论的，保荐机构应当发表核查意见

D. 主板和创业板上市公司出具内部控制自我评价报告的，保荐机构应当发表核查意见

【答案】BD

【解析】（1）保荐机构应当对深交所上市公司（含主板和创业板）披露的下列事项发表专项意见：①委托理财；②风险投资、套期保值等业务，故选项A错误，选项B正确；（2）主板和创业板上市公司出现如下事项的，保荐机构应当发表核查意见：①上市公司募集资金存放与使用情况被会计师事务所出具了“保留结论”“否定结论”或者“无法提出结论”鉴证结论的；②主板和创业板上市公司出具内部控制自我评价报告的，故选项C错误，选项D正确。

10. 根据《北京证券交易所证券发行上市保荐业务管理细则》，上市公司出现下列（ ）情形之一的，保荐机构应督促发行人按规定履行信息披露义务，就信息披露是否真实、准确、完整，对公司经营的影响，以及是否存在其他未披露重大风险等内容发表意见，并于上市公司披露公告时在符合《证券法》规定的信息披露

平台予以披露。

A. 对外担保

B. 公司经营业绩异常波动

C. 控股股东、实际控制人及其一致行动人所持股份被司法冻结且可能导致控制权发生变动

D. 控股股东、实际控制人及其一致行动人质押公司股份比例超过所持股份的50%或者被强制处置

【答案】ABC

【解析】上市公司出现下列情形之一的，保荐机构应督促发行人按规定履行信息披露义务，就信息披露是否真实、准确、完整，对公司经营的影响，以及是否存在其他未披露重大风险等内容发表意见，并于上市公司披露公告时在符合《证券法》规定的信息披露平台予以披露：（1）关联交易；（2）对外担保；（3）变更募集资金用途；（4）主要业务停滞或出现可能导致主要业务停滞的重大风险事件；（5）公司经营业绩异常波动；（6）控股股东、实际控制人及其一致行动人所持股份被司法冻结且可能导致控制权发生变动；（7）控股股东、实际控制人及其一致行动人质押公司股份比例超过所持股份的80%或者被强制处置；（8）北交所或保荐机构认为需要发表意见的其他事项，故选项ABC正确，选项D错误。

11. 深交所规定，保荐机构定期现场检查的内容包括（　　）。

A. 公司治理和内部控制情况、三会运作情况

B. 信息披露情况

C. 大额资金往来情况

D. 经营状况

【答案】ABC

【解析】（1）深交所规定，保荐机构定期现场检查内容至少包括：①公司治理和内部控制情况、三会运作情况；②信息披露情况；③大额资金往来情况，故选项ABC正确；（2）上交所规定，保荐机构定期现场检查内容至少包括经营状况，故选项D错误。

12. 根据《上海证券交易所上市公司自律监管指引第11号——持续督导》等，下列关于专项现场检查的说法中，正确的有（　　）。

A. 专项现场检查/核查至少应有1名保荐代表人参加

B. 上交所规定，负责该项目的两名保荐代表人必须全部参加现场检查

C. 深交所规定，资金往来或者现金流存在重大异常时，保荐机构及其保荐代

表人应当自知道或者应当知道之日起 15 日内按规定进行专项现场核查

D. 上交所规定，上市公司可能存在重大违规担保时，保荐代表人应当自知道或者应当知道之日起 15 日内进行专项现场核查，并在现场核查结束后 10 个交易日内披露

【答案】AC

【解析】（1）专项现场检查/核查至少应有 1 名保荐代表人参加，故选项 A 正确；（2）上交所规定，每年定期现场检查不应少于一次，负责该项目的两名保荐代表人至少应当有一人参加现场检查，故选项 B 错误；（3）深交所规定，资金往来或者现金流存在重大异常时，保荐机构及其保荐代表人应当督促公司核实并披露，同时应当自知道或者应当知道之日起 15 日内按规定进行专项现场核查，故选项 C 正确；（4）上交所规定，上市公司可能存在重大违规担保时，保荐代表人应当自知道或者应当知道之日起 15 日内进行专项现场核查，并在现场核查结束后 15 个交易日内披露，故选项 D 错误。

13. 根据深交所规定，上市公司出现特定情形时，保荐机构应当在 10 个交易日内对（　　）等相关人员进行专门培训。

A. 上市公司董事　　　　B. 上市公司大股东

C. 高级管理人员　　　　D. 上市公司实际控制人

【答案】ACD

【解析】根据《深圳证券交易所上市公司自律监管指引第 13 号——保荐业务》，上市公司出现以下情形之一的，保荐机构应当在 10 个交易日内对上市公司董事、监事、高级管理人员、中层以上管理人员及上市公司控股股东和实际控制人等相关人员进行专门培训：（1）实际控制人发生变更的；（2）受到中国证监会行政处罚或者交易所通报批评、公开谴责处分的；（3）信息披露工作考核结果为 D 的；（4）交易所要求培训的其他情形。

14. 根据《证券发行上市保荐业务管理办法》，保荐总结报告书应当包括的内容有（　　）。

A. 发行人的基本情况

B. 保荐工作概述

C. 对发行人配合保荐工作情况的说明及评价

D. 对证券服务机构参与证券发行上市相关工作情况的说明及评价

【答案】ABCD

【解析】根据《证券发行上市保荐业务管理办法》第五十条，持续督导工作结

束后，保荐机构应当在发行人公告年度报告之日起的 10 个工作日内向中国证监会、证券交易所报送保荐总结报告书。保荐机构的法定代表人和相关保荐代表人应当在保荐总结报告书上签字。保荐总结报告书应当包括下列内容：(1) 发行人的基本情况；(2) 保荐工作概述；(3) 履行保荐职责期间发生的重大事项及处理情况；(4) 对发行人配合保荐工作情况的说明及评价；(5) 对证券服务机构参与证券发行上市相关工作情况的说明及评价；(6) 中国证监会、证券交易所要求的其他事项。

15. 保荐机构应当出具现场核查报告，并报交易所备案。下列说法正确的有（　　）。

A. 对于上交所主板上市公司，保荐机构在现场检查结束后的 5 个工作日内完成现场核查报告并报送交易所备案

B. 对于深交所上市公司，保荐机构在现场检查结束后的 10 个交易日内完成现场核查报告并报交易所备案

C. 对于北交所上市公司，保荐机构在现场检查结束后的 10 个交易日内完成现场核查报告并报交易所备案

D. 对于北交所上市公司，保荐机构在现场检查结束后的 5 个交易日内完成现场核查报告并报交易所备案

【答案】AB

【解析】 保荐机构应当出具现场核查报告，并报交易所备案。针对上交所主板上市公司，《上海证券交易所上市公司自律监管指引第 11 号——持续督导》第二十八条规定，保荐机构在现场检查结束后的 5 个工作日内，完成《现场检查报告》并报送交易所备案；《深圳证券交易所上市公司自律监管指引第 13 号——保荐业务》规定，现场检查结束后的 10 个交易日内完成并报交易所备案；《北京证券交易所证券发行上市保荐业务管理细则》规定，现场核查结束后 15 个工作日内在符合《证券法》规定的信息披露平台披露。

三、判断题（不选、错选均不得分）

1. 根据《证券发行上市保荐业务管理办法》，持续督导的期间由证监会规定。（　　）

【答案】错误

【解析】 根据《证券发行上市保荐业务管理办法》，持续督导的期间由证券交易所规定。

2. 持续督导的期间自批准上市之日起计算。（　　）

【答案】错误

【解析】持续督导的期间自证券上市之日起计算。

3. 退市公司重新上市后，其保荐人应当在公司重新上市后当年及其后的至少1个完整会计年度内履行持续督导职责。（　　）

【答案】错误

【解析】退市公司重新上市后，其保荐人应当在公司重新上市后当年及其后的2个完整会计年度内履行持续督导职责。

4. 除再次发行或撤销资格等中国证监会和交易所规定情形外，上市公司原则上不得变更履行持续督导职责的保荐机构。（　　）

【答案】正确

5. 在持续督导期间内，保荐人发生变更的，原保荐人应当配合做好交接工作。原保荐人在发生变更的10个交易日内向继任保荐人提交相关文件（已公开披露的文件除外），并向交易所报告。（　　）

【答案】错误

【解析】原保荐人在发生变更的5个交易日内向继任保荐人提交相关文件（已公开披露的文件除外），并向交易所报告。

6. 保荐机构应当就持续督导工作形成相关工作底稿，工作底稿应当真实、准确、完整地反映上市公司在规范运作、公司治理及内部控制方面的信息。（　　）

【答案】错误

【解析】工作底稿应当真实、准确、完整地反映保荐机构、保荐代表人履行持续督导职责所开展的主要工作，并作为出具相关意见或者报告的基础。

7. 针对信息披露文件，沪、深证券交易所和北交所均规定，保荐机构和保荐代表人必须对上市公司的信息披露文件事前审阅。（　　）

【答案】错误

【解析】针对信息披露文件，沪、深证券交易所和北交所均规定，保荐机构和保荐代表人可以对上市公司的信息披露文件事前审阅。

8. 如上市公司存在闲置募集资金进行现金管理并开设了理财专户的，保荐代表人应按月取得理财专户的对账单。（　　）

【答案】正确

9. 根据上交所规定，保荐人应当关注上市公司或其控股股东、实际控制人、董事、监事、高级管理人员受到中国证监会行政处罚、交易所监管措施或者纪律处分的情况，并督促其完善内部控制制度，采取措施予以纠正。（　　）

【答案】正确

10. 沪、深证券交易所规定，保荐机构及其保荐代表人应当持续关注上市公司及控股股东、实际控制人等履行承诺的情况。而北交所并未作出明确规定。（　　）

【答案】错误

【解析】沪、深证券交易所和北交所均规定，保荐机构及其保荐代表人应当持续关注上市公司及控股股东、实际控制人等履行承诺的情况。

11. 根据上交所规定，当出现质押上市公司股份比例超过所持股份 80% 或者被强制平仓时，保荐人及其保荐代表人应当就相关事项对上市公司控制权稳定和日常经营的影响、是否存在侵害上市公司利益的情形以及其他未披露重大风险发表意见并披露。（　　）

【答案】正确

12. 根据上交所规定，保荐人应当对上市公司募集资金使用情况、限售股票及其衍生品种解除限售进行核查并发表意见并披露。（　　）

【答案】错误

【解析】根据《上海证券交易所股票上市规则》第 12.2.7 条规定，保荐人应当对上市公司募集资金使用情况、限售股票及其衍生品种解除限售进行核查并发表专项意见。

13. 根据深交所规定，保荐人应当在专项现场检查结束后的 10 个交易日内以口头或书面方式告知上市公司现场检查结果及提请公司注意的事项，并对存在的问题提出书面整改建议。（　　）

【答案】错误

【解析】保荐人应当在专项现场检查结束后的 10 个交易日内以书面方式告知上市公司现场检查结果及提请公司注意的事项，并对存在的问题提出整改建议。

14. 根据北交所规定，上市公司存在重大财务造假嫌疑时，保荐机构及其保荐代表人应自知道或应当知道之日起 10 个工作日内进行专项现场核查。（　　）

【答案】错误

【解析】根据《北京证券交易所证券发行上市保荐业务管理细则》第二十八条规定，上市公司出现下列情形之一的，保荐机构及其保荐代表人应自知道或应当知道之日起 15 个工作日内进行专项现场核查：(1) 未在规定期限内披露年度报告或中期报告；(2) 控股股东、实际控制人或其他关联方涉嫌违规占用或转移上市公司的资金、资产及其他资源；(3) 关联交易显失公允或未履行审议程序和信息披露义务；(4) 违规使用募集资金；(5) 违规为他人提供担保或借款；(6) 上市公司及其董事、监事、高级管理人员、控股股东、实际控制人涉嫌重大违法违规；（7）存在重大财务造假嫌疑；（8）交易所或保荐机构认为应当进行核查的其他情形。

15. 根据深交所规定，持续督导工作小组对上市公司相关人员的定期培训工作可在现场检查时进行。（ ）

【答案】正确

16. 根据深交所规定，上市公司信息披露工作考核结果为 C 的，保荐机构应当在五个交易日内对上市公司相关人员进行专门培训。（ ）

【答案】错误

【解析】 根据《深圳证券交易所上市公司自律监管指引第 13 号——保荐业务》，上市公司出现以下情形之一的，保荐机构应当在 10 个交易日内对上市公司董事、监事、高级管理人员、中层以上管理人员及上市公司控股股东和实际控制人等相关人员进行专门培训：（1）实际控制人发生变更的；（2）受到中国证监会行政处罚或者交易所通报批评、公开谴责处分的；（3）信息披露工作考核结果为 D 的；（4）交易所要求培训的其他情形。

17. 持续督导工作结束后，保荐机构应当在发行人公告年度报告之日起的十个工作日内向中国证监会、证券交易所、上市公司报送保荐总结报告书。（ ）

【答案】错误

【解析】 持续督导工作结束后，保荐机构应当在发行人公告年度报告之日起的十个工作日内向中国证监会、证券交易所报送保荐总结报告书。

18. 北交所规定，保荐机构、保荐代表人应当同时将核查结果、整改建议（如有）以书面方式告知上市公司，并督促上市公司就整改情况向北交所报告。

（ ）

【答案】正确

19. 根据《科创板股票上市规则》规定，保荐机构应当在上市公司年度报告、半年度报告披露之日起 15 个交易日内，披露持续督导跟踪报告。（ ）

【答案】正确

四、综合题（每问备选答案中有一项或多项符合题目要求，不选、错选均不得分）

（一）发行人丙公司于 2×21 年 1 月 1 日在上海证券交易所主板上市，X 证券公司已具备证券发行承销和保荐资格，X 公司作为丙公司的保荐机构，同时担任丙公司股票发行的主承销商。上市阶段，丙公司和主承销商 X 公司及时向交易所报备了发行与承销方案。根据《证券发行上市保荐业务管理办法》，X公司还负责对丙公司首次公开发行股票后的持续督导工作。2×21年7月31日，丙公司披露了中期报告。

1. 首次公开发行股票时，下列关于丙公司和X公司应当采取中止发行措施的情形中，正确的有（　　）。

A. 公开发行股票数量在4亿股（含）以下的，剔除最高报价部分后有效报价投资者的数量少于10家的

B. 公开发行股票数量在4亿股以上的，剔除最高报价部分后有效报价投资者的数量少于20家的

C. 剔除最高报价部分后剩余拟申购总量超过初步询价阶段网下初始发行数量的

D. 丙公司和X公司通过累计投标询价确定发行价格的，未按规定在申购日规定时间内向交易所提交发行价格及网上中签率公告的

【答案】ABD

【解析】 首次公开发行证券项目当出现以下情况时，发行人及主承销商应当采取中止发行的措施有：（1）公开发行股票数量在4亿股（含）以下的，剔除最高报价部分后有效报价投资者的数量少于10家的；公开发行股票数量在4亿股以上的，剔除最高报价部分后有效报价投资者的数量少于20家的，选项AB正确；（2）剔除最高报价部分后剩余拟申购总量不足初步询价阶段网下初始发行数量的，选项C错误；（3）发行人预计发行后总市值不满足其在招股说明书中明确选择的市值与财务指标上市标准的；（4）发行人和主承销商通过累计投标询价确定发行价格的，未按规定在申购日规定时间内向交易所提交发行价格及网上中签率公告的，故选项D正确；（5）保荐人相关子公司未按照作出的承诺实施跟投的；（6）发行人和主承销商事先约定并披露的其他中止发行的情形。

2. 丙公司于2×21年7月31日披露了中期报告，下列关于丙公司中期报告中记载内容的说法中正确的有（　　）。

A. 记载了丙公司的基本情况，以及主要会计数据和财务指标

B. 记载了报告期内丙公司发生的重大诉讼、仲裁等重大事件及对公司的影响

C. 记载了丙公司持股5%以上股东、控股股东及实际控制人情况，董事、监事、高级管理人员的任职情况、持股变动情况、年度报酬情况

D. 记载了丙公司报告期末股票、债券总额

【答案】ABCD

【解析】中期报告应当记载以下内容：公司基本情况；主要会计数据和财务指标（选项 A）；公司股票、债券发行及变动情况、股东总数、公司前十大股东持股情况，控股股东及实际控制人发生变化的情况；管理层讨论与分析；报告期内重大诉讼、仲裁等重大事件及对公司的影响（选项 B）；财务会计报告；中国证监会规定的其他事项。年度报告除应记载上述内容外，还应当记载：报告期末股票、债券总额（选项 D），持股 5% 以上股东、控股股东及实际控制人情况，董事、监事、高级管理人员的任职情况、持股变动情况、年度报酬情况（选项 C），董事会报告，报告期内重大事件及对公司的影响等，故选项 ABCD 正确。

3. 在 X 公司的持续督导期间，丙公司出现交易所规定的下列（　　）情形的，交易所可以视情况要求 X 公司延长持续督导期间。

A. 丙公司募集资金已经使用完毕

B. 可转换公司债券的转股、换股、行权已经完成

C. 分离交易的可转换公司债券的转股、换股、行权已经完成

D. 上市公司或相关当事人承诺事项未完全履行

【答案】D

【解析】上交所要求延长持续督导期间的情形包括：(1) 募集资金未全部使用完毕，故选项 A 错误；(2) 可转换公司债券、分离交易的可转换公司债券的转股、换股、行权尚未完成，故选项 BC 错误；(3) 上市公司或相关当事人承诺事项未完全履行，故选项 D 正确；(4) 其他尚未完结的事项。存在上述事项之一的，保荐机构应当继续履行持续督导义务，直至相关事项全部完成。

（二）发行人 J 公司于 2×22 年 4 月 1 日在深圳证券交易所主板上市，其中，K 证券公司作为 J 公司的保荐机构，冯某担任保荐代表人。在 J 公司首次公开发行股票并上市后对其负有督导职责。上市后，K 公司对 J 公司进行了持续督导。J 公司在上市后也积极履行了报告、公告的义务。

1. 根据《上市公司信息披露管理办法》、《深圳证券交易所股票上市规则》，J 公司发生可能对上市公司证券及其衍生品种交易价格产生较大影响的重大事件，投资者尚未得知时，上市公司应当立即披露，J 公司发生的下列活动中不属于需要披露临时报告情形的有（　　）。

A. J 公司因产品质量问题发生了大额赔偿责任

B. J 公司小幅计提了资产减值准备

C. J 公司出现了股东权益为负值的情况

D. J 公司开展了股权激励

【答案】B

【解析】发生可能对上市公司证券及其衍生品种交易价格产生较大影响的重大事件，投资者尚未得知时，上市公司应当立即披露，说明事件的起因、目前的状态和可能产生的影响。重大事件包括：（1）《证券法》第八十条第二款规定的重大事件；（2）公司发生大额赔偿责任，故选项 A 错误；（3）公司计提大额资产减值准备，故选项 B 正确；（4）公司出现股东权益为负值，故选项 C 错误；（5）公司主要债务人出现资不抵债或者进入破产程序，公司对相应债权未提取足额坏账准备；（6）新公布的法律、行政法规、规章、行业政策可能对公司产生重大影响；（7）公司开展股权激励、回购股份、重大资产重组、资产分拆上市或者挂牌，故选项 D 错误。

2. 以下属于深交所要求的 K 公司需要对 J 公司延长持续督导情形的有（　　）。

A. J 公司在内部控制方面存在重大缺陷

B. J 公司受到了证监会的行政处罚

C. J 公司连续两年信息披露考核结果为 C

D. J 公司在公司治理方面存在较大风险

【答案】ABD

【解析】除一般情形之外，深交所要求延长持续督导期间的情形还包括：（1）上市公司在规范运作、公司治理、内部控制等方面存在重大缺陷或者较大风险的，故选项 AD 正确；（2）上市公司受到证监会行政处罚或者深交所公开谴责的，故选项 B 正确；（3）上市公司连续两年信息披露考核结果为 D 的，故选项 C 错误；（4）交易所认定的其他事项。

3. 在 K 公司的持续督导期间，关联交易、违规担保等与公司规范运作与治理相关的事项，是保荐机构及其保荐代表人在审阅信息披露时应当关注的重点。下列有关 J 公司规范运作与治理的事项中，需要 K 公司和冯某持续保持关注的有（　　）。

A. J 公司关联交易的审议程序是否合规且履行了相应的信息披露义务

B. J 公司关联交易价格是否公允

C. J 公司是否存在关联交易非关联化的情形

D. J 公司对外担保审议程序是否合规且履行了相应的信息披露义务

【答案】ABCD

【解析】关联交易、违规担保等与公司规范运作与治理相关的事项，是风险高发点，也是保荐机构及其保荐代表人在审阅信息披露时应当关注的重点。实操建议要点：（1）持续关注关联交易的审议程序是否合规且履行了相应的信息披露义务

（选项 A）；（2）持续关注关联交易价格是否公允（选项 B）；（3）持续关注是否存在关联交易非关联化的情形（选项 C）；（4）持续关注对外担保审议程序是否合规且履行了相应的信息披露义务（选项 D）；（5）持续关注被担保方是否不存在财务状况恶化、到期不清偿被担保债务等情形；（6）持续关注被担保债务到期后如继续提供担保，是否重新履行了相应的审批程序和披露义务，故选项 ABCD 正确。

（三）股票发行上市后，保荐机构应严格依法履行持续督导职责，通过保荐机构的持续督导工作，督促发行人履行有关上市公司规范运行、信守承诺和信息披露等义务，提升上市公司质量。请据此回答以下问题。

1. 关联交易、违规担保等与公司规范运作与治理相关的事项，是风险高发点，也是保荐机构及其保荐代表人在审阅信息披露时应当关注的重点。下列关于关联交易、违规担保的事项中，需要重点关注的有（　　）。

A. 关联交易的审议程序是否合规

B. 关联交易价格是否公允

C. 担保合同披露程序是否合规

D. 被担保方是否不存在财务状况恶化等情形

【答案】ABD

【解析】关联交易、违规担保等与公司规范运作与治理相关的事项，是风险高发点，也是保荐机构及其保荐代表人在审阅信息披露时应当关注的重点，其要点包括：（1）持续关注关联交易的审议程序是否合规且履行了相应的信息披露义务；（2）持续关注关联交易价格是否公允；（3）持续关注对外担保审议程序是否合规且履行了相应的信息披露义务；（4）持续关注被担保方是否不存在财务状况恶化、到期不清偿被担保债务等情形，故选项 ABD 正确，选项 C 错误。

2. 根据深交所监管规定，保荐机构及其保荐代表人应当持续关注上市公司运作情况，定期进行现场检查。下列关于深交所相关规定的说法中，正确的有（　　）。

A. 保荐机构应当主动、持续关注行业发展前景、国家产业政策或者法规的变化

B. 保荐机构应当主动、持续关注产品或者服务品种结构的变化

C. 保荐机构应当对公司治理和内部控制情况、三会运作情况进行定期现场检查

D. 保荐机构应当对公司经营情况和信息披露情况进行定期现场检查

【答案】ABC

【解析】（1）深交所规定，保荐机构及其保荐代表人应当主动、持续关注经营

环境和业务变化情况，包括行业发展前景、国家产业政策或者法规的变化、经营模式的转型、主营业务的变更、产品或者服务品种结构的变化等，故选项AB正确；（2）深交所规定，保荐机构定期现场检查内容至少包括公司治理和内部控制情况、三会运作情况，故选项C正确；（3）经营状况为上交所规定保荐机构定期现场检查的内容，故选项D错误。

3. 根据北交所和上交所相关监管规定，以下关于持续信息披露职责界定和发表核查意见具体要求的说法中，正确的有（　　）。

A. 北交所规定，上市公司发生对外担保事项时，保荐机构应督促发行人按规定履行信息披露义务

B. 北交所规定，上市公司发生关联交易事项时，保荐机构应督促发行人按规定履行信息披露义务

C. 上交所规定，保荐机构和保荐代表人应当对上市公司向中国证监会、交易所提交的其他文件进行事前审阅

D. 上交所未强制要求事前审阅，仅规定“可以”进行事前审阅

【答案】ABD

【解析】（1）北交所规定，上市公司出现：①对外担保事项；②关联交易事项时，保荐机构应督促发行人按规定履行信息披露义务，故选项AB正确；（2）针对其他文件，深交所、北交所规定，保荐机构和保荐代表人应当对上市公司向中国证监会、交易所提交的其他文件进行事前审阅，故选项C错误；（3）上交所未强制要求事前审阅，仅规定“可以”进行事前审阅，故选项D正确。

（四）股票发行上市后，保荐机构应严格依法履行持续督导职责，通过保荐机构发表核查意见并进行现场检查，督促发行人履行有关上市公司规范运行、信守承诺和信息披露等义务，提升上市公司质量。请据此回答以下问题。

1. 根据《上海证券交易所股票上市规则》等相关规定，上市公司将募集资金用作以下（　　）事项时，应当经董事会审议通过，并由独立董事、监事会以及保荐人发表明确同意意见。

A. 使用暂时闲置的募集资金进行现金管理

B. 使用暂时闲置的募集资金暂时补充流动资金

C. 超募资金用于在建项目及新项目

D. 超募资金用于风险投资或套期保值

【答案】ABC

【解析】上市公司将募集资金用作以下事项时，应当经董事会审议通过，并由

独立董事、监事会以及保荐人发表明确同意意见：（1）使用暂时闲置的募集资金进行现金管理；（2）使用暂时闲置的募集资金暂时补充流动资金；（3）超募资金用于在建项目及新项目，故选项 ABC 正确，选项 D 错误。

2. 根据《上海证券交易所上市公司自律监管指引第 11 号——持续督导》及《深圳证券交易所上市公司自律监管指引第 13 号——保荐业务》等规定，下列关于保荐机构定期现场检查的说法中，正确的有（　　）。

A. 上交所规定，每年定期现场检查不应少于一次，持续督导时间不满 3 个月的除外

B. 深交所规定，在持续督导期间，上市公司上一年度信息披露工作考核结果为 C 或者 D 的，保荐机构应当至少每半年对上市公司进行一次定期现场检查

C. 沪、深证券交易所上市公司应当至少每半年对上市公司募集资金的存放与使用情况进行一次募集资金现场检查

D. 北交所上市公司应当每半年就上市公司募集资金存放和使用情况至少进行一次现场核查

【答案】BC

【解析】（1）《深圳证券交易所上市公司自律监管指引第 13 号——保荐业务》规定，每年定期现场检查不应少于一次，持续督导时间不满 3 个月的除外，故选项 A 错误；（2）深交所规定，在持续督导期间，上市公司上一年度信息披露工作考核结果为 C 或者 D 的，保荐机构应当至少每半年对上市公司进行一次定期现场检查，故选项 B 正确；（3）沪、深证券交易所上市公司应当至少每半年对上市公司募集资金的存放与使用情况进行一次募集资金现场检查，故选项 C 正确；（4）北交所上市公司应当每年就上市公司募集资金存放和使用情况至少进行一次现场核查，故选项 D 错误。

3. 根据相关监管规定，下列关于保荐代表人专项现场核查、出具持续督导报告以及发表核查意见的时间要求中，说法正确的有（　　）。

A. 沪深主板规定，上市公司年度报告披露后 5 个交易日内，保荐机构应当向交易所报送《持续督导年度报告书》

B. 科创板规定，保荐机构应当在上市公司年度报告、半年度报告披露之日起 15 个交易日内，披露持续督导跟踪报告

C. 深交所规定，资金往来或者现金流存在重大异常时，保荐机构及其保荐代表人应当自知道或者应当知道之日起 15 日内按规定进行专项现场核查

D. 上交所规定，上市公司可能存在重大违规担保时，保荐代表人应当自知道

或者应当知道之日起15 日内进行专项现场核查，并在现场核查结束后10 个交易日内披露

【答案】ABC

【解析】（1）沪深主板规定，上市公司年度报告披露后5 个交易日内，保荐机构应当向交易所报送《持续督导年度报告书》，故选项 A 正确；（2）科创板规定，保荐机构应当在上市公司年度报告、半年度报告披露之日起15 个交易日内，披露持续督导跟踪报告，故选项 B 正确；（3）深交所规定，资金往来或者现金流存在重大异常时，保荐机构及其保荐代表人应当督促公司核实并披露，同时应当自知道或者应当知道之日起15 日内按规定进行专项现场核查，故选项 C 正确；（4）上交所规定，上市公司可能存在重大违规担保时，保荐代表人应当自知道或者应当知道之日起15 日内进行专项现场核查，并在现场核查结束后15 个交易日内披露，故选项 D 错误。

（五）股票发行上市后，保荐机构应严格依法履行持续督导职责，通过保荐机构对上市公司的培训并出具持续督导报告，督促发行人履行有关上市公司规范运行、信守承诺和信息披露等义务，提升上市公司质量。请据此回答以下问题。

1. 根据《深圳证券交易所上市公司自律监管指引第 13 号——保荐业务》，上市公司出现以下（　　）情形之一的，保荐机构应当在十个交易日内对上市公司董事、监事、高级管理人员、中层以上管理人员及上市公司控股股东和实际控制人等相关人员进行专门培训。

A. 实际控制人发生变更

B. 受到中国证监会行政处罚或者交易所通报批评、公开谴责处分

C. 信息披露工作考核结果为 C 或 D

D. 会计师事务所出具“保留结论”“否定结论”或者“无法提出结论”鉴证结论

【答案】AB

【解析】根据《深圳证券交易所上市公司自律监管指引第 13 号——保荐业务》，上市公司出现以下情形之一的，保荐机构应当在十个交易日内对上市公司董事、监事、高级管理人员、中层以上管理人员及上市公司控股股东和实际控制人等相关人员进行专门培训：（1）实际控制人发生变更的；（2）受到中国证监会行政处罚或者交易所通报批评、公开谴责处分的；（3）信息披露工作考核结果为 D 的，故选项 AB 正确，选项 C 错误。会计师事务所出具“保留结论”“否定结论”或者“无法提出结论”鉴证结论不属于需要进行专门培训的情况，故选项 D 错误。

2. 根据相关监管规定，下列关于年度保荐工作报告、持续督导报告书、持续督导跟踪报告的出具要求，说法正确的有（　　）。

A. 沪深主板规定，保荐机构应提交半年度保荐工作报告

B. 沪深主板规定，保荐机构应提交持续督导年度报告书

C. 创业板规定，保荐机构需要提交半年度和年度持续督导跟踪报告

D. 北交所规定，保荐机构需要提交年度持续督导报告

【答案】BC

【解析】 沪、深证券交易所主板规定保荐机构应提交年度保荐工作报告或持续督导年度报告书；对于创业板和科创板上市公司，保荐机构需要提交半年度和年度持续督导跟踪报告；北交所未规定提交年度类的持续督导报告，故选项 BC 正确，选项 AD 错误。

3. 发行人 A 主要从事某种类型医用机器人的自主研发、生产、销售及服务，于 2×23 年 3 月申报北交所。保荐机构在核查过程中关注到 A 公司自 2021 年 8 月起多次购买理财产品，于是要求公司提供理财产品的相关详细资料，公司未及时配合，则保荐机构可以采取的处理方式包括（　　）。

A. 根据现有资料审慎判断重大风险　　B. 及时披露风险提示公告

C. 向北京证券交易所报告　　D. 避免在核查报告中涉及相关事项

【答案】ABC

【解析】 保荐代表人在发现理财存疑事项且公司长时间未配合提供相应材料的情况下，应根据现有资料审慎判断重大风险，及时披露风险提示公告或向北京证券交易所报告，故选项 ABC 正确；若保荐人核查发现公司理财事项存疑且未披露，则其出具的核查报告和意见将会不真实、不准确，故选项 D 错误。

第十章　现场检查和现场督导关注要点

一、单项选择题（以下备选项中只有一项最符合题目要求，不选、错选均不得分）

1. 对于现场检查的对象，问题导向的检查对象可以由（　　）确定。

A. 中国证监会注册部门　　B. 交易所注册部门

C. 中国证监会审核部门　　D. 中国证监会检查部门

【答案】A

【解析】问题导向的检查对象由中国证监会注册部门或交易所审核部门确定。

2. 现场检查是指针对申请在境内证券交易所首次公开发行股票或存托凭证并上市的企业，现场检查始于（　　）年。

A. 2008　　B. 2012　　C. 2014　　D. 2017

【答案】C

3.（　　）是针对交易所上市审核中发现的影响发行、上市条件判断和发行上市申请文件信息披露质量的问题，由交易所根据需要对保荐机构以及相关证券服务机构执业质量进行现场监督和核查的行为。

A. 现场检查　　B. 现场督导　　C. 执业质量问题　　D. 信息披露问题

【答案】B

4. 证监会在总结首发企业现场检查实践经验的基础上，于2021年1月29日发布了《首发企业现场检查规定》，明确证券交易所（　　）的首发企业予以适用。

A. 科创板　　B. 创业板　　C. 中小板　　D. 所有板块

【答案】D

5. 首发企业现场检查是落实以（　　）为核心的证券发行制度，不断提升信息披露质量的重要手段。

A. 执业质量　　B. 财务真实性　　C. 信息披露　　D. 内部控制

【答案】C

6. 实施现场检查时，下列不属于检查组可以根据需要采取的检查方式的是（　　）。

A. 查看检查对象的生产、经营、管理场所及其他相关场所，获取有关工商等资料

B. 要求保荐人、证券服务机构补充核查

C. 获取有关资金流水，生产、销售、仓储记录，会计凭证，会计账簿，财务报表等文件资料

D. 走访检查对象重要客户及供应商等有关单位和人员，核实相关信息

【答案】B

【解析】除 ACD 外，实施现场检查时，检查组还可以根据需要采取以下检查方式：(1) 就主要业务循环和会计信息系统进行穿行测试；(2) 问询检查对象控股股东和实际控制人、董事、监事、高级管理人员以及销售、采购、生产、仓储、财务等相关人员；(3) 核查中介机构工作底稿，询问有关人员、进行现场取证等；(4) 检查组认为必要的其他方式。选项 B 为现场督导的实施方式之一。

7. 下列关于开展首发企业现场检查的必要性体现错误的是（　　）。

A. 首发企业现场检查是严格实施 IPO 各环节全链条监管的重要举措

B. 首发企业现场检查是督促中介机构勤勉尽责、审慎执业，发挥资本市场"看门人"作用的重要抓手

C. 首发企业现场检查是落实以信息披露为核心的证券发行制度，不断提升信息披露质量的重要手段

D. 首发企业现场检查是必要的，但不能针对性地发现中介机构执业过程中存在的问题

【答案】D

【解析】首发企业现场检查能够针对性地发现中介机构执业过程中存在的问题，通过加大对现场检查中发现问题的处罚力度，压实中介机构责任，不断提升中介机构职业道德水平及守法合规意识，营造守法诚信的道德环境，夯实资本市场诚信基础，因此，选项 D 错误。

8. 在发行上市审核和注册阶段，首发企业存在相关的重大疑问或异常，且未能提供合理解释、影响审核判断的，应列为检查对象。下列不属于首发企业存在的重大疑问或异常的是（　　）。

A. 人力条件　　B. 发行条件　　C. 上市条件　　D. 信息披露

【答案】A

【解析】在发行上市审核和注册阶段，首发企业存在与发行条件、上市条件和信息披露要求相关的重大疑问或异常，且未能提供合理解释、影响审核判断的，可

以列为检查对象。

9. 下列不属于现场督导针对交易所上市审核中发现的影响的问题的是（　　）。

A. 发行人生产经营　　B. 发行

C. 上市条件判断　　D. 发行上市申请文件信息披露质量

【答案】A

【解析】 现场督导是针对交易所上市审核中发现的影响发行、上市条件判断和发行上市申请文件信息披露质量的问题，由交易所根据需要对保荐机构以及相关证券服务机构执业质量进行现场监督和核查的行为。

10. 现场督导是交易所贯彻（　　）理念开展的监管创新，是发行审核机制的有机组成部分，也是交易所开门办审核的重要举措。

A. 核准制　　B. 审批制　　C. 注册制　　D. 备案制

【答案】C

11. 根据上交所介绍，现场督导于2019年6月开始启动，是（　　）试点注册制中，落实以信息披露为核心、把好上市企业"入口关"的积极探索和具体措施。

A. 主板　　B. 创业板　　C. 科创板　　D. 中小板

【答案】C

12. 根据《上海证券交易所发行上市审核规则适用指引第3号——现场督导》和《深圳证券交易所股票发行上市审核业务指引第4号——保荐业务现场督导》，保荐业务现场督导对象是（　　）。

A. 上市企业　　B. 关联交易企业

C. 上市公司母公司　　D. 保荐机构以及相关证券服务机构

【答案】D

【解析】 根据《上海证券交易所发行上市审核规则适用指引第3号——现场督导》和《深圳证券交易所股票发行上市审核业务指引第4号——保荐业务现场督导》，保荐业务现场督导对象是保荐机构以及相关证券服务机构。

13. 根据《上海证券交易所发行上市审核规则适用指引第3号——现场督导》和《深圳证券交易所股票发行上市审核业务指引第4号——保荐业务现场督导》，督导小组构成应不少于（　　）人，可以根据需要，聘请外部专业机构及其人员参与现场督导工作（与现场检查相同）。

A. 1　　B. 2　　C. 3　　D. 4

【答案】B

14. 根据保荐业务现场督导程序，交易所原则上在现场督导进场日（　　）个工作日前，向保荐机构发出现场督导通知书。

A. 2　　B. 3　　C. 5　　D. 7

【答案】B

15. 根据保荐业务现场督导程序，原则上在进场后（　　）周内完成，但在保荐机构无法及时提供相关文件资料、不配合或者项目情况复杂等特殊情况下可以适当延长。

A. 1　　B. 2　　C. 3　　D. 4

【答案】B

16. 发行人撤回发行上市申请或者保荐机构撤销保荐，该项目在撤回发行上市申请后（　　）个月内重新申报的，交易所在受理后将启动现场督导。

A. 3　　B. 6　　C. 9　　D. 12

【答案】D

17. 现场督导于（　　）开始启动，是科创板试点注册制中，落实以信息披露为核心、把好上市企业“入口关”的积极探索和具体措施。

A. 2014 年 3 月　　B. 2014 年 6 月　　C. 2019 年 3 月　　D. 2019 年 6 月

【答案】D

18. 深交所发布《创业板发行上市审核业务指引第 1 号——保荐业务现场督导》。据深交所介绍，要抓住“关键少数”，盯紧执业质量，其中“关键少数”是指（　　）。

A. 中国证监会及其派出机构　　B. 证券交易所

C. 发行人　　D. 保荐人、证券服务机构

【答案】D

【解析】抓住“关键少数”，盯紧中介机构执业质量。通过监督检查保荐人、证券服务机构执业情况，提高发行人的信息披露质量，督促保荐人、证券服务机构切实履行核查把关责任。

19. 2023 年 2 月 17 日，上海证券交易所和深圳证券交易所发布了《上海证券交易所发行上市审核规则适用指引第 3 号——现场督导》和《深圳证券交易所股票发行上市审核业务指引第 4 号——保荐业务现场督导》，明确保荐业务现场督导的相关规则适用于（　　）市场板块。

A. 科创板　　B. 创业板　　C. 中小板　　D. 所有板块

【答案】D

20. 2023 年 2 月 17 日，上海证券交易所和深圳证券交易所发布了《上海证券

交易所发行上市审核规则适用指引第3号——现场督导》和《深圳证券交易所股票发行上市审核业务指引第4号——保荐业务现场督导》，明确可对（　　）实施现场督导。

A. 发行人　　　　　　　　　　　　B. 发行人各子公司及分公司

C. 发行人客户及供销商　　　　　　D. 会计师事务所等证券服务机构

【答案】D

21. 根据《上海证券交易所发行上市审核规则适用指引第3号——现场督导》和《深圳证券交易所股票发行上市审核业务指引第4号——保荐业务现场督导》，下列督导对象确定方式错误的是（　　）。

A. 发行条件、信息披露等存在重大疑问但能予以说明，不影响审核判断的

B. 对影响审核判断重要事项的核查程序不充分，核查结论存在明显疑问的

C. 交易所审核认为不符合发行条件、上市条件、重组条件，或者信息披露要求而作出终止审核决定之日起12个月内重新申报且相关问题仍然存在的

D. 申报项目撤否率高且执业质量评价低的

【答案】A

【解析】 督导对象确定方式包括：（1）发行条件、信息披露等存在重大疑问且未能予以充分说明，影响审核判断的（选项A错误）；（2）对影响审核判断重要事项的核查程序不充分，核查结论存在明显疑问的；（3）交易所审核认为不符合发行条件、上市条件、重组条件，或者信息披露要求而作出终止审核决定之日起12个月内重新申报且相关问题仍然存在的；（4）申报项目撤否率高且执业质量评价低的（深交所表述为一定情况下可以按照一定比例抽取保荐人保荐的项目）；（5）其他。

22. 根据《上海证券交易所发行上市审核规则适用指引第3号——现场督导》和《深圳证券交易所股票发行上市审核业务指引第4号——保荐业务现场督导》，下列不属于督导主要方式的是（　　）。

A. 现场询问

B. 调阅、复制、记录、提取保荐工作底稿、证券服务机构相关工作底稿

C. 函调

D. 访谈有关对象

【答案】C

【解析】 督导主要方式包括现场询问；调阅、复制、记录、提取保荐工作底稿、证券服务机构相关工作底稿；核对有关证据材料；访谈有关对象；要求保荐机构、证券服务机构补充核查；督导组认为必要的其他方式。

23. 根据《上海证券交易所发行上市审核规则适用指引第 3 号——现场督导》和《深圳证券交易所股票发行上市审核业务指引第 4 号——保荐业务现场督导》，下列不属于督导主要接受询问人员的是（　　）。

A. 保荐机构的保荐业务负责人　　B. 发行人董事

C. 保荐业务部门和质控部门负责人　　D. 项目保荐代表人

【答案】B

【解析】督导主要接受询问人员包括保荐机构的保荐业务负责人、内核负责人，保荐业务部门和质控部门负责人，项目保荐代表人等相关人员。

24. 根据《上海证券交易所发行上市审核规则适用指引第 3 号——现场督导》和《深圳证券交易所股票发行上市审核业务指引第 4 号——保荐业务现场督导》，下列不属于保荐业务现场督导的重点内容的是（　　）。

A. 发行人生产经营是否健全　　B. 尽职调查程序是否恰当

C. 尽职调查结论是否审慎客观　　D. 证据资料是否充分可靠

【答案】A

【解析】根据《上海证券交易所发行上市审核规则适用指引第 3 号——现场督导》和《深圳证券交易所股票发行上市审核业务指引第 4 号——保荐业务现场督导》，保荐业务现场督导结合发行上市审核中发现的问题，重点对保荐机构、证券服务机构尽职调查方案是否合理、尽职调查程序是否恰当、证据资料是否充分可靠、尽职调查结论是否审慎客观等情况进行监督核查。必要时，督导组可以对督导对象的补充核查工作进行现场监督。

25. 根据相关规定及监管实践情况，现场督导的检查机构是（　　）。

A. 中国证监会及其派出机构　　B. 沪、深证券交易所

C. 保荐机构　　D. 保荐业务部门

【答案】B

【解析】根据相关规定及监管实践情况，现场督导的检查机构是沪、深证券交易所。

26. 根据相关规定及监管实践情况，现场检查时长应该在（　　）个月左右。

A. 半　　B. 1　　C. 2　　D. 3

【答案】B

27. 根据接受现场检查、现场督导企业的监管问询回复披露、交易所自律监管措施和纪律处分情况、证监会行政监管措施和行政处罚情况，可将监管关注重点问题大致归纳为三类，其中不包括（　　）。

A. 执业质量问题　　B. 财务真实性问题

C. 执业风险问题　　D. 信息披露问题

【答案】C

【解析】根据接受现场检查、现场督导企业的监管问询回复披露、交易所自律监管措施和纪律处分情况、证监会行政监管措施和行政处罚情况，可将监管关注重点问题大致归纳为执业质量问题、财务真实性问题、信息披露问题三类。

28. 下列关于现场检查与现场督导的主要区别说法错误的是（　　）。

A. 检查机构不同，现场检查是中国证监会及其派出机构和交易所，现场督导是沪、深证券交易所

B. 检查时长不同，现场检查一般为 1 个月左右，现场督导原则上在进场后 2 周内完成

C. 检查进场地点不同，现场检查在发行人现场，现场督导主要在保荐机构现场，可以对相关证券服务机构实施现场督导

D. 关注要点不同，现场检查以问题和风险为导向，现场督导关注问题导向和随机抽取

【答案】D

【解析】现场检查关注问题导向和随机抽取，现场督导以问题和风险为导向。

29. 当实施函证程序时，保荐人应当对询证函保持控制，主要包括方面错误的是（　　）。

A. 核实被询证者的名称、地址以及被询证者直接向保荐人回函的地址等信息

B. 与发行人一同发出询证函并予以跟进，必要时再次向被询证者寄发询证函

C. 在未回函的情况下，保荐人应当实施替代程序以获取相关、可靠的尽职调查证据

D. 对于回函不符的应当调查不符事项，以确定是否表明存在错报

【答案】B

【解析】当实施函证程序时，保荐人应当对询证函保持控制，主要包括以下方面：选择恰当的方法以确定样本规模和选取样本项目；核实被询证者的名称、地址以及被询证者直接向保荐人回函的地址等信息；独立发出询证函并予以跟进，必要时再次向被询证者寄发询证函。在未回函的情况下，保荐人应当实施替代程序以获取相关、可靠的尽职调查证据。对于回函不符的应当调查不符事项，以确定是否表明存在错报。

30. 在核查存货情况时，保荐人在合理信赖会计师监盘工作的基础上，应结合

原材料及产品特性、生产需求、存货库存时间长短，（　　）大额存货，确认存货计价的准确性，核查是否存在大量积压或冷背情况。

A. 实地抽盘　　B. 实地全盘　　C. 实地监盘　　D. 函证

【答案】A

【解析】在核查存货情况时，保荐人在合理信赖会计师监盘工作的基础上，应结合原材料及产品特性、生产需求、存货库存时间长短，实地抽盘大额存货，确认存货计价的准确性，核查是否存在大量积压或冷背情况。

31. 下列不属于为保证执业质量问题，现场检查和现场督导中应当主要注意的问题是（　　）。

A. 财务真实性　　B. 尽职调查程序合规性

C. 职业谨慎性　　D. 保荐人内部控制

【答案】A

【解析】保荐人应当诚实守信、勤勉尽责，对发行上市申请文件和信息披露资料进行全面核查验证，关注尽职调查程序合规性、职业谨慎性、保荐人内部控制等方面问题。

32. 下列不属于在开展流水核查时，为确定发行人相关资金流水核查的具体程序和异常标准，保荐人应当充分评估发行人所处的因素是（　　）。

A. 高管变动　　B. 业务流程

C. 主要财务数据水平　　D. 主要财务数据变动趋势

【答案】A

【解析】在开展流水核查时，保荐人应当充分评估发行人所处经营环境、行业类型、业务流程、规范运作水平、主要财务数据水平及变动趋势等因素，确定发行人相关资金流水核查的具体程序和异常标准，以合理保证发行人财务报表不存在重大错报风险。

33. 发行人 A 主要从事汽车车身成型系统、总装系统的研发、生产、销售，于 2×22 年 2 月首次申报科创板。首次申报时保荐人函证内容包括含税销售额和应收账款余额，但函证结果显示回函不符金额占比较高。则保荐人需要再次函证的项目不包括（　　）。

A. 开票金额　　B. 回款金额　　C. 存货余额　　D. 应收账款余额

【答案】C

【解析】保荐人再次函证的内容应包括开票金额、回款金额、合同金额、终验年度以及应收账款余额，故选项 C 不属于再次函证的项目。

34. 保荐人在尽职调查过程中应保持职业谨慎性，下列不属于应予以充分关注并核查的情形是（　　）。

A. 表明不存在舞弊的情况　　B. 发现存在相互矛盾的尽职调查证据

C. 获取的尽职调查证据可靠性存疑　　D. 明显不合商业情理的交易或安排

【答案】A

【解析】保荐人在尽职调查过程中应保持职业谨慎性，发现存在相互矛盾的尽职调查证据、获取的尽职调查证据可靠性存疑、明显不合商业情理的交易或安排、其他表明可能存在舞弊的情况时，应予以充分关注并核查。

35. 发行人 A 主要从事以动漫 IP 为核心的动漫电视电影等内容产品的制作和发行，以及基于动漫 IP 的动漫玩具及其他产品、品牌形象授权等多元衍生业务的经营。发行人 A 于 2×23 年 5 月申报创业板。保荐机构发现，A 公司实际控制人存在多笔通过 POS 机消费的大额异常资金支付情形，则保荐机构应采取的处理措施为（　　）。

A. 督促实际控制人按规定履行信息披露义务

B. 对实际控制人账户保持充分关注并予以审慎核查

C. 对实际控制人采取书面警示的监管措施

D. 应当自知道或者应当知道之日起 15 日内按规定进行专项现场核查

【答案】B

【解析】在发现 A 公司实际控制人存在多笔通过 POS 机消费的大额异常资金支付情形时，保荐机构应对实际控制人账户保持充分关注并予以审慎核查，故选项 B 正确。

36. 发行人 B 主要从事某种医学机器人的自主研发、生产、销售及服务，于 2×22 年 12 月申报科创板。现场督导发现，报告期内实际控制人与第一大客户某高级管理人员存在大额股权相关资金往来，这带来的影响不包括（　　）。

A. 影响对发行人业务独立的判断

B. 影响对发行人具备持续经营能力的判断

C. 影响对发行人股东信息的判断

D. 影响对发行人财务真实性的判断

【答案】D

【解析】异常资金往来与财务真实性并不直接相关，故选项 D 错误。

37. 根据《证券公司投资银行类业务内部控制指引》，证券公司应当构建清晰、合理的投资银行类业务内部控制组织架构，建立分工合理、权责明确、相互制衡、有效监督的三道内部控制防线，第一道防线是（　　）。

A. 质量控制

B. 内核部门

C. 项目组、业务部门

D. 内核、合规、风险管理等部门或机构

【答案】C

【解析】项目组、业务部门为内部控制的第一道防线，质量控制为内部控制的第二道防线，内核、合规、风险管理等部门或机构为内部控制的第三道防线。

38. 对于发行上市审核机构审核问询的回复，保荐人质量控制、内核部门应对问询回复进行复核，对外报送前应当履行（　　）程序。

A. 监察　　B. 内核　　C. 立项　　D. 质控

【答案】B

【解析】对于发行上市审核机构审核问询的回复，保荐人质量控制、内核部门应对问询回复进行复核，对外报送前应当履行内核程序。

39. 根据《证券公司投资银行类业务内部控制指引》，证券公司应当构建清晰、合理的投资银行类业务内部控制组织架构，建立分工合理、权责明确、相互制衡、有效监督的三道内部控制防线，第三道防线是（　　）。

A. 质量控制

B. 内核部门

C. 项目组、业务部门

D. 内核、合规、风险管理等部门或机构

【答案】D

【解析】项目组、业务部门为内部控制的第一道防线，质量控制为内部控制的第二道防线，内核、合规、风险管理等部门或机构为内部控制的第三道防线。

40. 发行人 A 主要从事 LED 照明产品的研发、设计、制造、销售及服务，于 2×20 年 6 月首次申报创业板。其保荐人的下列做法中，不符合《证券公司投资银行类业务内部控制指引》等监管规定要求的是（　　）。

A. 保荐人在项目通过内核后对申报材料进行删改后再报送交易所

B. 保荐人在项目通过内核后对申报材料个别文字表述进行修订后再报送交易所

C. 保荐人将对项目进行立项、内核以及其他相关内部管理工作所形成的文件资料均作为保荐业务工作底稿的必备内容

D. 保荐人在保荐工作报告中全面记载尽职推荐发行人的主要工作过程

【答案】A

【解析】 保荐人在项目通过内核后对申报材料进行删改后再报送交易所的，属于违规行为；保荐人可以对申报材料个别文字表述进行修订，但不应有实质性变动，如有实质性变动，需要重新履行内核程序，故选项 A 不符合保荐人内部控制。

41.（　　）是发行人利润的来源，直接关系到发行人的财务状况和经营成果，应重点关注收入确认方法的合理性，具体确认依据充分性、时点的准确性，销售及客户的真实性。

A. 收入　　B. 客户　　C. 资产　　D. 供应商

【答案】A

42. 根据《保荐人尽职调查工作准则》，保荐人应分析对主要客户销售的商业合理性，下列不属于应当主要关注的客户特殊情形是（　　）。

A. 主要客户是否为发行人前员工　　B. 业务高度依赖发行人的供应商

C. 既是客户又是供应商　　D. 成立时间较短的主要客户

【答案】B

【解析】 关注主要客户是否为发行人前员工、业务高度依赖发行人的客户（选项 B 是应当关注供应商的特殊情形，故选项 B 错误）、既是客户又是供应商、名称相似、注册地址相近、工商登记电话、邮箱相同、成立时间较短的主要客户等特殊情形。

43. 发行人会计基础工作应当规范，财务报表的编制和披露应当符合企业会计准则和相关信息披露规则的规定，在所有重大方面公允地反映了发行人的基本情况，下列不属于财务报表反映的情况是（　　）。

A. 人力资源　　B. 财务状况　　C. 经营成果　　D. 现金流量

【答案】A

44. 根据《保荐人尽职调查工作准则》，保荐人应结合发行人的各个方面核查发行人确认收入的具体标准以及实际会计核算中该行业收入确认的一般原则，判断收入确认具体标准是否符合会计准则的要求，下列不属于保荐人应结合考虑的方面是（　　）。

A. 业务模式　　B. 成本价格

C. 销售合同关键条款　　D. 交易惯例

【答案】B

【解析】 根据《保荐人尽职调查工作准则》，保荐人应结合发行人的业务模式、交易惯例、销售合同关键条款、同行业可比公司收入确认政策等核查发行人确认收入的具体标准以及实际会计核算中该行业收入确认的一般原则，判断收入确认具体标准是否符合会计准则的要求。

45. 根据《保荐人尽职调查工作准则》，保荐人应分析对主要客户销售的商业合理性，下列主要关注错误的是（　　）。

A. 关注是否存在会计期初销售收入异常增长的情况

B. 关注主要客户是否发生重大变化

C. 关注主要客户是否为发行人前员工

D. 关注主要客户是否与发行人及关联方存在潜在关联关系

【答案】A

【解析】保荐人应分析对主要客户销售的商业合理性，关注是否存在会计期末销售收入异常增长的情况（不是会计期初，选项 A 错误），关注主要客户是否发生重大变化，关注主要客户是否为发行人前员工、业务高度依赖发行人的客户、既是客户又是供应商、名称相似、注册地址相近、工商登记电话、邮箱相同、成立时间较短的主要客户等特殊情形，关注上述主体是否与发行人及关联方存在潜在关联关系，与发行人及关联方是否存在异常资金流转。

46. 发行人 A 公司主要从事离子交换膜及组件、电渗析相关设备的研发、生产、销售及技术服务，于 2×22 年 6 月申报创业板。保荐人在对其收入进行分析时应重点关注的事项不包括（　　）。

A. 会计期末销售收入异常增长

B. 主要客户发生重大变化

C. 主要客户是境外客户

D. 主要客户业务高度依赖发行人

【答案】C

【解析】保荐人关注是否存在会计期末销售收入异常增长的情况，关注主要客户是否发生重大变化，关注主要客户是否为发行人前员工、业务高度依赖发行人的客户、既是客户又是供应商等特殊情形。主要客户为境外客户不属于收入分析时重点关注的事项，故选项 C 正确。

47. 发行人 B 主要从事汽车车身成型系统、总装系统的研发、生产、销售，于 2×19 年 12 月申报科创板。现场督导发现的下列事项中，不属于收入确认相关事项核查不到位的是（　　）。

A. 保荐人未能提供有效资料说明其对甲公司项目管理的规范性及各项目下订单的完整性

B. 保荐人报送的工作底稿中部分文件与保荐人投行业务管理系统中对应文件

的内容不一致

C. 保荐人未能提供有效材料说明发行人向部分客户大额付款的情况

D. 保荐人未能提供有效材料说明发行人项目完工后仍大额领料的情况

【答案】B

【解析】保荐人存在报送的工作底稿中部分文件与保荐人投行业务管理系统中对应文件的内容不一致等情形属于保送人内部控制不到位，不属于收入确认相关事项核查不到位的情况，故选项 B 正确。

48. 发行人 C 主要从事水环境治理设备销售及综合服务，于 2×23 年 4 月首次申报科创板。现场督导发现的下列事项中，不能表明在安装调试完成确认单签署之时，发行人设备是否已达到合同约定的可使用状态存在不确定性的是（　　）。

A. 发行人售出设备签署的多数合同中包含对设备出水水质的要求，约定水质检测合格且客户对进水出水水质无异议时，为设备检验合格，而发行人据以确认收入的安装调试完成确认单中并未包含水质检测信息

B. 报告期内发行人因产品质量问题与部分客户存在诉讼及仲裁纠纷，客户最终支付发行人货款

C. 部分应收账款函证的发函金额与客户确认的金额存在较大差异，主要因为发行人与客户对于产品风险报酬转移时点和付款条件理解不一致

D. 发行人部分合同约定安装调试单签署之后仍存在试运行期间，试运行期间由发行人负责相关设备的保管工作

【答案】B

【解析】存在产品质量纠纷但最终如约付款的情况，不能辅助判断设备是否已达到合同约定的可使用状态，故选项 B 正确。

49.（　　）对发行人经营成果具有重大影响，应重点关注核算的准确性、采购及供应商的真实性。

A. 费用　　B. 客户　　C. 成本　　D. 供应商

【答案】C

【解析】成本对发行人经营成果具有重大影响，应重点关注成本核算的准确性、采购及供应商的真实性。

50. 根据《保荐人尽职调查工作准则》，保荐人应对采购是否异常进行调查，下列不属于保荐人应当关注的采购异常是（　　）。

A. 关注报告期主要供应商及采购额的变化情况

B. 关注报告期内新增或注销的供应商情况

C. 关注主要客户是否发生重大变化

D. 关注主要供应商是否与发行人及关联方存在潜在关联关系

【答案】C

【解析】 根据《保荐人尽职调查工作准则》，保荐人应对采购是否异常进行调查，关注报告期主要供应商及采购额的变化情况，关注报告期内新增或注销的供应商情况；关注主要供应商是否为发行人前员工、业务高度依赖发行人的供应商；关注是否存在名称相似、注册地址相近、工商登记电话、邮箱相同、成立时间较短、采购规模和供应商生产能力及行业地位不匹配等特殊情形；关注上述主体是否与发行人及关联方存在潜在关联关系，与发行人及关联方是否存在异常资金流转。选项C为确定收入应当关注的内容。

51. 根据《保荐人尽职调查工作准则》，保荐人应对采购是否异常进行调查，下列不属于应当关注的供应商的特殊情形是（　　）。

A. 供应商成立时间较长

B. 供应商与发行人名称相似

C. 供应商与发行人注册地址相近

D. 采购规模和供应商生产能力及行业地位不匹配

【答案】A

【解析】 根据《保荐人尽职调查工作准则》，保荐人应对采购是否异常进行调查，关注是否存在名称相似、注册地址相近、工商登记电话、邮箱相同、成立时间较短、采购规模和供应商生产能力及行业地位不匹配等特殊情形。

52. 发行人A主要从事肉类休闲食品的研发、生产与销售，于2×22年9月申报创业板。根据《保荐人尽职调查工作准则》，保荐人应对采购是否异常进行调查时，应重点关注的事项不包括（　　）。

A. 报告期主要供应商及采购额的变化情况

B. 报告期内新增或注销的供应商情况

C. 主要供应商是否为存在境外业务的供应商

D. 主要供应商是否为发行人前员工、业务高度依赖发行人的供应商

【答案】C

【解析】 主要供应商是否为存在境外业务的供应商不属于保荐人对采购是否异常进行调查时应重点关注的事项，故选项C正确。

53. 发行人B主要从事以变频用变压器为核心的各式特种变压器、电抗器的研发、生产与销售及配套产品的销售，于2×23年6月申报创业板。在现场督导发现

的下列事项中，不属于发行人B在成本核查方面问题的是（　　）。

A. 未严格执行披露的成本归集核算方法

B. 未能将原材料相关账实差异准确分摊至对应的产品

C. 发行人实际成本核算状况与披露内容不一致

D. 发行人存在一个项目对应多个订单的情况

【答案】D

【解析】发行人一个项目对应多个订单的情况不属于成本核查方面的问题，故选项D正确。

54.（　　）是指不产生经济利益的，或者即使能够产生经济利益但不符合或者不再符合资产确认条件的支出，或企业发生的交易事项导致其承担了一项负债而又不确认为一项资产的支出。

A. 收入　　B. 期间费用　　C. 成本　　D. 制造费用

【答案】B

【解析】期间费用是指不产生经济利益的，或者即使能够产生经济利益但不符合或者不再符合资产确认条件的支出，或企业发生的交易事项导致其承担了一项负债而又不确认为一项资产的支出。

55. 根据《首次公开发行股票注册管理办法》等，保荐人应重点关注发行人（　　）的合规性，核查是否存在商业贿赂等违法经营的情况。

A. 销售费用　　B. 管理费用　　C. 制造费用　　D. 财务费用

【答案】A

【解析】根据《首次公开发行股票注册管理办法》等，保荐人应重点关注发行人销售费用的合规性，核查是否存在商业贿赂等违法经营的情况。

56. 根据《保荐人尽职调查工作准则》，保荐人应分析研发费用的归集是否准确完整、研发费用是否与（　　）混淆。

A. 销售费用　　B. 成本　　C. 财务费用　　D. 管理费用

【答案】B

【解析】根据《保荐人尽职调查工作准则》，保荐人应分析研发费用的归集是否准确完整、研发费用是否与成本混淆。

57. 根据《监管规则适用指引——发行类第5号》，发行人申请上市成为公众公司，需要建立、完善并严格实施相关财务（　　）制度，以禁止相关不规范情形的持续发生。

A. 质量管理　　B. 绩效考评　　C. 风险管理　　D. 内部控制

【答案】D

【解析】 根据《监管规则适用指引——发行类第5号》，发行人申请上市成为公众公司，需要建立、完善并严格实施相关财务内部控制制度，以禁止相关不规范情形的持续发生。

58. 根据《保荐人尽职调查工作准则》，保荐人应通过询问、实地观察等方法，确定固定资产、在建工程的情况，不属于这一情况的是（　　）。

A. 核查固定资产的使用状况、在建工程的施工进度

B. 确认在建工程的使用状态是否良好

C. 在建工程是否达到结转固定资产的条件

D. 了解是否存在已长期停工或长期无进展的在建工程

【答案】B

【解析】 根据《保荐人尽职调查工作准则》，保荐人应通过询问、实地观察等方法，核查固定资产的使用状况、在建工程的施工进度，确认固定资产的使用状态是否良好（在建工程一般未达到使用状态，故选择B），在建工程是否达到结转固定资产的条件，了解是否存在已长期停工或长期无进展的在建工程、长期未使用的固定资产等情况。

59. 发行人A主要从事信息安全产品与高安全定制化软件产品及配套服务的研发、销售，于2×23年5月申报科创板。在保荐代表人发现的下列事项中，不属于发行人A内部控制制度问题的是（　　）。

A. 发行人确认收入的验收单主要系后补

B. 发行人合同印章与实际客户不一致

C. 实际控制人替发行人代垫业务费用

D. 发行人项目完工后仍大额领料

【答案】D

【解析】 发行人项目完工后仍大额领料影响收入确认，不属于内部控制制度问题，故选项D正确。

60. 股票发行审核以（　　）为中心。

A. 财务真实性　　B. 信息披露　　C. 财务规范性　　D. 执业质量

【答案】B

【解析】 股票发行审核以信息披露为中心。

61. 现场检查和现场督导过程中，（　　）问题是重点关注问题。

A. 财务真实性　　B. 执业质量　　C. 财务规范性　　D. 信息披露

【答案】D

【解析】现场检查和现场督导过程中，信息披露问题是重点关注问题。

62. 发行人 A 主要从事包装专用设备的研发、生产和销售，于 2×23 年 5 月申报科创板。首轮审核问询中，发行人未在前次申报招股说明书中披露融资租赁业务模式信息，未将融资租赁公司的付款披露为第三方回款，未将与融资租赁公司、终端客户签订的《三方购买合同》披露为重大合同。针对此次问询，发行人应在问询函回复中披露的事项不包括（　　）。

A. 披露融资租赁涉及的客户回款

B. 披露融资租赁的具体业务流程

C. 披露融资租赁合同的主要约定

D. 披露融资租赁的内部控制与风险管理措施

【答案】A

【解析】客户回款不属于此次问询要求披露的事项，故选项 A 正确。

63. 根据《保荐人尽职调查工作准则》，保荐机构在对发行人独立情况开展尽调过程中，应关注是否存在关联交易的（　　）情况。

A. 关联交易非关联化　　B. 关联交易关联化

C. 重大关联交易　　D. 频繁关联交易

【答案】A

【解析】根据《保荐人尽职调查工作准则》，保荐机构在对发行人独立情况开展尽调过程中，应关注是否存在关联交易非关联化的情况。

64. 发行人 A 主要从事特殊钢材料的研发、生产和销售，于 2×23 年 4 月申报科创板。在对 A 公司进行关联方和关联交易核查时，保荐人应重点关注的事项不包括（　　）。

A. 缺乏明显商业理由的交易

B. 与报告期内的非关联化的关联方持续发生的交易

C. 与非正常业务关系单位或个人发生的偶发性或重大交易

D. 与报告期内的境外单位或个人发生的交易

【答案】D

【解析】与报告期内的境外单位或个人发生的交易不属于关联方和关联交易核查时重点关注的事项，故选项 D 正确。

65. 发行人 D 主要从事以变频用变压器为核心的各式特种变压器、电抗器的研发、生产与销售及配套产品的销售，于 2×22 年 6 月申报创业板。现场督导发现的下列事项中，不属于财务真实性相关问题的是（　　）。

A. 保荐人未能提供有效资料说明其对甲公司项目管理的规范性及各项目下订单的完整性

B. 保荐人报送的工作底稿中部分文件与保荐人投行业务管理系统中对应文件的内容不一致

C. 保荐人未能提供有效材料说明发行人向部分客户大额付款的情况

D. 保荐人未能提供有效材料说明发行人项目完工后仍大额领料的情况

【答案】B

【解析】保荐人存在报送的工作底稿中部分文件与保荐人投行业务管理系统中对应文件的内容不一致等情形属于保送人内部控制不到位，不属于执业质量问题，故选项 B 正确。

66. 发行人 B 主要从事工业自动化领域电气传动与控制设备的研发、设计、生产、销售和维修服务，于 2022 年 6 月申报科创板。保荐业务现场督导期间，保荐机构说明，发行人收入确认依据主要为设备送货单、客户验收单、对账记录。督导发现，2017—2019 年发行人以设备送货单确认收入的比例分别为 38.36%、50.06%、60.5%，设备送货单仅有验收人签名，无客户盖章；终端客户在采购更新改造设备之外，会采购部分备机，但保荐机构未提供发行人备机销售资料。现场督导发现的上述问题中，需要发行人重点说明的不包括（　　）。

A. 报告期内以各类依据确认收入的具体收入确认政策

B. 报告期内以设备送货单确认收入的比例不断增长的原因

C. 设备送货单签字人是否能代表客户进行风险报酬或控制权转移的确认

D. 报告期各期下游客户采购备机的具体情况与成本的匹配性

【答案】D

【解析】发行人披露报告期各期下游客户采购备机的具体情况与成本的匹配性，与解决现场督导发现的问题无关，故选项 D 正确。

67. 下列不属于现场检查和现场督导中常见问题的是（　　）。

A. 内部控制　　B. 人力资源成本

C. 股权清晰　　D. 财务真实性问题

【答案】B

【解析】除执业质量问题、财务真实性问题、信息披露问题等问题以外，现场检查和现场督导中常见问题还包括股权清晰、业务合规、内部控制等问题。

68. 投行从业人员在（　　）过程中，需要结合资金流水核查进行专业判断，对于核查结果存在异样的，要进一步调查是否存在股权代持、潜在纠纷等情况。

A. 股权尽调　　B. 财务分析　　C. 财报审计　　D. 关联查询

【答案】A

【解析】投行从业人员在股权尽调过程中，需要结合资金流水核查进行专业判断，对于核查结果存在异样的，要进一步调查是否存在股权代持、潜在纠纷等情况。

69. 检查公章管理制度及执行情况，对比相关公章是否一致属于检查（　　）问题。

A. 股权清晰　　B. 业务合规　　C. 内部控制　　D. 信息披露

【答案】C

【解析】投行人员从事业务过程中，需要留意发行人的内控是否有效，例如：检查公章管理制度及执行情况，对比相关公章是否一致。

二、多项选择题（以下备选项中有两项或两项以上符合题目要求，多选、少选、错选均不得分）

1. 开展首发企业现场检查的必要性体现在（　　）。

A. 首发企业现场检查是严格实施 IPO 各环节全链条监管的重要举措

B. 首发企业现场检查是督促中介机构勤勉尽责、审慎执业，发挥资本市场“看门人”作用的重要抓手

C. 首发企业现场检查是落实以信息披露为核心的证券发行制度，不断提升信息披露质量的重要手段

D. 首发企业现场检查是必要的，但不能针对性地发现中介机构执业过程中存在的问题

【答案】ABC

【解析】首发企业现场检查能够针对性地发现中介机构执业过程中存在的问题，通过加大对现场检查中发现问题的处罚力度，压实中介机构责任，不断提升中介机构职业道德水平及守法合规意识，营造守法诚信的道德环境，夯实资本市场诚信基础，故选项 D 错误。

2. 现场检查对象的确定包括的方式有（　　）。

A. 结果导向　　B. 问题导向　　C. 随机抽取　　D. 定向抽取

【答案】BC

【解析】现场检查对象的确定包括问题导向和随机抽取两种方式。

3. 在发行上市审核和注册阶段，首发企业存在与（　　）要求相关的重大疑问或异常，且未能提供合理解释、影响审核判断的，可以列为检查对象。

A. 财务条件　　B. 发行条件　　C. 上市条件　　D. 信息披露

【答案】BCD

【解析】在发行上市审核和注册阶段，首发企业存在与发行条件、上市条件和信息披露要求相关的重大疑问或异常，且未能提供合理解释、影响审核判断的，可以列为检查对象。

4. 实施现场检查时，检查组可以根据需要采取的检查方式有（　　）。

A. 查看检查对象的生产、经营、管理场所及其他相关场所，获取有关工商等资料

B. 就主要业务循环和会计信息系统进行穿行测试

C. 要求保荐人、证券服务机构补充核查

D. 督导组认为必要的其他方式

【答案】AB

【解析】实施现场检查时，检查组可以根据需要采取以下检查方式：（1）查看检查对象的生产、经营、管理场所及其他相关场所，获取有关工商等资料；（2）获取有关资金流水，生产、销售、仓储记录，会计凭证，会计账簿，财务报表等文件资料；（3）就主要业务循环和会计信息系统进行穿行测试；（4）问询检查对象控股股东和实际控制人、董事、监事、高级管理人员以及销售、采购、生产、仓储、财务等相关人员；（5）走访检查对象重要客户及供应商等有关单位和人员，核实相关信息；（6）核查中介机构工作底稿，询问有关人员、进行现场取证等；（7）检查组认为必要的其他方式。选项 CD 均为现场督导的实施方式之一，错误。

5. 对于现场检查的对象，问题导向的检查对象可以由（　　）确定。

A. 中国证监会注册部门　　B. 中国证监会审核部门

C. 交易所审核部门　　D. 交易所注册部门

【答案】AC

【解析】问题导向的检查对象由中国证监会注册部门或交易所审核部门确定。

6. 根据《上海证券交易所发行上市审核规则适用指引第 3 号——现场督导》和《深圳证券交易所股票发行上市审核业务指引第 4 号——保荐业务现场督导》，下列属于督导对象确定方式的有（　　）。

A. 发行条件、信息披露等存在重大疑问且未能予以充分说明，影响审核判断的

B. 对影响审核判断重要事项的核查程序不充分，核查结论存在明显疑问的

C. 交易所审核认为不符合发行条件、上市条件、重组条件，或者信息披露要求而作出终止审核决定之日起6个月内重新申报且相关问题仍然存在的

D. 申报项目撤否率高且执业质量评价低的

【答案】ABD

【解析】选项C的正确表述应该是交易所审核认为不符合发行条件、上市条件、重组条件，或者信息披露要求而作出终止审核决定之日起12个月内重新申报且相关问题仍然存在的。

7. 根据《上海证券交易所发行上市审核规则适用指引第3号——现场督导》和《深圳证券交易所股票发行上市审核业务指引第4号——保荐业务现场督导》，下列属于督导主要方式的有（　　）。

A. 现场询问

B. 调阅、复制、记录、提取保荐工作底稿、证券服务机构相关工作底稿

C. 核对有关证据材料

D. 访谈有关对象

【答案】ABCD

【解析】督导主要方式包括现场询问；调阅、复制、记录、提取保荐工作底稿、证券服务机构相关工作底稿；核对有关证据材料；访谈有关对象；要求保荐机构、证券服务机构补充核查；督导组认为必要的其他方式。

8. 根据《上海证券交易所发行上市审核规则适用指引第3号——现场督导》和《深圳证券交易所股票发行上市审核业务指引第4号——保荐业务现场督导》，下列属于督导主要接受询问人员的有（　　）。

A. 保荐机构的保荐业务负责人　　B. 保荐机构的内核负责人

C. 保荐业务部门和质控部门负责人　　D. 项目保荐代表人

【答案】ABCD

【解析】督导主要接受询问人员包括保荐机构的保荐业务负责人、内核负责人，保荐业务部门和质控部门负责人，项目保荐代表人等相关人员。

9. 深交所发布《创业板发行上市审核业务指引第1号——保荐业务现场督导》，指引结合创业板注册制试点实践，推进现场督导工作制度化、规范化，以市场主体需求为导向，明确督导（　　）等市场关注焦点。

A. 适用范围　　B. 督导方式　　C. 督导时长　　D. 结果运用

【答案】ABCD

【解析】深交所发布《创业板发行上市审核业务指引第1号——保荐业务现场

督导》，指引结合创业板注册制试点实践，推进现场督导工作制度化、规范化，以市场主体需求为导向，明确督导适用范围、督导方式、督导时长、结果运用等市场关注焦点。

10. 根据《上海证券交易所发行上市审核规则适用指引第 3 号——现场督导》和《深圳证券交易所股票发行上市审核业务指引第 4 号——保荐业务现场督导》，保荐业务现场督导的重点内容有（　　）。

A. 保荐机构、证券服务机构尽职调查方案是否合理

B. 尽职调查程序是否恰当

C. 尽职调查结论是否审慎客观

D. 证据资料是否充分可靠

【答案】ABCD

【解析】根据《上海证券交易所发行上市审核规则适用指引第 3 号——现场督导》和《深圳证券交易所股票发行上市审核业务指引第 4 号——保荐业务现场督导》，保荐业务现场督导结合发行上市审核中发现的问题，重点对保荐机构、证券服务机构尽职调查方案是否合理、尽职调查程序是否恰当、证据资料是否充分可靠、尽职调查结论是否审慎客观等情况进行监督核查。必要时，督导组可以对督导对象的补充核查工作进行现场监督。

11. 根据《上海证券交易所发行上市审核规则适用指引第 3 号——现场督导》和《深圳证券交易所股票发行上市审核业务指引第 4 号——保荐业务现场督导》，下列关于对保荐机构及其人员的影响说法正确的有（　　）。

A. 现场督导中发现的保荐机构执业质量问题，不应纳入保荐机构执业质量评价

B. 保荐机构在多个现场督导项目中均存在执业质量问题或者拒不配合现场督导的，将按照相关规定从重处理

C. 保荐机构保荐的项目因执业质量问题被交易所采取监管措施或者纪律处分的，保荐机构应当对项目保荐代表人等责任人员进行内部问责

D. 保荐人应当对交易所现场督导发现的执业质量问题及时进行整改

【答案】BCD

【解析】根据《上海证券交易所发行上市审核规则适用指引第 3 号——现场督导》和《深圳证券交易所股票发行上市审核业务指引第 4 号——保荐业务现场督导》，现场督导中发现的保荐机构执业质量问题，将纳入保荐机构执业质量评价（选项 A 错误）。保荐机构在多个现场督导项目中均存在执业质量问题或者拒不配

合现场督导的，将按照相关规定从重处理。保荐机构保荐的项目因执业质量问题被交易所采取监管措施或者纪律处分的，保荐机构应当对项目保荐代表人等责任人员进行内部问责，并将问责情况报告交易所。保荐人应当对交易所现场督导发现的执业质量问题及时进行整改。交易所在必要时可以对其整改情况及投行业务内部控制执行情况进行检查。

12. 根据相关规定及监管实践情况，现场督导关注要点应该以（　　）为导向。

A. 问题　　B. 结果　　C. 风险　　D. 规则

【答案】AC

【解析】根据相关规定及监管实践情况，现场督导关注要点应该以问题和风险为导向。

13. 无论现场检查还是现场督导，二者具有共通之处，其主要目的均为更好地实现信息披露的（　　），把好资本市场入口关，从源头提高上市公司质量。

A. 真实　　B. 准确　　C. 完整　　D. 及时

【答案】ABC

【解析】无论现场检查还是现场督导，二者具有共通之处，其主要目的均为更好地实现信息披露的真实、准确、完整，把好资本市场入口关，从源头提高上市公司质量。

14. 根据接受现场检查、现场督导企业的监管问询回复披露、交易所自律监管措施和纪律处分情况、证监会行政监管措施和行政处罚情况，可将监管关注重点问题大致归纳为（　　）等。

A. 执业质量问题　　B. 财务真实性问题

C. 执业风险问题　　D. 信息披露问题

【答案】ABD

【解析】根据接受现场检查、现场督导企业的监管问询回复披露、交易所自律监管措施和纪律处分情况、证监会行政监管措施和行政处罚情况，可将监管关注重点问题大致归纳为执业质量问题、财务真实性问题、信息披露问题等。

15. 下列属于现场检查与现场督导主要区别的有（　　）。

A. 检查对象不同　B. 小组构成不同　C. 关注要点不同　D. 实施方式不同

【答案】ACD

【解析】现场检查与现场督导的主要区别有检查机构不同、检查对象不同、检查时长不同、检查进场地点不同、关注要点不同、实施方式不同。

16. 据证监会主席易会满 2020 年 10 月 15 日在第十三届全国人民代表大会常务

委员会第二十二次会议上所作《国务院关于股票发行注册制改革有关工作情况的报告》，从监管尺度看，现场督导与现场检查均（　　）。

A. 消除财务风险　　B. 杜绝造假行为

C. 聚焦重大风险　　D. 严打财务造假行为

【答案】CD

【解析】据证监会主席易会满 2020 年 10 月 15 日在第十三届全国人民代表大会常务委员会第二十二次会议上所作《国务院关于股票发行注册制改革有关工作情况的报告》，从监管尺度看，现场督导与现场检查均聚焦重大风险、严打财务造假行为。

17. 为保证执业质量问题，现场检查和现场督导中应当主要注意的问题有（　　）。

A. 财务真实性　　B. 尽职调查程序合规性

C. 职业谨慎性　　D. 保荐人内部控制

【答案】BCD

【解析】保荐人应当诚实守信、勤勉尽责，对发行上市申请文件和信息披露资料进行全面核查验证，关注尽职调查程序合规性、职业谨慎性、保荐人内部控制等方面问题。

18. 保荐人实施尽调程序的手段有（　　）。

A. 走访　　B. 问询　　C. 资金冻结　　D. 盘点

【答案】ABD

【解析】保荐人实施尽调的手段包括问询、函证、盘点、走访、流水核查等。

19. 发行人存在大额异地存放或由第三方保管或控制的存货的，可采取（　　）等适当的方式进行确认或抽盘。

A. 问询　　B. 流水核查　　C. 函证　　D. 实地检查

【答案】CD

【解析】发行人存在大额异地存放或由第三方保管或控制的存货的，可采取函证、实地检查等适当的方式进行确认或抽盘。

20. 在开展流水核查时，为确定发行人相关资金流水核查的具体程序和异常标准，保荐人应当充分评估发行人所处（　　）因素，以合理保证发行人财务报表不存在重大错报风险。

A. 经营环境　　B. 业务流程

C. 主要财务数据水平　　D. 主要财务数据变动趋势

【答案】ABCD

【解析】在开展流水核查时，保荐人应当充分评估发行人所处经营环境、行业类型、业务流程、规范运作水平、主要财务数据水平及变动趋势等因素，确定发行人相关资金流水核查的具体程序和异常标准，以合理保证发行人财务报表不存在重大错报风险。

21. 在实施走访程序时，应当选择恰当的方法以确定走访对象，下列关于实施走访程序说法正确的有（　　）。

A. 核实走访对象身份信息，对走访过程及内容予以记录并形成工作底稿

B. 走访内容与其他尽职调查程序获取的证据存在矛盾时应予核查

C. 利用第三方机构的工作时，应评估其是否具备专业胜任能力，并复核其工作成果

D. 独立发出询证函并予以跟进，必要时再次向被询证者寄发询证函

【答案】ABC

【解析】在实施走访程序时，应当选择恰当的方法以确定走访对象，核实走访对象身份信息，对走访过程及内容予以记录并形成工作底稿；走访内容与其他尽职调查程序获取的证据存在矛盾时应予核查；利用第三方机构的工作时，应评估其是否具备专业胜任能力，并复核其工作成果。选项D为函证程序的注意事项。

22. 当实施函证程序时，保荐人应当对询证函保持控制，主要包括的方面有（　　）。

A. 选择恰当的方法以确定样本规模和选取样本项目

B. 核实被询证者的名称、地址以及被询证者直接向保荐人回函的地址等信息

C. 与发行人一同发出询证函并予以跟进，必要时再次向被询证者寄发询证函

D. 在未回函的情况下，保荐人应当实施替代程序以获取相关、可靠的尽职调查证据

【答案】ABD

【解析】当实施函证程序时，保荐人应当对询证函保持控制，主要包括以下方面：选择恰当的方法以确定样本规模和选取样本项目；核实被询证者的名称、地址以及被询证者直接向保荐人回函的地址等信息；独立发出询证函并予以跟进，必要时再次向被询证者寄发询证函。在未回函的情况下，保荐人应当实施替代程序以获取相关、可靠的尽职调查证据。对于回函不符的应当调查不符事项，以确定是否表明存在错报。

23. 在核查存货情况时，保荐人在合理信赖会计师监盘工作的基础上，应结合原材料及（　　），实地抽盘大额存货，确认存货计价的准确性，核查是否存在大

量积压或冷背情况。

A. 产品特性　　B. 生产需求

C. 消费需求　　D. 存货库存时间长短

【答案】ABD

【解析】在核查存货情况时，保荐人在合理信赖会计师监盘工作的基础上，应结合原材料及产品特性、生产需求、存货库存时间长短，实地抽盘大额存货，确认存货计价的准确性，核查是否存在大量积压或冷背情况。

24. 在符合银行账户查询相关法律法规的前提下，资金流水核查范围除发行人银行账户资金流水以外，结合发行人实际情况，还可能包括许多关联账户，下列选项属于的有（　　）。

A. 控股股东银行账户现金流水

B. 发行人主要关联方银行账户现金流水

C. 保荐机构负责人银行账户现金流水

D. 发行人董事银行账户现金流水

【答案】ABD

【解析】在符合银行账户查询相关法律法规的前提下，资金流水核查范围除发行人银行账户资金流水以外，结合发行人实际情况，还可能包括控股股东、实际控制人、发行人主要关联方、董事、监事、高管、关键岗位人员等开立或控制的银行账户资金流水，以及与上述银行账户发生异常往来的发行人关联方及员工开立或控制的银行账户资金流水。

25. 下列属于保荐业务工作底稿必备内容的有（　　）。

A. 保荐人对项目进行立项、内核以及其他相关内部管理工作所形成的文件资料

B. 内核会议形成的表决意见

C. 对内核意见答复、落实所形成的文件资料

D. 会计师事务所对发行人审计过程中形成的文件材料

【答案】ABC

【解析】保荐人对项目进行立项、内核以及其他相关内部管理工作所形成的文件资料，内核会议形成的表决意见，以及对内核意见答复、落实所形成的文件资料均系保荐业务工作底稿的必备内容，应保证其真实、准确、完整。

26. 现场检查和现场督导中常见的与财务真实性相关的问题有（　　）。

A. 收入与客户　　B. 成本与供应商　　C. 期间费用　　D. 人力资本构成

【答案】ABC

【解析】现场检查和现场督导中常见的与财务真实性相关的问题有收入与客户、成本与供应商、期间费用等。

27. 根据《保荐人尽职调查工作准则》，保荐人可以结合客户性质、规模、回款等情况及销售模式等因素，对主要客户通过（　　）等方法对销售业务发生的真实性和准确性进一步核查。

A. 实地走访　　B. 访谈　　C. 追查销货合同　　D. 补充函证

【答案】ABCD

【解析】根据《保荐人尽职调查工作准则》，保荐人可以合理信赖会计师的函证工作结果，但应结合客户性质、规模、回款等情况及销售模式等因素，对主要客户通过实地走访、访谈、追查销货合同、销货发票、产品出库单、运输单、银行进账单或补充函证等方法对销售业务发生的真实性和准确性进一步核查。

28. 期间费用一般应包括的有（　　）。

A. 销售费用　　B. 管理费用　　C. 制造费用　　D. 财务费用

【答案】ABD

【解析】期间费用包括销售费用、管理费用、研发费用、财务费用。

29. 关于期间费用，应重点关注费用的（　　）。

A. 合规性　　B. 归集准确性　　C. 完整性　　D. 时效性

【答案】ABC

【解析】应重点关注费用的合规性、归集准确性、完整性。

30. 发行人的内部控制制度健全且被有效执行，能够合理保证（　　）。

A. 财务报告的可靠性　　B. 销售情形的真实性

C. 生产经营的合法性　　D. 营运的效率与效果

【答案】ACD

【解析】发行人的内部控制制度健全且被有效执行，能够合理保证财务报告的可靠性、生产经营的合法性、营运的效率与效果。

31. 根据《保荐人尽职调查工作准则》，如报告期内存在研发投入资本化的，应核查资本化的具体（　　）以及是否符合会计准则的规定。

A. 研发项目　　B. 研发依据　　C. 研发时间　　D. 研发金额

【答案】ABCD

【解析】根据《保荐人尽职调查工作准则》，如报告期内存在研发投入资本化的，应核查资本化的具体研发项目、依据、时间、金额以及是否符合会计准则的规定。

32. 根据《保荐人尽职调查工作准则》《监管规则适用指引——发行类第5号》，保荐人应结合发行人实际情况，考虑对（　　）等开立或控制的银行账户资金流水，以及与上述银行账户发生异常往来的发行人关联方及员工开立或控制的银行账户资金流水进行核查，关注是否存在为发行人在体外承担成本费用的情况。

A. 控股股东　　B. 实际控制人

C. 发行人主要关联方　　D. 关键岗位人员

【答案】ABCD

【解析】 根据《保荐人尽职调查工作准则》《监管规则适用指引——发行类第5号》，保荐人应结合发行人实际情况，考虑对控股股东、实际控制人、发行人主要关联方、董事、监事、高管、关键岗位人员等开立或控制的银行账户资金流水，以及与上述银行账户发生异常往来的发行人关联方及员工开立或控制的银行账户资金流水进行核查，关注是否存在为发行人在体外承担成本费用的情况。

33. 根据《监管规则适用指引——发行类第5号》，在财务内控方面存在不规范情形的，应当采取的措施可以有（　　）。

A. 收回资金　　B. 结束不当行为

C. 建立健全相关内控制度　　D. 调整财务报告

【答案】ABC

【解析】 根据《监管规则适用指引——发行类第5号》，在财务内控方面存在不规范情形的，应通过中介机构上市辅导完成整改或纠正（如收回资金、结束不当行为等措施）和建立健全相关内控制度。

34. 根据《保荐人尽职调查工作准则》，关于资产减值损失，保荐人应对发行人（　　）等计提是否充分予以核查。

A. 应收款项坏账准备　　B. 存货跌价准备

C. 投资性房地产公允价值变动　　D. 商誉减值

【答案】ABD

【解析】 根据《保荐人尽职调查工作准则》，保荐人应对发行人应收款项坏账准备、存货跌价准备、固定资产及在建工程减值、商誉减值等计提是否充分予以核查。

35. 根据《保荐人尽职调查工作准则》，对照无形资产的有关协议、资料，了解重要无形资产的取得方式和（　　），分析无形资产减值测试的计提方法是否合理、提取数额是否充分。

A. 入账依据　　B. 初始金额

C. 摊销年限及确定依据　　　　　　　D. 账面价值及剩余摊销年限

【答案】ABCD

【解析】对照无形资产的有关协议、资料，了解重要无形资产的取得方式、入账依据、初始金额、摊销年限及确定依据、账面价值及剩余摊销年限，分析无形资产减值测试的计提方法是否合理、提取数额是否充分。

36. 保荐机构应确保发行人的申请文件和招股说明书等信息披露资料（　　）。

A. 真实　　　B. 准确　　　C. 完整　　　D. 及时

【答案】ABCD

【解析】保荐机构应确保发行人的申请文件和招股说明书等信息披露资料真实、准确、完整、及时。

37. 现场检查和现场督导中常见的信息披露方面问题有（　　）。

A. 人力资源结构　　　　　　　B. 业务和技术

C. 关联方和关联交易　　　　　D. 财务信息披露

【答案】BCD

【解析】现场检查和现场督导中常见的业务和技术、关联方和关联交易、财务信息披露等方面问题。

38. 根据《保荐人尽职调查工作准则》，保荐机构应通过收集（　　）等方法，注重行业信息和数据的及时性及发行人所处细分行业的针对性。

A. 行业杂志　　　　　　　B. 行业分析报告

C. 关联方意见　　　　　　D. 访谈发行人管理层

【答案】ABD

【解析】根据《保荐人尽职调查工作准则》，保荐机构应通过收集行业杂志、行业分析报告、主要竞争对手信息、行业专家意见、行业协会意见以及访谈发行人管理层等方法，注重行业信息和数据的及时性及发行人所处细分行业的针对性。

39. 根据《保荐人尽职调查工作准则》，保荐机构应了解发行人所属行业的（　　）情况，判断行业的发展前景及行业发展的有利和不利因素。

A. 市场环境　　　B. 行业协会意见　C. 市场化程度　　D. 竞争状况

【答案】ACD

【解析】根据《保荐人尽职调查工作准则》，保荐机构应了解发行人所属行业的市场环境、市场容量、市场细分、市场化程度、进入壁垒、供求状况、竞争状况、行业利润水平和未来变动情况，判断行业的发展前景及行业发展的有利和不利因素。

40. 根据《保荐人尽职调查工作准则》，对于（　　）等交易，应当予以重点关注，分析是否为虚构的交易、是否实质上是关联交易，调查交易背后是否还有其他安排。

A. 缺乏明显商业理由的交易

B. 实质与形式明显不符的交易

C. 与报告期内的非关联化的关联方持续发生的交易

D. 与非正常业务关系单位或个人发生的偶发性或重大交易

【答案】ABCD

【解析】根据《保荐人尽职调查工作准则》，对于缺乏明显商业理由的交易，实质与形式明显不符的交易，交易价格、条件、形式等明显异常或显失公允的交易，与报告期内的非关联化的关联方持续发生的交易，与非正常业务关系单位或个人发生的偶发性或重大交易等，应当予以重点关注，分析是否为虚构的交易、是否实质上是关联交易，调查交易背后是否还有其他安排。

41. 报告期内由关联方变为非关联方的，应比照关联交易的要求持续关注与原关联方的后续交易情况，以及相关资产、人员的去向，关注（　　）等，核查非关联化的真实性。

A. 已转让资产或业务的受让方的基本情况

B. 债权转让是否真实

C. 转让价格是否为历史成本

D. 受让方与发行人及其主要客户和供应商是否存在特殊关系

【答案】AD

【解析】报告期内由关联方变为非关联方的，应比照关联交易的要求持续关注与原关联方的后续交易情况，以及相关资产、人员的去向，关注已转让资产或业务的受让方的基本情况、股权转让是否真实（选项B错误）、转让价格是否公允（选项C错误）、受让方与发行人及其主要客户和供应商是否存在特殊关系等，核查非关联化的真实性。

42. 投行从业人员应避免出现（　　）等问题。

A. 信息披露前后不一致　　B. 披露过多

C. 当披露不披露　　D. 披露出现错误

【答案】ACD

【解析】投行从业人员应避免出现信息披露前后不一致、当披露不披露、披露出现错误等问题。

43. 除执业质量问题、财务真实性问题、信息披露问题等问题以外，现场检查和现场督导中常见问题还包括（　　）。

A. 内部控制　　B. 业务合规　　C. 股权清晰　　D. 风险管理

【答案】ABC

【解析】除执业质量问题、财务真实性问题、信息披露问题等问题以外，现场检查和现场督导中常见问题还包括股权清晰、业务合规、内部控制等问题。

44. 投行从业人员在股权尽调过程中，需要结合资金流水核查进行专业判断，对于核查结果存在异样的，要进一步调查是否存在（　　）等情况。

A. 股权代持　　B. 潜在纠纷　　C. 股权分置　　D. 股份稀释

【答案】AB

【解析】投行从业人员在股权尽调过程中，需要结合资金流水核查进行专业判断，对于核查结果存在异样的，要进一步调查是否存在股权代持、潜在纠纷等情况。

45. 关于业务合规问题，投行人员在尽调过程中，需要注意的有（　　）。

A. 发行人的生产经营是否符合法律、行政法规

B. 关注发行人是否取得生产经营所需的全部资质、证照

C. 查看发行人取得生产经营所需的资质、证照是否均在有效期内

D. 发行人的生产经营业务是否全面

【答案】ABC

【解析】投行人员在尽调过程中，需要注意发行人的生产经营是否符合法律、行政法规和公司章程的规定，充分关注发行人是否取得生产经营所需的全部资质、证照，并查看是否均在有效期内。

三、判断题（不选、错选均不得分）

1. 证监会持续对首发企业开展现场检查，对于推动各方归位尽责、提高信息披露质量发挥了积极作用。（　　）

【答案】正确

2. 实施现场检查时，检查组可以获取有关资金流水，生产、销售、仓储记录，会计凭证，会计账簿，财务报表等文件资料，但不能核查中介机构工作底稿。（　　）

【答案】错误

【解析】实施现场检查时，检查组可以核查中介机构工作底稿，询问有关人员、进行现场取证等。

3. 现场检查始于2014年，针对申请在境内证券交易所历次发行股票的企业。（　）

【答案】错误

【解析】现场检查始于2014年，针对申请在境内证券交易所首次公开发行股票或存托凭证并上市的企业。

4. 现场督导是由中国证监会、协会和交易所作为检查机构，在检查对象的生产、经营、管理场所以及其他相关场所，采取一定方式对其信息披露质量及中介机构执业质量进行监督检查的行为。（　）

【答案】错误

【解析】现场检查是由中国证监会及其派出机构和交易所作为检查机构，在检查对象的生产、经营、管理场所以及其他相关场所，采取一定方式对其信息披露质量及中介机构执业质量进行监督检查的行为。

5. 2014年以来，沪、深证券交易所持续对首发企业开展现场检查，对于推动各方归位尽责、提高信息披露质量发挥了积极作用。（　）

【答案】错误

【解析】2014年以来，证监会持续对首发企业开展现场检查，对于推动各方归位尽责、提高信息披露质量发挥了积极作用。自2017年下半年起，沪、深证券交易所开始承担证监会派发的首发企业现场检查工作职能，并逐步成为常态化检查机构。

6. 2014年4月23日，证监会发布《关于组织对首发企业信息披露质量进行抽查的通知》（发行监管函［2014］147号），从规则层面正式明确对申请首次公开发行股票的企业，将在上发审会前对发行人信息披露质量进行抽查。（　）

【答案】正确

7. 证监会在总结首发企业现场检查实践经验的基础上，于2021年1月29日发布了《首发企业现场检查规定》，明确仅适用于科创板和创业板的首发企业。（　）

【答案】错误

【解析】《首发企业现场检查规定》明确证券交易所各板块的首发企业均予以适用。

8. 目前，IPO审核工作主要通过提出问题、企业及中介机构回答问题等书面方式开展。对首发企业实施现场检查，可以通过查阅调取相关基础材料，深入发行人现场开展穿透式重点检查，是对书面审核工作的必要补充。（　）

【答案】正确

9. 目前，部分中介机构仍然存在职业操守欠缺、合规意识淡薄等问题，首发企业现场检查能够针对性地发现中介机构执业过程中存在的问题。（　　）

【答案】正确

10. 首发企业现场检查是落实以执业质量为核心的证券发行制度，不断提升信息披露质量的重要手段。（　　）

【答案】错误

【解析】 首发企业现场检查是落实以信息披露为核心的证券发行制度，不断提升信息披露质量的重要手段。

11. 开展首发企业现场检查，有助于严格落实发行人信息披露第一责任，全面提升公司规范治理水平及信息披露质量，不断推动资本市场高质量发展。（　　）

【答案】正确

12. 为了稳步推进全面实行股票发行注册制，2023 年 2 月 17 日，上海证券交易所和深圳证券交易所发布了相关指引，明确可对会计师事务所等证券服务机构实施现场督导。（　　）

【答案】正确

13. 根据保荐业务现场督导程序，交易所原则上在现场督导进场日 3 个工作日前，向保荐机构发出现场督导通知书，如遇紧急情况或者有证据表明提前通知保荐机构可能影响现场督导效果的情况下，交易所应当提前 1 天通知。（　　）

【答案】错误

【解析】 交易所原则上在现场督导进场日 3 个工作日前，向保荐机构发出现场督导通知书，如遇紧急情况或者有证据表明提前通知保荐机构可能影响现场督导效果的情况下，交易所可以不提前通知，直接进场开展现场督导并出具现场督导通知书。

14. 经过现场督导，发行人及保荐机构、证券服务机构对相关问题作出合理解释或者说明，且未发现异常情况的，在发行人和保荐机构、证券服务机构对发行上市申请文件进行补充、修改后，交易所继续推进审核程序。（　　）

【答案】正确

15. 保荐机构保荐的项目因执业质量问题被交易所采取监管措施或者纪律处分的，交易所应当对项目保荐代表人等责任人员进行问责，并将问责情况报告中国证监会。（　　）

【答案】错误

【解析】保荐机构保荐的项目因执业质量问题被交易所采取监管措施或者纪律处分的，保荐机构应当对项目保荐代表人等责任人员进行内部问责，并将问责情况报告交易所。

16. 交易所发出现场督导通知书后、实施现场督导前撤回申请的，交易所则不应当实施现场督导。（ ）

【答案】错误

【解析】交易所发出现场督导通知书后、实施现场督导前撤回申请的，交易所将视情况实施现场督导。

17. 督导组进场后，发行人撤回发行上市申请或者保荐人撤销保荐的，将继续完成现场督导。（ ）

【答案】正确

18. 现场督导是交易所贯彻注册制理念开展的监管创新，是发行审核机制的有机组成部分，也是交易所开门办审核的重要举措。（ ）

【答案】正确

19. 现场督导一方面传递了压严压实保荐机构把关责任的明确导向，督促保荐机构履行好核查把关职责，引导其把尽职调查主体责任和牵头核查把关责任扛起来；另一方面，与审核问询形成联动，丰富了审核把关的手段，形成了有效监管威慑，一定程度上抑制了发行人和中介机构的“闯关”冲动。（ ）

【答案】正确

20. 2023 年 2 月 17 日，上海证券交易所和深圳证券交易所发布了《上海证券交易所发行上市审核规则适用指引第 3 号——现场督导》和《深圳证券交易所股票发行上市审核业务指引第 4 号——保荐业务现场督导》，对于督导组进场前即撤回的项目，明确了不需要继续现场督导，对于督导组进场后撤回的项目，在一定情况下继续现场督导。（ ）

【答案】错误

【解析】对于督导组进场前即撤回的项目，明确了一定情况下继续现场督导，对于督导组进场后撤回的项目，将继续完成现场督导。

21. 2023 年 2 月 17 日，上海证券交易所和深圳证券交易所发布了《上海证券交易所发行上市审核规则适用指引第 3 号——现场督导》和《深圳证券交易所股票发行上市审核业务指引第 4 号——保荐业务现场督导》，增加对执业质量存在问题的保荐人启动现场督导的规定。（ ）

【答案】正确

22. 根据《上海证券交易所发行上市审核规则适用指引第 3 号——现场督导》和《深圳证券交易所股票发行上市审核业务指引第 4 号——保荐业务现场督导》，保荐业务现场督导组不对督导对象的补充核查工作进行现场监督。（　　）

【答案】错误

【解析】保荐业务现场督导必要时，督导组可以对督导对象的补充核查工作进行现场监督。

23. 督导小组一般不少于 2 人，可以根据需要，聘请外部专业机构及其人员参与现场督导工作，与现场检查相同。（　　）

【答案】正确

24. 关于现场督导的监管工作措施，发现保荐机构、证券服务机构存在履职不到位、执业不规范等情形的，交易所将采取监管工作函、谈话提醒等监管工作措施，要求其进行整改。（　　）

【答案】正确

25. 关于自律监管措施或纪律处分，发现保荐机构、证券服务机构存在履职不到位、执业不规范等情形的，交易所将采取监管工作函、谈话提醒等监管工作措施，同时实施纪律处分。（　　）

【答案】错误

【解析】发现保荐机构、证券服务机构存在履职不到位、执业不规范等情形的，交易所将采取监管工作函、谈话提醒等监管工作措施，要求其进行整改；存在其他违规行为的，交易所视情节轻重，给予相应监管措施或者实施纪律处分。

26. 根据《上海证券交易所发行上市审核规则适用指引第 3 号——现场督导》和《深圳证券交易所股票发行上市审核业务指引第 4 号——保荐业务现场督导》，主动撤回的适用范围是发行人、保荐机构在交易所发出现场督导书面通知前撤回发行上市申请或者撤销保荐的。（　　）

【答案】错误

【解析】主动撤回的适用范围是发行人、保荐机构在交易所发出现场督导书面通知后、实施现场督导前或者现场督导过程中撤回发行上市申请或者撤销保荐的。

27. 交易所在发行上市审核中，发现发行人存在与发行条件、上市条件和信息披露要求相关的重大疑问或异常，且未能提供合理解释、影响审核判断的，将按照中国证监会《首发企业现场检查规定》等有关规定提请实施现场检查。（　　）

【答案】正确

28. 从监管思路看，现场检查与现场督导均以理解业务为核心，识别企业风险，

着力关注重大异常、矛盾和差异。（　　）

【答案】正确

29. 根据相关规定及监管实践情况，现场检查与现场督导的进场地点有所不同，现场检查主要在保荐机构现场，可以对相关证券服务机构实施现场检查，现场督导是在发行人现场实施现场督导。（　　）

【答案】错误

【解析】根据相关规定及监管实践情况，现场检查与现场督导的进场地点有所不同，现场检查是发行人现场，现场督导主要在保荐机构现场，可以对相关证券服务机构实施现场督导。

30. 从监管尺度看，现场督导聚焦重大风险问题，而现场检查则严打财务造假行为。（　　）

【答案】错误

【解析】从监管尺度看，现场督导与现场检查均聚焦重大风险、严打财务造假行为。

31. 实施相关尽调手段，当实施函证程序时，在未回函的情况下，保荐人应当实施替代程序以获取相关、可靠的尽职调查证据。对于回函不符的应当调查不符事项，以确定是否表明存在错报。（　　）

【答案】正确

32. 发行人存货具有一定特殊性的，如其性质、价值、数量难以判断的，在确保外部专家胜任能力和独立性的基础上，可以合理采用外部专家意见，并对外部专家意见履行审慎关注和必要复核程序。（　　）

【答案】正确

33. 在开展流水核查时，保荐人应勤勉尽责，采用可靠手段获取核查资料，在确定核查范围、实施核查程序方面保持应有的职业谨慎。（　　）

【答案】正确

34. 根据《证券公司投资银行类业务内部控制指引》，质量控制为内部控制的第三道防线，应当通过介入主要业务环节、把控关键风险节点，实现公司层面对投资银行类业务风险的整体管控。（　　）

【答案】错误

【解析】质量控制为内部控制的第二道防线，应当对投资银行类业务风险实施过程管理和控制，及时发现、制止和纠正项目执行过程中的问题。

35. 发行上市申请文件是发行上市审核机构审核问询回复的组成部分，发行人

及其保荐人、证券服务机构应当保证回复的真实、准确、完整。（　　）

【答案】错误

【解析】发行上市审核机构审核问询的回复是发行上市申请文件的组成部分，发行人及其保荐人、证券服务机构应当保证回复的真实、准确、完整。

36. 保荐人在项目通过内核后对申报材料进行删改后再报送交易所的，属于违规行为。（　　）

【答案】正确

37. 保荐人可以对申报材料个别文字表述进行修订，即使没有实质性变动，也需要重新履行内核程序。（　　）

【答案】错误

【解析】保荐人可以对申报材料个别文字表述进行修订，但不应有实质性变动，如有实质性变动，需要重新履行内核程序。

38. 保荐人应在保荐工作报告中，全面记载尽职推荐发行人的主要工作过程，详细说明尽职推荐过程中发现的发行人存在的主要问题及解决情况，充分揭示发行人面临的主要风险。（　　）

【答案】正确

39. 根据《保荐人尽职调查工作准则》，如发行人的收入确认政策与同行业可比公司存在较大差异的，也不必做其余处理。（　　）

【答案】错误

【解析】根据《保荐人尽职调查工作准则》，如发行人的收入确认政策与同行业可比公司存在较大差异的，应核查该差异产生的原因及对发行人的影响。

40. 根据《保荐人尽职调查工作准则》，保荐人可以合理信赖会计师的函证工作结果，无须进一步核查。（　　）

【答案】错误

【解析】根据《保荐人尽职调查工作准则》，保荐人可以合理信赖会计师的函证工作结果，但应结合客户性质、规模、回款等情况及销售模式等因素，对主要客户通过实地走访、访谈、追查销货合同、销货发票、产品出库单、运输单、银行进账单或补充函证等方法对销售业务发生的真实性和准确性进一步核查。

41. 根据《保荐人尽职调查工作准则》，保荐人应根据发行人的生产流程，搜集相应的业务管理文件，了解发行人生产经营各环节成本核算方法和步骤，核查发行人报告期成本核算的方法是否保持一致。（　　）

【答案】正确

42. 根据《首次公开发行股票注册管理办法》等，发行人的生产经营应符合法律、行政法规规定，符合国家产业政策。（　　）

【答案】正确

43. 根据《保荐人尽职调查工作准则》《监管规则适用指引——发行类第5号》，保荐人应结合发行人实际情况，考虑对有关人员银行账户资金流水进行核查，以关注是否存在为发行人在体外承担成本费用的情况。（　　）

【答案】正确

44. 根据《首次公开发行股票注册管理办法》等，发行人会计基础工作规范、招股说明书的编制应符合企业会计准则和相关会计制度的规定。（　　）

【答案】错误

【解析】根据《首次公开发行股票注册管理办法》等，发行人会计基础工作规范、财务报表的编制应符合企业会计准则和相关会计制度的规定。

45. 关联方和关联交易遗漏是发行人唯一的舞弊手段，投行人员要充分利用银行流水核查，通过公开信息查询等手段强化关联方及关联交易事项核查，保持高度警惕。（　　）

【答案】错误

【解析】关联方和关联交易遗漏是发行人的舞弊手段之一，投行人员要充分利用银行流水核查，通过公开信息查询等手段强化关联方及关联交易事项核查，保持高度警惕。

46. 报告期内由关联方变为非关联方的，应比照关联交易的要求持续关注与原关联方的后续交易情况，核查非关联化的真实性。（　　）

【答案】正确

47. 财务信息相关涉及内容多，也是容易出现信息披露错误的地方，但不易产生较大影响，因此投行人员执行业务过程中无须保持高度的谨慎。（　　）

【答案】错误

【解析】财务信息相关涉及内容多，也是容易出现信息披露错误的地方，投行人员执行业务过程中，特别是在尽职调查和制作相关材料过程中需要保持高度的谨慎。

48. 投行人员在尽调过程中，需要注意发行人的生产经营是否符合法律、行政法规和公司章程的规定，充分关注发行人是否取得生产经营所需的全部资质、证照，并查看是否均在有效期内。（　　）

【答案】正确

四、综合题（每问备选答案中有一项或多项符合题目要求，不选、错选均不得分）

（一）据证监会主席易会满 2020 年 10 月 15 日在第十三届全国人民代表大会常务委员会第二十二次会议上所作《国务院关于股票发行注册制改革有关工作情况的报告》，要综合运用多要素校验、现场督导、现场检查、监管执法等多种方式，落实信息披露责任，提高信息披露质量。请根据现场检查和现场督导相关规定及监管实践，回答以下问题。

1. 实施现场检查时，检查组可以根据需要采取的检查方式包括（　　）。

A. 查看检查对象的生产、经营、管理场所及其他相关场所，获取有关工商等资料

B. 获取有关资金流水，生产、销售、仓储记录，会计凭证，会计账簿，财务报表等文件资料

C. 就主要业务循环和会计信息系统进行穿行测试

D. 核查中介机构工作底稿，询问有关人员、进行现场取证等

【答案】ABCD

【解析】实施现场检查时，检查组可以根据需要采取以下检查方式：(1) 查看检查对象的生产、经营、管理场所及其他相关场所，获取有关工商等资料；(2) 获取有关资金流水，生产、销售、仓储记录，会计凭证，会计账簿，财务报表等文件资料；(3) 就主要业务循环和会计信息系统进行穿行测试；(4) 问询检查对象控股股东和实际控制人、董事、监事、高级管理人员以及销售、采购、生产、仓储、财务等相关人员；(5) 走访检查对象重要客户及供应商等有关单位和人员，核实相关信息；(6) 核查中介机构工作底稿，询问有关人员、进行现场取证等；(7) 检查组认为必要的其他方式。故选项 ABCD 均正确。

2. 现场督导是交易所贯彻注册制理念开展的监管创新，是发行审核机制的有机组成部分，也是交易所开门办审核的重要举措。以下关于现场督导设立背景的说法中，正确的有（　　）。

A. 于上交所而言，现场督导是科创板试点注册制中落实以监管核查为核心、把好上市企业“入口关”的积极探索和具体措施

B. 于深交所而言，现场督导工作指引以市场主体需求为导向，明确了督导适用范围、督导方式、督导时长、结果运用等市场关注焦点

C. 2021 年，《上海证券交易所科创板发行上市审核规则适用指引第 1 号——保荐业务现场督导》明确可对会计师事务所等证券服务机构实施现场督导

D. 2023 年，新修订的督导工作制度将保荐业务现场督导的相关规则从科创板和创业板扩大至沪、深证券交易所全市场板块

【答案】BD

【解析】（1）据上交所介绍，现场督导于 2019 年 6 月开始启动，是科创板试点注册制中，落实以信息披露为核心、把好上市企业"入口关"的积极探索和具体措施，故选项 A 错误。（2）据深交所介绍，指引结合创业板注册制试点实践，推进现场督导工作制度化、规范化，以市场主体需求为导向，明确督导适用范围、督导方式、督导时长、结果运用等市场关注焦点，健全完善市场基础制度，推动构建稳定、可预期的市场环境，故选项 B 正确。（3）为了稳步推进全面实行股票发行注册制，2023 年 2 月 17 日，上海证券交易所和深圳证券交易所发布了《上海证券交易所发行上市审核规则适用指引第 3 号——现场督导》和《深圳证券交易所股票发行上市审核业务指引第 4 号——保荐业务现场督导》，与前述文件相比，修订内容主要体现在：①将保荐业务现场督导的相关规则从科创板和创业板扩大至沪、深证券交易所全市场板块；②明确可对会计师事务所等证券服务机构实施现场督导，故选项 C 错误，选项 D 正确。

3. 根据相关规定及监管实践情况，下列关于现场检查与现场督导的比较中，正确的有（　　）。

A. 现场检查的检查机构主要是中国证监会及其派出机构和交易所，而现场督导的检查机构主要是沪、深证券交易所

B. 现场检查的关注要点均以问题和风险为导向，而现场督导的关注要点主要是问题导向和随机抽取

C. 从监管思路看，现场检查与现场督导均以理解业务为核心，识别企业风险，着力关注重大异常、矛盾和差异

D. 从监管尺度看，现场督导与现场检查均聚焦重大风险、严打财务造假行为

【答案】ACD

【解析】（1）现场检查与现场督导主要区别在于：①检查机构不同：现场检查的检查机构主要是中国证监会及其派出机构和交易所，而现场督导的检查机构主要是沪、深证券交易所；②关注要点不同：现场检查的关注要点主要是问题导向和随机抽取，而现场督导的关注要点主要是以问题和风险为导向，故选项 A 正确，选项 B 错误；（2）无论现场检查还是现场督导，二者具有共通之处，从监管思路看，均以理解业务为核心，识别企业风险，着力关注重大异常、矛盾和差异；从监管尺度看，现场督导与现场检查均聚焦重大风险、严打财务造假行为，故选项 CD 正确。

（二）为更好地保障执业质量，保荐人应当诚实守信、勤勉尽责，切实发挥质量控制、内核等机制对保荐项目尽职调查和发行上市申请文件制作的把关作用。请根据现场检查和现场督导中常见的尽职调查程序合规性、职业谨慎性、保荐人内部控制等内容，回答以下问题。

1. 根据《保荐人尽职调查工作准则》等相关规定，下列关于保荐人实施尽调的具体要求中，正确的有（　　）。

A. 当实施函证程序时，在未回函的情况下，保荐人应当实施替代程序以获取相关、可靠的尽职调查证据

B. 在核查存货情况时，若发行人存在大额异地存放或由第三方保管或控制的存货，可采取函证、实地检查等适当的方式进行确认或抽盘

C. 在实施走访程序时，若利用第三方机构的工作，应评估其是否具备专业胜任能力，并复核其工作成果

D. 在开展流水核查时，在符合银行账户查询相关法律法规的前提下，资金流水核查范围仅包含发行人银行账户资金流水

【答案】ABC

【解析】（1）当实施函证程序时，保荐人应当对询证函保持控制，主要包括以下方面：在未回函的情况下，保荐人应当实施替代程序以获取相关、可靠的尽职调查证据，故选项 A 正确；（2）在核查存货情况时，若发行人存在大额异地存放或由第三方保管或控制的存货，可采取函证、实地检查等适当的方式进行确认或抽盘，故选项 B 正确；（3）在实施走访程序时，利用第三方机构的工作时，应评估其是否具备专业胜任能力，并复核其工作成果，故选项 C 正确；（4）在开展流水核查时，在符合银行账户查询相关法律法规的前提下，资金流水核查范围除发行人银行账户资金流水以外，结合发行人实际情况，还可能包括控股股东、实际控制人、发行人主要关联方、董事、监事、高管、关键岗位人员等开立或控制的银行账户资金流水，以及与上述银行账户发生异常往来的发行人关联方及员工开立或控制的银行账户资金流水，故选项 D 错误。

2. 发行人 A 主要从事某种类型医用机器人的自主研发、生产、销售及服务，于 2×22 年 3 月申报科创板。在尽职调查发现的下列情形中，保荐代表人应保持充分关注并予以审慎核查的有（　　）。

A. 发行人 A 实际控制人存在多笔通过 POS 机消费的大额异常资金支付情形

B. 发行人实际控制人与第一大客户高级管理人员大额资金往来异常

C. 发行人实际控制人只提供一个银行账户，但资金流水明细显示，该实际控

制人还存在另一银行账户

D. 增资过程中发行人第一大客户做出采购承诺及合作安排

【答案】ABCD

【解析】保荐人在尽职调查过程中应保持职业谨慎性，发现存在相互矛盾的尽职调查证据、获取的尽职调查证据可靠性存疑、明显不合商业情理的交易或安排、其他表明可能存在舞弊的情况时，应予以充分关注并核查：(1) 保荐代表人应对实际控制人账户大额异常资金流水保持充分关注并予以审慎核查，故选项 A 正确；(2) 保荐人应充分关注到发行人实际控制人与第一大客户高级管理人员存在资金流水的异常，故选项 B 正确；(3) 保荐人应全面获取并核查发行人实际控制人在报告期内的资金流水情况，故选项 C 正确；(4) 保荐人应充分关注增资过程中发行人第一大客户所作的采购承诺及合作安排，故选项 D 正确。

3. 根据《证券公司投资银行类业务内部控制指引》，证券公司应当构建清晰、合理的投资银行类业务内部控制组织架构。下列关于保荐人内部控制的说法中，正确的有（　　）。

A. 保荐人在项目通过内核后对申报材料进行删改后再报送交易所的，属于违规行为

B. 保荐人可以对申报材料个别文字表述进行修订，如有实质性变动，属于违规行为

C. 保荐人对项目进行内核会议形成的表决意见，以及对内核意见答复、落实所形成的文件资料均系保荐业务工作底稿的必备内容

D. 保荐人应在项目立项、质控程序对项目组成员、质控负责人的利益冲突进行充分审查

【答案】ACD

【解析】(1) 保荐人在项目通过内核后对申报材料进行删改后再报送交易所的，属于违规行为，故选项 A 正确；(2) 保荐人可以对申报材料个别文字表述进行修订，但不应有实质性变动，如有实质性变动，需要重新履行内核程序，故选项 B 错误；(3) 保荐人对项目进行立项、内核以及其他相关内部管理工作所形成的文件资料，内核会议形成的表决意见，以及对内核意见答复、落实所形成的文件资料均系保荐业务工作底稿的必备内容，故选项 C 正确；(4) 保荐人应在项目立项、质控程序对项目组成员、质控负责人的利益冲突进行充分审查，故选项 D 正确。

（三）收入是发行人利润的来源，直接关系到发行人的财务状况和经营成果，应重点关注收入确认方法的合理性，具体确认依据充分性、时点的准确性，销售及

客户的真实性。请根据现场检查和现场督导中常见的与财务真实性相关的收入与客户、成本与供应商、期间费用等内容，回答以下问题。

1. 根据《保荐人尽职调查工作准则》，下列情形中，保荐人在进行收入确认判断时需要重点核查的有（　　）。

A. 发行人将对甲公司项目 2×22 年的收入提前至 2×21 年确认

B. 发行人将对乙公司项目应当于 2×18 年确认的收入推迟至 2×20 年确认

C. 发行人境外子公司单一项目下存在多个订单，部分订单被调整到报告期内尚未完成的其他项目

D. 发行人在项目完工后仍大额领料并向客户支付大额款项

【答案】ABCD

【解析】根据《保荐人尽职调查工作准则》：（1）存在跨期确认收入情形时，保荐人应补充核查并测算，对涉嫌跨期的收入进行调整，故选项 AB 正确；（2）保荐人应对公司项目管理的规范性及各项目下订单的完整性予以充分关注，故选项 C 正确；（3）在开展流水核查时，在符合银行账户查询相关法律法规的前提下，资金流水核查范围除发行人银行账户资金流水以外，结合发行人实际情况，还可能包括控股股东、实际控制人、发行人主要关联方、董事、监事、高管、关键岗位人员等开立或控制的银行账户资金流水，以及与上述银行账户发生异常往来的发行人关联方及员工开立或控制的银行账户资金流水，故选项 D 正确。

2. 发行人 B 主要从事环境治理综合服务，于 2×19 年 5 月首次申报科创板。下列情形中，可能存在保荐人保荐职责履行不到位的有（　　）。

A. 安装调试完成确认单签署之时，发行人设备是否已达到合同约定的可使用状态存在不确定性，保荐人认为已满足收入确认的实质条件

B. 发行人将个别土建部分金额占比较高的合同划分为设备销售合同，并按设备销售的收入确认原则进行了会计处理，保荐人认为符合收入划分的判定标准

C. 发行人领料单信息缺失，无法追溯每个供应商、每批次原料对应的生产耗用情况，无法准确核查期末存货库龄信息，保荐人认为据此进行的成本核算具有准确性

D. 发行人根据生产流程以及相应的业务管理文件确定生产经营各环节成本核算方法和步骤，保荐人认为据此进行的成本核算具有准确性

【答案】ABC

【解析】（1）保荐代表人未能保持应有的职业审慎态度，仅以发行人设备安装调试完成后即进入可使用状态为由，认为取得客户签章的安装调试完成确认单时已

满足收入确认的实质条件，对相关收入确认的论证依据不充分，存在职责履行不到位的问题，故选项 A 正确；（2）保荐代表人未充分关注该类业务收入划分及相应会计处理的准确性，存在职责履行不到位的问题，故选项 B 正确；（3）保荐代表人未充分关注发行人领料单信息缺失情形，相关信息披露与实际情况不符，存在职责履行不到位的问题，故选项 C 正确；（4）根据《保荐人尽职调查工作准则》，保荐人应根据发行人的生产流程，搜集相应的业务管理文件，了解发行人生产经营各环节成本核算方法和步骤，核查发行人报告期成本核算的方法是否保持一致，这是确保成本核算的准确性的必备环节，不存在保荐人保荐职责履行不到位的情况，故选项 D 错误。

3. 根据《首次公开发行股票注册管理办法》等，下列关于现场检查和现场督导关注要点中财务真实性的说法，正确的有（　　）。

A. 保荐人应重点关注发行人销售费用的合规性，核查是否存在商业贿赂等违法经营的情况

B. 保荐人应分析研发费用的归集是否准确完整、研发费用是否与收入混淆

C. 在财务内控方面存在上述不规范情形的，应通过监管机构上市辅导完成整改或纠正

D. 保荐人应通过询问、实地观察等方法，核查无形资产的使用状况、在建工程的施工进度，确认无形资产的使用状态是否良好

【答案】A

【解析】（1）保荐人应重点关注发行人销售费用的合规性，核查是否存在商业贿赂等违法经营的情况，故选项 A 正确；（2）保荐人应分析研发费用的归集是否准确完整、研发费用是否与成本混淆，故选项 B 错误；（3）在财务内控方面存在上述不规范情形的，应通过中介机构上市辅导完成整改或纠正，故选项 C 错误；（4）保荐人应通过询问、实地观察等方法，核查固定资产的使用状况、在建工程的施工进度，确认固定资产的使用状态是否良好，故选项 D 错误。

（四）股票发行审核以信息披露为中心。在现场检查和现场督导过程中，信息披露问题同样是重点关注问题。请根据现场检查和现场督导中常见的业务和技术、关联方和关联交易、财务信息披露等内容，回答以下问题。

1. 发行人 A 主要从事包装专用设备的研发、生产和销售，于 2×23 年 5 月申报科创板。首轮审核问询中，发行人未在前次申报招股说明书中披露融资租赁业务模式信息，未将融资租赁公司的付款披露为第三方回款，未将与融资租赁公司、终端客户签订的《三方购买合同》披露为重大合同。针对此次问询，发行人应在问询函

回复中披露的事项包括（　　）。

A. 披露融资租赁涉及的第三方回款

B. 披露融资租赁的具体业务流程

C. 披露融资租赁合同的主要约定

D. 披露融资租赁的内部控制与风险管理措施

【答案】ABCD

【解析】针对此次问询，发行人应对融资租赁的合作模式进行整改并在招股说明书对融资租赁涉及的第三方回款、融资租赁的具体业务流程、内部控制与风险管理措施、合同的主要约定、收入确认政策、实现销售情况以及与租赁公司的合作情况进行了披露，故选项 ABCD 均正确。

2. 关联方和关联交易遗漏是发行人的舞弊手段之一。根据《保荐人尽职调查工作准则》，保荐人在进行关联方和关联交易核查时，需要重点关注的有（　　）。

A. 缺乏明显商业理由的交易

B. 实质与形式明显不符的交易

C. 交易价格、条件、形式等明显异常或显失公允的交易

D. 与报告期内的非关联化的关联方持续发生的交易

【答案】ABCD

【解析】根据《保荐人尽职调查工作准则》，保荐机构在对发行人独立情况开展尽调过程中，对于缺乏明显商业理由的交易，实质与形式明显不符的交易，交易价格、条件、形式等明显异常或显失公允的交易，与报告期内的非关联化的关联方持续发生的交易，与非正常业务关系单位或个人发生的偶发性或重大交易等，应当予以重点关注，故选项 ABCD 均正确。

3. 发行人 B 主要从事工业自动化领域电气传动与控制设备的研发、设计、生产、销售和维修服务，于 2×22 年 6 月申报科创板。保荐业务现场督导期间，保荐机构说明，发行人收入确认依据主要为设备送货单、客户验收单、对账记录。督导发现，2017—2019 年发行人以设备送货单确认收入的比例分别为 38.36%、50.06%、60.5%，设备送货单仅有验收人签名，无客户盖章；终端客户在采购更新改造设备之外，会采购部分备机，但保荐机构未提供发行人备机销售资料。现场督导发现的上述问题中，需要发行人重点说明的有（　　）。

A. 报告期内以各类依据确认收入的具体收入确认政策

B. 报告期内以设备送货单确认收入的比例不断增长的原因

C. 设备送货单签字人是否能代表客户进行风险报酬或控制权转移的确认

D. 报告期各期下游客户采购备机的具体情况与销量的匹配性

【答案】ABCD

【解析】针对现场督导发现的上述问题，在第三轮审核问询中，上交所要求发行人说明：（1）报告期内以设备送货单确认收入的比例不断增长的原因，是否存在原本以验收单、对账记录确认收入，后期改为以设备送货单确认收入的情况，明确披露报告期内以各类依据确认收入的具体收入确认政策，是否发生过改变，故选项AB正确；（2）设备送货单签字人是否能代表客户进行风险报酬或控制权转移的确认，结合销售合同具体条款说明各类产品风险报酬转移的时点是否准确，故选项C正确；（3）报告期各期下游客户采购备机的具体情况，与销量的匹配性，以及销售会计核算的准确性，故选项D正确。

（五）请根据现场检查和现场督导中常见的股权清晰、业务合规、内部控制等内容，回答以下问题。

1. 根据《保荐人尽职调查工作准则》等相关规定，下列关于保荐人实施股权尽调的说法中，正确的有（　　）。

A. 在股权尽调过程中，保荐人应结合亲属关系核查，对股权归属进行专业判断

B. 对于资金流水核查结果存在异样的，要进一步调查是否存在股权代持、潜在纠纷等情况

C. 发行人员工收到分红款或股权转让款后存在大额取现情况，保荐人应关注员工是否为代实际控制人持有股权

D. 发行人实际控制人对发行人的出资均直接来源于甲公司，保荐人应关注实际控制人持有发行人股权是否存在被强制执行的风险

【答案】BCD

【解析】（1）在股权尽调过程中，保荐人应结合资金流水核查进行专业判断，对于核查结果存在异样的，要进一步调查是否存在股权代持、潜在纠纷等情况，故选项A错误，选项B正确；（2）发行人员工收到分红款或股权转让款后存在大额取现情况，保荐人应关注员工是否为代实际控制人持有股权，故选项C正确；（3）发行人实际控制人对发行人的出资均直接来源于甲公司，保荐人应关注实际控制人持有发行人股权是否存在被强制执行的风险，故选项D正确。

2. 发行人A主要从事为互联网用户提供互联网数字阅读服务以及围绕其展开的版权运营和增值服务，于2×21年7月申报创业板。在尽职调查发现的下列情形中，不符合业务合规的有（　　）。

A. 发行人在实际运营过程中对于传统纸质书籍在上架前未予审核

B. 发行人 A 为第一大客户甲公司提供数字内容、运营支撑及产品技术支撑，但甲公司数字阅读服务业务尚未取得《网络出版服务许可证》

C. 发行人在免费专区除提供免费阅读服务外，还设有小编推荐栏目推荐付费作品

D. 发行人增加付费阅读服务时删除了“全站免费”的宣传语

【答案】ABC

【解析】投行人员在尽调过程中，需要注意发行人的生产经营是否符合法律、行政法规和公司章程的规定，充分关注发行人是否取得生产经营所需的全部资质、证照，并查看是否均在有效期内。(1) 发行人在实际运营过程中对于传统纸质书籍在上架前未予审核，不符合业务合规的要求，故选项 A 正确；(2) 按照《网络出版服务管理规定》的相关规定，开展数字阅读服务业务应取得《网络出版服务许可证》，但发行人 A 的第一大客户甲公司并未取得，不符合业务合规的要求，故选项 B 正确；(3) 发行人在免费专区除提供免费阅读服务外，还设有小编推荐栏目推荐付费作品，不符合业务合规的要求，故选项 C 正确；(4) 发行人增加付费阅读服务时及时删除了“全站免费”的宣传语，符合业务合规的要求，故选项 D 错误。

3. 发行人 A 主要从事网络通信设备相关产品的研发、设计、生产与销售，于 2×22 年 10 月申报创业板。现场督导发现，发行人拥有两种样式的公章，均根据公安部门要求依法刻制，其中印章二用于 IPO 申报事项，但在实际使用中存在两种公章混用的情况。针对发行人 A 的公章使用情况，现场督导的问询重点主要包括(　　)。

A. 发行人专为 IPO 申报事项刻制公章的原因

B. 两款公章效力是否一致

C. 公章使用的内部控制是否健全有效

D. 询证函上的印章是否具有效力

【答案】ABC

【解析】现场督导的问询重点主要包括：(1) 发行人专为 IPO 申报事项刻制公章的原因；(2) 两款公章效力是否一致；(3) 结合公章混用的情况说明公章使用的内部控制是否健全有效，故选项 ABC 正确。发行人公章均根据公安部门要求依法刻制，故其具有相应的效力，此项不属于现场督导的问询重点，故选项 D 错误。

第十一章　发行审核与注册重点关注事项

一、单项选择题（以下备选项中只有一项最符合题目要求，不选、错选均不得分）

1. 某公司发行人申请首次公开发行股票并在主板上市，不符合主板定位的企业是（　　）。

A. 业务模式成熟、经营业绩稳定的优质企业

B. 面向世界科技前沿、面向国家重大需求的创新企业

C. 规模较大、具有行业代表性的优质企业

D. 预计市值不低于 100 亿元，营业收入快速增长，拥有自主研发、国际领先技术，在同行业竞争中处于相对优势地位的优质企业

【答案】B

【解析】 发行人申请首次公开发行股票并在主板上市，应当符合主板定位，突出“大盘蓝筹”特色，重点支持业务模式成熟、经营业绩稳定、规模较大、具有行业代表性的优质企业；选项 B 为科创板的特色，发行人申请首次公开发行股票并在科创板上市，应当符合科创板定位，面向世界科技前沿、面向经济主战场、面向国家重大需求。

2. 关于主板的发行条件说法错误的是（　　）。

A. 有限责任公司按原账面净资产值折股整体变更为股份有限公司的，发行人的持续经营时间不可以从有限责任公司成立之日起计算

B. 发行人应股份权属清晰，不存在导致控制权可能变更的重大权属纠纷

C. 发行人应不存在涉及主要资产、核心技术、商标等的重大权属纠纷

D. 发行人生产经营应符合法律、行政法规的规定，符合国家产业政策

【答案】A

【解析】 有限责任公司按原账面净资产值折股整体变更为股份有限公司的，发行人的持续经营时间可以从有限责任公司成立之日起计算。

3. 根据《监管规则适用指引——发行类第 4 号》，关于董事、高级管理人员是否发生重大变化的认定错误的是（　　）。

A. 最近 36 个月内的变动人数及比例，在计算人数比例时，以董事和高级管理人员合计总数作为基数

B. 变动后新增的董事、高级管理人员来自原股东委派或发行人内部培养产生的，原则上不构成人员的重大变化，此时形式重于实质

C. 发行人管理层因退休、调任等原因发生岗位变化的，不轻易认定为重大变化，但发行人应当披露相关人员变动对公司生产经营的影响

D. 对于发行人的董事、监事及高级管理人员所持股份发生被质押、冻结或发生诉讼纠纷等情形的，发行人应当按照招股说明书准则的要求予以充分披露，并向投资者揭示风险

【答案】B

【解析】对董事、高级管理人员是否发生重大变化的认定，应当本着实质重于形式的原则，变动后新增的董事、高级管理人员来自原股东委派或发行人内部培养产生的，原则上不构成人员的重大变化，但发行人应当披露相关人员变动对公司生产经营的影响。

4. 下列不属于主板的发行条件中业务完整条件范畴的是（　　）。

A. 关于发行人的相关诉讼、仲裁审查

B. 对发行人有关的关联交易的认定

C. 发行人有关的构成重大不利影响的同业竞争

D. 发行人能否取得注册会计师出具无保留结论的内部控制鉴证报告

【答案】D

【解析】选项 ABC 三项均属于业务完整性，选项 D 属于会计与内控条件。

5. 下列属于主板的发行条件中业务完整条件的是（　　）。

A. 发行人应不存在涉及主要资产、核心技术、商标等的重大权属纠纷

B. 发行人应当主营业务、控制权和管理团队稳定，最近三年内主营业务和董事、高级管理人员均没有发生重大不利变化

C. 最近三年财务会计报告由注册会计师出具无保留意见的审计报告

D. 发行人应是依法设立且持续经营三年以上的股份有限公司

【答案】A

【解析】选项 B 属于稳定性条件；选项 C 属于会计与内控条件；选项 D 属于持续经营时间；只有选项 A 属于业务完整条件。

6. 科创板实行行业负面清单制度，下列企业不在科创板负面清单的是（　　）。

A. 主要从事金融、投资类业务的企业

B. 房地产企业

C. 金融科技、模式创新企业

D. 新能源领域的高新技术企业

【答案】D

【解析】科创板实行行业负面清单制度，限制金融科技、模式创新企业在科创板发行上市。禁止房地产和主要从事金融、投资类业务的企业在科创板发行上市。

7. 根据《首次公开发行股票注册管理办法》，不符合科创板定位的是（　　）。

A. 面向世界科技前沿　　B. 面向经济主战场

C. 面向国家重大需求　　D. 面向“一带一路”的“大盘蓝筹”

【答案】D

【解析】发行人申请首次公开发行股票并在科创板上市，应当符合科创板定位，面向世界科技前沿、面向经济主战场、面向国家重大需求；主板特色是“大盘蓝筹”。

8. 上交所在科创板发行上市审核中，不属于审核关注要点的是（　　）。

A. 发行人是否符合主板支持方向

B. 发行人的行业领域是否属于《科创属性评价指引（试行）》和《科创板申报暂行规定》所列行业领域

C. 发行人的科创属性是否符合《科创属性评价指引（试行）》和《科创板申报暂行规定》所列相关指标或情形要求

D. 发行人是否具有突出的科技创新能力

【答案】A

【解析】选项 A 应为审核发行人是否符合科创板支持方向。

9. 下列关于科创属性认定标准指标说法错误的是（　　）。

A. 最近三年研发投入占营业收入比例 5% 以上，或最近三年研发投入金额累计在 6 000 万元以上

B. 应用于公司主营业务的发明专利 5 项以上

C. 研发人员占当年员工总数的比例不低于 10%

D. 最近三年营业收入复合增长率达到 30%，或最近一年营业收入金额达到 5 亿元

【答案】D

【解析】最近三年营业收入复合增长率达到 20%，或最近一年营业收入金额达到 3 亿元。

10. 支持和鼓励科创板定位规定的相关行业领域中，虽未达到科创属性认定标

准常规指标，但可以申报科创板发行上市，情形不包括（　　）。

A. 拥有的核心技术经国家主管部门认定具有国际领先、引领作用或者对于国家战略具有重大意义

B. 校企合作承担与主营业务和核心技术相关的国家重大科技专项项目

C. 作为主要参与单位或者核心技术人员作为主要参与人员，获得国家科技进步奖、国家自然科学奖、国家技术发明奖，并将相关技术运用于主营业务

D. 依靠核心技术形成的主要产品（服务），属于国家鼓励、支持和推动的关键设备、关键产品、关键零部件、关键材料等，并实现了进口替代

【答案】B

【解析】符合独立或者牵头承担与主营业务和核心技术相关的国家重大科技专项项目可以在不满足常规指标的情况下进行申报。

11. 科创属性认定标准中要求最近三年研发投入占营业收入比例 5% 以上，或最近三年研发投入金额累计在（　　）万元以上。

A. 5 000　　B. 6 000　　C. 7 000　　D. 10 000

【答案】B

【解析】科创属性认定标准中要求最近三年研发投入占营业收入比例 5% 以上，或最近三年研发投入金额累计在 6 000 万元以上。

12. 科创属性认定标准中要求最近三年营业收入复合增长率达到（　　），或最近一年营业收入金额达到 3 亿元。

A. 5%　　B. 10%　　C. 15%　　D. 20%

【答案】D

13. 下列关于创业板的说法中错误的是（　　）。

A. 创业板定位于深入贯彻创新驱动发展战略，适应发展更多依靠创新、创造、创意的大趋势

B. 创业板主要服务成长型创新创业企业，并支持传统产业与新技术、新产业、新业态、新模式深度融合

C. 符合规定的红筹企业创业板上市财务指标要求发行股票的发行后的股份总数不低于 5 000 万股

D. 禁止产能过剩行业、《产业结构调整指导目录》中的淘汰类行业，以及从事学前教育、学科类培训、类金融业务的企业在创业板发行上市

【答案】C

【解析】符合规定的红筹企业创业板上市财务指标要求发行股票的发行后的股

份总数不低于 3 000 万股。

14. 下列关于成长型创新创业企业申报在创业板发行上市需要符合的标准的说法中错误的是（　　）。

A. 最近三年研发投入复合增长率不低于 15%，最近一年研发投入金额不低于 1 000 万元，且最近三年营业收入复合增长率不低于 20%

B. 最近三年累计研发投入金额不低于 5 000 万元，且最近三年营业收入复合增长率不低于 20%

C. 属于制造业优化升级、现代服务业或者数字经济等现代产业体系领域，且最近三年营业收入复合增长率不低于 30%

D. 最近一年营业收入金额达到 3 亿元的企业，且最近三年营业收入复合增长率不低于 30%

【答案】D

【解析】 最近一年营业收入金额达到 3 亿元的企业，或者按照《关于开展创新企业境内发行股票或存托凭证试点的若干意见》等相关规则申报创业板的已境外上市红筹企业，不适用前款规定的 30% 的营业收入复合增长率要求。

15. 在创业板发行上市需要关注的审核要点是（　　）。

A. 审核中会关注发行人业务是否符合板块行业定位

B. 对发行人的业务模式、核心技术、研发优势等情况予以重点关注

C. 是否实质属于负面清单中的行业

D. 发行人的属性是否符合《科创属性评价指引（试行）》

【答案】D

【解析】 是否符合《科创属性评价指引（试行）》是科创板要关注的要点，应改为是否符合交易所支持和鼓励的成长型创新创业企业的财务指标。

16. 关于创业板的说法中错误的是（　　）。

A. 创业板定位发展更多依靠创新、创造、创意的并支持传统产业与新技术、新产业、新业态、新模式深度融合的企业

B. 最近三年研发投入复合增长率不低于 10%，最近一年研发投入金额不低于 1 000万元，且最近三年营业收入复合增长率不低于 20%

C. 属于制造业优化升级、现代服务业或者数字经济等现代产业体系领域，且最近三年营业收入复合增长率不低于 30%

D. 境内发行人创业板上市财务指标要求发行后股本总额不低于 3 000 万元

【答案】B

【解析】创业板要求最近三年研发投入复合增长率不低于15%，最近一年研发投入金额不低于1 000万元，且最近三年营业收入复合增长率不低于20%。

17. 境内发行人创业板上市对一般企业市值及财务指标条件的要求是最近两年净利润均为正，且累计不低于（　　）万元。

A. 5 000　　B. 6 000　　C. 8 000　　D. 10 000

【答案】A

【解析】境内发行人创业板上市对一般企业市值及财务指标条件的要求是最近两年净利润均为正，且累计不低于5 000万元。

18. 境内发行人创业板上市对存在表决权差异安排的企业的标准之一是不低于50亿元，且最近一年营业收入不低于（　　）亿元。

A. 3　　B. 5　　C. 10　　D. 15

【答案】B

【解析】境内发行人创业板上市对存在表决权差异安排的企业的标准之一是不低于50亿元，且最近一年营业收入不低于5亿元。

19. 境内发行人创业板上市的公开发行比例要求股本总额不高于4亿元时，公开发行比例不低于（　　）。

A. 10%　　B. 20%　　C. 25%　　D. 35%

【答案】C

【解析】境内发行人创业板上市的公开发行比例要求股本总额不高于4亿元时，公开发行比例不低于25%。

20. 交易所支持和鼓励成长型创新创业企业申报在创业板发行上市的标准之一是属于制造业优化升级、现代服务业或者数字经济等现代产业体系领域的企业，且最近三年营业收入复合增长率不低于（　　）。

A. 10%　　B. 20%　　C. 30%　　D. 35%

【答案】C

【解析】交易所支持和鼓励成长型创新创业企业申报在创业板发行上市的标准之一是属于制造业优化升级、现代服务业或者数字经济等现代产业体系领域的企业，且最近三年营业收入复合增长率不低于30%。

21. 境内发行人创业板上市财务指标要求发行后股本总额不低于（　　）万元。

A. 2 000　　B. 3 000　　C. 5 000　　D. 3 500

【答案】B

【解析】境内发行人创业板上市财务指标要求发行后股本总额不低于3 000万元。

22. 下列关于北交所定位的具体要求的说法中错误的是（　　）。

A. 北交所主要服务创新型中小企业，推动传统产业转型升级，培育经济发展新动能，促进经济高质量发展

B. 发行人属于金融业、房地产业创新企业的，支持其申报在北交所发行上市

C. 发行人不得属于产能过剩行业

D. 2021 年 11 月，北交所揭牌开市，同步试点注册制，重点支持先进制造业和现代服务业等领域的企业

【答案】B

【解析】发行人属于金融业、房地产业企业的，不支持其申报在北交所发行上市。

23. 北交所上市公司向创业板转板上市时对股东人数的要求是不少于（　　）人。

A. 1 000　　B. 2 000　　C. 3 000　　D. 200

【答案】A

【解析】北交所上市公司向创业板转板上市时对股东人数的要求是不少于 1 000人。

24. A 公司于 2022 年 6 月申请北交所上市，下列说法错误的是（　　）。

A. 如 A 公司生产的产品涉及名录中的高污染、高环境风险产品，应该说明相关产品所产生的收入及占 A 公司主营业务收入的比例

B. A 公司生产名录中的相关产品的未来压降计划因暂不明确，可不提供

C. A 公司的生产经营是否符合国家产业政策

D. A 公司应说明生产经营和募投项目是否属于《产业结构调整指导目录（2019 年本）》中的限制类、淘汰类产业，是否属于落后产能

【答案】B

【解析】A 公司生产名录中的相关产品，应该明确未来压降计划。

25. 北交所上市公司向创业板转板上市条件要求社会公众持有的公司股份达到公司股份总数的（　　）以上。

A. 10%　　B. 25%　　C. 20%　　D. 30%

【答案】B

【解析】北交所上市公司向创业板转板上市条件要求社会公众持有的公司股份达到公司股份总数的 25% 以上。

26. 北交所上市条件中股权分散要求公开发行后，公司股本总额超过 4 亿元的，公司股东人数不少于 200 人，公众股东持股比例不低于公司股本总额的（　　）。

A. 10%　　B. 25%　　C. 20%　　D. 30%

【答案】A

【解析】北交所上市条件中股权分散要求：公开发行的股份不少于 100 万股，发行对象不少于 100 人；公开发行后，公司股东人数不少于 200 人，公众股东持股比例不低于公司股本总额的 25%；公司股本总额超过 4 亿元的，公众股东持股比例不低于公司股本总额的 10%。

27. 申请北交所上市的财务指标预计市值不低于 2 亿元的标准之一是最近 2 年净利润均不低于 1 500 万元，最近 2 年加权平均净资产收益率平均不低于（　　）。

A. 1%　　B. 5%　　C. 8%　　D. 10%

【答案】C

【解析】申请北交所上市的财务指标预计市值不低于 2 亿元的标准之一是最近 2 年净利润均不低于 1 500 万元，最近 2 年加权平均净资产收益率平均不低于 8%。

28. 证监会等监管部门进一步总结试点注册制以来实践经验，将目前主板、科创板、创业板与首发业务财务审核相关的审核问答予以整合，形成《监管规则适用指引——发行类第 5 号》，下列不属于该文件的作用的是（　　）。

A. 提高首发企业信息披露质量　　B. 增强审核工作保密性

C. 统一审核理念和执行尺度　　D. 促进发行审核工作公开透明

【答案】B

【解析】为适应全面实行注册制改革，增强审核工作透明度，统一审核理念和执行尺度，促进发行审核工作公开透明，提高首发企业信息披露质量，证监会等监管部门进一步总结试点注册制以来实践经验，将目前主板、科创板、创业板与首发业务财务审核相关的审核问答予以整合，形成《监管规则适用指引——发行类第 5 号》等监管文件。

29. 财务数据真实性等问题是贯穿财务核查的基本原则，不利于保证财务数据真实性的是（　　）。

A. 发行人与中介机构应秉承“红线”思维

B. 上市企业和投行从业人员恪守从业操守

C. 建立、完善并严格实施相关财务内部控制制度

D. 上市企业和投行从业人员共同建立系统的核查和整改思路，为达到上市要求调节收入

【答案】D

【解析】应杜绝调节收入、虚增业绩等违法违规行为。

30. 以下选项中，不属于财务内控不规范情形的是（　　）。

A. 在销售、采购、研发、存货管理等重要业务循环中存在内控重大缺陷

B. 向关联方或供应商开具无真实交易背景的商业票据，通过票据贴现后获取银行融资

C. 与关联方或第三方直接进行资金拆借

D. 外销业务因外汇管制等原因确有必要通过关联方或第三方代收货款，且不存在审计范围受到限制的情形

【答案】D

【解析】以上选项ABC均属于内控不规范情形，选项D不属于不规范情形，因为发行人确有特殊客观原因，认为不属于财务内控不规范情形的，须提供充分合理性证据，如外销业务因外汇管制等原因确有必要通过关联方或第三方代收货款，且不存在审计范围受到限制的情形。

31. 以下选项中，不属于财务内控不规范情形的是（　　）。

A. 存在账外账

B. “转贷”行为

C. 利用个人账户对外收付款项

D. 连续12个月内银行贷款受托支付累计金额与相关采购或销售（同一交易对手或同一业务）累计金额基本一致或匹配等

【答案】D

【解析】发行人确有特殊客观原因，认为不属于财务内控不规范情形的，须提供充分合理性证据，如连续12个月内银行贷款受托支付累计金额与相关采购或销售（同一交易对手或同一业务）累计金额基本一致或匹配等。

32. 以下选项中，不属于财务内控不规范情形的是（　　）。

A. 被关联方以借款、代偿债务、代垫款项或者其他方式占用资金

B. 无真实业务支持情况下，通过供应商等取得银行贷款或为客户提供银行贷款资金走账通道

C. 利用个人账户对外收付款项

D. 与参股公司（非受实际控制人控制）的其他股东同比例提供资金，且不存在审计范围受到限制的情形

【答案】D

【解析】发行人确有特殊客观原因，认为不属于财务内控不规范情形的，须提供充分合理性证据，如与参股公司（非受实际控制人控制）的其他股东同比例提供

资金，且不存在审计范围受到限制的情形。

33. 根据财务内控不规范情形的整改要求，下列核查要求错误的是（　　）。

A. 中介机构应根据有关情形发生的原因及性质、时间及频率、金额及比例等因素，综合判断是否对内控制度有效性构成重大不利影响

B. 中介机构应对发行人有关行为违反法律法规、规章制度情况进行认定，判断是否属于舞弊行为，是否构成重大违法违规，是否存在被处罚情形或风险，是否满足相关发行条件

C. 中介机构应对发行人有关行为进行完整核查，验证相关资金来源或去向，充分关注相关会计核算是否真实、准确，与相关方资金往来的实际流向和使用情况，判断是否通过体外资金循环粉饰业绩或虚构业绩

D. 中介机构可以不关注发行人的整改情况，其是否已通过收回资金、纠正不当行为、改进制度、加强内控等方式积极整改并不会影响其发行资格

【答案】D

【解析】中介机构应关注发行人是否已通过收回资金、纠正不当行为、改进制度、加强内控等方式积极整改。

34. 关于资金流水核查，下列说法错误的是（　　）。

A. 保荐机构及申报会计师应合理保证发行人财务报表不存在重大错报风险

B. 发行人及其控股股东、实际控制人、董事、监事、高管等相关人员应向中介机构提供完整的银行账户信息，配合中介机构核查资金流水

C. 中介机构应勤勉尽责，采用可靠手段获取核查资料，在确定核查范围、实施核查程序方面保持应有的职业谨慎

D. 资金流水核查范围只包含发行人银行账户资金流水，不包括控股股东、实际控制人、发行人主要关联方、董事、监事、高管、关键岗位人员等开立或控制的银行账户资金流水

【答案】D

【解析】资金流水核查范围除发行人银行账户资金流水以外，结合发行人实际情况，还可能包括控股股东、实际控制人、发行人主要关联方、董事、监事、高管、关键岗位人员等开立或控制的银行账户资金流水，以及与上述银行账户发生异常往来的发行人关联方及员工开立或控制的银行账户资金流水。

35. 下列不属于保荐机构资金流水重点核查的项目是（　　）。

A. 重点核查报告期内发行人资金管理相关内部控制制度是否存在较大缺陷

B. 重点核查报告期内发行人大额资金往来是否存在重大异常，是否与公司经

营活动、资产购置、对外投资等不相匹配

C. 重点核查报告期内发行人与控股股东、实际控制人、董事、监事、高管、关键岗位人员等是否存在异常大额资金往来

D. 在销售、采购、研发、存货管理等重要业务循环中存在内控重大缺陷

【答案】D

【解析】选项D属于财务内控不规范情形的整改要求，而不是资金核查。

36. 下列在资金核查时不存在疑问的项目是（　　）。

A. 存在关联方代发行人收取客户款项或支付供应商款项的情形

B. 控股股东、实际控制人、董事、监事、高管、关键岗位人员与发行人关联方、客户、供应商存在异常大额资金往来

C. 发行人毛利率、期间费用率、销售净利率等指标各期存在较大异常变化，或者与同行业公司存在重大不一致

D. 发行人备用金、对外付款等资金管理不存在重大不规范情形

【答案】D

【解析】发行人备用金、对外付款等资金管理规范，核查时不必继续追问。

37. 下列关于研发支出资本化的说法中错误的是（　　）。

A. 根据《适用指引第3号》等法规要求，研究阶段的支出，应于发生时计入当期损益；开发阶段的支出，在同时满足会计准则列明的条件时，才能按规定确认为无形资产

B. 初始确认和计量时，发行人应结合研发支出资本化相关内控制度的健全性和有效性，逐条具体分析进行资本化的开发支出是否同时满足会计准则规定的条件

C. 中介机构应从研究开发项目的立项与验收、研究阶段及开发阶段划分、资本化条件确定、费用归集及会计核算和相关信息披露等方面发表核查意见

D. 中介机构应核查发行人是否为申请高新技术企业认定及企业所得税费用加计扣除等目的虚增研发支出

【答案】A

【解析】根据《适用指引第5号》等法规要求，研究阶段的支出，应于发生时计入当期损益；开发阶段的支出，在同时满足会计准则列明的条件时，才能按规定确认为无形资产。

38. 下列关于研发支出资本化的说法中错误的是（　　）。

A. 中介机构应核查研发支出成本费用归集范围是否恰当，研发支出是否真实、准确，是否与相关研发活动相关

B. 中介机构应核查研究阶段和开发阶段划分是否合理，是否与研发流程相联系

C. 发行人应根据重要性原则，在招股说明书中披露研发支出资本化相关会计政策

D. 中介机构应代替发行人充分披露相关无形资产的减值风险

【答案】D

【解析】发行人应充分披露相关无形资产的减值风险。

39. 下列关于研发支出资本化的说法中错误的是（　　）。

A. 初始确认和计量时，发行人应结合研发支出资本化相关内控制度的健全性和有效性，逐条具体分析进行资本化的开发支出是否同时满足会计准则规定的条件

B. 发行人应从研究开发项目的立项与验收、研究阶段及开发阶段划分、资本化条件确定、费用归集及会计核算和相关信息披露等方面发表核查意见

C. 中介机构应核查研究阶段和开发阶段划分是否合理，是否与研发流程相联系

D. 发行人可以为申请高新技术企业认定及企业所得税费用加计扣除等目的调增研发支出，这样有利于公司发展

【答案】D

【解析】中介机构应核查发行人是否为申请高新技术企业认定及企业所得税费用加计扣除等目的的虚增研发支出。

40. 关于会计政策、会计估计变更或会计差错，下列说法错误的是（　　）。

A. 发行人在申报前进行审计调整的，申报会计师应按要求对发行人编制的申报财务报表与原始财务报表的差异比较表出具鉴证报告并说明审计调整原因

B. 报告期内发行人会计政策和会计估计应保持一致，不得随意变更，如变更应符合会计准则的规定，并履行必要的审批程序

C. 发行人申报后存在会计政策、会计估计变更事项的，相关变更事项应符合专业审慎原则，可以与同行业上市公司存在重大差异，不存在影响发行人会计基础工作规范性及内控有效性情形

D. 发行人申报后出现会计差错更正事项的，保荐机构及申报会计师应重点核查相关方面并发表明确意见

【答案】C

【解析】发行人申报后存在会计政策、会计估计变更事项的，相关变更事项应符合专业审慎原则，与同行业上市公司不存在重大差异，不存在影响发行人会计基

础工作规范性及内控有效性情形。

41. 针对申报前后的会计政策、会计估计变更和差错更正事项的核查要求，下列说法错误的是（　　）。

A. 保荐机构应核查审计调整的合理性与合规性

B. 保荐机构及申报会计师应关注发行人变更会计政策或会计估计是否有充分、合理的理由及依据

C. 保荐机构及申报会计师应重点核查变更事项的时间、内容和范围，对发行人的影响

D. 差错更正事项是否已准确、充分披露并不是申报会计师的核查范围

【答案】D

【解析】保荐机构及申报会计师应重点核查差错更正事项是否已准确、充分披露。

42. 关于第三方回款的核查和披露要求，下列说法错误的是（　　）。

A. 第三方回款通常指发行人销售回款的支付方（如银行汇款的汇款方、银行承兑汇票或商业承兑汇票的出票方或背书转让方）与签订经济合同的往来客户（或实际交易对手）不一致

B. 发行人报告期存在第三方回款的，保荐机构及申报会计师通常应重点核查第三方回款的真实性，是否虚构交易或调节账龄

C. 保荐机构及申报会计师通常应重点核查第三方回款有关收入占营业收入的比例，相关金额及比例是否处于合理范围

D. 资金流、实物流与合同约定及商业实质是否一致，第三方回款是否具有可验证性，并不影响销售循环内部控制有效性的认定

【答案】D

【解析】资金流、实物流与合同约定及商业实质是否一致，第三方回款是否具有可验证性，是否影响销售循环内部控制有效性的认定需要重点核查。

43. 关于第三方回款的核查和披露要求，下列说法错误的是（　　）。

A. 资金流、实物流与合同约定及商业实质是否一致，第三方回款是否具有可验证性，是否影响销售循环内部控制有效性的认定

B. 保荐机构应关注第三方回款的原因、必要性及商业合理性，是否与经营模式相关、符合行业经营特点，是否能够区分不同类别的第三方回款

C. 保荐机构应关注是否因第三方回款导致货款归属纠纷

D. 与经营模式相关、符合行业经营特点的第三方回款情况包括但仅限于客户

为个体工商户或自然人，通过家庭约定由直系亲属代为支付货款

【答案】D

【解析】与经营模式相关、符合行业经营特点的第三方回款情况包括但不限于：客户为个体工商户或自然人，通过家庭约定由直系亲属代为支付货款，选项 D 只是其中一种情况。

44. 关于第三方回款的核查和披露要求，下列说法错误的是（　　）。

A. 资金流、实物流与合同约定及商业实质是否一致，第三方回款是否具有可验证性，是否影响销售循环内部控制有效性的认定

B. 与经营模式相关、符合行业经营特点的第三方回款情况包括但不限于客户所属集团通过集团财务公司或指定相关公司代客户统一对外付款

C. 目前，监管规定对于第三方回款有明确的信息披露要求

D. 实务中，通常是在问询回复阶段，发行人及中介机构就第三方回款的涉及金额、商业背景、核查情况、核查结论等内容进行答复并披露

【答案】C

【解析】目前，监管规定对于第三方回款尚无明确的信息披露要求，实务中，通常是在问询回复阶段进行披露。

45. 关于增资或转让股份形成的股份支付确定公允价值时应考虑的因素，下列说法中错误的是（　　）。

A. 入股时期，业绩基础与变动预期，市场环境变化

B. 行业特点，同行业并购重组市盈率、市净率水平

C. 股份支付实施或发生当年市盈率、市净率等指标

D. 股份支付费用应采用恰当方法在等待期内分摊，并计入经常性损益

【答案】D

【解析】选项 D 属于确定等待期应考虑因素，而不是确定公允价值时考虑的。

46. 关于增资或转让股份形成的股份支付确定等待期时应考虑的因素，下列说法中错误的是（　　）。

A. 股份立即授予或转让完成且没有明确约定等待期等限制条件的，股份支付费用原则上应一次性计入发生当期，并作为偶发事项计入非经常性损益

B. 发行人对于职工离职时相关股份的回购权存在特定期限，例如固定期限届满前、公司上市前或上市后一定期间等，无证据支持相关回购价格公允的，一般应将回购权存续期间认定为等待期

C. 发行人的回购权没有特定期限，且回购价格及定价基础均未明确约定的，

应考虑相关安排的商业合理性

D. 中介机构应在申报前根据股权激励的目的和商业实质对相关条款予以规范，明确回购权期限及回购价格

【答案】D

【解析】 发行人应在申报前根据股权激励的目的和商业实质对相关条款予以规范，明确回购权期限及回购价格。

47. 关于应收款项减值，下列说法错误的是（　　）。

A. 发行人评估预期信用损失，应考虑所有合理且有依据的信息，包括前瞻性信息，并说明预期信用损失的确定方法和相关参数的确定依据

B. 发行人重要客户以现金、银行转账以外方式回款的，应清晰披露回款方式

C. 发行人应参考同行业上市公司确定合理的应收账款坏账准备计提政策

D. 计提比例与同行业上市公司存在显著差异的，可以先不披露，待问询时进行答复

【答案】D

【解析】 计提比例与同行业上市公司存在显著差异的，应在招股说明书中披露具体原因。

48. 减值测试时不影响应收款项分组的因素是（　　）。

A. 客户类型　　　　B. 付款方式

C. 发行人行业地位　　　　D. 账龄结构

【答案】C

【解析】 根据预期信用损失模型，发行人可依据包括客户类型、商业模式、付款方式、回款周期、历史逾期、违约风险、时间损失、账龄结构等因素形成的显著差异，对应收款项划分不同组合分别进行减值测试。

49. 关于应收款项减值，下列说法错误的是（　　）。

A. 发行人重要客户以现金、银行转账以外方式回款的，应清晰披露回款方式

B. 发行人应结合应收款项主要构成、账龄结构、预期信用损失的确定方法、信用政策、主要债务人等因素，分析披露报告期应收款项的变动原因及期后回款进度

C. 应收款项坏账准备计提比例明显低于同行业可比公司的，应分析披露具体原因

D. 发行人可以仅以欠款方为关联方客户、优质客户、政府工程客户或历史上未发生实际损失等理由而不计提坏账准备

【答案】D

【解析】发行人不应仅以欠款方为关联方客户、优质客户、政府工程客户或历史上未发生实际损失等理由而不计提坏账准备。

50. 关于尚未盈利或最近一期存在累计未弥补亏损的情况，下列说法错误的是（　　）。

A. 最近一期虽然存在累计未弥补亏损，发行人可选择是否披露累计未弥补亏损对公司未来盈利能力的影响

B. 披露前瞻性信息时，应披露预测相关假设基础，并声明假设的数据基础及相关预测具有重大不确定性，提醒投资者谨慎使用

C. 尚未盈利的发行人应充分披露尚未盈利对公司经营的影响，是否对未来持续经营能力产生重大不利影响

D. 发行人应结合行业特点和公司情况，针对性量化分析披露尚未盈利或最近一期存在累计未弥补亏损的成因

【答案】A

【解析】最近一期存在累计未弥补亏损的，发行人应披露累计未弥补亏损及其成因对公司未来盈利能力、分红政策影响。

51. 关于尚未盈利或最近一期存在累计未弥补亏损的情况，不需要进行披露的是（　　）。

A. 原因分析　　B. 影响分析

C. 趋势分析　　D. 同行业累计未弥补亏损的对比分析

【答案】D

【解析】关于尚未盈利或最近一期存在累计未弥补亏损的信息披露应包括原因分析、影响分析、趋势分析、风险因素、投资者保护措施及承诺。

52. 通过互联网开展业务相关信息系统核查时，下列说法错误的是（　　）。

A. 报告期任意一期通过互联网取得的营业收入占比或毛利占比超过30%，原则上，保荐机构及申报会计师应对该类企业通过互联网开展业务的信息系统可靠性分别进行专项核查并发表明确核查意见

B. 发行人应向保荐机构及申报会计师核查信息系统数据开放相关有限权限，为其核查信息系统提供必要条件

C. 对于直接向用户收取费用的此类企业，如互联网线上销售、互联网信息服务、互联网游戏等，保荐机构及申报会计师的核查应包括是否存在自充值或刷单情况

D. 如因历史数据丢失等原因，导致无法获取全部或部分运营数据，无法进行充分核查的，保荐机构及申报会计师应考虑该等情况是否存在异常并就信息系统可靠性审慎发表核查意见

【答案】B

【解析】发行人应向保荐机构及申报会计师核查信息系统数据开放足够权限，为其核查信息系统提供充分条件。

53. 根据《首次公开发行股票注册管理办法》，对发行人的要求不正确的是（　　）。

A. 发行人应当业务完整，具有直接面向市场独立持续经营的能力

B. 发行人不得存在对发行人构成重大不利影响的同业竞争

C. 发行人不得存在严重影响独立性或者显失公平的关联交易

D. 发行人存在导致控制权可能变更的重大权属纠纷尚在解决

【答案】D

【解析】要求股份权属清晰，不存在涉及主要资产、核心技术、商标等的重大权属纠纷。

54. 关于对赌协议，下列说法中错误的是（　　）。

A. 对赌协议是投资协议的核心组成部分，是投资方衡量企业价值的计算方式和确保机制

B. 对赌协议产生的根源在于企业未来盈利能力的不确定性，目的是尽可能地实现投资交易的合理和公平

C. 对赌协议实际上是一种财务工具，是对企业估值的调整，是带有附加条件的价值评估方式

D. 对赌协议并不能保护投资人利益，只是双方对企业未来盈利能力的赌博

【答案】D

【解析】通过条款的设计，对赌协议可以有效保护投资人利益，如果约定的条件出现，投资方可以行使一种权利；如果约定的条件不出现，融资方则行使一种权利。

55. 关于对赌协议，下列说法中错误的是（　　）。

A. 发行人应当在招股说明书中披露对赌协议的具体内容、对发行人可能存在的影响等，并进行风险提示

B. 就注册制下整体的情况来看，大部分企业倾向于申报前彻底解除且约定对赌协议自始无效

C. 一般而言，根据对赌协议签署方的不同，对赌协议主要可分为两种类型：PE 机构与发行人签署的对赌协议，PE 机构与发行人股东签署的对赌协议

D. 对赌协议解除后，按照 IPO 相关法规的要求，不需要在相关申报文件中对“对赌协议的具体内容”“对发行人可能存在的影响”等方面进行核查说明

【答案】D

【解析】不论对赌协议是否解除，按照 IPO 相关法规的要求，均需要在相关申报文件中对“对赌协议的具体内容”“对发行人可能存在的影响”等方面做充分核查说明。

56. （　　）产生的根源在于企业未来盈利能力的不确定性，目的是尽可能地实现投资交易的合理和公平。

A. 回购协议　　B. 员工持股计划　C. 对赌协议　　D. 一致行动协议

【答案】C

【解析】对赌协议产生的根源在于企业未来盈利能力的不确定性，目的是尽可能地实现投资交易的合理和公平。

57. 投资机构 Q 公司在投资发行人 W 公司时约定了对赌协议，保荐机构及发行人律师应当核查并发表明确核查意见的事项不包括（　　）。

A. W 公司是否为对赌协议当事人

B. 对赌协议是否存在可能导致 W 公司控制权变化的约定

C. 对赌协议的效力及履行情况

D. 对赌协议是否存在严重影响 W 公司持续经营能力的情形

【答案】C

【解析】投资机构在投资发行人时约定对赌协议等类似安排的，保荐机构及发行人律师、申报会计师应当重点就以下事项核查并发表明确核查意见：一是发行人是否为对赌协议当事人（选项 A）；二是对赌协议是否存在可能导致公司控制权变化的约定（选项 B）；三是对赌协议是否与市值挂钩；四是对赌协议是否存在严重影响发行人持续经营能力或者其他严重影响投资者权益的情形（选项 D），故选项 C 错误。

58. 关于实际控制人，下列说法中错误的是（　　）。

A. 实际控制人是指拥有公司控制权、能够实际支配公司行为的主体

B. 在确定公司控制权归属时，应当本着实事求是的原则，尊重企业的实际情况，以发行人自身的认定为主，由发行人股东予以确认

C 保荐机构、发行人律师应通过对公司章程及发行人经营管理的实际运作情况

的核查对实际控制人认定发表明确意见

D. 发行人存在拥有公司控制权的主体，发行人的股权及控制结构不影响公司治理有效性，可视为公司控制权没有发生变更

【答案】D

【解析】 发行人不存在拥有公司控制权的主体或者公司控制权的归属难以判断时，发行人的股权及控制结构不影响公司治理有效性，可视为公司控制权没有发生变更。

59. 关于实际控制人，下列说法中错误的是（　　）。

A. 发行人控股股东和实际控制人所持股份自发行人股票上市之日起 36 个月内不得转让，控股股东和实际控制人的亲属并不受锁定期限制

B. 发行人难以认定实际控制人的，发行人股东应当按持股比例从高到低依次承诺其所持股份自上市之日起锁定 36 个月，直至锁定股份的总数不低于发行前股份总数的 51%

C. 发行人申报前 6 个月内进行增资扩股的，新增股份的持有人应当承诺新增股份自发行人完成增资扩股工商变更登记手续之日起锁定 36 个月

D. 股东大会表决权，实际控制人应能直接或间接支配相关股份的表决，能够对发行人股东大会决议产生重大影响

【答案】A

【解析】 发行人控股股东和实际控制人所持股份自发行人股票上市之日起 36 个月内不得转让，控股股东和实际控制人的亲属（依据《民法典》相关规定认定）、一致行动人所持股份应当比照控股股东和实际控制人所持股份进行锁定。

60. 关于实际控制人，下列说法中错误的是（　　）。

A. 在日常经营管理方面，实际控制人能直接参与公司重大经营事项或对上述事项施加重大影响

B. 实际控制人能对最近三年（科创板与创业板为两年）的股东大会决议，以及董事会重大决策产生重大影响

C. 共同实际控制人每人都必须直接持有公司股份或间接支配公司股份的表决权

D. 实际控制人未发生变更在各个板块均为 IPO 发行上市条件。其中，主板要求发行人最近 2 年内实际控制人没有发生变更，科创板与创业板要求发行人最近 3 年内实际控制人没有发生变更

【答案】D

【解析】实际控制人未发生变更在各个板块均为 IPO 发行上市条件。其中，主板要求发行人最近 3 年内实际控制人没有发生变更，科创板与创业板要求发行人最近 2 年内实际控制人没有发生变更。

61.《首发注册办法》第四十五条规定，发行人控股股东和实际控制人及其亲属应当披露所持股份自发行人股票上市之日起（　　）个月不得转让的锁定安排。

A. 6　　B. 12　　C. 24　　D. 36

【答案】D

62. 发行人 Q 公司主张多人共同拥有公司控制权，那么 Q 公司应当符合的条件不包括（　　）。

A. 每人都必须直接持有 Q 公司股份或者间接支配 Q 公司股份的表决权

B. 发行人公司治理结构健全、运行良好

C. 多人共同拥有 Q 公司控制权的情况下不影响 Q 公司的规范运作

D. 多人共同拥有 Q 公司控制权的情况，只能通过公司章程予以明确

【答案】D

【解析】多人共同拥有公司控制权的情况，一般应当通过公司章程、协议或者其他安排予以明确，并非只能通过公司章程予以明确，故选项 D 错误。

63. 发行人的股权及控制结构、经营管理层和主营业务在首发前（　　）个月（主板）或者（　　）个月（科创板、创业板）内没有发生重大变化，可视为公司控制权没有发生变更。

A. 48；36　　B. 36；24　　C. 24；12　　D. 12；6

【答案】B

64. 下列关于发行人丁公司实际控制人的相关说法中，错误的是（　　）。

A. 赵某能直接支配丁公司相关股份的表决，能够对丁公司股东大会决议产生重大影响，所以赵某是丁公司的实际控制人

B. 钱某能提名丁公司董事会多数成员，所以钱某是丁公司的实际控制人

C. 孙某能对丁公司最近一年的股东大会决议产生重大影响，所以孙某是丁公司的实际控制人

D. 在日常经营管理方面，李某能直接参与丁公司的重大经营事项，所以李某是丁公司的实际控制人

【答案】C

【解析】在实务中，针对实际控制人的认定一般通过以下几个方面来考察：（1）股东大会表决权，实际控制人应能直接或间接支配相关股份的表决，能够对发

行人股东大会决议产生重大影响，选项 A 正确；（2）董事提名权，实际控制人应能提名董事会多数成员（独立董事除外），选项 B 正确；（3）实际控制人能对最近三年（科创板与创业板为两年）的股东大会决议，以及董事会重大决策产生重大影响，且上述情况未发生明显变化，共同实际控制人（若有）最近三年（科创板与创业板为两年）内应保持决策一致，且在未来一定期间内具有合理机制保证共同实际控制人在决策上保持一致，选项 C 错误；（4）在日常经营管理方面，实际控制人能直接参与公司重大经营事项或对上述事项施加重大影响，选项 D 正确。

65. 根据《招股书格式准则》规定，发行人应披露持有发行人 5% 以上股份或表决权的主要股东及实际控制人的基本情况，其中包括控股股东、实际控制人的基本情况，当控股股东、实际控制人为法人的，应披露的信息不包括（　　）。

A. 成立时间　　　　B. 注册资本

C. 股东构成　　　　D. 是否拥有永久境外居留权

【答案】D

【解析】 控股股东、实际控制人为法人的，应披露成立时间、注册资本、实收资本、注册地和主要生产经营地、股东构成、主营业务及其与发行人主营业务的关系、最近一年及一期末的总资产和净资产、最近一年及一期的营业收入和净利润等信息，选项 ABC 正确；控股股东、实际控制人为自然人的，应披露国籍、是否拥有永久境外居留权、身份证号码，选项 D 错误。

66. 关于同业竞争，下列说法错误的是（　　）。

A. 实际控制人应披露至最终的国有控股主体、集体组织、自然人等

B. 发行人“与控股股东、实际控制人及其控制的其他企业间不应存在对发行人构成重大不利影响的同业竞争”

C. 同业竞争的“同业”是指竞争方从事与发行人主营业务相同或者相似的业务

D. 如果发行人控股股东、实际控制人是自然人，其配偶及夫妻双方的父母、子女控制的企业与发行人存在竞争关系的，不应当认定为构成同业竞争

【答案】D

【解析】 如果发行人控股股东、实际控制人是自然人，其配偶及夫妻双方的父母、子女控制的企业与发行人存在竞争关系的，应当认定为构成同业竞争。

67. 关于同业竞争，下列说法错误的是（　　）。

A. 竞争方的同类收入或者毛利占发行人主营业务收入或者毛利的比例达 30% 以上的，如无充分相反证据，原则上应当认定为构成重大不利影响的同业竞争

B. 针对存在同业竞争情形的，可以采取收购合并，将存在同业竞争的关联方

资产装入拟上市公司主体中

C. 同业竞争的“同业”是指竞争方从事与发行人主营业务相同或者相似的业务

D. 发行人应避免披露与投资者保护相关的承诺

【答案】D

【解析】发行人应披露与投资者保护相关的承诺。承诺事项主要包括：控股股东、实际控制人避免新增同业竞争的承诺等。

68. 关于同业竞争，下列说法错误的是（　　）。

A. 竞争方的同类收入或者毛利占发行人主营业务收入或者毛利的比例达 30% 以上的，如无充分相反证据，原则上应当认定为构成重大不利影响的同业竞争

B. 发行人控股股东、实际控制人的其他亲属及其控制的企业与发行人存在竞争关系的，应当充分披露前述相关企业对发行人独立性的影响

C. 发行人难以认定实际控制人的，发行人股东应当按持股比例从高到低依次承诺其所持股份自上市之日起锁定 36 个月，直至锁定股份的总数不低于发行前股份总数的 51%，符合员工持股计划的，适用上述锁定 36 个月的规定

D. 共同控制人签署一致行动协议的，应当在协议中明确发生意见分歧或纠纷时的解决机制

【答案】C

【解析】发行人难以认定实际控制人的，发行人股东应当按持股比例从高到低依次承诺其所持股份自上市之日起锁定 36 个月，直至锁定股份的总数不低于发行前股份总数的 51%，符合员工持股计划的，可不适用上述锁定 36 个月的规定。

69. 竞争方的同类收入或者毛利占发行人主营业务收入或者毛利的比例达（　　）以上的，如无充分相反证据，原则上应当认定为构成重大不利影响的同业竞争。

A. 20%　　B. 10%　　C. 30%　　D. 50%

【答案】C

70. 当两个公司存在同业竞争情形的，在实务中常采取的处理方式不包括（　　）。

A. 将存在同业竞争的关联方资产装入上市公司主体中

B. 将存在同业竞争的关联方资产装入拟上市公司主体中

C. 转让给存在关联关系的第三方

D. 出具承诺协议

【答案】C

【解析】针对存在同业竞争情形的，在实务中常采取如下处理方式：（1）收购合并，将存在同业竞争的关联方资产装入拟上市公司/上市公司主体中，选项 AB

正确；(2) 实际转让给无关联关系的第三方，选项 C 错误；(3) 承诺协议，主要存在于上市之后规范运作过程中，承诺不以任何方式直接或间接地从事或参与和上市公司竞争的任何业务活动，选项 D 正确。

71. 关于关联方及关联交易，下列说法错误的是（　　）。

A. 关联关系是指公司控股股东、实际控制人、董事、监事、高级管理人员与其直接或者间接控制的企业之间的关系，以及可能导致公司利益转移的其他关系

B. 主板的关联法人的认定标准和科创板一样，是指直接或者间接控制上市公司的法人

C. 上市公司与法人（或者其他组织）受同一国有资产管理机构控制而形成该项所述情形的，不因此构成关联关系，但其法定代表人、董事长、总经理或者半数以上的董事兼任上市公司董事、监事或者高级管理人员的除外

D. 关联交易直接关系到发行人的业务开展的独立性与业绩的真实性，是审核中的重点关注事项

【答案】B

【解析】主板的关联法人的认定标准和科创板不一样，主板的关联法人的认定标准是指直接或者间接控制上市公司的法人，但科创板标准比较多。

72. 在实务中，中介机构通常需要结合关联方签署的调查表、公开信息检索、银行流水核查等方式验证关联方范围的（　　）。

A. 完整性　　B. 必要性　　C. 公允性　　D. 真实性

【答案】A

【解析】在实务中，中介机构通常需要结合关联方签署的调查表、公开信息检索、银行流水核查等方式验证关联方范围的完整性。

73. 以下不符合科创板对关联方认定的是（　　）。

A. 直接或间接持有上市公司 5% 以上股份的自然人

B. 直接持有上市公司 1% 以上股份的法人或其他组织

C. 间接持有上市公司 5% 以上股份的法人或其他组织

D. 直接或者间接控制上市公司的自然人、法人或其他组织

【答案】B

【解析】在科创板对关联方的认定标准中，直接持有上市公司 5% 以上股份的法人或其他组织将被认定为关联方，选项 B 错误。

74. 关联交易直接关系到发行人的业务开展的独立性与业绩的真实性，是审核中的重点关注事项，以下关于审核关联方及关联交易的说法中错误的是（　　）。

A. 审核发行人关联方及关联交易的认定是否准确完整

B. 审核发行人是否存在关联交易非关联化的情形

C. 审核发行人关联交易的公允性

D. 中介机构通常需要通过与可比市场公允价格、第三方市场价格、关联方与其他交易方的价格以及与自产成本等对比论证关联交易的真实性

【答案】D

【解析】就审核发行人关联交易的公允性而言，在实务中，中介机构通常需要通过与可比市场公允价格、第三方市场价格、关联方与其他交易方的价格以及与自产成本等对比论证关联交易的公允性，而不是真实性，选项 D 错误。

75. 核查境外股权架构时，是否存在代持等其他影响控制权的相关约定是指境外股权架构的（　　）。

A. 真实性　　B. 合理性　　C. 合规性　　D. 有效性

【答案】A

【解析】核查境外股权架构时，是否存在代持等其他影响控制权的相关约定是指境外股权架构的真实性。

76. 关于境外控制架构，下列说法错误的是（　　）。

A. 实际控制人实现控制的条线存在境外控制架构的，保荐机构和发行人律师应当对发行人设置此类架构的原因、合法性及合理性、持股的真实性进行核查

B. 境外股权架构形成的合理性，包含境外股权架构出资的真实性，是否存在代持等其他影响控制权的相关约定

C. 境外股权架构形成的合规性，包含设置此类架构是否有履行相应的外汇审批程序，控股股东等境外主体是否存在违法违规行为，是否存在涉税风险等

D. 在“股权清晰”理念的要求下，发行人的控股股东、实际控制人持股层次复杂且设立在境外，特别是面临具体持股层级、持股比例难以核查的情形，需要对其合理性、合规定性和真实性进行核查

【答案】B

【解析】境外股权架构形成的合理性，包含设置此类架构的原因和动机，是否具有充分的商业合理性或历史原因等因素；境外股权架构的真实性，包含境外股权架构出资的真实性，是否存在代持等其他影响控制权的相关约定，故选项 B 错误。

77. 关于境外股权架构形成的合理性，包含设置此类架构的原因和动机，以下因素不具有充分的商业合理性或历史原因等因素的是（　　）。

A. 发行人实际控制人为境内人士，计划在境内上市

B. 发行人实际控制人为境外人士

C. 发行人原计划在境外上市

D. 外资企业可享受一定的税收优惠政策等

【答案】A

【解析】境外股权架构形成的合理性，包含设置此类架构的原因和动机，是否具有充分的商业合理性或历史原因等因素，如：发行人实际控制人为境外人士，发行人原计划在境外上市，外资企业可享受一定的税收优惠政策等，选项A错误，选项BCD正确。

78. 关于共同投资行为，下列说法错误的是（　　）。

A. “共同投资行为”，通常指的是双方通过出资、增资、转让等形式，最终同时直接或间接持有某一企业的权益或份额的情况

B. 发行人如存在与实际控制人直接或者间接共同设立公司情形，中介机构应当核查共同设立公司的背景、原因和必要性，说明发行人出资是否合法合规、出资价格是否公允

C. 董事、高级管理人员未经股东会或者股东大会同意，不得利用职务便利为自己或者他人谋取属于公司的商业机会，但是可以为他人经营与所任职公司同类的业务

D. 作为关联交易，共同投资行为的缘由及过程的合理性、必要性、合法性和公允性需要得到充分说明和论证

【答案】C

【解析】董事、高级管理人员未经股东会或者股东大会同意，不得利用职务便利为自己或者他人谋取属于公司的商业机会，自营或者为他人经营与所任职公司同类的业务。

79. 关于共同投资行为，下列说法错误的是（　　）。

A. 由于共同投资行为可能导致潜在的利益输送，在实务中通常需要结合发行人与共同投资方对共同投资企业的持股比例、发行人与共同投资企业之间的交易规模判断共同投资行为的重要性程度

B. “共同投资行为”，通常指的是双方通过出资、增资、转让等形式，最终同时直接持有某一企业的权益或份额的情况，不包括间接持有的情况

C. 通过现场走访共同投资企业、访谈发行人等方式，结合发行人经营的商业逻辑对发行人与共同投资企业之间的交易必要性、合理性进行核查

D. 在实务中，中介机构可以通过执行穿行测试、核查资金流水等方式，对交

易定价的真实性、合法性进行核查

【答案】B

【解析】"共同投资行为"，通常指的是双方通过出资、增资、转让等形式，最终同时直接或间接持有某一企业的权益或份额的情况。

80. 关于发行人为或曾为公众公司的情形，下列说法错误的是（　　）。

A. 新三板挂牌公司是指在全国中小企业股份转让系统挂牌的公司

B. 摘牌公司是指曾在全国中小企业股份转让系统挂牌后终止挂牌的公司

C. 因其曾经为公众公司，会减少审核对其在其他资本市场运作状况的关注，主要涉及前后信息披露的一致性、公司治理的合法合规性、摘牌或退市程序的合法合规性、外汇监管及股东的适格性等

D. 对于新三板挂牌、摘牌公司、H 股公司，或者涉及境外分拆、退市的发行人，该类公司作为或曾作为公众公司，需根据挂牌或上市地要求履行信息披露义务，并满足相应合规要求及二级市场交易制度等

【答案】C

【解析】选项 C，发行人曾为公众公司，会增加审核对其在其他资本市场运作状况的关注，主要涉及前后信息披露的一致性、公司治理的合法合规性、摘牌或退市程序的合法合规性、外汇监管及股东的适格性等。

81. 关于发行人为或曾为公众公司的情形，下列说法错误的是（　　）。

A. H 股公司是指在深圳证券交易所股份有限公司上市的注册在香港的公司

B. 应说明并简要披露其在挂牌或上市过程中，以及挂牌或上市期间在信息披露、股权交易、董事会或股东大会决策等方面的合法合规性，披露摘牌或退市程序的合法合规性，是否存在受到处罚的情形

C. 针对前后信息披露的一致性，在实务中，中介机构通常会开展对发行人以往披露的信息的核查，结合发行人目前的情形以判断信息披露的差异及原因

D. 针对公司治理的合法合规性、摘牌或退市程序的合法合规性，在实务中，中介机构通常会结合发行人在公众公司期间的内控制度、决策文件、公众公司挂牌市场的相关规定、公众公司挂牌、摘牌或退市时期间的处罚情况综合分析

【答案】A

【解析】H 股公司是指在香港联合交易所股份有限公司上市的注册在境内的公司。

82. 关于发行人为或曾为公众公司的情形，下列说法错误的是（　　）。

A. 针对外汇监管及股东的适格性，在实务中，中介机构通常会结合外汇管理

相关规定对发行人挂牌、摘牌或退市中外汇流转情况进行分析，并查询外汇部门对发行人及股东的处罚记录，同时开展股东核查，以综合判断外汇监管及股东的适格性

B. 公众公司在发现不同上市地会计政策处理方式的不同、会计政策的变更、会计差错、信息披露差错等差异后，需要先在已挂牌市场上披露更正公告以维持与IPO申请文件披露信息的一致性

C. 针对前后信息披露的一致性，在实务中，中介机构通常会开展对发行人以往披露的信息的核查，结合发行人目前的情形以判断信息披露的差异及原因

D. 涉及境外挂牌的情形，中介机构可免于取得境外第三方中介机构如境外律师对发行人挂牌、摘牌或退市期间的合法合规性的核查意见

【答案】D

【解析】涉及境外挂牌的情形，中介机构还会取得境外第三方中介机构如境外律师对发行人挂牌、摘牌或退市期间的合法合规性的核查意见。

83. 关于股权激励或员工持股计划，下列说法错误的是（　　）。

A. 在申报前，拟上市企业可以参照上市公司相关法律法规的要求实施股权激励计划和员工持股计划

B. 常见的股权激励方式包括限制性股票、股票期权

C. 《证券法》第九条规定，向特定对象发行证券累计超过二百人的，为公开发行，依法实施员工持股计划的员工人数计算在内

D. 员工持股计划的参加对象为公司员工，包括管理层人员

【答案】C

【解析】《证券法》第九条规定，向特定对象发行证券累计超过二百人的，为公开发行，但依法实施员工持股计划的员工人数不计算在内。

84. 关于股权激励或员工持股计划，下列说法错误的是（　　）。

A. 2020年6月，证监会发布《关于试点创新企业实施员工持股计划和期权激励的指引》明确允许试点企业上市前实施员工持股计划，允许首发申报前制定且准备上市后实施的期权激励计划

B. 发行人首发申报前实施员工持股计划的，原则上应当全部由公司员工构成，体现增强公司凝聚力、维护公司长期稳定发展的导向，建立健全激励约束长效机制

C. 发行人首发申报前实施员工持股计划的，有利于兼顾员工与公司长远利益，为公司持续发展夯实基础

D. 对于员工持股计划需“穿透计算”股东人数，可以突破中国证监会关于

IPO“首次公开发行企业股东不得超过200人的上限”的规定

【答案】A

【解析】2018年6月，证监会发布《关于试点创新企业实施员工持股计划和期权激励的指引》明确允许试点企业上市前实施员工持股计划，允许首发申报前制定且准备上市后实施的期权激励计划。

85. 关于股权激励或员工持股计划，下列说法错误的是（　　）。

A. 参与持股计划的员工，与其他投资者权益平等，盈亏自负，风险自担，不得利用知悉公司相关信息的优势，侵害其他投资者合法权益

B. 发行人首发申报前实施员工持股计划的，原则上应当全部由公司员工构成，体现增强公司凝聚力、维护公司长期稳定发展的导向，建立健全激励约束长效机制

C. 员工入股应当主要以货币出资，并按约定及时足额缴纳

D. 按照国家有关法律法规，员工以科技成果出资入股的，可以考虑对公司员工的激励，可以不办理财产权转移手续

【答案】D

【解析】按照国家有关法律法规，员工以科技成果出资入股的，应当提供所有权属证明并依法评估作价，及时办理财产权转移手续。

86. 关于股权激励或员工持股计划，下列说法错误的是（　　）。

A. 发行人应当严格按照法律、行政法规、规章及规范性文件要求履行决策程序，并遵循公司自主决定、员工自愿参加的原则，不得以摊派、强行分配等方式强制实施员工持股计划

B. 发行人实施员工持股计划，可以通过公司制企业、合伙制企业、资产管理计划等持股平台间接持股，并建立健全持股在平台内部的流转、退出机制，以及所持发行人股权的管理机制

C. 参与持股计划的员工因离职、退休、死亡等原因离开公司的，其所持股份权益应当按照员工持股计划章程或者协议约定的方式处置

D. 依法以公司制企业、合伙制企业、资产管理计划等持股平台实施的员工持股计划，在计算公司股东人数时，员工人数计算在内

【答案】D

【解析】依法以公司制企业、合伙制企业、资产管理计划等持股平台实施的员工持股计划，在计算公司股东人数时，员工人数不计算在内。

87. 关于股权激励或员工持股计划，下列说法错误的是（　　）。

A. 参与员工持股计划时为公司员工，离职后按照员工持股计划章程或者协议

约定等仍持有员工持股计划权益的人员，可不视为外部人员

B. 新《证券法》施行之前（即2020年3月1日之前）设立的员工持股计划，参与人包括少量外部人员的，可不做清理

C. 发行人应当在招股说明书中充分披露员工持股计划的人员构成、人员离职后的股份处理、股份锁定期等内容

D. 考虑到发行条件对发行人股权清晰、控制权稳定的要求，发行人控股股东或者实际控制人存在职工持股会或者工会持股情形的，应当予以保留

【答案】D

【解析】考虑到发行条件对发行人股权清晰、控制权稳定的要求，发行人控股股东或者实际控制人存在职工持股会或者工会持股情形的，应当予以清理。

88. 关于股权激励或员工持股计划，下列说法错误的是（　　）。

A. 对于间接股东存在职工持股会或者工会持股情形的，如不涉及发行人实际控制人控制的各级主体，发行人不需要清理，但应当予以充分披露

B. 设立的员工持股计划，参与人包括少量外部人员的，可不做清理。在计算公司股东人数时，公司员工人数不计算在内，外部人员按实际人数穿透计算

C. 保荐机构及发行人律师的重点核查内容不包括员工持股计划的设立背景，只核查其设立规范性

D. 对于职工持股会或者工会持有发行人子公司股份，经保荐机构、发行人律师核查后认为不构成发行人重大违法行为的，发行人不需要清理，但应当予以充分披露

【答案】C

【解析】保荐机构及发行人律师的重点核查内容包含员工持股计划的设立背景。

89. 关于股权激励或员工持股计划，下列说法错误的是（　　）。

A. 从上市公司的相关法律法规角度看，员工持股计划具有普适性，参与员工人数相对较多，必须设置具体的考核与实施条件

B. 可以以公司制企业、合伙制企业、资产管理计划等持股平台实施员工持股计划

C. 股权激励计划的激励对象主要为董事、高级管理人员、核心的业务和技术人员等，一般会设置服务期限、公司业绩指标和/或个人绩效指标等条件

D. 通常以公司制企业、合伙制企业和激励对象直接持股等方式实施股权激励计划

【答案】A

【解析】从上市公司的相关法律法规角度看，员工持股计划具有普适性，参与员工人数相对较多，可以不设置具体的考核与实施条件。

90. 关于股权激励或员工持股计划，下列说法错误的是（　　）。

A. 在实务中，申报前实施的股权激励计划和员工持股计划并没有非常明确的界限，目标都是对核心员工的激励

B. 在实务中，监管机构重点关注的问题包括激励对象的合规性、股份支付费用的确定依据及合理性等

C. 发行人在招股说明书中可以不披露人员离职后的股份处理等内容，待问询时一并答复

D. 由于股份支付费用会影响发行人的业绩，因此如何确定股份支付的公允价值是审核的重点

【答案】C

【解析】发行人应当在招股说明书中充分披露员工持股计划的人员构成、人员离职后的股份处理、股份锁定期等内容。

91. 下列不属于证券业务法律法规政策文件的是（　　）。

A.《中华人民共和国证券法》

B.《中华人民共和国公司法》

C.《国务院关于进一步提高上市公司质量的意见》

D.《保荐人尽职调查工作准则》

【答案】D

【解析】《保荐人尽职调查工作准则》属于业务监管规则。

92. 关于发行人的股东核查要求，下列说法错误的是（　　）。

A. 在实务中，保荐业务需要参考法律法规政策文件、司法解释及文件、业务监管规则、机构及人员管理、信息披露相关要求、交易所审核相关规则、发行承销规则、持续督导规则

B. 发行人应当真实、准确、完整地披露股东信息

C. 发行人历史沿革中存在股份代持等情形的，应当在提交申请前依法解除，并在招股说明书中披露形成原因、演变情况、解除过程、是否存在纠纷或潜在纠纷等

D. 红筹企业是指注册地在境内、主要经营活动在境外的企业

【答案】D

【解析】红筹企业是指注册地在境外、主要经营活动在境内的企业。

93. 关于发行人的股东核查要求，下列说法错误的是（　　）。

A. 发行人直接股东如以持有发行人重要子公司（置换时资产、营业收入或利润占比超过50%）股权置换为发行人股权的，如该股东自持有子公司股权之日至IPO申报时点满12个月，原则上视为新股东

B. 发行人的自然人股东入股交易价格明显异常的，中介机构应当核查该股东基本情况、入股背景等信息

C. 发行人股东的股权架构为两层以上且为无实际经营业务的公司或有限合伙企业的，如该股东入股交易价格明显异常，中介机构应当对该股东层层穿透核查到最终持有人

D. 发行人及其股东应当及时向中介机构提供真实、准确、完整的资料，积极和全面配合中介机构开展尽职调查，依法履行信息披露义务

【答案】A

【解析】 发行人直接股东如以持有发行人重要子公司（置换时资产、营业收入或利润占比超过50%）股权置换为发行人股权的，如该股东自持有子公司股权之日至IPO申报时点满12个月，原则上不视为新股东。

94. 关于发行人的股东核查要求，下列说法错误的是（　　）。

A. 存在股份代持需依法解除并核查，在招股说明书中披露形成原因、演变情况、解除过程、是否存在纠纷或潜在纠纷

B. 发行人股东入股交易价格明显异常，证监会和证券交易所可以就反洗钱管理、反腐败要求等方面征求有关部门意见，共同加强监管

C. 证监会系统离职人员存在利用原职务影响谋取投资机会、入股过程存在利益输送、在入股禁止期内入股、作为不适格股东入股、入股资金来源违法违规等情形的属于不当入股

D. 发行人股东的股权架构为两层以上且为无实际经营业务的公司或有限合伙企业的，核查时不需要穿透到最终持有人

【答案】D

【解析】 发行人股东的股权架构为两层以上且为无实际经营业务的公司或有限合伙企业的，如该股东入股交易价格明显异常，中介机构应当对该股东层层穿透核查到最终持有人。

95. 关于发行人的股东核查要求，下列说法错误的是（　　）。

A. 私募投资基金等金融产品持有发行人股份的，发行人应当披露金融产品纳入监管情况

B. 发行人申报前 6 个月内进行增资扩股的，新增股份的持有人应当承诺新增股份自发行人完成增资扩股工商变更登记手续之日起锁定 24 个月

C. 除自然人外，“最终持有人”还包括以下类型：上市公司（含境外上市公司）、新三板挂牌公司等公众公司，或穿透核查至国有控股或管理主体（含事业单位、国有主体控制的产业基金等）、集体所有制企业、境外政府投资基金、大学捐赠基金、养老基金、公益基金以及公募资产管理产品

D. 发行人及其股东应当及时向中介机构提供真实、准确、完整的资料，积极和全面配合中介机构开展尽职调查，依法履行信息披露义务

【答案】B

【解析】 发行人申报前 6 个月内进行增资扩股的，新增股份的持有人应当承诺新增股份自发行人完成增资扩股工商变更登记手续之日起锁定 36 个月。

96. 关于发行人的股东核查要求，下列说法错误的是（　　）。

A. 私募投资基金等金融产品持有发行人股份的，发行人应当披露金融产品纳入监管情况

B. 如该股东为发行人实际控制人等为发行人提供服务的人员，可根据账面价值确认股份支付

C. 对股份代持、突击入股、入股价格异常以及股东适格性等 4 大类事项，需要请保荐机构、发行人律师进一步说明

D. 对发行人披露的股东信息进行全面深入核查，包括但不限于股东入股协议、交易对价、资金来源、支付方式等客观证据

【答案】B

【解析】 如该股东为发行人实际控制人等为发行人提供服务的人员，可根据公允价值确认股份支付。

97. 关于发行人的股东核查要求，下列说法错误的是（　　）。

A. 根据《监管规则适用指引——发行类第 2 号》的规定，中介机构应全面核查证监系统离职人员入股情况

B. 发行人在申报前 9 个月内从控股股东、实际控制人处受让股份的新股东，是否比照控股股东、实际控制人持有股份进行锁定

C. 如果存在离职人员不当入股情形的，应当予以清理，并说明离职人员基本信息、入股原因、入股价格及定价依据、清理过程、是否存在相关利益安排等

D. 发行人 A 公司存在未进行穿透的外资股东，论证甲公司、乙公司的外资股东的出资人不存在境内主体且入股发行人的价格不存在明显异常，且间接持有发行

人股份数量少于10万股或持股比例低于0.01%，最终认定为“最终持有人”停止穿透

【答案】B

【解析】发行人在申报前6个月内从控股股东、实际控制人处受让股份的新股东，是否比照控股股东、实际控制人持有股份进行锁定

98. 关于发行人及其控股股东、实际控制人的合法合规性，下列说法错误的是（　　）。

A. 发行人及其控股股东、实际控制人近三年不得存在贪污、贿赂、侵占财产、挪用财产或者破坏社会主义市场经济秩序的刑事犯罪

B. 涉及国家安全、公共安全、生态安全、生产安全、公众健康安全等领域的重大违法行为是指发行人及其控股股东、实际控制人违反相关领域法律、行政法规或者规章，受到刑事处罚或者情节严重行政处罚的行为

C. 发行人应避免披露报告期内存在的违法违规行为及受到处罚、监督管理措施、纪律处分或自律监管措施的情况，因为这会对发行人造成不利影响

D. 发行人可汇总或分类披露情节显著轻微的违法违规行为及受到处罚、监督管理措施、纪律处分或自律监管措施的情况

【答案】C

【解析】发行人应披露报告期内存在的违法违规行为及受到处罚、监督管理措施、纪律处分或自律监管措施的情况，并说明对发行人的影响。

99. 为确保发行人股权结构稳定、正常生产经营不因发行人控制权发生变化而受到影响，发行人没有或者难以认定实际控制人的，发行人股东应当按持股比例从高到低依次承诺其所持股份自上市之日起锁定（　　）个月，直至锁定股份的总数不低于发行前股份总数的51%。

A. 12　　B. 24　　C. 36　　D. 48

【答案】C

100. 关于资产管理产品、契约型私募投资基金等类型股东，下列说法错误的是（　　）。

A. 资产管理产品通常指依据《证券期货经营机构私募资产管理业务管理办法》设立，依照法律法规和资产管理合同的约定，为投资者的利益进行投资的产品计划

B. 契约型私募投资基金通常基于基金投资者、基金管理人、基金托管人之间所签署的基金合同而设立，基金投资者的权利由基金合同约定

C. 资产管理产品、契约型私募投资基金等类型股东往往更容易符合“股权清

晰、股权结构稳定”的要求

D. 中介机构应核查确认资产管理产品、契约型私募投资基金已作出合理安排，可确保符合现行锁定期和减持规则要求

【答案】C

【解析】 历史上资产管理产品、契约型私募投资基金等类型股东通常存在业务发展不规范、多层嵌套、刚性兑付、规避金融监管和宏观调控等问题，往往难以符合 IPO 审核“股权清晰、股权结构稳定”的要求。

101. 关于发行人诉讼或仲裁事项，下列说法错误的是（　　）。

A. 如果发行人出现股权发生诉讼仲裁等不确定性事项的，必然构成 IPO 的实质性障碍

B. 诉讼或仲裁事项可能对发行人产生重大影响，应当充分披露发行人涉及诉讼或仲裁的有关风险

C. 发行人诉讼或仲裁的重大进展情况以及新发生的对股权结构、生产经营、财务状况、未来发展等可能产生较大影响的诉讼或仲裁事项，应当及时补充披露

D. 主板对于重大诉讼、仲裁事项的认定涉案金额占公司最近一期经审计净资产绝对值 10% 以上，且绝对金额超过 1 000 万元

【答案】A

【解析】 如果发行人出现股权发生诉讼仲裁等不确定性事项的，不必然构成 IPO 的实质性障碍，关键要看是否影响实际控制权的清晰和稳定。

102. 关于发行人诉讼或仲裁事项，下列说法错误的是（　　）。

A. 科创板对于重大诉讼、仲裁事项的认定是涉案金额占公司最近一期经审计净资产绝对值 1% 以上，且绝对金额超过 1 000 万元

B. 诉讼或仲裁事项可能对发行人产生重大影响，应当充分披露发行人涉及诉讼或仲裁的有关风险

C. 如果股份受限的情形不影响实际控制权，并且正在实施或存在比较有效且可预期的解决措施，在做到如实、充分地披露后，对上市审核的影响较为有限

D. 创业板对于重大诉讼、仲裁事项的认定涉案金额占公司最近一期经审计净资产绝对值 10% 以上，且绝对金额超过 1 000 万元

【答案】A

【解析】 科创板对于重大诉讼、仲裁事项的认定是涉案金额超过 1 000 万元，且占公司最近一期经审计总资产或者市值的 1% 以上。

103. 主板对于重大诉讼、仲裁事项的认定时，对涉案金额的认定为占公司最近

一期经审计净资产绝对值10%以上，且绝对金额超过（　　）万元。

A. 2 000　　B. 1 000　　C. 3 000　　D. 5 000

【答案】B

二、多项选择题（以下备选项中有两项或两项以上符合题目要求，多选、少选、错选均不得分）

1. 符合主板定位特征的有（　　）。

A. “大盘蓝筹”特色

B. 业务模式成熟、经营业绩稳定、规模较大的企业

C. 具有行业代表性的优质企业

D. “硬科技”特色

【答案】ABC

【解析】发行人申请首次公开发行股票并在主板上市，应当符合主板定位，突出“大盘蓝筹”特色，重点支持业务模式成熟、经营业绩稳定、规模较大、具有行业代表性的优质企业。

2. 主板上市的发行条件需要审查的有（　　）。

A. 规范运行条件　　B. 会计与内控条件

C. 稳定性条件　　D. 业务完整条件

【答案】ABCD

【解析】根据中国证监会2023年2月发布的《首次公开发行股票注册管理办法》，发行人在主板发行上市的，应当符合持续经营时间、会计与内控条件、稳定性条件、业务完整条件、规范运行条件等五个方面条件。

3. 关于主板上市条件正确的有（　　）。

A. 股本总额条件为发行后股本总额不低于5 000万元

B. 公开发行比例为发行后股本总额不高于4亿元，公开发行比例不低于10%或者发行后股本总额高于4亿元，公开发行比例不低于25%

C. 一般企业的财务指标条件为最近3年净利润均为正，且最近3年净利润累计不低于1.5亿元，最近一年净利润不低于6 000万元，最近3年经营活动产生的现金流量净额累计不低于1亿元或营业收入累计不低于10亿元

D. 对预计市值不低于50亿元的企业要求最近一年净利润为正，最近一年营业收入不低于6亿元，最近3年经营活动产生的现金流量净额累计不低于1.5亿元

【答案】ACD

【解析】选项 B 错误，公开发行比例为发行后股本总额不高于 4 亿元，公开发行比例不低于 25% 或者发行后股本总额高于 4 亿元，公开发行比例不低于 10%。

4. 关于主板发行上市，下列说法正确的有（　　）。

A. 上市条件所称预计市值，是指股票公开发行后按照总股本乘以发行价格计算出来的发行人股票名义总价值

B. 上市条件所称净利润以扣除非经常性损益前后的孰低者为准，净利润、营业收入、经营活动产生的现金流量净额均指经审计的数值

C. 符合规定并发行股票的红筹企业主板上市对股份总数的要求为发行后的股份总数不低于 1 亿股

D. 符合规定并发行存托凭证的红筹企业主板上市对存托凭证总份数的要求为发行后的股份总数不低于 5 000 万股

【答案】ABD

【解析】符合规定并发行股票的红筹企业主板上市对股份总数的要求为发行后的股份总数不低于 5 000 万股。

5. 属于科创板行业清单行业领域的有（　　）。

A. 新一代信息技术领域　　B. 新能源领域

C. 生物医药领域　　D. 金融地产领域

【答案】ABC

【解析】限制金融科技、模式创新企业在科创板发行上市。禁止房地产和主要从事金融、投资类业务的企业在科创板发行上市。

6. 限制在科创板发行上市的企业有（　　）。

A. 利用新兴前沿技术创新金融产品和服务、收入主要来源于金融产品和服务的企业

B. 为金融企业提供技术及技术产品，收入主要来源于提供的技术及技术产品的企业

C. 为模式创新企业提供技术及技术产品的企业

D. 应用互联网技术从事线上获客、销售、交易或提供服务而改变经营模式的企业

【答案】AD

【解析】限制金融科技、模式创新企业在科创板发行上市。禁止房地产和主要从事金融、投资类业务的企业在科创板发行上市。其中，金融科技企业是指利用新兴前沿技术创新金融产品和服务、收入主要来源于金融产品和服务的企业，不包括

为金融企业提供技术及技术产品，收入主要来源于提供的技术及技术产品的企业。模式创新企业主要指应用互联网技术从事线上获客、销售、交易或提供服务而改变经营模式的企业，不包括用上述模式销售自身研发生产的技术及技术产品，不包括为模式创新企业提供技术及技术产品的企业。

7. 上交所在科创板发行上市审核中，属于审核关注要点的有（　　）。

A. 发行人是否符合科创板支持方向

B. 发行人的行业领域是否属于《科创属性评价指引（试行）》和《科创板申报暂行规定》所列行业领域

C. 发行人的科创属性是否符合《科创属性评价指引（试行）》和《科创板申报暂行规定》所列相关指标或情形要求

D. 发行人是否具有突出的科技创新能力

【答案】ABCD

【解析】按照实质重于形式的原则，交易所着重从以上选项 ABCD 四个方面关注发行人的自我评估是否客观，保荐机构的核查把关是否充分并作出综合判断。

8. 符合科创属性认定标准的有（　　）。

A. 最近三年研发投入占营业收入比 8% 以上，或最近三年研发投入金额累计在 5 000 万元以上

B. 研发人员占当年员工总数的比例不低于 10%；根据审核问答，本条研发人员指最近一年初研发人员

C. 应用于公司主营业务的发明专利 5 项以上

D. 最近三年营业收入复合增长率达到 20%，或最近一年营业收入金额达到 3 亿元

【答案】CD

【解析】支持和鼓励科创板定位规定的相关行业领域中，同时符合下列 4 项指标的企业申报科创板发行上市：（1）最近三年研发投入占营业收入比例 5% 以上，或最近三年研发投入金额累计在 6 000 万元以上；（2）研发人员占当年员工总数的比例不低于 10%；根据审核问答，本条研发人员指最近一年末研发人员；（3）应用于公司主营业务的发明专利 5 项以上；（4）最近三年营业收入复合增长率达到 20%，或最近一年营业收入金额达到 3 亿元。

9. 关于发行人自我评估科创属性需要考虑的因素有（　　）。

A. 所处行业及其技术发展趋势与国家战略的匹配程度

B. 企业拥有的核心技术在境内与境外发展水平中所处的位置

C. 核心竞争力及其科技创新水平的具体表征

D. 依靠核心技术开展生产经营的实际情况

【答案】ABCD

【解析】还有保持技术不断创新的机制、技术储备及技术创新的具体安排。

10. 关于成长型创新创业企业申报在创业板发行上市条件正确的有（　　）。

A. 创业板定位发展更多依靠创新、创造、创意的并支持传统产业与新技术、新产业、新业态、新模式深度融合的企业

B. 最近三年研发投入复合增长率不低于10%，最近一年研发投入金额不低于1 000万元，且最近三年营业收入复合增长率不低于20%

C. 属于制造业优化升级、现代服务业或者数字经济等现代产业体系领域，且最近三年营业收入复合增长率不低于20%

D. 境内发行人创业板上市财务指标要求发行后股本总额不低于3 000万元

【答案】AD

【解析】创业板支持和鼓励符合下列标准之一的成长型创新创业企业申报在创业板发行上市：（1）最近三年研发投入复合增长率不低于15%，最近一年研发投入金额不低于1 000万元，且最近三年营业收入复合增长率不低于20%；（2）最近三年累计研发投入金额不低于5 000万元，且最近三年营业收入复合增长率不低于20%；（3）属于制造业优化升级、现代服务业或者数字经济等现代产业体系领域，且最近三年营业收入复合增长率不低于30%。

11. 符合创业板上市条件的指标有（　　）。

A. 境内发行人创业板上市财务指标要求发行后股本总额不低于3 000万元

B. 一般企业财务指标条件标准之一是最近两年净利润均为正，且累计不低于5 000万元

C. 如果发行后股本总额不高于4亿元，公开发行比例不低于10%

D. 如果发行后股本总额高于4亿元，公开发行比例不低于25%

【答案】AB

【解析】如果发行后股本总额不高于4亿元，公开发行比例不低于25%；如果发行后股本总额高于4亿元，公开发行比例不低于10%。

12. 关于转板上市条件，正确的有（　　）。

A. 在北交所连续上市一年以上，转板公司在北交所上市前，已在全国中小企业股份转让系统原精选层挂牌的，原精选层挂牌时间与北交所上市时间合并计算

B. 北交所上市公司向创业板转板上市条件要求社会公众持有的公司股份达到

公司股份总数的25%以上；公司股本总额超过4亿元的，社会公众持股的比例达到10%以上

C. 北交所上市公司向创业板转板上市条件要求股本总额不低于3 000万元

D. 北交所上市公司向创业板转板上市条件要求股东人数不少于2 000人

【答案】ABC

【解析】北交所上市公司向创业板转板上市条件要求股东人数不少于1 000人。

13. 按照北交所持续经营条件，发行人申请公开发行股票，应当符合的规定有（　　）。

A. 具备健全且运行良好的组织机构

B. 具有持续经营能力，财务状况良好

C. 最近两年财务会计报告无虚假记载，被出具无保留意见审计报告

D. 依法规范经营

【答案】ABD

【解析】要求最近三年财务会计报告无虚假记载，被出具无保留意见审计报告。

14. 影响发行人持续经营能力情况的有（　　）。

A. 发行人所处行业受国家政策限制或国际贸易条件影响存在重大不利变化风险

B. 发行人所处行业出现周期性衰退、产能过剩、市场容量骤减、增长停滞等情况

C. 发行人因业务转型的负面影响导致营业收入、毛利率、成本费用及盈利水平出现重大不利变化，且最近一期经营业绩尚未出现明显好转趋势

D. 最近三年内不存在贪污、贿赂、侵占财产、挪用财产或者破坏社会主义市场经济秩序的刑事犯罪

【答案】ABC

【解析】选项D属于规范运营的情况。

15. 下列关于北交所上市的要求的说法正确的有（　　）。

A. 发行人为在全国股转系统连续挂牌满6个月的创新层挂牌公司

B. 要求最近1年期末净资产不低于5 000万元

C. 要求公开发行后股本总额不低于人民币3 000万元

D. 北交所上市条件中股权分散要求：公开发行的股份不少于100万股，发行对象不少于100人

【答案】BCD

【解析】 要求发行人为在全国股转系统连续挂牌满 12 个月的创新层挂牌公司。

16. 符合北交所上市条件中股权分散要求的有（　　）。

A. 公开发行后，公司股东人数不少于 200 人

B 公司股本总额超过 4 亿元的，公众股东持股比例不低于公司股本总额的 20%

C. 公开发行的股份不少于 100 万股，发行对象不少于 100 人

D. 公开发行后，公众股东持股比例不低于公司股本总额的 49%

【答案】AC

【解析】 北交所上市条件中股权分散要求：公开发行的股份不少于 100 万股，发行对象不少于 100 人；公开发行后，公司股东人数不少于 200 人，公众股东持股比例不低于公司股本总额的 25%；公司股本总额超过 4 亿元的，公众股东持股比例不低于公司股本总额的 10%。

17. 关于申请北交所上市的财务指标，下列说法正确的有（　　）。

A. 预计市值不低于 4 亿元的标准之一是最近 3 年净利润均不低于 1 500 万元，最近 2 年加权平均净资产收益率平均不低于 8%

B. 预计市值不低于 4 亿元，其上市标准是最近 2 年营业收入平均不低于 1 亿元，最近 1 年营业收入增长率不低于 30%，最近 1 年经营活动产生的现金流量净额为正

C. 预计市值不低于 15 亿元，标准是最近 1 年营业收入不低于 1 亿元，最近 2 年研发投入合计占最近 2 年营业收入合计比例不低于 8%

D. 预计市值不低于 15 亿元，标准是最近 2 年研发投入合计不低于 5 000 万元

【答案】BD

【解析】 预计市值不低于 2 亿元的标准之一是最近 2 年净利润均不低于 1 500 万元，最近 2 年加权平均净资产收益率平均不低于 8%，选项 A 错误；预计市值不低于 8 亿元，标准是最近 1 年营业收入不低于 2 亿元，最近 2 年研发投入合计占最近 2 年营业收入合计比例不低于 8%，选项 C 错误。

18. 关于申请北交所上市的财务指标，下列说法正确的有（　　）。

A. 预计市值不低于 2 亿元的标准之一是最近 1 年净利润不低于 2 500 万元；最近 1 年加权平均净资产收益率不低于 8%

B. 预计市值不低于 2 亿元的标准之一是最近 1 年净利润均不低于 1 500 万元，最近 2 年加权平均净资产收益率平均不低于 8%

C. 预计市值不低于 4 亿元，其上市标准是最近 2 年营业收入平均不低于 1 亿元，最近 1 年营业收入增长率不低于 30%，最近 1 年经营活动产生的现金流量净额

为正

D. 预计市值不低于15亿元，标准是最近2年研发投入合计不低于5 000万元

【答案】ACD

【解析】预计市值不低于2亿元的标准之一是最近2年净利润均不低于1 500万元，最近2年加权平均净资产收益率平均不低于8%。

19. 关于板块定位的说法中正确的有（　　）。

A. 主板突出“大盘蓝筹”特色，重点支持业务模式成熟、经营业绩稳定、规模较大、具有行业代表性的优质企业

B. 科创板面向世界科技前沿、面向经济主战场、面向国家重大需求

C. 创业板深入贯彻创新驱动发展战略，支持“三创四新”

D. 北交所服务创新型中小企业，重点支持先进制造业和现代服务业等领域的企业

【答案】ABCD

【解析】以上关于板块定位的说法均正确。

20. 最近二年实际控制人没有发生变更的企业可以在（　　）申报上市。

A. 主板　　B. 科创板　　C. 创业板　　D. 北交所

【答案】BCD

【解析】主板要求最近三年实际控制人没有发生变更，科创板和创业板要求最近二年实际控制人没有发生变更，北交所要求最近24个月内实际控制人未发生变更。

21. 发行人在提交申报材料的审计截止日前，属于存在财务内控不规范情形的有（　　）。

A. 利用个人账户对外收付款项

B. 出借公司账户为他人收付款项

C. 与关联方或第三方直接进行资金拆借

D. 存在账外账

【答案】ABCD

【解析】以上均是财务内控不规范情形。

22. 属于存在财务内控不规范情形的有（　　）。

A. 无真实业务支持情况下，通过供应商等取得银行贷款或为客户提供银行贷款资金走账通道

B. 向关联方或供应商开具有真实交易背景的商业票据

C. 违反内部资金管理规定对外支付大额款项、大额现金借支、挪用资金

D. 在销售、采购、研发、存货管理等重要业务循环中存在内控重大缺陷

【答案】ACD

【解析】向关联方或供应商开具无真实交易背景的商业票据不属于财务内控不规范情形。

23. 中介机构在判断财务问题是否对内控有效性构成重大不利影响时应考虑的因素有（　　）。

A. 性质　　B. 时间　　C. 金额　　D. 比例

【答案】ABCD

【解析】中介机构应根据有关情形发生的原因及性质、时间及频率、金额及比例等因素，综合判断是否对内控制度有效性构成重大不利影响。

24. 符合中介机构对财务不规范情形的核查要求的有（　　）。

A. 应对发行人有关行为进行完整核查，验证相关资金来源或去向

B. 应关注发行人是否已通过收回资金、纠正不当行为、改进制度、加强内控等方式积极整改

C. 应判断发行人是否通过体外资金循环粉饰业绩或虚构业绩

D. 应根据重要性原则，充分披露报告期内的财务内控不规范行为

【答案】ABC

【解析】选项 D 属于对发行人的披露要求。

25. 根据《监管规则适用指引——发行类第 5 号》等监管文件，下列在提交申报材料的审计截止日前存在财务内控情形中，不规范的有（　　）。

A. 无真实业务支持情况下，通过供应商等取得银行贷款或为客户提供银行贷款资金走账通道

B. 与关联方或第三方直接进行资金拆借

C. 出借公司账户为他人收付款项

D. 存在账外账

【答案】ABCD

【解析】部分发行人在提交申报材料的审计截止日前存在财务内控不规范情形，如：（1）无真实业务支持情况下，通过供应商等取得银行贷款或为客户提供银行贷款资金走账通道，故选项 A 正确；（2）与关联方或第三方直接进行资金拆借，故选项 B 正确；（3）出借公司账户为他人收付款项，故选项 C 正确；（4）存在账外账，故选项 D 正确。

26. 下列关于发行人财务内控信息披露的说法中，正确的有（　　）。

A. 发行人应根据重要性原则，充分披露报告期内的财务内控不规范行为

B. 审计截止日为经审计的最近一期资产负债表日

C. 发行人披露的财务内控不规范行为不应包括违反有关法律法规具体情况及后果、后续可能影响的承担机制

D. 保荐人应结合财务内控重大缺陷的认定标准披露有关行为是否构成重大缺陷、整改措施、相关内控建立及运行情况

【答案】AB

【解析】（1）发行人应根据重要性原则，充分披露报告期内的财务内控不规范行为，故选项A正确；（2）审计截止日为经审计的最近一期资产负债表日，故选项B正确；（3）发行人应根据重要性原则，充分披露报告期内的财务内控不规范行为，如相关交易形成原因、资金流向和用途、违反有关法律法规具体情况及后果、后续可能影响的承担机制，故选项C错误；（4）发行人结合财务内控重大缺陷的认定标准披露有关行为是否构成重大缺陷、整改措施、相关内控建立及运行情况，故选项D错误。

27. 保荐机构及申报会计师合理保证发行人财务报表不存在重大错报风险时应充分评估的内容有（　　）。

A. 发行人所处经营环境、行业类型　　B. 业务流程

C. 主要财务数据水平及变动趋势　　D. 规范运作水平

【答案】ABCD

【解析】保荐机构及申报会计师应当充分评估发行人所处经营环境、行业类型、业务流程、规范运作水平、主要财务数据水平及变动趋势等因素，确定发行人相关资金流水核查的具体程序和异常标准，以合理保证发行人财务报表不存在重大错报风险。

28. 在符合银行账户查询相关法律法规的前提下，资金流水核查范围包括（　　）。

A. 发行人　　B. 控股股东

C. 董事、监事、高管　　D. 实际控制人

【答案】ABCD

【解析】在符合银行账户查询相关法律法规的前提下，资金流水核查范围除发行人银行账户资金流水以外，结合发行人实际情况，还可能包括控股股东、实际控制人、发行人主要关联方、董事、监事、高管、关键岗位人员等开立或控制的银行账户资金流水，以及与上述银行账户发生异常往来的发行人关联方及员工开立或控

制的银行账户资金流水。

29. 保荐机构和申报会计师在资金流水核查时需要核查的重点事项有（　　）。

A. 发行人资金管理相关内部控制制度是否存在较大缺陷

B. 发行人大额资金往来是否存在重大异常，是否与公司经营活动、资产购置、对外投资等不相匹配

C. 控股股东、实际控制人、董事、监事、高管、关键岗位人员与发行人关联方、客户、供应商是否存在异常大额资金往来

D. 是否存在关联方代发行人收取客户款项或支付供应商款项的情形

【答案】ABCD

【解析】以上事项均需重点核查。

30. 下列情形中会导致保荐机构需要扩大资金流水核查范围的有（　　）。

A. 发行人备用金、对外付款等资金管理规范

B. 发行人毛利率、期间费用率、销售净利率等指标各期存在较大异常变化，或者与同行业公司存在重大不一致

C. 发行人经销模式占比较高或大幅高于同行业公司，且经销毛利率存在较大异常

D. 发行人重大购销交易、对外投资或大额收付款，在商业合理性方面存在疑问

【答案】BCD

【解析】选项 BCD 三项中的情形，保荐机构和申报会计师均应考虑扩大资金流水核查范围。

31. 根据《监管规则适用指引——发行类第 5 号》等监管文件，报告期内发生的以下事项中，保荐机构和申报会计师在资金流水核查时，应重点核查事项包括（　　）。

A. 发行人资金管理相关内部控制制度是否存在较大缺陷

B. 发行人与控股股东、实际控制人、董事、监事、高管、关键岗位人员等是否存在异常大额资金往来

C. 发行人是否存在大额购买无实物形态资产或服务（如商标、专利技术、咨询服务等）的情形，如存在，相关交易的商业合理性是否存在疑问

D. 是否存在关联方代发行人收取客户款项或支付供应商款项的情形

【答案】ABCD

【解析】根据《适用指引第 5 号》，保荐机构和申报会计师在资金流水核查

中，应结合重要性原则和支持核查结论需要，重点核查报告期内发生的以下事项：(1) 发行人资金管理相关内部控制制度是否存在较大缺陷；(2) 发行人与控股股东、实际控制人、董事、监事、高管、关键岗位人员等是否存在异常大额资金往来；(3) 发行人是否存在大额购买无实物形态资产或服务（如商标、专利技术、咨询服务等）的情形，如存在，相关交易的商业合理性是否存在疑问；(4) 是否存在关联方代发行人收取客户款项或支付供应商款项的情形，故选项 ABCD 均正确。

32. 发行人在报告期内存在以下情形中，符合保荐机构和申报会计师应考虑是否需要扩大资金流水核查范围的有（　　）。

A. 发行人备用金、对外付款等资金管理存在重大不规范

B. 发行人毛利率、期间费用率、销售净利率等指标与同行业公司存在重大不一致

C. 发行人外销业务因外汇管制等原因确有必要通过关联方或第三方代收货款，且不存在审计范围受到限制的情形

D. 董事、监事、高管、关键岗位人员薪酬水平发生重大变化

【答案】ABD

【解析】发行人在报告期内存在以下情形的，保荐机构和申报会计师应考虑是否需要扩大资金流水核查范围：(1) 发行人备用金、对外付款等资金管理存在重大不规范情形；(2) 发行人毛利率、期间费用率、销售净利率等指标各期存在较大异常变化，或者与同行业公司存在重大不一致；(3) 董事、监事、高管、关键岗位人员薪酬水平发生重大变化，故选项 ABD 正确；(4) 发行人外销业务因外汇管制等原因确有必要通过关联方或第三方代收货款，且不存在审计范围受到限制的情形为干扰项，属于财务内控不规范的除外情形，不属于资金流水核查范围，故选项 C 错误。

33. 关于研发支出资本化，下列说法正确的有（　　）。

A. 研究阶段的支出，应于发生时计入其他综合收益

B. 开发阶段的支出，在同时满足会计准则列明的条件时，才能按规定确认为无形资产

C. 初始确认和计量时，发行人应结合研发支出资本化相关内控制度的健全性和有效性，逐条具体分析进行资本化的开发支出是否同时满足会计准则规定的条件

D. 后续计量时，相关无形资产的预计使用寿命和摊销方法应符合会计准则规定，按规定进行减值测试并足额计提减值准备

【答案】BCD

【解析】研究阶段的支出，应于发生时计入当期损益。

34. 关于研发支出资本化，中介机构应重点核查的有（　　）。

A. 研发支出成本费用归集范围是否恰当，研发支出是否真实、准确，是否与相关研发活动相关

B. 研发支出资本化条件是否均已满足，是否具有内外部证据支持

C. 是否为申请高新技术企业认定及企业所得税费用加计扣除等目的虚增研发支出

D. 研发支出资本化的会计处理与同行业可比公司是否存在重大差异及差异的合理性

【答案】ABCD

【解析】以上四项内容均需重点核查。

35. 关于会计政策、会计估计变更或会计差错更正，下列说法正确的有（　　）。

A. 发行人在申报前进行审计调整的，申报会计师应按要求对发行人编制的申报财务报表与原始财务报表的差异比较表出具鉴证报告并说明审计调整原因

B. 发行人申报后出现会计差错更正事项的，保荐机构及申报会计师应重点核查相关方面并发表明确意见

C. 报告期内发行人会计政策和会计估计应保持一致，不得随意变更，如变更应符合会计准则的规定，并履行必要的审批程序

D. 发行人申报后存在会计政策、会计估计变更事项的，相关变更事项应符合专业审慎原则，与同行业上市公司不存在重大差异

【答案】ABCD

【解析】以上说法均正确。

36. 关于发行人申报后出现会计差错更正事项后应重点核查的有（　　）。

A. 差错更正事项的时间、内容和范围，对发行人的影响

B. 差错更正事项的性质、原因及依据，是否合规，是否符合审慎原则

C. 差错更正事项是否因会计基础薄弱、内控重大缺陷、盈余操纵、未及时进行审计调整的重大会计核算疏漏、滥用会计政策或者会计估计以及恶意隐瞒或舞弊行为，是否反映发行人会计基础工作薄弱或内控缺失

D. 差错更正事项是否已准确、充分披露

【答案】ABCD

【解析】以上四项内容均需重点核查。

37. 发行人报告期存在第三方回款的，保荐机构及申报会计师通常需要重点核

查有（　　）。

A. 第三方回款的真实性，是否虚构交易或调节账龄

B. 第三方回款有关收入占营业收入的比例，相关金额及比例是否处于合理范围

C. 境外销售涉及境外第三方回款的，第三方代付的商业合理性或合规性

D. 合同明确约定第三方付款的，该交易安排是否合理

【答案】ABCD

【解析】以上四项内容均需重点核查。

38. 关于增资或转让股份形成的股份支付，下列说法正确的有（　　）。

A. 发行人获取当事人及其关联方服务的，应构成股份支付

B. 发行人客户、供应商入股的，应综合考虑购销交易公允性、入股价格公允性等因素判断

C. 购销交易价格与第三方交易价格、同类商品市场价等相比不存在重大差异，且发行人未从此类客户、供应商获取其他利益的，构成股份支付

D. 设定等待期的股份支付，股份支付费用应采用恰当方法在等待期内分摊，并计入经常性损益

【答案】ABD

【解析】购销交易价格与第三方交易价格、同类商品市场价等相比不存在重大差异，且发行人未从此类客户、供应商获取其他利益的，一般不构成股份支付。

39. 关于应收账款减值，下列说法正确的有（　　）。

A. 发行人评估预期信用损失，应考虑所有合理且有依据的信息，包括前瞻性信息，并说明预期信用损失的确定方法和相关参数的确定依据

B. 发行人重要客户以现金、银行转账以外方式回款的，可以不披露回款方式

C. 发行人应参考同行业上市公司确定合理的应收账款坏账准备计提政策；计提比例与同行业上市公司存在显著差异的，应在招股说明书中披露具体原因

D. 发行人应结合应收款项主要构成、账龄结构、预期信用损失的确定方法、信用政策、主要债务人等因素，分析披露报告期应收款项的变动原因及期后回款进度

【答案】ACD

【解析】发行人重要客户以现金、银行转账以外方式回款的，应清晰披露回款方式。

40. 根据预期信用损失模型，发行人对应收款项划分不同组合时的考虑因素有（　　）。

A. 客户类型、商业模式　　　　　　B. 付款方式、回款周期

C. 历史逾期、违约风险　　　　　　D. 时间损失、账龄结构

【答案】ABCD

【解析】根据预期信用损失模型，发行人可依据包括客户类型、商业模式、付款方式、回款周期、历史逾期、违约风险、时间损失、账龄结构等因素形成的显著差异，对应收款项划分不同组合分别进行减值测试。

41. 关于存在累计未弥补亏损的情况，下列说法正确的有（　　）。

A. 发行人尚未盈利或最近一期存在累计未弥补亏损的，中介机构应充分核查尚未盈利或最近一期存在累计未弥补亏损的原因，并就其是否影响发行人持续经营能力发表意见

B. 发行人应结合行业特点和公司情况，针对性量化分析披露尚未盈利或最近一期存在累计未弥补亏损的成因

C. 发行人应充分披露尚未盈利或最近一期存在累计未弥补亏损对公司现金流、业务拓展、人才吸引、团队稳定、研发投入、战略投入、生产经营可持续性等方面的影响

D. 尚未盈利的发行人应谨慎估计并客观披露与未来业绩相关的前瞻性信息

【答案】ABCD

【解析】以上说法均正确。

42. 信息披露内容包括（　　）。

A. 原因分析　　B. 影响分析　　C. 趋势分析　　D. 风险因素

【答案】ABCD

【解析】信息披露内容包括：原因分析、影响分析、趋势分析、风险因素、投资者保护措施及承诺。

43. 通过互联网开展业务相关信息系统核查时，下列说法正确的有（　　）。

A. 如因核查范围受限导致无法进行充分核查，保荐机构应就信息系统可靠性审慎发表核查意见

B. 发行人应向保荐机构及申报会计师完整提供报告期应用的信息系统情况，包括系统名称、开发人、基本架构、主要功能、应用方式、各层级数据浏览或修改权限等

C. 保荐机构及申报会计师的核查不应包括平均用户收入、平均付费用户收入等数值的变动趋势是否合理

D. 保荐机构及申报会计师的核查应包括用户的广告浏览行为是否存在明显

异常

【答案】ABD

【解析】保荐机构及申报会计师的核查应包括平均用户收入、平均付费用户收入等数值的变动趋势是否合理。

44. 对于直接向用户收取费用的此类企业，如互联网线上销售、互联网信息服务、互联网游戏等，保荐机构及申报会计师的核查应包括（　　）。

A. 经营数据的完整性和准确性　　B. 用户真实性与变动合理性

C. 用户行为核查　　D. 获客成本、获客渠道是否合理

【答案】ABCD

【解析】以上事项均需核查。

45. 发行人应向保荐机构及申报会计师完整提供报告期应用的信息系统情况，包括（　　）。

A. 系统名称　　B. 开发人

C. 基本架构　　D. 各层级数据浏览或修改权限

【答案】ABCD

【解析】发行人应向保荐机构及申报会计师完整提供报告期应用的信息系统情况，包括系统名称、开发人、基本架构、主要功能、应用方式、各层级数据浏览或修改权限等；应向保荐机构及申报会计师核查信息系统数据开放足够权限，为其核查信息系统提供充分条件。

46. 关于对赌协议，下列说法正确的有（　　）。

A. 对赌协议是投资协议的核心组成部分，是被投资方衡量企业价值的计算方式和确保机制

B. 对赌协议产生的根源在于企业未来盈利能力的不确定性，目的是尽可能地实现投资交易的合理和公平

C. 通过条款的设计，对赌协议可以有效保护投资人利益，如果约定的条件出现，投资方可以行使一种权利

D. 对赌协议实际上是一种财务工具，是对企业估值的调整，是带有附加条件的价值评估方式

【答案】BCD

【解析】对赌协议是投资协议的核心组成部分，是投资方衡量企业价值的计算方式和确保机制。

47. 关于对赌协议需要核查的内容有（　　）。

A. 发行人是否为对赌协议当事人

B. 对赌协议是否与市值挂钩

C. 对赌协议是否存在可能导致公司控制权变化的约定

D. 对赌协议是否存在严重影响发行人持续经营能力或者其他严重影响投资者权益的情形

【答案】ABCD

【解析】投资机构在投资发行人时约定对赌协议等类似安排的，保荐机构及发行人律师、申报会计师应当重点就以下事项核查并发表明确核查意见：一是发行人是否为对赌协议当事人；二是对赌协议是否存在可能导致公司控制权变化的约定；三是对赌协议是否与市值挂钩；四是对赌协议是否存在严重影响发行人持续经营能力或者其他严重影响投资者权益的情形。

48. 下列有关对赌协议的说法正确的有（　　）。

A. 投资协议的核心组成部分

B. 可以有效保护投资人利益

C. 可以对企业估值进行调整

D. 实际上是一种分析工具

【答案】ABC

【解析】对赌协议实际上是一种财务工具（选项D错误）。

49. 保荐机构、发行人律师、申报会计师应当审慎论证是否符合股权清晰稳定、会计处理规范等方面的要求的情形有（　　）。

A. 发行人是否为对赌协议当事人

B. 对赌协议是否存在可能导致公司控制权变化的约定

C. 对赌协议是否与市值挂钩

D. 对赌协议是否存在严重影响发行人持续经营能力或者其他严重影响投资者权益的情形

【答案】ABCD

【解析】投资机构在投资发行人时约定对赌协议等类似安排的，保荐机构及发行人律师、申报会计师应当重点就以下事项核查并发表明确核查意见：(1) 发行人是否为对赌协议当事人；(2) 对赌协议是否存在可能导致公司控制权变化的约定；(3) 对赌协议是否与市值挂钩；(4) 对赌协议是否存在严重影响发行人持续经营能力或者其他严重影响投资者权益的情形。

50. 回售责任“自始无效”相关协议表述正确的有（　　）。

A. 对回售责任“自始无效”相关协议签订日在财务报告出具日之前的，可视为发行人在报告期内对该笔对赌不存在股份回购义务

B. 对回售责任“自始无效”相关协议签订日在财务报告出具日之前的，需补充提供协议签订后最新一期经审计的财务报告

C. 未约定“自始无效”的，发行人收到的相关投资款在对赌安排终止前应作为金融工具核算

D. 发行人收到的相关投资款在报告期内可确认为权益工具

【答案】ACD

【解析】对回售责任“自始无效”相关协议签订日在财务报告出具日之后的，需补充提供协议签订后最新一期经审计的财务报告（选项 B 错误）。

51. 下列关于 PE 机构与发行人股东签署的对赌协议说法正确的有（　　）。

A. 对赌协议解除，则按照 IPO 相关法规的要求，不需要在相关申报文件中对“对赌协议的具体内容”“对发行人可能存在的影响”等方面做充分核查说明

B. 发行人本身不能成为对赌方

C. 发行人本身如果为对赌方，需通过签署补充协议的方式予以彻底终止且自始无效，同时，发行人最新一期审计报告必须覆盖自始无效确认文件的签署日

D. 在合同约定的补偿条件成立的情况下，引资者（发行人股东）应信守承诺，投资者应当得到约定的补偿

【答案】BCD

【解析】不论对赌协议是否解除，按照 IPO 相关法规的要求，均需要在相关申报文件中对“对赌协议的具体内容”“对发行人可能存在的影响”等方面做充分核查说明（选项 A 错误）。

52. 不符合相关要求的对赌协议原则上应在申报前解除，解除对赌协议应关注的事项包括（　　）。

A. 约定“自始无效”，对回售责任“自始无效”相关协议签订日在财务报告出具日之前的，可视为发行人在报告期内对该笔对赌不存在股份回购义务

B. 约定“自始无效”，对回售责任“自始无效”相关协议签订日在财务报告出具日之前的，发行人收到的相关投资款在报告期内可确认为金融资产

C. 对回售责任“自始无效”相关协议签订日在财务报告出具日之后的，需补充提供协议签订后最新一期经审计的财务报告

D. 未约定“自始无效”的，发行人收到的相关投资款在对赌安排终止前应作为金融工具核算

【答案】ACD

【解析】解除对赌协议应关注以下方面：（1）约定“自始无效”，对回售责任

"自始无效"相关协议签订日在财务报告出具日之前的，可视为发行人在报告期内对该笔对赌不存在股份回购义务，发行人收到的相关投资款在报告期内可确认为权益工具，故选项 A 正确，选项 B 错误；（2）对回售责任"自始无效"相关协议签订日在财务报告出具日之后的，需补充提供协议签订后最新一期经审计的财务报告，故选项 C 正确；（3）未约定"自始无效"的，发行人收到的相关投资款在对赌安排终止前应作为金融工具核算，故选项 D 正确。

53. 在实务中，企业在拟上市申报前通常需要区分对赌协议的签署方进行处理。下列关于来源于不同签署方的对赌协议规范要求中，说法正确的有（　　）。

A. 若 PE 机构与发行人本身之间存在股份回购等条款，则在发行人账面上，PE 机构对发行人的投资应分类为金融负债

B. 若 PE 机构与发行人本身之间存在股份回购等条款，则在发行人账面上，PE 机构对发行人的投资应分类为权益工具

C. 在注册制的背景下，发行人本身不能成为对赌方，如属于，需通过签署补充协议的方式予以彻底终止且自始无效

D. 在注册制的背景下，若发行人本身成为对赌方，则发行人最新一期审计报告必须覆盖自始无效确认文件的撤销日

【答案】AC

【解析】针对现场督导发现的上述问题，在第三轮审核问询中，上交所要求发行人说明：（1）如 PE 机构与发行人本身之间存在股份回购等条款，则发行人存在不能无条件避免地向 PE 机构交付现金的义务，此时，在发行人账面上，PE 机构对发行人的投资应分类为金融负债，故选项 A 正确，选项 B 错误；（2）在注册制的背景下，发行人本身不能成为对赌方，如属于，需通过签署补充协议的方式予以彻底终止且自始无效，同时，发行人最新一期审计报告必须覆盖自始无效确认文件的签署日，故选项 C 正确，选项 D 错误。

54. 关于实际控制人，下列说法正确的有（　　）。

A. 实际控制人是指拥有公司控制权、能够实际支配公司行为的主体

B. 发行人及中介机构通常不应以股东间存在代持关系、表决权让与协议、一致行动协议等为由，认定公司控制权未发生变动

C. 发行人主张多人共同拥有公司控制权的，每人都必须直接持有公司股份或者间接支配公司股份的表决权

D. 实际控制人的配偶持股在 10% 以下，可以不用就其是否为共同实际控制人进行说明

【答案】ABC

【解析】 实际控制人的配偶、直系亲属，如持有公司股份达到5%以上，保荐机构、发行人、律师应当说明上述主体是否为共同实际控制人。

55. 因国有资产监督管理需要，导致发行人控股股东发生变更的，可视为公司控制权没有发生变更的情况有（　　）。

A. 发行人与原控股股东不存在构成重大不利影响的同业竞争或者大量的关联交易，没有故意规避《首发注册办法》规定的其他发行条件

B. 有关国有股权无偿划转或者重组等属于国有资产监督管理的整体性调整，并有批复和文件证明

C. 有关国有股权无偿划转或者重组等对发行人的经营管理层、主营业务和独立性没有重大不利影响

D. 发行人与原控股股东存在构成重大不利影响的同业竞争或者大量的关联交易的情形

【答案】ABC

【解析】 发行人与原控股股东不存在构成重大不利影响的同业竞争或者大量的关联交易，没有故意规避《首发注册办法》规定的其他发行条件，才可视为公司控制权没有发生变更。

56. 存在下列情形之一的，保荐机构、发行人律师应当进一步说明是否通过实际控制人认定规避发行条件或者监管并发表专项意见的有（　　）。

A. 公司认定存在实际控制人，但其他持股比例较高的股东与实际控制人持股比例接近

B. 公司认定无实际控制人，但第一大股东持股接近30%，其他股东比例不高且较为分散

C. 发行人股权较为分散但存在单一股东控制比例达到30%

D. 发行人股权较为分散但存在单一股东控制比例达到20%

【答案】AB

【解析】 发行人股权较为分散但存在单一股东控制比例达到30%的情形的，若无相反的证据，原则上应当将该股东认定为控股股东或者实际控制人（选项CD错误）。

57. 下列有关《首发注册办法》说法正确的有（　　）。

A. 首次公开发行股票并在主板上市的，最近三年实际控制人没有发生变更

B. 首次公开发行股票并在科创板上市的，最近二年实际控制人没有发生变更

C. 发行人控股股东和实际控制人及其亲属应当披露所持股份自发行人股票上市之日起 36 个月不得转让的锁定安排

D. 首次公开发行股票并在创业板上市的，最近三年实际控制人没有发生变更

【答案】ABC

【解析】首次公开发行股票并在科创板、创业板上市的，最近二年实际控制人没有发生变更（选项 D 错误）。

58. 发行人主张多人共同拥有公司控制权应满足的条件有（　　）。

A. 每人都必须直接持有公司股份或者间接支配公司股份的表决权

B. 发行人公司治理结构健全、运行良好，多人共同拥有公司控制权的情况不影响发行人的规范运作

C. 通过公司章程、协议或者其他安排予以明确

D. 共同控制人签署一致行动协议的，应当在协议中明确发生意见分歧或者纠纷时的解决机制

【答案】ABCD

【解析】本题考查发行人主张多人共同拥有公司控制权的要求。以上四个选项均正确。

59. 下列可能导致公司控制权发生变更的情形有（　　）。

A. 发行人最近 36 个月（主板）或者 24 个月（科创板、创业板）内持有、实际支配公司股份表决权比例最高的主体发生变化，且变化前后的主体不属于同一实际控制人

B. 实际控制人去世导致股权变动，股份受让人为继承人

C. 股东间存在代持关系、表决权让与协议、一致行动协议

D. 发行人最近 36 个月（主板）或者 24 个月（科创板、创业板）内持有、实际支配公司股份表决权比例最高的主体存在重大不确定性

【答案】ACD

【解析】实际控制人为单名自然人或者有亲属关系的多名自然人，实际控制人去世导致股权变动，股份受让人为继承人的，通常不视为公司控制权发生变更（选项 B 错误）。

60. 发行人不存在拥有公司控制权的主体或者公司控制权的归属难以判断，可视为公司控制权没有发生变更的情形有（　　）。

A. 发行人的股权及控制结构、经营管理层和主营业务在首发前 36 个月（主板）或者 24 个月（科创板、创业板）内没有发生重大变化

B. 发行人的股权及控制结构不影响公司治理有效性

C. 发行人及其保荐机构和律师能够提供证据充分证明公司控制权没有发生变更

D. 发行人最近 36 个月（主板）或者 24 个月（科创板、创业板）内持有、实际支配公司股份表决权比例最高的主体发生变化，且变化前后的主体不属于同一实际控制人

【答案】ABC

【解析】发行人不存在拥有公司控制权的主体或者公司控制权的归属难以判断，如果符合以下情形，可视为公司控制权没有发生变更：（1）发行人的股权及控制结构、经营管理层和主营业务在首发前 36 个月（主板）或者 24 个月（科创板、创业板）内没有发生重大变化；（2）发行人的股权及控制结构不影响公司治理有效性；（3）发行人及其保荐机构和律师能够提供证据充分证明公司控制权没有发生变更。

61. 为确保发行人股权结构稳定、正常生产经营不因发行人控制权发生变化而受到影响，发行人没有或者难以认定实际控制人的，发行人股东应当（　　）。

A. 按持股比例从高到低依次承诺其所持股份自上市之日起锁定 36 个月

B. 直至锁定股份的总数不低于发行前股份总数的 51%

C. 按持股比例从高到低依次承诺其所持股份自上市之日起锁定 12 个月

D. 直至锁定股份的总数不低于发行前股份总数的 31%

【答案】AB

【解析】为确保发行人股权结构稳定、正常生产经营不因发行人控制权发生变化而受到影响，发行人没有或者难以认定实际控制人的，发行人股东应当按持股比例从高到低依次承诺其所持股份自上市之日起锁定 36 个月，直至锁定股份的总数不低于发行前股份总数的 51%。

62. 发行人没有或者难以认定实际控制人的，可不适用锁定 36 个月的规定的情形有（　　）。

A. 员工持股计划

B. 持股 5% 以下的股东

C. 非发行人第一大股东且符合一定条件的创业投资基金股东

D. 持股 1% 以下的股东

【答案】ABC

【解析】符合下列情形之一的，可不适用上述锁定 36 个月的规定：（1）员工持股计划；（2）持股 5% 以下的股东；（3）非发行人第一大股东且符合一定条件的

创业投资基金股东。

63. 关于同业竞争，下列说法正确的有（　　）。

A. 核查认定该相同或者相似的业务是否与发行人构成“竞争”时，应当按照形式重于实质的原则

B. 发行人可以不披露避免上市后出现构成重大不利影响的同业竞争的措施

C. 竞争方的同类收入或者毛利占发行人主营业务收入或者毛利的比例达 30% 以上的，如无充分相反证据，原则上应当认定为构成重大不利影响的同业竞争

D. 如果发行人控股股东、实际控制人是自然人，其配偶及夫妻双方的父母、子女控制的企业与发行人存在竞争关系的，应当认定为构成同业竞争

【答案】CD

【解析】 核查认定该相同或者相似的业务是否与发行人构成“竞争”时，应当按照实质重于形式的原则；发行人应在招股说明书中披露未来对于相关资产、业务的安排，以及避免上市后出现构成重大不利影响的同业竞争的措施。

64. 关于同业竞争，下列说法正确的有（　　）。

A. 竞争方的同类收入或者毛利占发行人主营业务收入或者毛利的比例达 20% 五以上的，原则上应当认定为构成重大不利影响的同业竞争

B. 如果发行人实际控制人是自然人，子女控制的企业与发行人存在竞争关系的，不应当认定为构成同业竞争

C. 可以通过实际转让给无关联关系的第三方的方式处理同业竞争

D. 可以通过收购合并方式处理同业竞争，将存在同业竞争的关联方资产装入上市公司主体中

【答案】CD

【解析】 竞争方的同类收入或者毛利占发行人主营业务收入或者毛利的比例达 30% 以上的，如无充分相反证据，原则上应当认定为构成重大不利影响的同业竞争；如果发行人控股股东、实际控制人是自然人，其配偶及夫妻双方的父母、子女控制的企业与发行人存在竞争关系的，应当认定为构成同业竞争。

65. 下列情形中属于同业竞争的处理办法的有（　　）。

A. 收购合并

B. 实际转让给第三方

C. 承诺协议

D. 承诺不以任何方式直接或间接地从事或参与和上市公司竞争的任何业务活动

【答案】ACD

【解析】 实际转让给无关联关系的第三方（选项B错误）。

66. 关于关联方及关联交易，下列说法中正确的有（　　）。

A. 中国证监会、交易所或者上市公司根据实质重于形式原则认定的其他与上市公司有特殊关系，可能导致上市公司利益对其倾斜的自然人、法人或其他组织属于关联方

B. 根据《公司法》对关联关系的定义，关联关系是指公司控股股东、实际控制人、董事、监事、高级管理人员与其直接或者间接控制的企业之间的关系，以及可能导致公司利益转移的其他关系与变动合理性

C. 直接或者间接控制上市公司的法人或者其他组织属于上市公司的关联方

D. 直接或者间接持有上市公司10%以上股份的自然人为上市公司的关联自然人

【答案】ABC

【解析】 直接或者间接持有上市公司5%以上股份的自然人为上市公司的关联自然人。

67. 关于关联方及关联交易，下列说法中正确的有（　　）。

A. 关联交易是指公司或其控股子公司与关联方之间发生的转移资源或者义务的事项

B. 在关联人财务公司存贷款属于关联交易

C. 与关联人共同投资不属于关联交易

D. 从关联方购买原材料属于关联交易

【答案】ABD

【解析】 与关联人共同投资属于关联交易。

68. 关于关联方及关联交易，下列说法中正确的有（　　）。

A. 关联交易，是指公司或其控股子公司与关联方之间发生的转移资源或者义务的事项

B. 关联交易直接关系到发行人的业务开展的独立性与业绩的真实性，是审核中的重点关注事项

C. 在实务中，中介机构通常需要通过与可比市场公允价格、第三方市场价格、关联方与其他交易方的价格以及与自产成本等对比论证关联交易的公允性

D. 可以通过核查关联交易发生金额、占整个同类交易金额的比重来论证关联交易对发行人经营独立性的影响

【答案】ABCD

【解析】以上说法均正确。

69. 关于关联方及关联交易，需要披露的有（　　）。

A. 关于关联方认定

B. 关于关联交易的必要性、合理性和公允性

C. 关于关联交易的决策程序

D. 关于关联方和关联交易的核查

【答案】ABCD

【解析】以上均需要披露。

70. 主板对发行人的关联人认定条件正确的有（　　）。

A. 直接或者间接控制上市公司的法人

B. 关联自然人直接或者间接控制的，或者担任董事

C. 持有上市公司 5% 以上股份的法人及其一致行动人

D. 间接持有上市公司 5% 以上股份的法人或其他组织

【答案】ABC

【解析】间接持有上市公司 5% 以上股份的法人或其他组织为科创板条件。

71. 关于境外控制架构，需要核查的有（　　）。

A. 境外股权架构的真实性，包含境外股权架构出资的真实性，是否存在代持等其他影响控制权的相关约定

B. 境外股权架构形成的合理性，包含设置此类架构的原因和动机，是否具有充分的商业合理性或历史原因等因素

C. 境外股权架构形成的合规性，包含设置此类架构是否有履行相应的外汇审批程序

D. 发行人实际控制人通过境外股权架构对发行人实现控制的有效性

【答案】ABCD

【解析】以上事项均需核查。

72. 在“股权清晰”理念的要求下，发行人的控股股东、实际控制人持股层次复杂且设立在境外。在实务中，针对该类型股权结构的核查和信息披露要求主要包含（　　）。

A. 境外股权架构的真实性

B. 境外股权架构形成的原因

C. 境外股权架构形成的合规性

D. 发行人实际控制人通过境外股权架构对发行人实现控制的有效性

【答案】ACD

【解析】 在实务中，针对特殊股权结构的核查和信息披露主要包含以下几个层面：（1）境外股权架构的真实性；（2）境外股权架构形成的合理性；（3）境外股权架构形成的合规性；（4）发行人实际控制人通过境外股权架构对发行人实现控制的有效性，故选项 ACD 正确，选项 B 错误。

73. 实际控制人实现控制的条线存在境外控制架构的，保荐机构和发行人律师应当对发行人重点核查的事项包括（　　）。

A. 发行人设置此类架构的原因

B. 发行人持股的真实性

C. 发行人是否存在委托持股

D. 发行人是否有各种影响控股权的约定

【答案】ABCD

【解析】 实际控制人实现控制的条线存在境外控制架构的，保荐机构和发行人律师应当对发行人设置此类架构的原因、合法性及合理性、持股的真实性、是否存在委托持股、信托持股、是否有各种影响控股权的约定、股东的出资来源等问题进行核查，故选项 ABCD 均正确。

74. 关于共同投资行为，下列说法正确的有（　　）。

A. "共同投资行为"，通常指的是双方通过出资、增资、转让等形式，最终同时直接或间接持有某一企业的权益或份额的情况

B. 中介机构应当核查发行人与上述主体共同设立公司的背景、原因和必要性，说明发行人出资是否合法合规、出资价格是否公允

C. 董事、高级管理人员未经股东会或者股东大会同意，不得利用职务便利为自己或者他人谋取属于公司的商业机会，自营或者为他人经营与所任职公司同类的业务

D. 作为关联交易，共同投资行为的缘由及过程的合理性、必要性、合法性和公允性需要得到充分说明和论证

【答案】ABCD

【解析】 以上说法均正确。

75. 下列属于中介机构对因共同投资行为导致的潜在利益输送情形的方法有（　　）。

A. 现场走访　　B. 对比第三方价格

C. 执行穿行测试　　　　　　　　　　D. 核查资金流水

【答案】ABCD

【解析】中介机构通常需要：（1）通过现场走访共同投资企业、访谈发行人等方式，结合发行人经营的商业逻辑对发行人与共同投资企业之间的交易必要性、合理性进行核查；（2）通过对比第三方价格等方式，对交易定价的公允性进行核查；（3）通过执行穿行测试、核查资金流水等方式。

76. 员工持股计划计算股东人数的原则包括（　　）。

A. 以公司制企业、合伙制企业、资产管理计划等持股平台实施的员工持股计划，在计算公司股东人数时，员工人数计算在内

B. 参与员工持股计划时为公司员工，离职后按照员工持股计划章程或者协议约定等仍持有员工持股计划权益的人员，可不视为外部人员

C. 参与人包括少量外部人员的，可不做清理

D. 外部人员按实际人数穿透计算

【答案】BCD

【解析】（1）依法以公司制企业、合伙制企业、资产管理计划等持股平台实施的员工持股计划，在计算公司股东人数时，员工人数不计算在内；（2）参与员工持股计划时为公司员工，离职后按照员工持股计划章程或者协议约定等仍持有员工持股计划权益的人员，可不视为外部人员；（3）新《证券法》施行之前（即 2020 年 3 月 1 日之前）设立的员工持股计划，参与人包括少量外部人员的，可不做清理。在计算公司股东人数时，公司员工人数不计算在内，外部人员按实际人数穿透计算。

77. 下列事项发行人可以申请豁免《监管规则适用指引——关于申请首发上市企业股东信息披露》的核查和股份锁定要求的有（　　）。

A. 在全国中小企业股份转让系统挂牌

B. 境外证券交易所上市交易期间通过集合竞价、连续竞价交易方式增加的股东

C. 因继承、执行法院判决或仲裁裁决

D. 由省级及以上人民政府主导取得发行人股份的股东

【答案】ABCD

【解析】发行人在全国中小企业股份转让系统挂牌、境外证券交易所上市交易期间通过集合竞价、连续竞价交易方式增加的股东，以及因继承、执行法院判决或仲裁裁决、执行国家法规政策要求或由省级及以上人民政府主导取得发行人股份的

股东，可以申请豁免《监管规则适用指引——关于申请首发上市企业股东信息披露》的核查和股份锁定要求。

78. 根据《证券期货法律适用意见第 17 号》，以下对“国家安全、公共安全、生态安全、生产安全、公众健康安全等领域的重大违法行为”的表述中，正确的有（　　）。

A. 涉及国家安全、公共安全、生态安全、生产安全、公众健康安全等领域的重大违法行为是指发行人及其控股股东、实际控制人违反相关领域法律、行政法规或者规章，受到刑事处罚或者情节严重行政处罚的行为

B. 发行人合并报表范围内的各级子公司，如对发行人主营业务收入或者净利润不具有重要影响（占比不超过 5%），其违法行为可不视为发行人本身存在重大违法行为

C. 最近三年从刑罚执行完毕或者行政处罚执行完毕之日起计算 12 个月

D. 保荐机构和发行人律师应当对发行人及其控股股东、实际控制人是否存在上述事项进行核查，并对是否构成重大违法行为及发行上市的法律障碍发表明确意见

【答案】ABD

【解析】选项 C 正确表述应该是最近三年从刑罚执行完毕或者行政处罚执行完毕之日起计算 36 个月。

79. 目前资产管理产品、契约型私募投资基金等类型股东的审核主要关注的方面包括（　　）。

A. 保证上市公司控制权清晰稳定

B. 资产管理产品、契约型私募投资基金等类型股东自身符合相关金融监管要求

C. 披露全部相关利益安排

D. 符合锁定和减持要求

【答案】ABCD

【解析】目前资产管理产品、契约型私募投资基金等类型股东的审核主要关注四个方面：一是保证上市公司控制权清晰稳定；二是资产管理产品、契约型私募投资基金等类型股东自身符合相关金融监管要求；三是披露全部相关利益安排；四是符合锁定和减持要求。

80. 下列有关创业板对于重大诉讼、仲裁事项的认定正确的有（　　）。

A. 涉案金额占公司最近一期经审计净资产绝对值 10% 以上，且绝对金额超过

1 000 万元

B. 涉案金额超过 1 万元，且占公司最近一期经审计总资产或者市值的 1% 以上

C. 交易所认为有必要的其他情形

D. 证券纠纷代表人诉讼

【答案】AC

【解析】 涉案金额超过 1 000 万元，且占公司最近一期经审计总资产或者市值的 1% 以上为科创板对于重大诉讼、仲裁事项的认定（选项 B 错误）。证券纠纷代表人诉讼为主板对于重大诉讼、仲裁事项的认定（选项 D 错误）。

三、判断题（不选、错选均不得分）

1. 根据 2023 年 2 月 17 日全面实行股票发行注册制相关文件，沪深主板突出大盘红筹特色，重点支持业务模式成熟、经营业绩稳定、规模较大、具有行业代表性的优质企业。（　　）

【答案】错误

【解析】 根据 2023 年 2 月 17 日全面实行股票发行注册制相关文件，沪深主板突出大盘蓝筹特色，重点支持业务模式成熟、经营业绩稳定、规模较大、具有行业代表性的优质企业。

2. 面向世界科技前沿、面向经济主战场、面向国家重大需求的创新企业是符合主板定位的企业。（　　）

【答案】错误

【解析】 面向世界科技前沿、面向经济主战场、面向国家重大需求的创新企业是符合科创板定位的企业。

3. 科创板实行行业负面清单制度，限制金融科技、模式创新企业在科创板发行上市。科创板禁止房地产和主要从事金融、投资类业务的企业在科创板发行上市。

（　　）

【答案】正确

4. 申报科创板发行上市的发行人中，新能源领域包括新能源汽车整车、先进核电、大型风电、高效光电光热、高效储能及相关服务等。（　　）

【答案】错误

【解析】 新能源领域主要包括先进核电、大型风电、高效光电光热、高效储能及相关服务等；节能环保领域，主要包括高效节能产品及设备、先进环保技术装备、先进环保产品、资源循环利用、新能源汽车整车、新能源汽车关键零部件、动

力电池及相关服务等。

5. 上交所在科创板发行上市审核中，应当审核发行人是否具有突出的科技创新能力。（　　）

【答案】正确

6. 上市公司最近三年营业收入复合增长率达到30%，或最近一年营业收入金额达到3亿元，这表明该上市公司符合科创属性认定标准。（　　）

【答案】错误

【解析】当上市公司最近三年营业收入复合增长率达到20%，或最近一年营业收入金额达到3亿元时，符合科创属性认定标准。

7. 禁止产能过剩行业、《产业结构调整指导目录》中的淘汰类行业，以及从事学前教育、学科类培训、类金融业务的企业在创业板发行上市。（　　）

【答案】正确

8. 最近三年研发投入复合增长率不低于15%，最近一年研发投入金额不低于1 000万元，或最近三年营业收入复合增长率不低于20%的公司可以在创业板上市。

（　　）

【答案】错误

【解析】交易所支持和鼓励符合下列标准之一的成长型创新创业企业申报在创业板发行上市：(1) 最近三年研发投入复合增长率不低于15%，最近一年研发投入金额不低于1 000万元，且最近三年营业收入复合增长率不低于20%；(2) 最近三年累计研发投入金额不低于5 000万元，且最近三年营业收入复合增长率不低于20%；(3) 属于制造业优化升级、现代服务业或者数字经济等现代产业体系领域，且最近三年营业收入复合增长率不低于30%。

9. 最近一年营业收入金额达到3亿元的企业，或者按照《关于开展创新企业境内发行股票或存托凭证试点的若干意见》等相关规则申报创业板的已境外上市红筹企业，不适用申报创业板发行上市规定的营业收入复合增长率要求。（　　）

【答案】正确

10. 根据深交所规定，交易所发行上市审核中，仅需对发行人的核心技术和研发优势等情况予以重点关注。（　　）

【答案】错误

【解析】根据《深圳证券交易所创业板企业发行上市申报及推荐暂行规定(2022年12月修订)》，交易所发行上市审核中，对发行人的业务模式、核心技术、研发优势等情况予以重点关注。

11. 保荐人核查时，应当按照重要性的原则，对发行人是否符合创业板定位进行综合判断。（　　）

【答案】错误

【解析】保荐人核查时，应当按照实质重于形式的原则，对发行人是否符合创业板定位进行综合判断，避免简单根据相关数量指标、发行人业务涉及互联网与传统产业简单结合等情形得出发行人符合创业板定位的结论。

12. 创业板定位于深入贯彻创新驱动发展战略，适应发展更多依靠创新、创造、创意的大趋势，主要服务初创型创新创业企业。（　　）

【答案】错误

【解析】创业板定位于深入贯彻创新驱动发展战略，适应发展更多依靠创新、创造、创意的大趋势，主要服务成长型创新创业企业。

13. 北交所向不特定合格投资者公开发行股票并上市的重要条件之一为“发行人必须是在全国股转系统连续挂牌满 18 个月的创新层挂牌公司”。（　　）

【答案】错误

【解析】北交所向不特定合格投资者公开发行股票并上市的重要条件之一即为“发行人为在全国股转系统连续挂牌满 12 个月的创新层挂牌公司”。

14. 北交所主要服务创新型中小企业，特别是支持“专精特新”（专业化、精细化、特色化、新颖化）企业上市。（　　）

【答案】正确

15. 北交所实行行业负面清单制度，审核中主要关注企业是否属于负面清单中的行业。（　　）

【答案】正确

16. 发行人存在频繁通过关联方或第三方收付款项且金额较大的情形，属于财务内控不规范。（　　）

【答案】错误

【解析】频繁通过关联方或第三方收付款项，金额较大且缺乏商业合理性，属于财务内控不规范的情形。

17. 发行人一旦存在账外账，即可认定其存在财务内控不规范的问题。（　　）

【答案】正确

18. 发行人应根据实质重于形式原则，充分披露报告期内的财务内控不规范行为。（　　）

【答案】错误

【解析】发行人应根据重要性原则，充分披露报告期内的财务内控不规范行为，如相关交易形成原因、资金流向和用途、违反有关法律法规具体情况及后果、后续可能影响的承担机制，并结合财务内控重大缺陷的认定标准披露有关行为是否构成重大缺陷、整改措施、相关内控建立及运行情况等。

19. 保荐机构及申报会计师还应结合资金流水核查情况，就发行人内部控制是否健全有效、是否存在体外资金循环形成销售回款、承担成本费用的情形发表明确核查意见。（　　）

【答案】正确

20. 发行人将部分生产环节委托其他方进行加工的，且委托加工费用大幅变动，或者发行人单位成本、毛利率大幅异于同行业的，保荐机构和申报会计师应扩大资金流水核查范围。（　　）

【答案】正确

21. 发行人在报告期内，出现董事、监事、高管、关键岗位人员薪酬水平发生较大变化的情形，保荐机构和申报会计师应扩大资金流水核查范围。（　　）

【答案】错误

【解析】董事、监事、高管、关键岗位人员薪酬水平发生重大变化时，保荐机构和申报会计师应扩大资金流水核查范围。

22. 保荐机构及申报会计师应将资金流水的核查范围、资金流水核查重要性水平确定方法和依据，异常标准及确定依据、核查程序、核查证据编制形成工作底稿，在核查中受到的限制及所采取的替代措施应一并书面记录。（　　）

【答案】正确

23. 根据《适用指引第 5 号》等法规要求，研究阶段的支出，应于发生时计入当期损益；开发阶段的支出，按规定确认为无形资产。（　　）

【答案】错误

【解析】根据《适用指引第 5 号》等法规要求，研究阶段的支出，应于发生时计入当期损益；开发阶段的支出，在同时满足会计准则列明的条件时，才能按规定确认为无形资产。

24. 发行人应根据重要性原则，在招股说明书中披露研发支出资本化相关会计政策以及资本化的起始时点和确定依据等。（　　）

【答案】正确

25. 报告期内发行人会计政策和会计估计应保持一致，不得变更。（　　）

【答案】错误

【解析】 报告期内发行人会计政策和会计估计应保持一致，不得随意变更，如变更应符合会计准则的规定，并履行必要的审批程序。

26. 发行人申报后存在会计政策、会计估计变更事项的，发行人应提交更新后的财务报告。 （　　）

【答案】正确

27. 第三方回款通常指发行人销售回款的支付方与签订经济合同的往来客户或实际交易对手不一致。 （　　）

【答案】正确

28. 发行人报告期存在第三方回款的，如果合同明确约定第三方付款的，保荐机构及申报会计师则无须进行重点核查。 （　　）

【答案】错误

【解析】 发行人报告期存在第三方回款的，合同明确约定第三方付款的，保荐机构及申报会计师应重点核查该交易安排是否合理。

29. 购销交易价格与第三方交易价格、同类商品市场价等相比不存在重大差异，或者发行人未从此类客户、供应商获取其他利益的，一般不构成股份支付。 （　　）

【答案】错误

【解析】 购销交易价格与第三方交易价格、同类商品市场价等相比不存在重大差异，且发行人未从此类客户、供应商获取其他利益的，一般不构成股份支付。

30. 判断价格是否公允应考虑与某次交易价格是否一致，是否处于股权公允价值的合理区间范围内。 （　　）

【答案】正确

31. 发行人重要客户以现金、银行转账以外方式回款的，应清晰披露原因。 （　　）

【答案】错误

【解析】 发行人重要客户以现金、银行转账以外方式回款的，应清晰披露回款方式。

32. 应收款项坏账准备计提比例明显低于同行业可比公司的，应分析披露具体原因。 （　　）

【答案】正确

33. 发行人尚未盈利或最近一期存在累计未弥补亏损的，中介机构应充分核查原因，并就其是否影响发行人持续经营能力发表意见。 （　　）

【答案】正确

34. 尚未盈利或最近一期存在累计未弥补亏损的发行人，应披露本次发行前累计未弥补亏损由新老股东共同承担的决策。（　　）

【答案】错误

【解析】 尚未盈利或最近一期存在累计未弥补亏损的发行人，应披露本次发行前累计未弥补亏损是否由新老股东共同承担以及已履行的决策程序。

35. 主要通过互联网开展业务的发行人，任一报告期通过互联网取得的营业收入占比超过20%或毛利占比超过30%时，保荐机构及申报会计师应对该类企业通过互联网开展业务的信息系统可靠性分别进行专项核查并发表明确核查意见。

（　　）

【答案】错误

【解析】 部分发行人，如电商、互联网信息服务、互联网营销企业等，其业务主要通过互联网开展。此类企业，报告期任意一期通过互联网取得的营业收入占比或毛利占比超过30%，原则上，保荐机构及申报会计师应对该类企业通过互联网开展业务的信息系统可靠性分别进行专项核查并发表明确核查意见。

36. 发行人应向保荐机构及申报会计师完整提供报告期应用的信息系统情况，包括系统名称、开发人、基本架构、主要功能、应用方式、各层级数据浏览或修改权限等。（　　）

【答案】正确

37. 对赌协议是投资协议的基础组成部分，是投资方衡量企业价值的计算方式和确保机制。（　　）

【答案】错误

【解析】 对赌协议是投资协议的核心组成部分，是投资方衡量企业价值的计算方式和确保机制。

38. 对赌协议产生的根源在于企业未来盈利能力的不确定性，目的是保护投资者利益。（　　）

【答案】错误

【解析】 对赌协议产生的根源在于企业未来盈利能力的不确定性，目的是尽可能地实现投资交易的合理和公平。

39. 实际控制人是指拥有公司控制权、能够实际支配公司行为的主体。（　　）

【答案】正确

40. 发行人股权较为分散但存在单一股东控制比例达到35%的情形的，若无相

反的证据，原则上应当将该股东认定为控股股东或者实际控制人。 （ ）

【答案】错误

【解析】发行人股权较为分散但存在单一股东控制比例达到 30% 的情形的，若无相反的证据，原则上应当将该股东认定为控股股东或者实际控制人。

41. 竞争方的同类收入或者毛利占发行人主营业务收入或者毛利的比例达 30% 以上的，如无充分相反证据，原则上应当认定为构成重大不利影响的同业竞争。

（ ）

【答案】正确

42. 针对存在同业竞争情形的，在实务中只能选择收购合并或者实际转让给无关联关系的第三方，不能采用承诺协议。 （ ）

【答案】错误

【解析】针对存在同业竞争情形的，在实务中只能选择收购合并、实际转让给无关联关系的第三方或者采用承诺协议。

43. 主板、科创板、创业板中对关联方认定要求是相同的。 （ ）

【答案】错误

【解析】在审核实践中，主板、科创板、创业板对关联方认定总体基本相同，但存在个别差异情况。

44. 中介机构可以通过关联方签署的调查表、公开信息检索、银行流水核查等方式验证关联方范围的完整性以及关联交易非关联化的情形。 （ ）

【答案】正确

【解析】关联方及关联交易的认定是否准确完整，是否存在关联交易非关联化的情形。在实务中，中介机构通常需要结合关联方签署的调查表、公开信息检索、银行流水核查等方式验证关联方范围的完整性以及关联交易非关联化的情形。

45. 境外股权架构形成的合规性，包含设置此类架构的原因和动机，是否具有充分的商业合理性或历史原因等因素。 （ ）

【答案】错误

【解析】境外股权架构形成的合规性，包含设置此类架构是否有履行相应的外汇审批程序，控股股东等境外主体是否存在违法违规行为，是否存在涉税风险。

46. 针对境外股权架构的核查和信息披露，主要包含真实性、合理性、合规性、有效性。 （ ）

【答案】正确

47. 在实务中，共同出资行为应重点审核行为的真实性、合法性、必要性、合

理性及公允性。（　　）

【答案】正确

48. 共同投资行为通常指的是双方通过出资、增资、转让等形式，最终同时直接或间接持有某一企业的权益或份额的情况。（　　）

【答案】正确

49. 对于涉及境外退市或境外上市公司资产出售的发行人，申请 IPO 时应披露相关外汇流转及使用的合法合规性。（　　）

【答案】正确

50. 若发行人存在无法追溯重述信息差异的情况，应当说明该事实和原因以及对前期差错开始进行更正的时点、具体更正情况以及更正后可能产生的后果。

（　　）

【答案】错误

【解析】若存在无法追溯重述的情况，应当说明该事实和原因以及对前期差错开始进行更正的时点、具体更正情况。

51.《证券法》第九条规定，向特定对象发行证券累计超过 200 人的，为公开发行，但依法实施员工持股计划的员工人数不计算在内。（　　）

【答案】正确

52. 发行人应当在招股说明书中充分披露：员工持股计划的人员构成、人员离职后的股份处理以及股份锁定期等内容。（　　）

【答案】正确

53. 红筹企业拆除红筹架构以境内企业为主体申请上市，如该境内企业直接股东原持有红筹企业股权、持有境内企业股权比例为根据红筹企业持股比例转换而来，且该股东自持有红筹企业股权之日至 IPO 申报时点满 6 个月，原则上不视为新股东。（　　）

【答案】错误

【解析】红筹企业拆除红筹架构以境内企业为主体申请上市，如该境内企业直接股东原持有红筹企业股权、持有境内企业股权比例为根据红筹企业持股比例转换而来，且该股东自持有红筹企业股权之日至 IPO 申报时点满 12 个月，原则上不视为新股东。

54. 证监会系统离职人员存在利用原职务影响谋取投资机会、入股过程存在利益输送、在入股禁止期内入股、作为不适格股东入股、入股资金来源违法违规等情形的属于不当入股。（　　）

【答案】正确

55. 发行人及其控股股东、实际控制人违法行为轻微、罚款数额较小且中介机构出具明确核查结论的，可以不认定为重大违法行为。（　　）

【答案】正确

56. 关于发行人及其控股股东、实际控制人的合法合规性，审核应重点关注两方面，一是发行人生产经营符合法律、法规的要求，二是控股股东、实际控制人、董监高以及中层以上管理人员作为上市公司“关键少数”的适格性。（　　）

【答案】错误

【解析】关于发行人及其控股股东、实际控制人的合法合规性，审核应重点关注两方面：一是发行人生产经营符合法律、法规的要求；二是控股股东、实际控制人及董监高作为上市公司“关键少数”的适格性。

57. 目前资产管理产品、契约型私募投资基金等类型股东的审核主要关注四个方面：一是保证上市公司控制权清晰稳定；二是资产管理产品、契约型私募投资基金等类型股东自身符合相关金融监管要求；三是披露全部相关利益安排；四是符合锁定和减持要求。（　　）

【答案】正确

58. 针对资产管理产品、契约型私募投资基金等类型股东的核查可以通过对全部在册股东进行访谈的方式进行。（　　）

【答案】正确

59. 对于主板和创业板上市公司而言，金额超过1 000万元且占公司最近一期经审计总资产或者市值的1%以上的事项属于重大诉讼、仲裁事项。（　　）

【答案】错误

【解析】对于主板和创业板上市公司而言，金额占公司最近一期经审计净资产绝对值10%以上，且绝对金额超过1 000万元的属于重大诉讼、仲裁事项。

60. 如果发行人出现股权发生诉讼仲裁等不确定性事项的，不必然构成IPO的实质性障碍，关键要看是否影响实际控制权的清晰和稳定。（　　）

【答案】正确

四、综合题（每问备选答案中有一项或多项符合题目要求，不选、错选均不得分）

（一）全面注册制改革后，主板、科创板、创业板及北交所等各市场板块定位明晰、突出特色、错位发展。请根据板块定位相关的审核关注要点，回答以下问题。

1. 根据全面实行股票发行注册制相关文件，下列关于各板块定位的说法中，正确的有（　　）。

A. 沪深主板重点支持业务模式成熟、经营业绩稳定、规模较大、具有行业代表性的优质企业

B. 沪深主板优先支持符合国家战略，拥有关键核心技术，科技创新能力突出，具有稳定的商业模式，市场认可度高，具有较强成长性的企业

C. 科创板实行行业负面清单制度，限制金融科技、模式创新企业在科创板发行上市

D. 科创板禁止房地产和主要从事金融、投资类业务的企业在科创板发行上市

【答案】ACD

【解析】（1）沪深主板突出大盘蓝筹特色，重点支持业务模式成熟、经营业绩稳定、规模较大、具有行业代表性的优质企业，故选项A正确；（2）科创板优先支持符合国家战略，拥有关键核心技术，科技创新能力突出，主要依靠核心技术开展生产经营，具有稳定的商业模式，市场认可度高，社会形象良好，具有较强成长性的企业，故选项B错误；（3）科创板实行行业负面清单制度，限制金融科技、模式创新企业在科创板发行上市。禁止房地产和主要从事金融、投资类业务的企业在科创板发行上市，故选项CD正确。

2. 创业板定位于深入贯彻创新驱动发展战略，主要服务成长型创新创业企业。以下关于创业板定位及审核关注要点的说法中，正确的有（　　）。

A. 创业板实行行业负面清单制度，限制金融科技、模式创新企业在创业板发行上市

B. 禁止产能过剩行业、《产业结构调整指导目录》中的淘汰类行业，以及从事学前教育、学科类培训、类金融业务的企业在创业板发行上市

C. 最近三年累计研发投入金额不低于5 000万元，且最近三年营业收入复合增长率不低于30%的企业可以在创业板发行上市

D. 属于制造业优化升级、现代服务业或者数字经济等现代产业体系领域，且最近三年营业收入复合增长率不低于30%可以在创业板发行上市

【答案】BD

【解析】（1）创业板实行行业负面清单制度，属于上市公司行业分类相关规定中下列行业的企业，①农林牧渔业；②采矿业；③酒、饮料和精制茶制造业；④纺织业；⑤黑色金属冶炼和压延加工业；⑥电力、热力、燃气及水生产和供应业；⑦建

筑业；⑧交通运输、仓储和邮政业；⑨住宿和餐饮业；⑩金融业；⑪房地产业；⑫居民服务、修理和其他服务业。原则上不支持其申报在创业板发行上市，但与互联网、大数据、云计算、自动化、人工智能、新能源等新技术、新产业、新业态、新模式深度融合的创新创业企业除外，故选项 A 错误；（2）禁止产能过剩行业、《产业结构调整指导目录》中的淘汰类行业，以及从事学前教育、学科类培训、类金融业务的企业在创业板发行上市，故选项 B 正确；（3）交易所支持和鼓励符合下列标准之一的成长型创新创业企业申报在创业板发行上市：①最近三年累计研发投入金额不低于 5 000 万元，且最近三年营业收入复合增长率不低于 20%，②明确可对会计师事务所等证券服务机构实施现场督导，故选项 C 错误，选项 D 正确。

3. 从新三板基础层、创新层，到北交所，是一个层层递进的市场结构。下列关于北交所定位的具体要求中，说法正确的有（　　）。

A. 北交所向不特定合格投资者公开发行股票并上市的重要条件之一即为“发行人为在全国股转系统连续挂牌满 12 个月的创新层挂牌公司”

B. 北交所主要服务创新型小微企业，特别是支持“专精特新”（专业化、精细化、特色化、新颖化）企业上市

C. 与沪深主板、科创板、创业板一样，北交所也实行负面清单制度

D. 除了金融业、房地产业、从事学前教育、学科类培训等业务企业以及产能过剩行业、《产业结构调整指导目录》中规定的淘汰类行业外，北交所对拟上市企业所属行业无其他限制

【答案】AD

【解析】（1）北交所向不特定合格投资者公开发行股票并上市的重要条件之一即为“发行人为在全国股转系统连续挂牌满 12 个月的创新层挂牌公司”，故选项 A 正确；（2）北交所主要服务创新型中小企业，特别是支持“专精特新”（专业化、精细化、特色化、新颖化）企业上市，故选项 B 错误；（3）仅有科创板、创业板与北交所实施负面清单制度，故选项 C 错误；（4）除了金融业、房地产业、从事学前教育、学科类培训等业务企业以及产能过剩行业、《产业结构调整指导目录》中规定的淘汰类行业外，北交所对拟上市企业所属行业无其他限制，故选项 D 正确。

（二）请根据《监管规则适用指引——发行类第 5 号》等监管文件，结合 IPO 执业实践情况，回答以下财务审核相关问题。

1. 当发行人存在内控不规范的情形时，下列说法正确的有（　　）。

A. 中介机构应根据有关情形发生的原因及性质、时间及频率、金额及比例等因素，综合判断是否对内控制度有效性构成重大不利影响

B. 首次问询日后，发行人原则上不能存在内控不规范和不能有效执行的情形

C. 不存在发行人确有特殊客观原因，认为不属于财务内控不规范的情形

D. 发行人外销业务因外汇管制等原因确有必要通过关联方或第三方代收货款，且审计范围仅受部分限制时，可以认为确有特殊客观原因，不属于财务内控不规范的情形

【答案】A

【解析】发行人存在内控不规范的情形时，（1）中介机构应根据有关情形发生的原因及性质、时间及频率、金额及比例等因素，综合判断是否对内控制度有效性构成重大不利影响，故选项 A 正确；（2）首次申报审计截止日后，发行人原则上不能存在内控不规范和不能有效执行的情形，故选项 B 错误；（3）发行人确有特殊客观原因，认为不属于财务内控不规范情形的，须提供充分合理性证据，故选项 C 错误；（4）发行人确有特殊客观原因，认为不属于财务内控不规范情形的，须提供充分合理性证据，如外销业务因外汇管制等原因确有必要通过关联方或第三方代收货款，且不存在审计范围受到限制的情形，故选项 D 错误。

2. 根据《监管规则适用指引——发行类第 5 号》等监管文件，下列关于保荐机构和申报会计师进行资金流水核查的具体要求中，说法正确的有（　　）。

A. 保荐机构及申报会计师应当充分评估发行人所处经营环境等因素，确定发行人相关资金流水核查的具体程序和异常标准，以合理保证发行人财务报表不存在重大错报风险

B. 发行人及其控股股东、实际控制人、董事、监事、高管等相关人员应按照诚实信用原则，向中介机构提供完整的银行账户信息，配合中介机构核查资金流水

C. 中介机构应勤勉尽责，采用一切手段获取核查资料，在确定核查范围、实施核查程序方面保持应有的职业谨慎

D. 在符合银行账户查询相关法律法规的前提下，资金流水核查范围仅包含发行人银行账户资金流水

【答案】AB

【解析】根据《适用指引第 5 号》，在资金流水核查中，（1）保荐机构及申报会计师应当充分评估发行人所处经营环境、行业类型、业务流程、规范运作水平、主要财务数据水平及变动趋势等因素，确定发行人相关资金流水核查的具体程序和异常标准，以合理保证发行人财务报表不存在重大错报风险，故选项 A 正确；（2）发行人及其控股股东、实际控制人、董事、监事、高管等相关人员应按照诚实信用原则，向中介机构提供完整的银行账户信息，配合中介机构核查资金流水，故

选项 B 正确；(3) 中介机构应勤勉尽责，采用可靠手段获取核查资料，在确定核查范围、实施核查程序方面保持应有的职业谨慎，故选项 C 错误；(4) 在符合银行账户查询相关法律法规的前提下，资金流水核查范围除发行人银行账户资金流水以外，结合发行人实际情况，还可能包括控股股东、实际控制人、发行人主要关联方、董事、监事、高管、关键岗位人员等开立或控制的银行账户资金流水，以及与上述银行账户发生异常往来的发行人关联方及员工开立或控制的银行账户资金流水，故选项 D 错误。

3. 根据《监管规则适用指引——发行类第 5 号》等监管文件，下列关于会计政策、会计估计变更或会计差错更正适用情形的说法中，正确的有（　　）。

A. 发行人在申报前进行审计调整的，申报会计师应按要求对发行人编制的申报财务报表与原始财务报表的差异比较表出具鉴证报告并说明审计调整原因

B. 发行人申报后出现会计差错更正事项的，保荐机构及申报会计师应重点核查相关方面并发表明确意见

C. 报告期内发行人会计政策和会计估计应保持一致，不得随意变更，如变更应符合会计准则的规定，并履行必要的审批程序

D. 发行人申报后存在会计政策、会计估计变更事项的，相关变更事项应符合专业审慎原则，与原始财务报表不存在重大差异

【答案】ABC

【解析】(1) 发行人在申报前进行审计调整的，申报会计师应按要求对发行人编制的申报财务报表与原始财务报表的差异比较表出具鉴证报告并说明审计调整原因，故选项 A 正确；(2) 发行人申报后出现会计差错更正事项的，保荐机构及申报会计师应重点核查相关方面并发表明确意见，故选项 B 正确；(3) 报告期内发行人会计政策和会计估计应保持一致，不得随意变更，如变更应符合会计准则的规定，并履行必要的审批程序，故选项 C 正确；(4) 发行人申报后存在会计政策、会计估计变更事项的，相关变更事项应符合专业审慎原则，与同行业上市公司不存在重大差异，故选项 D 错误。

（三）请根据《监管规则适用指引——发行类第 5 号》等监管文件，结合 IPO 执业实践情况，回答以下财务审核相关问题。

1. 发行人 C 为一家芯片设计企业，研发支出的主要构成为人工薪酬。在 C 公司下列研发支出资本化的相关内部控制事项中，需要在审核中重点关注的有（　　）。

A. 将新制定的资本化标准适用于过往项目

B. 在审计截止日后明确以开发难易程度判断研发支出资本化条件

C. 内控制度规定仅允许开发难度在中等及以上的项目资本化，但报告期内有难度为易的新产品开发项目进行了资本化

D. C公司研发人员工时填报、分摊、审批等流程性文件不完整

【答案】ABCD

【解析】（1）将新制定的资本化标准适用于过往项目，会计处理缺乏原始证据支撑，故选项A正确；（2）发行人审计截止日后明确以开发难易程度判断研发支出资本化条件，此前的项目在执行中并未区分难易程度，资本化条件的判断缺乏原始依据，故选项B正确；（3）资本化标准执行情况与内部控制制度不一致，相关内部控制有效性存疑，故选项C正确；（4）发行人研发人员工时填报、分摊、审批等流程性文件不完整，开发支出计量的可靠性存疑，故选项D正确。

2. 根据《监管规则适用指引——发行类第5号》等监管文件，发行人报告期存在第三方回款的，需要核查第三方回款是否与经营模式相关、符合行业经营特点。符合以上要求的第三方回款包括（　　）。

A. 客户为个体工商户或自然人，通过家庭约定由直系亲属代为支付货款

B. 客户为自然人控制的企业，该企业的法定代表人、实际控制人的直系亲属代为支付货款

C. 客户所属集团通过集团财务公司或指定相关公司代客户统一对外付款

D. 境外客户指定付款

【答案】ACD

【解析】与经营模式相关、符合行业经营特点的第三方回款情况包括但不限于：（1）客户为个体工商户或自然人，通过家庭约定由直系亲属代为支付货款，故选项A正确；（2）客户为自然人控制的企业，该企业的法定代表人、实际控制人代为支付货款，故选项B错误；（3）客户所属集团通过集团财务公司或指定相关公司代客户统一对外付款，故选项C正确；（4）境外客户指定付款，故选项D正确。

3. 根据《监管规则适用指引——发行类第5号》等监管文件，下列关于增资或转让股份形成的股份支付适用情形的说法中，正确的有（　　）。

A. 解决股份代持等规范措施导致股份变动属于股份支付适用的情形

B. 发行人的顾问以低于股份公允价值的价格取得股份，应综合考虑发行人是否获取当事人及其关联方的服务

C. 发行人客户入股，且购销交易价格显著低于第三方交易价格，但客户入股价格未显著低于同期财务投资者入股价格的，一般不构成股份支付

D. 发行人客户入股，且购销交易价格显著高于第三方交易价格，但客户入股

价格未显著低于同期财务投资者入股价格的，属于股份支付适用的情形

【答案】BC

【解析】（1）解决股份代持等规范措施导致股份变动，有充分证据支持相关股份获取与发行人获得其服务无关的，不属于股份支付适用的情形，故选项 A 错误；（2）发行人的顾问或实际控制人/老股东亲友（以下简称当事人）以低于股份公允价值的价格取得股份，应综合考虑发行人是否获取当事人及其关联方的服务，故选项 B 正确；（3）发行人客户、供应商入股的，但购销交易价格显著低于/高于第三方交易价格、同类商品市场价等可比价格，且客户、供应商入股价格未显著低于同期财务投资者入股价格的，一般不构成股份支付，故选项 C 正确，选项 D 错误。

（四）请根据《监管规则适用指引——发行类第 4 号》等监管文件，结合 IPO 执业实践情况，回答以下法律审核相关问题。

1. 投资机构在投资发行人时约定对赌协议等类似安排的，保荐机构及发行人律师、申报会计师应当重点核查的事项包括（　　）。

A. 发行人是否为对赌协议当事人

B. 对赌协议是否存在可能导致公司控制权变化的约定

C. 对赌协议是否与净利润挂钩

D. 对赌协议是否存在严重影响发行人持续经营能力或者其他严重影响投资者权益的情形

【答案】ABD

【解析】投资机构在投资发行人时约定对赌协议等类似安排的，保荐机构及发行人律师、申报会计师应当重点就以下事项核查并发表明确核查意见：一是发行人是否为对赌协议当事人；二是对赌协议是否存在可能导致公司控制权变化的约定；三是对赌协议是否与市值挂钩；四是对赌协议是否存在严重影响发行人持续经营能力或者其他严重影响投资者权益的情形，故选项 ABD 正确，选项 C 错误。

2. 发行人实际控制人 A 和 B 系父子关系，且均为外籍人士，分别持有甲公司 70%、30% 股权。甲公司持有乙公司 100% 股权，乙公司持有丙公司 51% 股权。丙公司持有发行人 54.2% 的股份。该架构受到深交所问询，要求说明发行人境外股东与发行人之间是否存在协议控制架构，以及发行人实际控制人是否存在无法控制相关境外持股主体的情形。则在该案例中，中介机构可以采取的处理方式包括（　　）。

A. 论证关于持股架构设置的合理性

B. 论证发行人不存在实际控制人无法控制相关境内外持股主体的情形

C. 论证境外架构设置不会对发行人产生重大不利影响

D. 针对持股真实性、资金来源合理合法、股份权属清晰发表意见

【答案】BCD

【解析】案例处理方式：（1）发行人论证关于持股架构设置的合理性，故选项A错误；（2）中介机构经查阅境外主体公司章程、境外律师出具的法律意见书等资料，论证发行人不存在实际控制人无法控制相关境内外持股主体的情形，故选项B正确；（3）发行人及中介机构论证境外架构设置不会对发行人产生重大不利影响，故选项C正确；（4）中介机构针对持股真实性、资金来源合理合法、股份权属清晰发表意见，故选项D正确。

3. 根据《监管规则适用指引——发行类第4号》等监管文件，下列关于同业竞争适用情形的说法中，正确的有（　　）。

A. 控股股东、实际控制人控制的与发行人产品销售地域不同、产品的档次不同，原则上应当认定为不构成同业竞争

B. 如果发行人控股股东、实际控制人是自然人，仅其配偶及夫妻双方的父母、子女控制的企业与发行人存在竞争关系的，原则上应当认定为不构成同业竞争

C. 存在同业竞争时，应当充分披露相关企业在历史沿革、资产、人员、业务、技术、财务等方面对发行人独立性的影响

D. 竞争方的同类收入或者毛利占发行人主营业务收入或者毛利的比例达30%以上的，如无充分相反证据，原则上应当认定为构成重大不利影响的同业竞争

【答案】CD

【解析】（1）核查认定该相同或者相似的业务是否与发行人构成“竞争”时，应当按照实质重于形式的原则，不能简单以产品销售地域不同、产品的档次不同等认定不构成同业竞争，故选项A错误；（2）如果发行人控股股东、实际控制人是自然人，其配偶及夫妻双方的父母、子女控制的企业与发行人存在竞争关系的，应当认定为构成同业竞争，故选项B错误；（3）存在同业竞争时，应当充分披露相关企业在历史沿革、资产、人员、业务、技术、财务等方面对发行人独立性的影响，报告期内交易或者资金往来，销售渠道、主要客户及供应商重叠等情况，以及发行人未来有无收购安排，故选项C正确；（4）竞争方的同类收入或者毛利占发行人主营业务收入或者毛利的比例达30%以上的，如无充分相反证据，原则上应当认定为构成重大不利影响的同业竞争，故选项D正确。

（五）请根据《监管规则适用指引——发行类第4号》等监管文件，结合IPO执业实践情况，回答以下法律审核相关问题。

1. 下列关于各板块对关联方认定标准的说法中，正确的有（　　）。

A. 主板规定，直接或间接持有上市公司5%以上股份的自然人即为关联法人

B. 科创板规定，直接持有上市公司5%以上股份的法人或其他组织即为关联法人

C. 创业板规定，上市公司董事、监事和高级管理人员即为关联自然人

D. 主板规定，与上市公司董事、监事和高级管理人员关系密切的家庭成员即为关联自然人

【答案】BCD

【解析】（1）科创板规定，直接或间接持有上市公司5%以上股份的自然人即为关联法人，故选项A错误；（2）科创板规定，直接持有上市公司5%以上股份的法人或其他组织即为关联法人，故选项B正确；（3）创业板规定，上市公司董事、监事和高级管理人员即为关联自然人，故选项C正确；（4）主板规定，与上市公司董事、监事和高级管理人员关系密切的家庭成员即为关联自然人，故选项D正确。

2. 在实务中，对因共同投资行为导致的潜在利益输送情形进行判断时，中介机构可以采取的核查方式包括（　　）。

A. 现场走访共同投资企业、访谈发行人，核查发行人经营的商业逻辑

B. 对比第三方价格等方式，核查交易定价的公允性

C. 执行穿行测试、核查资金流水，核查交易定价的真实性、合法性

D. 针对共同投资行为披露事项合理性、合法性发表意见

【答案】ABC

【解析】在实务中，中介机构通常需要：（1）通过现场走访共同投资企业、访谈发行人等方式，结合发行人经营的商业逻辑对发行人与共同投资企业之间的交易必要性、合理性进行核查；（2）通过对比第三方价格等方式，对交易定价的公允性进行核查；（3）通过执行穿行测试、核查资金流水等方式，对交易定价的真实性、合法性进行核查，故选项ABC正确；（4）针对共同投资行为披露事项合理性、合法性发表意见不属于核查方式，故选项D错误。

3. 根据《监管规则适用指引——关于申请首发上市企业股东信息披露》等监管文件，保荐机构、发行人律师需要进行股东信息披露核查并出具核查报告，其内容主要包括（　　）。

A. 核查发行人历史沿革中是否存在股份代持等情形

B. 核查申报前12个月内是否通过增资扩股、股权转让等情形突击入股

C. 核查发行人历史沿革中是否存在股东入股价格明显异常的情况

D. 核查发行人股份的公允价格确定依据是否充分

【答案】ABC

【解析】核查报告的内容主要包括：(1) 核查发行人历史沿革中是否存在股份代持等情形；(2) 核查申报前 12 个月内是否通过增资扩股、股权转让等情形突击入股；(3) 核查发行人历史沿革中是否存在股东入股价格明显异常的情况，故选项 ABC 正确；(4) 发行人股份的公允价格确定依据是否充分不属于股东信息披露核查的内容，故选项 D 错误。